KB129590

譯註

禮記補註

❺

郊特牲 · 內則 · 玉藻

譯註
禮記補註

⑤

郊特牲·內則·玉藻

김재로金在魯 저
정병섭鄭秉燮 역

學古房

본 역서는 조선 후기 때의 학자인 김재로(金在魯)의 『예기보주(禮記補註)』
를 번역한 것이다. 역자는 2009년부터 『예기집설대전(禮記集說大全)』의
번역을 시작하였고, 2017년 구정연휴기간에 『예기집설대전』의 49번째 편인
「상복사제(喪服四制)」의 역서를 탈고하였다. 8년 이상 지속해온 작업을 마
무리하고 나니 나도 모르는 사이 정신이 풀어지며 의욕이 생기지 않았다. 본
래는 『예기』 번역을 마무리하고, 이어서 『의례정의』와 『주례정의』 번역에
착수하려고 계획했으나 좀처럼 몸이 움직이지 않았다. 고백하자면 이 책을
번역하기 시작한 것은 순전히 나태해진 몸과 마음을 일깨우기 위한 것이었
다. 흐느적거리는 정신을 붙잡고 다시 책상에 앉아 번역의 즐거움을 만끽하
기 위한 지극히도 사사로운 목적이었다. 본래의 계획은 삼례(三禮)의 번역
을 마치고 한국 유학자들의 예학 관련 저서들을 번역하기로 계획했었으나
삼례 자체가 워낙 방대한 양이어서 막연한 기약만 했었는데, 사사롭기는 하
지만 막상 책상 앞에 앉아 번역을 시작하니, 얼마 되지 않아 한 권 분량의
번역서가 완성되었다. 다시 열정이란 돌멩이가 뜨겁게 달궈지는 기분이다.
『의례정의』와 『주례정의』 번역의 병행으로 인해 『예기보주』의 번역에만 매
진할 수 없는 상황이지만, 이왕 시작한 번역이니만큼 조만간 끝을 볼 계획이
다. 지극히도 개인적이며 이기적인 목적으로 작성된 역서이지만, 이 책을 발
판으로 더 좋은 번역이 나왔으면 하는 바람이다. 끝으로 『예기보주』를 출판
할 수 있도록 허락해주신 도서출판 학고방의 하운근 사장님께도 감사를 전
한다.

▌일러두기

• 본 책은 역주서(譯註書)로써, 『예기보주(禮記補註)』를 완역하고, 자세한 주석을 첨부했다.

• 『예기보주』는 『예기집설대전(禮記集說大全)』에 대한 주석서로, 『예기』의 경문(經文) 및 진호(陳澔)의 『집설(集說)』, 호광(胡廣)의 『대전(大全)』 기록 중에서 일부 표제어만 제시하고, 『보주(補註)』를 기록하고 있다. 표제어만 제시되어 있으므로, 『예기보주』의 본래 기록만 가지고는 관련 『보주』가 본래의 주석과 어떤 차이점이 있는지 확인하기 어렵다. 이러한 점을 해결하기 위해 표제어 앞에 관련 경문, 『집설』, 『대전』의 본문과 번역문을 함께 수록하였다.

• 『예기보주』에 기록된 표제어는 참고로 수록한 경문, 『집설』, 『대전』의 원문에 밑줄로 표시하고, 같은 문장에 여러 표제어를 제시했을 경우, ① · ② · ③ 등의 표시를 붙여 구분하였다.

• 『예기』 경문의 해석에 있어서 다양한 이견이 있는 경우가 있는데, 『예기보주』는 『예기집설대전』에 대한 주석서이므로, 진호의 『집설』에 따른 경문 번역을 수록하였다.

• 『예기보주』의 본래 목차는 『예기』 각 편에 대한 간략한 목차이므로, 『예기』 각 편의 장을 분류하여 별도의 목차를 수록하였다.

• 본 역서의 『예기보주(禮記補註)』 원문과 표점은 한국유경편찬센터의 자료를 사용하였다.(http://ygc.skku.edu)

• 『예기보주』의 주석 대상이 되는 『예기집설대전』의 저본은 다음과 같다. 『禮記』, 서울 : 保景文化社, 초판 1984 (5판 1995)

• **원문**으로 표시된 것은 『예기보주』에 기록된 본래의 기록이다.

- 補註로 표시된 것은 『예기보주』에 기록된 주석의 기록이다.

- 참고-經文으로 표시된 것은 『보주』의 내용이 『예기』 경문에 대한 것일 경우, 관련 경문을 수록해둔 것이다.

- 참고-集說로 표시된 것은 『보주』의 내용이 진호의 『집설』에 대한 것일 경우, 관련 『집설』의 기록을 수록해둔 것이다.

- 참고-大全으로 표시된 것은 『보주』의 내용이 호광의 『대전』에 대한 것일 경우, 관련 『대전』의 기록을 수록해둔 것이다.

- ① 등으로 표시된 것은 『예기보주』에 표시된 표제어에 해당한다. 관련 경문에 대한 첫 번째 표제어인 경우 ①로 표시하고, 두 번째 표제어인 경우 ② 등으로 표시했다.

- 원문 및 번역문 중 '▼'로 표시된 부분은 한글로 표기할 수 없는 한자를 기록한 부분이다. 예를 들어 '▼(罒/皿)'의 경우 맹(盟)자의 이체자인데, '明'자 대신 '罒'자가 들어간 한자를 프로그램상 삽입할 수가 없어서, '▼(罒/皿)'으로 표시한 것이다. 즉 '▼(A/B)'의 형식으로 기록된 경우, A에 해당하는 글자가 한 글자의 상단 부분에 해당하고, B에 해당하는 글자가 한 글자의 하단 부분에 해당한다는 표시이다. 또한 '▼(A+B)'의 형식으로 기록된 경우, A에 해당하는 글자가 한 글자의 좌측 부분에 해당하고, B에 해당하는 글자가 한 글자의 우측 부분에 해당한다는 표시이다. 또한 '▼((A-B)/C)'의 형식으로 기록된 경우, A에 해당하는 글자에서 B 부분을 뺀 글자가 한 글자의 상단 부분에 해당하고, C에 해당하는 글자가 한 글자의 하단 부분에 해당한다는 표시이다.

▌목차

禮記補註卷之十二
『예기보주』 12권

「내칙(內則)」 제12편 • 194

禮記補註卷之十三
『예기보주』 13권

「옥조(玉藻)」 제13편 • 372

禮記補註卷之十一

『예기보주』 11권

「교특생(郊特牲)」 제11편

補註 陽村曰: 此篇大旨多與前篇相類, 蓋推言其未盡之意而簡編多, 故釐之, 因取篇首三字爲名.

번역 양촌이 말하길, 「교특생」편의 큰 뜻은 대체로 앞의 편과 비슷한데, 아마도 미진했던 뜻을 미루어 풀이했으나 분량이 많기 때문에 분절을 했던 것이고, 편의 첫 문장에 나온 세 글자에 따라 편명을 정한 것이다.

補註 ○徐志修曰: 此篇多是覆解上篇, 如王制下段, 覆解上段.

번역 ○서지수가 말하길, 「교특생」편은 대체로 앞 편의 뜻을 재차 풀이한 것이니, 마치 『예기』「왕제(王制)」편의 후반부 단락이 앞 단락의 뜻을 재차 풀이했던 것과 같다.

「교특생」1장

참고-經文

①郊特牲, 而社稷大牢. 天子適諸侯, 諸侯膳用犢. 諸侯適天子, 天子賜之禮大牢. 貴誠之義也. 故②天子牲孕弗食也, 祭帝弗用也.

번역 하늘에 대한 교(郊)제사에서는 한 마리의 희생물을 사용하고, 사직(社稷)에 대한 제사에서는 태뢰(太牢)를 사용한다.[1] 천자가 제후에게 찾아갔을 때, 제후는 음식을 올리며 송아지를 사용한다. 제후가 천자를 찾아뵐 때, 천자는 하사를 해주는 의례를 시행하며, 태뢰를 사용한다.[2] 이처럼 하는 것은 진실됨을 귀하게 여기는 뜻에 해당한다. 그러므로 천자는 희생물 중 잉태를 한 것은 음식재료로 사용하지 않고, 상제(上帝)에 대한 제사에서도 사용하지 않는다.

① 郊特[止]大牢.

補註 陽村曰: 王制祭天地之牛角繭栗, 則郊社所用, 雖有特, 與大牢之異, 然其牛則皆用犢也.

---

1) 『예기』「예기(禮器)」: 天子適諸侯, 諸侯膳以犢. 諸侯相朝, 灌用鬱鬯, 無籩豆之薦. 大夫聘禮以脯醢.

2) 『예기』「예기(禮器)」: 諸侯七介七牢, 大夫五介五牢. / 『주례』「추관(秋官)・대행인(大行人)」: 上公之禮, 執桓圭九寸, 繅藉九寸, 冕服九章, 建常九斿, 樊纓九就, 貳車九乘, 介九人, 禮九牢, 其朝位, 賓主之間九十步, 立當車軹, 擯者五人, 廟中將幣三享, 王禮再祼而酢, 饗禮九獻, 食禮九擧, 出入五積, 三問三勞. 諸侯之禮, 執信圭七寸, 繅藉七寸, 冕服七章, 建常七斿, 樊纓七就, 貳車七乘, 介七人, 禮七牢, 朝位賓主之間七十步, 立當前疾, 擯者四人, 廟中將幣三享, 王禮壹祼而酢, 饗禮七獻, 食禮七擧, 出入四積, 再問再勞. 諸伯執躬圭, 其他皆如諸侯之禮. 諸子執穀璧五寸, 繅藉五寸, 冕服五章, 建常五斿, 樊纓五就, 貳車五乘, 介五人, 禮五牢, 朝位賓主之間五十步, 立當車衡, 擯者三人, 廟中將幣三享, 王禮壹祼不酢, 饗禮五獻, 食禮五擧, 出入三積, 壹問壹勞. 諸男執蒲璧, 其他皆如諸子之禮.

번역 양촌이 말하길, 『예기』「왕제(王制)」편에서는 "천지에 대한 제사에 사용하는 소는 그 뿔이 누에고치나 밤톨만한 크기이다."[3]라고 했으니, 교사(郊社)에 사용되는 희생물은 비록 한 마리만 사용하여 태뢰를 사용하는 것과 차이가 있지만, 그 소의 경우에는 모두 송아지를 사용하게 된다.

② 天子牲孕[止]弗用也.

補註 楊梧曰: 此二句緊承上文, 非兩層意. 特牲未有牝牡之情, 貴其誠慤而用之, 若牲孕則誠散矣. 天子不食, 故不以膳, 祭帝不用, 故不以郊.

번역 양오가 말하길, 이 두 구문은 앞 문장과 밀접하게 연결되어 있는데, 별개의 다른 의미를 가진 것이 아니다. 특생은 아직 암컷이나 수컷의 정감을 가진 것이 아니며, 성실함을 귀하게 여겨서 사용하는 것인데, 만약 새끼를 잉태하게 된다면 성실함이 흩어지게 된다. 천자가 그것을 먹지 않기 때문에 이것으로 음식을 만들지 않고 상제에게 제사를 지낼 때에도 사용하지 않기 때문에 이것으로 교제사를 지내지 않는다.

> **참고─集說**
>
> 朱子曰: 萬物本乎天, 人本乎祖, 故以所出之祖配天地. 周之后稷生於姜嫄, 以上更推不去文武之功起於后稷, 故配天須以后稷. ①嚴父莫大於配天, 宗祀文王於明堂以配上帝. 上帝, 卽天也, 聚天之神而言之, 則謂之上帝. 又曰: 古時天地, 定是不合祭. 日月山川百神, 亦無合共一時祭享之禮. 又曰: 五峯言無北郊, 只祭社便是. 此說却好.

---

3) 『예기』「왕제(王制)」: 祭天地之牛, 角繭栗, 宗廟之牛, 角握, 賓客之牛, 角尺.

번역 주자가 말하길, 만물은 하늘에 근본을 두고 있고, 사람은 조상에 근본을 두고 있다.[4] 그렇기 때문에 자신이 유래되어 나온 시조를 천과 지에 배향하는 것이다. 주나라 시조에 해당하는 후직(后稷)은 강원(姜嫄)이 낳았고, 위로 다시금 거슬러 올라가보면, 문왕(文王)이나 무왕(武王)의 공적은 후직을 통해 비롯되었던 것과 차이가 많이 나지 않기 때문에, 하늘에 배향할 때에는 후직으로 해야 한다. 부모를 존엄하게 대하는 것에는 하늘에 배향하는 것보다 큰 것이 없어서, 명당(明堂)에서 문왕을 종주로 삼아 제사를 지내서, 상제에게 배향하였다.[5] '상제(上帝)'는 곧 하늘[天]에 해당하는데, 하늘의 신들을 묶어서 말을 한다면, 그 신을 '상제(上帝)'라고 부른다. 또 말하길, 고대에 천과 지에 대한 제사는 한데 합쳐서 제사를 지내지 않았다. 일(日)·월(月)·산(山)·천(川) 등의 백신(百神)에 대한 제사에서도 또한 한데 합쳐서 일시에 제사를 지내는 예법이 없었다. 또 말하길, 오봉호씨[6]는 북쪽 교(郊)에서 제사를 지내는 일이 없으니, 단지 사(社)에 대한 제사가 바로 이 제사에 해당한다고 말했다. 그 주장이 더 낫다.

① 嚴父[止]配天.

補註 孝經文.

번역 『효경』의 기록이다.

---

4) 『예기』「교특생(郊特牲)」: 帝牛不吉, 以爲稷牛. 帝牛必在滌三月, 稷牛唯具, 所以別事天神與人鬼也. 萬物本乎天, 人本乎祖, 此所以配上帝也. 郊之祭也, 大報本反始也.

5) 『효경』「성치장(聖治章)」: 子曰, 天地之性人爲貴. 人之行莫大於孝, 孝莫大於嚴父. 嚴父莫大於配天, 則周公其人也. 昔者, 周公郊祀后稷以配天. 宗祀文王於明堂以配上帝.

6) 오봉호씨(五峯胡氏, A.D.1105~A.D.1161): =호굉(胡宏). 남송(南宋) 때의 성리학자(性理學者)이다. 이름은 굉(宏)이고, 자(字)는 인중(仁仲)이며, 호(號)는 오봉(五峯)이다. 호안국(胡安國)의 아들이며, 복건성(福建省) 숭안(崇安) 출신이다. 형산(衡山)에서 20여 년 동안 독서에 열중하였고, 고종(高宗)이 승무랑(承務郞)의 관직을 하사하였으나 사양하였다. 양시(楊時)와 후중량(侯仲良)에게서 수학하고, 종신토록 가학(家學)을 전수하는 일에만 전념하였다. 학식이 풍부하고 덕행이 높아서, 당대의 사표(師表)로 추앙받았다. 저서로는 『호자지언(胡子知言)』, 『황왕대기(皇王大紀)』, 『오봉역외전(五峯易外傳)』 등이 있다.

今按: 召誥用牲於郊, 牛二, 蔡氏以爲祭天地, 非也. 牛二, ①帝牛·稷牛也. ②社于新邑, 祭地也, 故用大牢.

번역 살펴보니, 『서』「소고(召誥)」편에서는 교외에서 희생물을 사용하는데, 소가 2마리라고 했고,[7] 이 문장에 대해서 채침은 천지(天地)에 대한 제사라고 여겼는데, 그 주장은 잘못되었다. '두 마리의 소[牛二]'는 곧 제우(帝牛)와 직우(稷牛)[8]에 해당한다. 새로운 도읍에서 사(社)[9]제사를 지낸 것은 곧 땅에 대한 제사를 지낸 것이다. 그렇기 때문에 태뢰(太牢)를 사용한 것이다.

① 帝牛稷牛也.

補註 按: 稷牛, 卽祀后稷之牛, 見下文.

번역 살펴보니, '직우(稷牛)'는 후직에게 제사지낼 때 사용하는 소에 해당하니, 아래문장에 나온다.

② 社于新邑.

補註 此亦召誥文.

번역 이 또한 『서』「소고(召誥)」편의 기록이다.

補註 ○周書·召誥: 越三日丁巳, 用牲于郊, 牛二. 越翼日戊午, 乃社于

---

7) 『서』「주서(周書)·소고(召誥)」: 若翼日乙卯, 周公朝至于洛, 則達觀于新邑營. 越三日丁巳, 用牲于郊, 牛二. 越翼日戊午, 乃社于新邑, 牛一羊一家一.

8) 직우(稷牛)는 후직(后稷)에 대한 제사 때 사용되는 소를 뜻한다. 후직을 뜻하는 직(稷)자를 붙여서, '직우'라고 부른 것이다.

9) 사(社)는 흙을 쌓아서 만든 제단을 뜻한다. 고대에는 분봉을 받게 되면, 흙을 쌓고 그곳에 적합한 나무를 심어서, 토지신이 머무는 장소로 여기고, 이곳에서 제사를 지냈다. 이러한 뜻에서 연유하여, '사'는 토지신에 대한 제사와 그 제단, 그리고 토지신을 가리키는 용어로도 사용되었고, 국가를 상징하는 용어로도 사용되었다.

新邑, 牛一羊一豕一.

번역 ○『서』「주서(周書)·소고(召誥)」편에서 말하길, 3일이 지난 정사일에 교에서 희생물을 사용하여 제사를 지내니 소가 2마리였다. 다음날 무오일에 새로운 도읍에서 사제사를 지내니 소가 1마리 양이 1마리 돼지가 1마리였다.

「교특생」 2장

참고-經文

> ①大路繁纓一就, 先路三就, 次路五就. 郊血, 大饗腥, 三獻爓,
> 一獻孰, 至敬不饗味而貴氣臭也.

번역 대로(大路)에는 번(繁)과 영(纓)이 1취(就)이고, 선로(先路)에는 3취이며, 차로(次路)에는 5취이다.[1] 교(郊) 제사 때에는 희생물의 피[血]를 바치고, 대향(大饗)에는 생고기[腥]를 바치며, 삼헌(三獻)을 하는 제사에서는 데친 고기[爓]를 바치고, 일헌(一獻)에는 익힌 고기[孰]를 바치니,[2] 지극히 공경해야 하는 대상에 대

---

1) 『예기』「예기(禮器)」: 大路繁纓一就, 次路繁纓七就. / 이 문장에 대한 진호(陳澔)의 집설(集說)에서는 "殷世尙質, 其祭天所乘之車, 木質而已, 無別雕飾, 謂之大路. 繁, 馬腹帶也. 纓, 鞅也, 在馬膺前. 染絲而織以爲劚, 五色一币曰就. 就, 猶成也. 繁與纓, 皆以此劚爲之. 車朴素, 故馬亦少節也. 大路之下有先路・次路. 次路, 殷之第三路也, 供卑雜之用, 故就數多."라고 하였다. 즉 은(殷)나라 때에는 질박함[質]을 숭상하여서, 당시 하늘에 대한 제사를 지낼 때 탔던 수레는 나무를 기본 틀로 제작하여 단순하게 만들었을 따름이다. 그러므로 별다른 장식이나 꾸밈도 없었고, 이 수레를 '대로(大路)'라고 불렀다. '번(繁)'은 말에 채우는 복대이다. '영(纓)'은 가슴걸이[鞅]인데, 이것은 말의 가슴 쪽 전면에 위치하게 된다. 실을 염색하고, 또 그 실을 직조하여 '촘촘한 천[劚]'으로 만들게 되는데, 다섯 가지 색깔로 구성하여 한 번 두른 것을 '취(就)'라고 부른다. '취(就)'자는 "완성하다[成]."라는 의미이다. 번(繁)과 영(纓)은 모두 이러한 촘촘한 천으로 만들게 된다. 수레 자체가 소박하기 때문에, 말에 대해서도 또한 장식을 적게 하는 것이다. 대로(大路) 밑으로는 선로(先路)와 차로(次路)가 있었다. 차로(次路)는 은나라 때 사용하던 수레 중에서도 세 번째 등급의 수레인데, 상대적으로 미천하고 잡스러운 용도로 사용하였다. 그렇기 때문에 취(就)의 수도 많아지는 것이다. / 『예기』「예기」편에서는 차로(次路)에는 번(繁)과 영(纓)을 7취(就)로 한다고 했는데, 진호의 경우에는 「예기」편의 기록이 잘못 되었고, 이곳 「교특생」편의 기록이 옳다고 여겨, 차로에는 5취로 한다고 주장했다. 반면 엄릉방씨의 경우에는 「교특생」편에서 말하는 '차로'는 선로(先路) 다음의 수레이므로 5취로 하는 것이고, 「예기」편에서 말하는 '차로'는 차로 다음의 수레이므로 7취로 한다고 주장한다.

2) 『예기』「예기(禮器)」: 君子曰: 禮之近人情者, 非其至者也. 郊血, 大饗腥, 三獻
爓, 一獻孰. / 이 문장에 대한 진호(陳澔)의 집설(集說)에서는 "郊, 祭天也. 郊祀與
大饗三獻, 皆有血・腥・爓・孰. 此各言者, 據先設者爲主也. 郊則先設血, 後設
腥・爓・孰. 大饗, 祫祭宗廟也. 腥, 生肉也, 去人情稍近. 郊先薦血, 大饗則迎尸
時血與腥同時薦. 獻, 酌酒以薦獻也. 祭社稷及五祀其禮皆三獻, 故因名其祭爲
三獻也. 爓, 沉肉於湯也. 其色略變, 去人情漸近矣. 此祭, 血・腥與爓一時同薦,
但當先者設之在前, 當後者設之居後. 據宗伯社稷五祀, 初祭降神時已埋血, 據
此則正祭薦爓時又薦血也. 一獻, 祭群小祀也. 祀卑, 酒惟一獻, 用孰肉, 無血・
腥・爓三者. 蓋孰肉是人情所食, 最爲褻近, 以其神卑則禮宜輕也."라고 하였다.
즉 '교(郊)'자는 하늘에 대한 제사를 뜻한다. 교제사와 대향(大饗), 그리고 삼헌(三
獻)을 하는 제사에서는 모두 피[血]・생고기[腥]・데친 고기[爓]・삶은 고기[孰]를
갖추게 된다. 그런데 이곳 문장에서는 이것들을 각각 나눠서 언급하고 있다. 그
이유는 먼저 진설되는 것을 위주로 기록했기 때문이다. 교제사를 지내게 되면, 먼저
희생물의 피[血]를 진설하고, 그 이후에 생고기[腥]・데친 고기[爓]・삶은 고기[孰]를
진설하게 된다. '대향(大饗)'은 종묘(宗廟)에서 협제(祫祭)를 지낸다는 뜻이다. '성
(腥)'자는 생고기를 뜻하는데, 사람의 정감과의 거리가 희생물의 피[血]보다는 좀
더 가까운 것이 된다. 교제사 때 먼저 희생물의 피[血]를 바치게 되는데, 대향(大饗)
에서는 시동을 맞이할 때, 희생물의 피[血]와 생고기[腥]를 동시에 바친다. '헌(獻)'이
라는 것은 술잔에 술을 따라서 시동에게 바친다는 뜻이다. 사직(社稷) 및 오사(五
祀)에 대한 제사를 지내게 되면, 해당 예(禮)에서는 모두 '세 차례의 헌[三獻]'을
하게 된다. 그렇기 때문에 이러한 이유에 따라서 그 제사들을 '삼헌(三獻)'이라고도
부르는 것이다. '섬(爓)'은 끓는 물에 고기를 데친 것이다. 그 색깔이 대략적으로
변하게 되니, 사람의 정감과의 거리가 생고기[腥]보다는 점차 더 가깝게 된다. 이러
한 제사에서는 희생물의 피[血]와 생고기[腥], 그리고 데친 고기[爓]를 동시에 바치게
되는데, 다만 먼저 바치는 것에 해당하는 것은 앞쪽에 진설하고, 뒤에 바치는 것에
해당하는 것은 뒤쪽에 진설한다. 『주례』「종백(宗伯)」편에 기록된 사직과 오사에
대한 제사 기록에 근거해보면, 제사 초반부에서 신들을 강림시킬 때 이미 희생물의
피[血]를 땅에 매장하게 되는데, 이곳 기록에 근거해보면, 제사의 본식에서 데친
고기[爓]를 바칠 때 또한 희생물의 피[血]도 바치게 된다. '일헌(一獻)'이라는 것은
뭇 소사(小祀)에 해당하는 신들에게 제사를 지낸다는 뜻이다. 제사 대상들의 서열
이 비교적 낮으므로, 술에 있어서도 오직 한 번만 바치는 것이며, 삶은 고기[孰]만
사용하고, 희생물의 피[血]・생고기[腥]・데친 고기[爓] 등의 세 가지는 없게 된다.
무릇 삶은 고기[孰]라는 것은 사람의 정감상 먹을 수 있는 상태가 되어, 가장 친근한
것이 되니, 제사를 받는 신들의 서열이 낮다면, 해당하는 예(禮) 또한 마땅히 가벼워

해서는 음식의 맛을 흠향시키는 것이 아니고, 기운[氣]과 냄새[臭]를 귀하게 여긴다.

① 大路繁纓一就章.

補註 陽村曰: 前篇言一就 · 七就, 而不言三就 · 五就者, 擧多與少以包
其餘, 而此詳之, 其不及七就者, 舊說以前篇之七爲五之誤, 而抑或上擧
大路而歷言前之所未言者, 則次路五就之下, 又其次路七就者, 可以互
見而知, 故此省之歟. 下文血腥爓孰一節, 亦引前篇之言, 而釋其意, 以
此觀之, 此節五就之下, 亦必有釋之, 而今亡焉, 則又安知其言七就者,
亦竝失之歟? 況王之五路, 有大路 · 綴路 · 先路 · 次路, 則以五路而分
四列也. 其就之數, 亦必以是爲差, 自一至七, 每殺以兩而爲四等, 則七
之, 非誤明矣.

번역 양촌이 말하길, 『예기』「예기(禮器)」편에서는 1취와 7취라고 말했지만
3취와 5취는 언급하지 않았는데, 가장 많은 것과 적은 것을 제시하여 나머지
경우도 포괄한 것이며 이곳에서는 상세히 설명한 것이다. 그런데 7취에 대
해서 언급하지 않은 이유에 대해 옛 학설에서는 「예기」편에 나온 7이라는
숫자는 5를 잘못 표기한 것이라고 했다. 그런데 그것이 아니고 앞에 대로를
기준으로 앞에서 언급하지 않은 것을 차례대로 설명한 것이라면, 차로가 5취
라는 말 뒤에는 또한 그 다음 차로는 7취라는 말이 있게 되는데, 이것은 앞
의 내용과 상호 대조해보면 이러한 사실을 알 수 있기 때문에 이곳에서는
생략했을 것이다. 그 뒤의 문장에 나오는 피 · 생고기 · 데친 고기 · 익힌 고
기에 대한 문단은 또한 「예기」편의 말을 인용하여 그 의미를 풀이한 것인데,
이를 기준으로 살펴본다면 이곳 문단에서 5취라고 한 말 뒤에는 또한 그에
대한 풀이가 있었을 것이지만 지금은 없어진 것이니, 7취라고 말한 대목이
함께 없어진 것이 아니겠는가? 하물며 천자에게 있는 오로(五路)3)에 대로 ·

야 하기 때문이다.
3) 오로(五路)는 오로(五輅)라고도 기록한다. 고대의 천자가 탔던 다섯 종류의 수레를
뜻한다. 다섯 종류의 수레는 옥로(玉路) · 금로(金路) · 상로(象路) · 혁로(革路) ·
목로(木路)이다. 또한 왕후(王后)가 탔던 다섯 종류의 수레를 뜻하기도 한다. 왕후

철로 · 선로 · 차로가 있게 된다면, 오로는 4열로 나눈 것이다. 취의 수에 있어서도 분명 이것으로 차등을 삼았을 것이니, 1부터 7까지 매 등급마다 2만큼씩 줄이게 되면 4등급이 되니, 7취로 한다는 것은 잘못 기록한 것이 아님이 명백하다.

補註 ○按: 陽村說, 與小註陳說同, 而加詳.
번역 ○살펴보니, 양촌의 주장은 소주에 나온 진씨의 주장과 동일한데 보다 상세하다.

참고-大全 長樂陳氏曰: 禮器與郊特牲, 言大路繁纓一就則同, 其言次路繁纓五就 · 七就則不同者, 先王之路, 降殺以兩, 反此而加多焉, 蓋亦以兩而已. 大路一就, 先路三就, 則次路有五就 · 七就者矣. 書言次路以兼革木二路, 則殷之次路五就七就庸豈一車耶. 鄭氏以七就爲誤, 是過論也. 又曰: 禮以全於天者爲尤厚, 近於天者爲差厚, 以近於人者爲差薄, 全於人者爲尤薄. 血者, 全於天者也, 腥者, 近於天者也. 爓者, 近於人者也, 孰者, 全於人者也. 郊與大饗, 常重於三獻之禮, 豈非至敬不饗味而貴氣臭哉? 鬱鬯, 陽物也, 殽脩, 陰物也. 用陰物, 所以神之, 尙陽物, 所以明之, 而其所以不饗味, 一也. 夫大饗於神, 則王之事, 而大饗於賓, 則諸侯之事, 於神與賓, 皆謂之大饗者, 蓋謂之大, 所以極其禮, 謂之饗, 所以向之.
번역 장락진씨가 말하길, 『예기』「예기(禮器)」편과 「교특생」편에서는 모두 대로(大路)의 번영(繁纓)은 1취(就)로 한다고 했으니, 내용이 동일한데, 기록 중에 차로(次路)의 번영은 5취(就)로 하고 또 7취(就)로 한다고 하여, 내용이 다르다.[4] 그 이유는 선왕의 수레에 있어서도 낮추기를 2만큼씩 하니,[5]

가 탔던 다섯 종류의 수레는 중적(重翟) · 염적(厭翟) · 안거(安車) · 적거(翟車) · 연거(輦車)이다.

4) 『예기』「예기(禮器)」: 大路繁纓一就, 次路繁纓七就.
5) 『춘추좌씨전』「양공(襄公) 26년」: 自上以下, 降殺以兩, 禮也.

이것과 반대로 늘어날 때에는 아마도 또한 2만큼씩 늘어나게 될 따름이다. 대로(大路)에 1취(就)를 달고, 선로(先路)에 3취(就)를 단다면, 차로(次路) 중에는 5취(就)로 다는 것도 있고, 7취(就)로 다는 것도 있다. 기록 속에 나타나는 차로(次路)가 혁로(革路)와 목로(木路) 2가지 수레를 포괄하고 있다면, 은나라 때의 차로(次路)에 대해서 5취(就)로 하고 또 7취(就)로 한다고 한 것이 어찌 하나의 수레를 뜻하겠는가? 정현은 7취(就)로 기록한 것은 잘못된 말이라고 여겼는데, 이것은 지나친 논의이다. 또 말하길, 예에서는 하늘과 온전히 같은 것을 매우 두터운 것으로 삼고, 하늘과 가까운 것을 그 다음으로 두터운 것으로 삼으며, 사람과 가까운 것을 그 다음으로 엷은 것으로 삼고, 사람의 정감을 온전히 드러낸 것을 가장 엷은 것으로 삼는다. 피[血]라는 것은 하늘과 온전히 같은 것이며, 생고기[腥]라는 것은 하늘과 가까운 것이다. 그리고 데친 고기[爓]는 사람과 가까운 것이고, 삶은 고기[孰]는 사람의 정감을 온전히 드러낸 것이다. 교(郊)제사와 대향(大饗)은 항상 삼헌(三獻)의 의례보다도 중요한데,[6] 이것이 어찌 지극히 공경해야 하는 대상에 대해서, 그 맛을 흠향시키는 것이 아니고, 기운과 냄새를 중시하는 것이 아니겠는가? 울창주[鬱鬯]는 양(陽)에 해당하는 사물이고, 단수(腶脩)는 음(陰)에 해당하는 사물이다. 음(陰)에 해당하는 사물을 사용하는 것은 신령스럽게 대하는 방법이며, 양(陽)에 해당하는 사물을 숭상하는 것은 그것을 밝게 드러내는 방법이지만, 둘 모두 맛을 흠향시키는 것이 아니라는 점에서는 동일하다. 무릇 신에게 대향(大饗)을 하는 것은 천자에게 해당하는 일이며, 빈객들에게 대향(大饗)을 하는 것은 제후에게 해당하는 일인데, 신과 빈객들을 대접하는 일에 대해서, 모두 '대향(大饗)'이라고 부르고 있는 이유는 무릇 '대(大)'라고 부른 것은 그 예를 지극히 하기 때문이며, '향(饗)'이라고 부른 것은 그 대상으로 향하게 하기 때문일 것이다.

---

6) 『예기』「예기(禮器)」: 君子曰: 禮之近人情者, 非其至者也. 郊血, 大饗腥, 三獻爓, 一獻孰.

臭, 亦氣也. ①餘並見前篇.

번역 냄새[臭] 또한 기(氣)에 해당한다. 나머지 설명들은 모두 앞 편에 나온다.

① 餘竝見前篇.

補註 按: 大路繁纓一就, 及自郊血至一獻孰, 已見禮器. 禮器二章及補
註, 當參考.

번역 살펴보니, "대로(大路)에는 번(繁)과 영(纓)이 1취(就)이다."라는 구문
과 "교제사 때 희생물의 피를 사용한다."라는 구문부터 "일헌에는 익힌 고기
를 바친다."라고 한 구문까지는 『예기』 「예기(禮器)」편에 나온다. 「예기」편
의 두 문장 및 보주에 대해서는 마땅히 참고해야만 한다.

참고-經文

諸侯爲賓, 灌用鬱鬯, 灌用臭也. ①大饗尙腵脩而已矣.

번역 제후가 빈객이 되었을 때에는 술을 따라 땅에 부으며 울창주를 사용하니, 술을 땅에 부어서 신을 강림시킬 때에는 그 술의 냄새를 이용하기 때문이다. 천자가 제후들에게 큰 향연을 베풀어줄 때에는 음식들 중에서도 단수(股脩=腵脩)를 숭상할 따름이다.

① 大饗尙腵脩.

補註 陽村曰: 註以此節大饗, 爲王饗諸侯之事, 下文大饗, 爲諸侯相朝主君饗客之禮. 然此節大饗繼諸侯爲賓, 而言諸侯爲賓灌用鬱鬯, 卽釋前篇諸侯相朝灌用鬱鬯之意也, 則未見此段之中有王饗諸侯之意, 此兩節幷下段, 皆爲諸侯相朝之禮歟.

번역 양촌이 말하길, 주에서는 이곳 문단에 대향(大饗)을 천자가 제후에게 연회를 베푸는 사안으로 여겼고, 아래문장에 나오는 대향(大饗)에 대해서는 제후가 서로 조회를 할 때 조회를 받은 제후가 빈객으로 찾아온 제후에게 연회를 베푸는 예법으로 여겼다. 그런데 이곳 문단에 나온 대향(大饗)이라는 말은 제후가 빈객이 되었다는 말과 연결되어 있고, 또 제후가 빈객이 되었을 때 술을 땅에 부으며 울창주를 사용한다고 했으니, 이것은 앞에서 제후가 서로 조회할 때 땅에 뿌리는 술은 울창주를 사용한다고 했던 말을 풀이한 것이니, 이곳 문단에는 천자가 제후에게 연회를 베푼다는 의미가 나타나지 않는다. 따라서 이곳에 나온 두 문단과 아래단락 모두 제후가 서로 조회할 때의 예법에 해당할 것이다.

補註 ○按: 曲禮下, "婦人之摯, 棋榛脯脩棗栗." 陳註, "脩, 肉煆治加薑桂乾之." 此章作腵脩者, 以其煆治故云也.

번역 ○살펴보니, 『예기』「곡례하(曲禮下)」편에서는 "부인들이 사용하는 예물은 '호깨나무 열매[枳]', '개암나무 열매[榛]', 육포[脯], 조미육포[脩], 대추[棗], 밤[栗]이다."[1]라고 했고, 진호의 주에서는 "'수(脩)'는 고기를 건조시키며 생강이나 계피 등의 조미를 가미하여 말린 것이다."라고 했다. 이곳 문장에서 단수(腶脩)라고 기록한 것은 그것을 말려서 가공했기 때문에 이처럼 말한 것이다.

참고-集說

諸侯來朝, 以客禮待之, 是爲賓也. 在廟中行三享畢, 然後天子以鬱鬯之酒灌之, 諸侯相朝亦然, 明貴氣臭之義也. 周禮作祼字, ①上公再祼而酢, 侯伯一祼而酢, 子男一祼不酢. 祼則使宗伯酌圭瓚而祼之, 酢則賓酢主也. 此大饗, 謂王饗諸侯也. 脯加薑桂曰腶脩. 行饗之時, 雖設大牢之饌, 而必先設腶脩於筵前, 然後設餘饌, 故云尚腶脩也. 此明不享味之義.

번역 제후가 천자에게 찾아와 조회를 할 때, 천자는 빈객에 대한 예법에 따라서 제후를 대접하니, 이것이 바로 "빈객이 되었다[爲賓]."는 경우이다. 종묘 안에서는 세 차례 술을 따르는 일[2]이 모두 끝나게 되면, 천자는 울창주를 이용해서, 술을 따르게 되며, 제후들끼리 서로 조회를 할 때에도 또한 이처럼 하니, 기운[氣]과 냄새[臭]를 귀하게 여긴다는 것을 나타낸 것이다. 『주례』에서는 '관(祼)'자로 기록하고 있는데, 상공(上公)에 대해서는 두 차례 술을 따르고 잔을 돌리며, 후작[侯]과 백작[伯]에 대해서는 한 차례 술을 따르고 잔을 돌리며, 자작[子]과 남작[男]에 대해서는 한 차례 술을 따르지만 잔은 돌리지 않는다고 했다.[3] '관(祼)'이라는 것은 종백

---

1) 『예기』「곡례하(曲禮下)」: 婦人之摯, 枳·榛·脯·脩·棗·栗.
2) 『주례』「추관(秋官)·대행인(大行人)」편에는 "廟中將幣三享, 王禮再祼而酢."라는 기록이 있고, 이에 대한 정현의 주에서는 정사농(鄭司農)의 주장을 인용하여, "三享, 三獻也."라고 풀이했다.

(宗伯)을 시켜서, 규찬(圭瓚)으로 술을 따르고, 술을 땅에 뿌리는 행위이며, '초(酢)'라는 것은 빈객이 주인에게 술을 따라서 권하는 행위이다. 여기에서 말하는 '대향(大饗)'은 천자가 제후들에게 연회를 베풀어준다는 뜻이다. 포(脯)에 생강과 계피를 첨가한 것을 '단수(腶脩)'라고 부른다. 향연을 시행할 때, 비록 태뢰를 이용한 성찬을 차려내게 되지만, 반드시 무엇보다 앞서 자리[筵] 앞에 단수를 진설해야 하며, 그런 뒤에야 나머지 음식들을 진설하게 된다. 그렇기 때문에 "단수를 숭상한다."라고 말한 것이다. 그리고 이것은 곧 그 음식의 맛을 흠향하지 않는다는 뜻을 나타내고 있는 것이다.

① 上公再祼[止]一祼不酢.

補註 秋官・大行人: "上公之禮, 廟中將幣三享, 王禮再祼而酢. 侯・伯之禮, 廟中將幣三享, 王禮一祼而酢. 諸子・諸男之禮, 廟中將幣三享, 王禮一祼不酢." 註曰: "三享, 三獻也. 三享, 皆束帛加璧, 庭實隨國所有." 疏曰: "此謂行朝禮在朝訖, 乃行三享在廟也." 註又曰: "王禮, 王以鬱鬯禮賓也. 王使宗伯攝酌圭瓚而祼, 王旣拜送爵, 又攝酌璋瓚而祼, 后又拜送爵, 是謂再祼. 再祼賓乃酢王也. 侯・伯一祼而酢者, 祼賓, 賓酢王而已, 后不祼也. 子・男一祼不酢者, 祼賓而已, 不酢王也." 疏曰: "大宗伯代王祼賓, 君不酌臣故也."

번역 『주례』「추관(秋官)・대행인(大行人)」편에서 말하길, "상공의 예법에 있어서 묘 안에서는 폐물을 가지고 세 차례 향(享)을 하며, 천자는 예우를 하며 두 차례 관(祼)[4]을 하고 술잔을 돌린다. 후작과 백작의 예법에 있어서

---

3) 『주례』「추관(秋官)・대행인(大行人)」: 上公之禮, 執桓圭九寸, …… 廟中將幣三享, 王禮再祼而酢. …… 諸侯之禮, 執信圭七寸, …… 廟中將幣三享, 王禮壹祼而酢. …… 諸伯執躬圭, 其他皆如諸侯之禮. 諸子執穀璧五寸, 繅藉五寸, …… 廟中將幣三享, 王禮壹祼不酢. …… 諸男執蒲璧, 其他皆如諸子之禮.

4) 관(祼)은 본래 향기로운 술을 땅에 부어서 신을 강림시키는 의식인데, 조회를 온 제후 등을 대면하며 관(祼)을 시행하면, 술잔에 향기로운 술을 따라서 빈객을 공경한다는 뜻을 나타내기도 했다. 즉 본래는 제사의 절차였지만, 이러한 절차에 기인하여 빈객에게 따라준 술을 빈객이 마시는 것까지도 관(祼)이라고 불렀다.

묘 안에서는 폐물을 가지고 세 차례 향을 하며, 천자는 예우를 하며 한 차례 관을 하고 술잔을 돌린다. 자작과 남작의 예법에 있어서 묘 안에서는 폐물을 가지고 세 차례 향을 하며, 천자는 한 차례 관을 하되 술잔을 돌리지 않는다."라고 했다. 주에서 말하길, "삼향(三享)은 3번 헌(獻)을 한다는 뜻이다. 삼향에는 모두 속백(束帛)에 벽(璧)을 추가해서 올리며 마당에 채워 넣는 것은 그 나라에서 소유하고 있는 것으로 한다."라고 했다. 소에서 말하길, "이것은 조정에서 조례(朝禮) 시행하는 일이 끝나면 곧 묘(廟)에서 세 차례 향(享)을 시행하게 된다는 뜻이다."라고 했다. 주에서 또 말하길, "'왕례(王禮)'는 천자가 울창주를 따라서 빈객을 예우하는 것이다. 종백을 시켜 규찬(圭瓚)으로 술을 따라 관(祼)하는 절차를 대신하도록 하는데, 천자가 절을 하여 술잔을 건네게 되면, 또한 장찬(璋瓚)으로 술을 따라 관(祼)하는 절차를 대신하고, 왕후가 재차 절을 하여 술잔을 건네게 되는데, 이것을 '재관(再祼)'이라고 부른다. 빈객에게 재관을 하게 되면 천자에게 술잔을 돌린다. 후작과 백작에 있어서는 한 차례 관(祼)을 하고서 술잔을 돌리게 되는데, 빈객에게 관(祼)을 하고 빈객이 천자에게 술잔을 돌리고서 그치며 왕후는 관(祼)을 하지 않는다. 자작과 남작에 있어서는 한 차례 관(祼)만 하고 술잔을 돌리지 않으니, 빈객에게 관(祼)만 할 따름이며, 천자에게 술잔을 돌리지 않는다."라고 했다. 소에서 말하길, "대종백이 천자를 대신해서 빈객에게 관(祼)을 하니, 군주는 신하에게 술을 따라주지 않기 때문이다."라고 했다.

「교특생」 4장

참고-經文

①大饗, 君三重席而酢焉; 三獻之介, 君②|專席|而酢焉. 此降尊
以就卑也.

번역 제후들끼리 서로 조회를 하여 대향(大饗)을 시행할 때, 군주는 자리를 세 겹
으로 깔고서 술잔을 돌리게 되고, 상대방 군주가 신하를 시켜서 빙문(聘問)을 온
경우에는 사신단 중 상개(上介)에 해당하는 대부에 대해서, 군주는 홑겹으로 된 자
리를 깔고서 술잔을 돌리게 된다. 이것은 곧 존귀함을 낮춰서 낮은 곳으로 다가간
경우에 해당한다.

① 大饗君三重席章.

補註 疏曰: 知非諸侯朝天子, 天子饗之, 而云諸侯相饗者, 以經云君三重
席而酢, 三重席是諸侯之禮, 而又稱君, 故知諸侯相饗也.

번역 소에서 말하길, 제후가 천자에게 조회로 찾아와서 천자가 제후들에게
향연을 베푸는 경우가 아니라는 사실을 알 수 있어서, "제후들끼리 서로에게
향연을 베푼다."라고 한 것인데, 경문에서 군주는 세 겹으로 자리를 깔고 초
(酢)를 한다고 했기 때문이니, 세 겹으로 자리를 까는 것은 제후에게 해당하
는 예법이며, 또한 '군(君)'이라고 지칭하였기 때문에, 제후들끼리 서로에게
향연을 베푸는 내용임을 알 수 있다.

② 專席.

補註 鄭註: 專, 猶單也.

번역 정현의 주에서 말하길, '전(專)'자는 단(單)자의 뜻이다.

「교특생」 5장

참고―經文

①饗禘有樂, 而食嘗無樂, 陰陽之義也. 凡飮, 養陽氣也. 凡食, 養陰氣也. 故①春禘而秋嘗, 春饗孤子, 秋食耆老, ②其義一也. 而食嘗無樂, 飮養陽氣也, 故有樂; 食養陰氣也, 故無聲. 凡聲, 陽也.

번역 봄에 고아들에게 향연을 베풀거나 봄의 정규 제사를 지낼 때에는 음악이 포함되고, 가을에 노인들에게 밥을 대접하거나 가을의 정규 제사를 지낼 때에는 음악이 포함되지 않으니, 이것은 음양(陰陽)의 뜻에 따라 구분을 지은 것이다. 무릇 마시는 것들은 양기(陽氣)를 기르는 수단이다. 무릇 먹는 것들은 음기(陰氣)를 기르는 수단이다. 그렇기 때문에 봄에 정규 제사를 지내고, 가을에 정규 제사를 지내며, 봄에는 고아들에게 향연을 베풀고, 가을에는 노인들에게 밥을 대접하는 것은 그 의미가 동일한 것이다. 그런데 밥을 대접하고, 가을의 정규 제사를 지낼 때에는 음악이 포함되지 않는데, 마시는 것들은 양기를 기르는 수단이기 때문에, 음악이 포함되는 것이다. 그리고 밥은 음기를 기르는 것이기 때문에, 음악이 포함되지 않는 것이다. 무릇 소리는 양(陽)에 해당하기 때문이다.

① ○饗禘有樂[又]春禘.

補註 鄭註: "禘, 當爲禴, 字之誤也." 疏曰: "周則春曰祠, 王制夏·殷之禮云春曰禴, 今云春曰禘, 故知禘當爲禴. 此經所論, 謂夏·殷禮也."
번역 정현의 주에서 말하길, "'체(禘)'자는 마땅히 '약(禴)'자가 되어야 하니, 자형이 비슷해서 생긴 오류이다."라고 했다. 소에서 말하길, "주나라의 경우에는 봄에 지내는 제사를 '사(祠)'라고 불렀으며, 『예기』「왕제(王制)」편에서는 하나라와 은나라의 예법에서는 '봄에 지내는 제사를 약(禴)이라고 부른다.'라고 했는데, 현재는 '봄에 지내는 제사를 체(禘)라고 부른다.'라고 했기 때문에, '체(禘)'자는 마땅히 '약(禴)'자가 되어야 함을 알 수 있다. 이곳 경문에서 논의하는 내용은 하나라와 은나라 때의 예법에 대한 것이다."라고 했다.

補註 ○按: 王制, "天子諸侯宗廟之祭, 春礿‧夏禘‧秋嘗‧冬烝." 註云, "此蓋夏‧殷之祭名. 周則春祠‧夏礿‧秋嘗‧冬烝也." 此所謂禘者, 既不合於周, 又與王制差違, 故註作礿, 禴卽礿字. 蓋從夏‧殷祭名也. 祭義春禘之禘, 註亦作礿者, 此也. 然夏‧殷兩代祭名, 亦不必相同, 恐是王制所言, 自是一代之禮, 而此篇及祭義所言, 又自是一代之禮歟. 小註陳說, 與愚見同.

번역 ○살펴보니, 『예기』「왕제(王制)」편에서는 "천자와 제후의 종묘에 대한 제사는 봄에 지내는 것을 약(礿)이라 부르고, 여름에 지내는 것을 체(禘)라 부르며, 가을에 지내는 것을 상(嘗)이라 부르고, 겨울에 지내는 것을 증(烝)이라 부른다."[1]라고 했고, 주에서는 "이것은 아마도 하나라와 은나라 때의 제사 명칭일 것이다. 주나라에서는 봄에 지내는 것을 사(祠)라 부르고, 여름에 지내는 것을 약(礿)이라 부르며, 가을에 지내는 것을 상(嘗)이라 부르고, 겨울에 지내는 것을 증(烝)이라 부른다."라고 했다. 이곳에서 말한 '체(禘)'라는 것은 이미 주나라의 예법과는 합치되지 않는데, 또한 「왕제」의 기록과는 차이를 보인다. 그렇기 때문에 주에서는 약(礿)자로 기록한 것이니, '약(禴)'자는 약(礿)자에 해당한다. 아마도 이것은 하나라와 은나라 때의 제사 명칭에 따른 것 같다. 『예기』「제의(祭義)」편에 나오는 '춘체(春禘)'[2]의 체(禘)자에 대해 주에서 이 또한 약(禴)자로 기록한 것도 이러한 이유 때문이다. 그런데 하나라와 은나라 두 왕조의 제사 명칭에 있어서도 서로 같을 이유가 없으니, 아마도 「왕제」편에서 언급한 내용은 그 자체로 어느 왕조의 예법에 해당할 것이고, 「교특생」편과 「제의」편에서 말한 내용 또한 그 자체로 어느 왕조의 예법이 될 것이다. 소주에 나온 진씨의 주장은 나의 견해와 일치한다.

---

1) 『예기』「왕제(王制)」: 天子諸侯宗廟之祭, 春曰礿, 夏曰禘, 秋曰嘗, 冬曰烝.

2) 『예기』「제의(祭義)」: 祭不欲數, 數則煩, 煩則不敬. 祭不欲疏, 疏則怠, 怠則忘. 是故君子合諸天道, 春禘秋嘗. 霜露旣降, 君子履之, 必有悽愴之心, 非其寒之謂也. 春, 雨露旣濡, 君子履之, 必有怵惕之心, 如將見之. 樂以迎來, 哀以送往, 故禘有樂而嘗無樂.

참고-大全 長樂陳氏曰: 饗禘以飮爲主, 飮以天産而養陽氣, 故有樂. 食嘗以食爲主, 食以地産而養陰氣, 故無樂. 蓋饗禘以春, 食嘗以秋, 春爲陽, 秋爲陰, 陽則來而主長, 陰則往而主成, 故禘之有樂, 所以迎來, 嘗之無樂, 所以送往. 春饗孤子以助其長, 秋食耆老以順其成, 凡此順陰陽而已. 此與祭義言春禘・秋嘗同, 而王制祭統, 則言夏禘・秋嘗, 蓋夏殷之禮, 不同也.

번역 장락진씨가 말하길, 향(饗)과 체(禘)에서는 마시는 것을 위주로 하는데, 마시는 것은 하늘이 낳아준 산물이고, 양기(陽氣)를 길러주기 때문에, 음악이 포함되는 것이다. 사(食)와 상(嘗)에서는 먹는 것을 위주로 하는데, 먹는 것은 땅이 낳아준 산물이고, 음기(陰氣)를 길러주기 때문에, 음악이 포함되지 않는 것이다.[3] 무릇 향(饗)과 체(禘)는 봄에 치르고, 사(食)와 상(嘗)은 가을에 치르는데, 봄은 양(陽)에 해당하고, 가을은 음(陰)에 해당한다. 그런데 양(陽)은 도래하고 성장시킴을 주관하고, 음(陰)은 떠나고 완성시킴을 주관한다. 그렇기 때문에 체(禘)에 음악이 포함된 것은 도래함을 맞이하는 것이고, 상(嘗)에 음악이 포함되지 않은 것은 떠나감을 전송하는 것이다. 봄에는 고아들에게 향(饗)을 하여, 그들이 장성하게 되는 것을 돕는 것이고, 가을에는 노인들에게 사(食)를 하여, 그들이 완성되는 것을 따르는 것이니, 무릇 이것들은 음양(陰陽)의 구분에 따르는 것일 뿐이다. 이곳 문장과 『예기』「제의(祭義)」편에서는 봄에는 체(禘)를 지내고, 가을에는 상(嘗)을 지낸다고 하여,[4] 동일하게 기록하고 있다. 그런데 『예기』「왕제(王制)」편과 「제통(祭統)」편에서는 여름에는 체(禘)를 지내고, 가을에는 상(嘗)을 지낸다고 하여,[5] 차이를 보이는데, 아마도 이 기록은 하(夏)나라와 은(殷)나라 때의 예(禮)에 해당하기 때문에, 서로 차이를 보이는 것 같다.

---

3) 『주례』「춘관(春官)・대종백(大宗伯)」: <u>以天産作陰德</u>, 以中禮防之; <u>以地産作陽德</u>, 以和樂防之.

4) 『예기』「제의(祭義)」: 祭不欲數, 數則煩, 煩則不敬. 祭不欲疏, 疏則怠, 怠則忘. 是故君子合諸天道, <u>春禘, 秋嘗</u>.

5) 『예기』「왕제(王制)」: 天子諸侯宗廟之祭, 春曰礿, <u>夏曰禘, 秋曰嘗</u>, 冬曰烝. / 『예기』「제통(祭統)」: 凡祭有四時. 春祭曰礿, <u>夏祭曰禘, 秋祭曰嘗</u>, 冬祭曰烝.

② 其義一也[止]無樂.

補註 鄭註: 言義同, 而或用樂或不用樂.

번역 정현의 주에서 말하길, 그 의미가 동일하지만, 어떤 경우에는 음악을 사용하고, 또 어떤 경우에는 음악을 사용하지 않는다는 뜻이다.

補註 ○按: 以此觀之, 則一也, 下當著奴代吐, 諺讀恐誤.

번역 ○살펴보니, 이를 통해 살펴보면 '일야(一也)'라는 구문 뒤에는 마땅히 로대[奴代]토를 붙여야 하니, 『언독』의 토는 아마도 잘못된 것 같다.

補註 ○又按: 類編以此重出五字爲衍文.

번역 ○또 살펴보니, 『유편』에서는 '이사상무악(而食嘗無樂)'이라는 구문이 중복해서 나타나므로, 이 다섯 글자를 연문으로 여겼다.

「교특생」 6장

참고—經文

①鼎俎奇而籩豆偶, 陰陽之義也. 籩豆之實, 水土之品也. ②不
敢用褻味而貴多品, 所以交於旦明之義也.

번역 정(鼎)과 조(俎)는 홀수로 설치하고, 변(籩)과 두(豆)는 짝수로 진설하니, 음
양(陰陽)의 뜻에 따르기 때문이다. 변(籩)과 두(豆)에 담아내는 음식들은 물과 땅
에서 나온 물건들이다. 감히 평상시에 먹는 음식을 사용하지 않고, 음식들을 많이
차려내는 것을 귀하게 여기는 것은 신명(神明)과 교감하기 위해서이다.

① ○鼎俎奇而籩豆偶.

補註 疏曰: 鼎俎奇者, 以其盛牲體, 牲體動物, 屬陽, 故其數奇. 籩豆偶
者, 其實兼有植物, 屬陰, 故其數偶.

번역 소에서 말하길, 정(鼎)과 조(俎)를 홀수로 설치한다는 말은 이것들은
희생물의 몸체를 채우는 것인데, 희생물의 몸체는 동물(動物)에 해당하고,
동물은 양(陽)에 속한다. 그렇기 때문에 그 수를 홀수로 하는 것이다. 변(籩)
과 두(豆)는 짝수로 설치한다는 말은 이것에 채우는 것들에는 모두 식물(植
物)이 포함되는데, 식물은 음(陰)이 된다. 그렇기 때문에 그 수를 짝수로 하
는 것이다.

② 不敢用褻味[止]多品.

補註 疏曰: 神道與人旣異, 故不敢用人之食味, 神以多大爲功, 故貴多品.

번역 소에서 말하길, 신의 도는 사람과 이미 다르다. 그렇기 때문에 감히 사
람이 먹는 맛좋은 음식들을 사용할 수 없는 것이고, 신은 많고 큰 것을 공덕
으로 삼는다. 그렇기 때문에 물품이 많은 것을 존귀하게 여기는 것이다.

①自一鼎至九鼎皆奇數, 其十鼎者, 陪鼎三, 則正鼎亦七也. 十二鼎者, 陪鼎三, 則正鼎亦九也. 正鼎鼎別一俎, 故云鼎俎奇也. 籩豆偶者, 據周禮掌客及前篇所舉, 皆是偶數. 又詳見儀禮圖.

번역 1개의 정(鼎)을 두는 것으로부터 9개의 정(鼎)을 두는 것까지는 모두 홀수에 따르고 있으며, 10개의 정(鼎)을 설치하는 경우에 있어서도, 배정(陪鼎)이 3개라면, 정정(正鼎) 또한 홀수인 7개가 된다. 그리고 12개의 정(鼎)을 설치하는 경우에 있어서도, 배정(陪鼎)이 3개라면, 정정(正鼎) 또한 홀수인 9개가 된다. 정정(正鼎)에 있어서는 정(鼎)마다 별도로 1개의 조(俎)를 둔다. 그렇기 때문에 정(鼎)과 조(俎)가 모두 홀수라고 말한 것이다. 변(籩)과 두(豆)가 짝수라는 말은 『주례』「장객(掌客)」편 및 『예기』「예기(禮器)」편의 기록에서 제시하는 말에 근거해보면,[1] 모두 짝수에 해당한다. 또한 『의례도(儀禮圖)』에 자세한 설명이 나타난다.

① **自一鼎[止]鼎俎奇也.**

補註 疏曰: 九鼎, 按聘禮, 牛一·羊二·豕三·魚四·腊五·腸胃六·膚七·鮮魚八·鮮腊九. 是其數奇也. 又有陪鼎, 膷一也·臐二也·膮三也, 亦其數奇也. 正鼎九, 鼎別一俎, 俎亦九也. 又小牢陳五鼎, 羊一·豕二·膚三·魚四·腊五. 其腸胃從羊, 五鼎五俎, 又肵俎一, 非正俎也. 特牲三鼎, 牲鼎一·魚鼎二·腊鼎三, 亦三俎, 肵俎一, 非正俎, 不在數. 是皆鼎俎奇也.

---

[1] 『주례』「추관(秋官)·장객(掌客)」: 上公五積, 皆眡飧牽, 三問皆脩, 群介·行人·宰·史皆有牢. 飧五牢, 食四十, 簠十, 豆四十, 鉶四十有二, 壺四十, 鼎簋十有二, 牲三十有六, 皆陳. …… 夫人致禮, 八壺·八豆·八籩, 膳大牢, 致饗大牢, 食大牢. …… 侯伯四積, 皆眡飧牽, 再問皆脩. 飧四牢, 食三十有二, 簠八, 豆三十有二, 鉶二十有八, 壺三十有二, 鼎簋十有二, 腥二十有七, 皆陳. …… 夫人致禮, 八壺·八豆·八籩, 膳大牢, 致饗大牢. …… 子男三積, 皆眡飧牽, 壹問以脩. 飧三牢, 食二十有四, 簠六, 豆二十有四, 鉶十有八, 壺二十有四, 鼎簋十有二, 牲十有八, 皆陳. …… 夫人致禮, 六壺·六豆·六籩, 膳眡致饗. / 『예기』「예기(禮器)」: 天子之豆, 二十有六. 公十有六, 諸侯十有二, 上大夫八, 下大夫六.

번역 소에서 말하길, 구정(九鼎)에 있어서 『의례』 「빙례(聘禮)」편을 살펴보면, 소의 희생물을 담은 것이 첫 번째, 양의 희생물을 담은 것이 두 번째, 돼지의 희생물을 담은 것이 세 번째, 물고기를 담은 것이 네 번째, 포를 담은 것이 다섯 번째, 창자와 위를 담은 것이 여섯 번째, 껍질을 담은 것이 일곱 번째, 신선한 물고기를 담은 것이 여덟 번째, 신선한 포를 담은 것이 아홉 번째라고 했다. 이것은 그 수가 홀수에 해당함을 뜻한다. 또 배정(陪鼎)이 포함되는데, 쇠고깃국을 담은 것이 첫 번째, 양고깃국을 담은 것이 두 번째, 돼지고깃국을 담은 것이 세 번째이니, 이 또한 그 수가 홀수이다. 정식으로 설치하는 정(鼎)은 9개인데, 정(鼎)과 맞춰서 별도의 조(俎)를 1개씩 설치하니, 조(俎) 또한 9개가 된다. 또 『의례』 「소뢰궤식례(少牢饋食禮)」편을 살펴보면, 5개의 정(鼎)을 진설하는데, 양고기를 담은 것이 첫 번째, 돼지고기를 담은 것이 두 번째, 껍질을 담은 것이 세 번째, 물고기를 담은 것이 네 번째, 포를 담은 것이 다섯 번째이다. 창자와 위는 양고기를 담은 것에 따라 함께 담고, 5개의 정(鼎)과 5개의 조(俎)가 있게 되며, 또한 근조(肵俎) 1개가 있게 되는데, 이것은 정식으로 진설하는 조(俎)에는 해당하지 않는다. 『의례』 「특생궤식례(特牲饋食禮)」편에서는 3개의 정(鼎)을 진설하는데, 생정(牲鼎)이 첫 번째이고, 어정(魚鼎)이 두 번째이며, 석정(腊鼎)이 세 번째이다. 여기에도 또한 3개의 조(俎)가 있게 되고, 근조(肵俎) 1개가 추가적으로 차려지지만, 이 또한 정식으로 진설하는 조(俎)가 아니므로, 그 수에는 포함되지 않는다. 이러한 기록들에서는 모두 정(鼎)과 조(俎)를 홀수로 맞추고 있다.

「교특생」 7장

참고-集說

燕禮則大門是寢門, 饗禮則大門是廟門也. 肆夏, 樂章名, ①九夏見周禮. 易以敬, 言和易中有嚴敬之節也. 卒爵而樂闋, 謂賓至庭而樂作, 賓受獻爵拜而樂止, ②及主人獻君樂又作, 君卒爵而樂止也. 歎之, 歎美之也. 奠酬而工升歌, 謂奠置酬爵之時, 樂工升堂而歌, 所以發陽主賓之德, 故云發德也. ③匏竹, 笙也. 樂所以發陽道之舒暢, 禮所以肅陰道之收斂, 一闔一闢, 而萬事得宜也.

번역 연례(燕禮)인 경우라면, '대문(大門)'은 곧 침문(寢門)에 해당하고, 향례(饗禮)인 경우라면, '대문(大門)'은 곧 묘문(廟門)에 해당한다. '사하(肆夏)'는 악장(樂章)의 이름이며, '구하(九夏)'[1]는 『주례』에 그 기록이 나온다. '이이경(易以敬)'은 온화하고 평화로운 가운데에도 엄중하고 공경스러운 절도가 있음을 뜻한다. "술잔을 비우고 음악이 끝난다."는 말은 빈객이 마당[庭]에 도달하여, 음악을 연주하고, 빈객이 바쳤던 술잔을 받고서 절을 하여, 음악을 끝내는 것을 뜻하며, 또한 주인(主人)이 군주에게 술잔을 바치면, 음악 또한 연주를 하고, 군주가 술잔을 비우면, 음악도 그치게 됨을 뜻한다. 탄(歎)을 했다는 것은 탄미를 했다는 뜻이다. "술잔을 내려놓고, 악공(樂工)들이 올라가서 노래를 부른다."는 말은 건네받은 술

---

1) 구하(九夏)는 고대의 아홉 가지 악곡을 총칭하는 말이다. '하(夏)'자는 성대하다는 뜻에서 붙여진 명칭이다. 아홉 가지 악곡은 왕하(王夏), 사하(肆夏), 소하(昭夏), 납하(納夏), 장하(章夏), 제하(齊夏), 족하(族夏), 개하(祴夏: =陔夏), 오하(驁夏)이다. '구하'의 쓰임은 다양한데, 『주례』에 따르면 '왕하'는 천자가 출입할 때 연주하는 악곡이고, '사하'는 시동이 출입할 때 연주하는 악곡이며, '소하'는 희생물이 출입할 때 연주하는 악곡이고, '납하'는 사방의 빈객들이 찾아왔을 때 연주하는 악곡이며, '장하'는 신하가 공적을 세웠을 때 연주하는 악곡이고, '제하'는 부인이 제사를 지낼 때 연주하는 악곡이며, '족하'는 족인들이 모시고 있을 때 연주하는 악곡이고, '개하'는 빈객이 술을 마시고 밖으로 나갈 때 연주하는 악곡이며, '오하'는 공(公)이 출입할 때 연주하는 악곡이다.

잔을 바닥에 내려놓을 때, 악공들이 당상(堂上)에 올라가서 노래를 부른다는 뜻으로, 주인과 빈객의 덕을 드러내기 위함이다. 그렇기 때문에 "덕을 나타낸다."고 말한 것이다. '포죽(匏竹)'은 생황[笙]이다. 음악[樂]은 양(陽)의 도가 퍼지는 것을 드러내는 방법이며, 예(禮)는 음(陰)의 도가 수렴하는 것을 엄숙하게 하는 방법이니, 한 번 닫히고 한 번 열리면서,[2] 모든 일들이 마땅함을 얻게 된다.

① ○九夏見周禮.

補註 按: 此出春官‧鍾師, 見禮器補註.

번역 살펴보니, 이것은 『주례』「춘관(春官)‧종사(鍾師)」편에 나오며,[3] 『예기』「예기(禮器)」편의 보주에서 설명했다.

② 及主人獻君樂又作.

補註 按: 君, 卽賓也. 此註賓連受獻, 而無主人受酢之禮, 可疑. 疏本文, 賓受獻爵拜而樂止, 下曰: "賓飮訖, 酢主人, 主人受酢畢, 主人獻公而樂作, 公飮卒爵而樂止." 陳註節略太過, 以致如此.

번역 살펴보니, '군(君)'은 곧 빈객에 해당한다. 이곳 주에서는 빈객이 연달아 술잔을 받는데 주인이 권한 술잔을 받는 예법이 나타나지 않으니 의문스럽다. 소의 본문에서는 빈객이 바쳤던 술잔을 받고서 절을 하여, 음악을 끝낸다는 내용 뒤에 "빈객이 술을 마시는 절차를 끝내면, 주인에게 술을 권하게 된다. 주인은 권한 술잔을 받는데, 그 절차를 마치면, 주인은 군주에게 헌을 하고 음악을 연주하며, 군주가 술을 마셔서 잔을 비우면 음악을 그친다."라고 했다. 진호의 주에서는 그 절차를 너무 약술했기 때문에 이와 같은 오해를 일으킨 것이다.

---

2) 『역』「계사상(繫辭上)」: 是故闔戶謂之坤, 闢戶謂之乾, 一闔一闢謂之變.

3) 『주례』「춘관(春官)‧종사(鍾師)」: 凡樂事, 以鍾鼓奏九夏, 王夏‧肆夏‧昭夏‧納夏‧章夏‧齊夏‧族夏‧祴夏‧驁夏.

③ 匏竹笙也.

補註 鄭註: "匏, 笙也." 疏曰: "匏, 笙也. 竹, 簫笛也."

번역 정현의 주에서 말하길, "'포(匏)'자는 생황을 뜻한다."라고 했다. 소에서 말하길, "'포(匏)'는 생황을 뜻한다. '죽(竹)'은 호적을 뜻한다."라고 했다.

補註 ○按: 陳註以匏竹爲一物者, 誤.

번역 ○살펴보니, 진호의 주에서는 포죽(匏竹)을 하나의 사물로 여겼는데, 이것은 잘못된 해석이다.

「교특생」8장

旅幣無方, 所以別土地之宜, 而節遠邇之期也. 龜爲前列, 先知
也. 以①鍾次之, 以和居參之也. 虎豹之皮, 示服猛也. 束帛加
璧, ②往德也.

번역 마당에 진열해두는 폐물들은 특정 장소에서만 바친 것들이 아니니, 이처럼 여러 지역에서 공납한 물건들을 진열하는 것은 각 지역의 토질에 따른 마땅한 물건들을 변별하고, 거리적 차이에 따라 발생하는 시간의 차이를 조절하는 방법이다. 거북껍질을 가장 앞줄에 진열하는 것은 그것이 지혜를 갖추고 있기 때문에 앞으로 진열하는 것이다. 종(鍾)을 그 다음 줄에 진열하는 것은 조화로움을 갖추고 있으므로, 물건들의 중간에 위치하는 것이다. 호랑이나 표범 등의 가죽을 진열하는 것은 난폭한 자를 굴복시키는 위엄을 보이기 위해서이다. 속백(束帛)에 벽(璧)을 올리는 것은 유덕한 자에게 그 덕을 비유할 수 있는 옥을 보내기 위해서이다.

① 鍾次之.

補註 鄭註: 鍾, 金也. 獻金爲作器, 鍾其大者, 以金參居庭實之間, 示和也.

번역 정현의 주에서 말하길, '종(鍾)'은 금(金)을 뜻한다. 금을 헌상하여 기물을 만들게 되는데, 종은 그 중에서도 가장 큰 것이며, 마당을 채우는 물건들 사이에 금을 위치시키는 것은 조화로움을 드러내기 위해서이다.

② 往德也.

補註 疏曰: 玉以表德, 將玉加於束帛之上, 以表往歸於德也. 謂主君有德而往歸之.

번역 소에서 말하길, 옥으로는 덕을 나타내는데, 여기에서는 옥을 속백 위에 올렸던 것으로, 이것을 통해서 그에게 찾아가 덕으로 귀의한다는 뜻을 나타내고자 했기 때문이다. 주군에게 덕이 있으므로 그에게 찾아가 그의 덕에 귀의한다는 뜻이다.

補註 ○按: 疏說是, 陳註非.

번역 ○살펴보니, 소의 설명이 옳고 진호의 주는 잘못되었다.

①長樂陳氏曰: 溥天之下莫非王土, 率土之濱莫非王臣, 故衆
幣所以無方也. 土地之宜在物, 而遠近之期在人, 周官六服, 其
見有六歲之差, 其交有六物之異. 六物之異者, 所謂別土地之
宜, 六歲之差者, 所謂節遠近之期也. 金之爲體則實, 而其爲性
則順. 體之實則足以見情, 而性之順則足以示和. 示服猛者, 所
以明德威惟畏也. 禮器言大饗之所貢, 故言三牲・魚・腊以至
丹・漆・絲・纊・竹・箭之類, 而極其多. 此言常貢之法, 則陳
其大率而已. 此詳略所以不同也.

번역 장락진씨가 말하길, 하늘 아래에는 천자의 땅이 아닌 곳이 없고, 땅 위에는
천자의 신하가 아닌 자가 없다.[1] 그렇기 때문에 많은 폐물들에 있어서, 특정 장소
로 제한되는 점이 없는 것이다. 토지의 마땅함은 사물에게 적용되고, 원근에 따른
기간의 차이는 사람에게 적용되는데, 『주례』의 기록에서는 육복(六服)[2]에 있어서,

---

1) 『시』「소아(小雅)・북산(北山)」: 溥天之下, 莫非王土, 率土之濱, 莫非王臣. 大夫
不均, 我從事獨賢.

2) 육복(六服)은 천자의 수도를 제외하고, 그 이외의 땅을 9개의 지역으로 구분한 구복
(九服) 중에서 6개 지역을 뜻하는데, 천자의 수도로부터 6개 복(服)까지는 주로
중국의 제후들에게 분봉해주는 지역이었고, 나머지 3개의 지역은 주로 오랑캐들에
게 분봉해주는 지역이었다. 따라서 중국(中國)이라는 개념을 거론할 때 주로 '육복'
이라고 말한다. 천하의 정중앙에는 천자의 수도인 왕기(王畿)가 있고, 그 외에는
순차적으로 6개의 '복'이 있는데, 후복(侯服), 전복(甸服), 남복(男服), 채복(采服),

천자를 찾아뵐 때 6년이라는 기간 안에서의 차등이 존재하고, 공납품에 있어서도 여섯 종류의 사물들이 각각 차이를 보인다.[3] 여섯 종류의 사물들이 차이를 보이는 것은 "토지의 마땅함에 따라 변별하다."라는 말에 해당하고, 6년이라는 기간 안에서의 차등이라는 것은 "원근에 따라 기간을 조절한다."라는 말에 해당한다. 금(金)의 형체는 가득 채우고 있고, 그 성질은 사람의 의지에 따르게 된다.[4] 가득 채우고 있는 형체는 인정을 드러내기에 충분하고, 순종적인 성질은 조화로움을 드러내기에 충분하다.[5] 굴복시키고 용맹스러운 위엄을 보인다는 것은 덕에 따른 위엄만을 두

위복(衛服), 만복(蠻服)이 여기에 해당한다. '후복'은 천자의 수도 밖으로 사방 500리(里)의 크기이며, 이 지역에 속한 제후들은 1년에 1번 천자를 알현하며, 제사 때 사용하는 물건을 바친다. '전복'은 '후복' 밖으로 사방 500리의 크기이며, 이 지역에 속한 제후들은 2년에 1번 천자를 알현하고, 빈객(賓客)을 접대할 때 사용하는 물건을 바친다. '남복'은 '전복' 밖으로 사방 500리의 크기이며, 이 지역에 속한 제후들은 3년에 1번 천자를 알현하고, 각종 기물(器物)들을 바친다. '채복'은 '남복' 밖으로 사방 500리의 크기이며, 이 지역에 속한 제후들은 4년에 1번 천자를 알현하고, 의복류를 바친다. '위복'은 '채복' 밖으로 사방 500리의 크기이며, 이 지역에 속한 제후들은 5년에 1번 천자를 알현하고, 각종 재목들을 바친다. '만복'은 '요복(要服)'이라고도 부르는데, '만복'이라는 용어는 변경 지역의 오랑캐들과 접해 있으므로, 붙여진 용어이다. '만복'은 '위복' 밖으로 사방 500리의 크기이며, 이 지역에 속한 제후들은 6년에 1번 천자를 알현하고, 각종 재화들을 바친다. 『주례』「추관(秋官)·대행인(大行人)」편에는 "邦畿方千里, 其外方五百里謂之侯服, 歲壹見, 其貢祀物, 又其外方五百里謂之甸服, 二歲壹見, 其貢嬪物, 又其外方五百里謂之男服, 三歲壹見, 其貢器物, 又其外方五百里謂之采服, 四歲壹見, 其貢服物, 又其外方五百里謂之衛服, 五歲壹見, 其貢材物, 又其外方五百里謂之要服, 六歲壹見, 其貢貨物."이라는 기록이 있다.

3) 『주례』「추관(秋官)·대행인(大行人)」:邦畿方千里, 其外方五百里謂之侯服, 歲壹見, 其貢祀物, 又其外方五百里謂之甸服, 二歲壹見, 其貢嬪物, 又其外方五百里謂之男服, 三歲壹見, 其貢器物, 又其外方五百里謂之采服, 四歲壹見, 其貢服物, 又其外方五百里謂之衛服, 五歲壹見, 其貢材物, 又其外方五百里謂之要服, 六歲壹見, 其貢貨物.

4) 『서』「주서(周書)·홍범(洪範)」:水曰潤下, 火曰炎上, 木曰曲直, 金曰從革, 土爰稼穡.

5) 『예기』「예기(禮器)」:大饗其王事與! 三牲·魚·腊, 四海九州之美味也. 籩豆之薦, 四時之和氣也. 內金, 示和也. 束帛加璧, 尊德也. 龜爲前列, 先知也. 金次之,

려워할만 하다는 뜻을 드러내는 것이다.[6] 『예기』「예기(禮器)」편에서는 대향(大饗) 때 바치는 공납품을 언급하였기 때문에, 소·양·돼지라는 세 가지 희생물과 물고기와 말린 고기로부터 단칠 재료[丹]·옻칠 재료[漆]·명주[絲]·솜[纊]·대나무[竹]·작은 대나무[箭] 등의 부류들에 이르기까지 모두 기록하였으니, 그 공납품이 많다는 것을 천명하는 기술이다. 그런데 이곳 문장에서는 일상적으로 시행되는 공납에 대한 예법을 언급하였으므로, 대략적인 물건들을 나열했을 뿐이다. 따라서 이처럼 자세하고 간략한 차이가 발생하게 된 것이다.

① 長樂陳氏曰[止]不同也.

補註 按: 陳氏所謂禮器言大饗之所貢, 此言常貢之法云者, 似是.

번역 살펴보니, 진씨는 「예기」편에서는 대향(大饗) 때 바치는 공납품을 언급한 것이고, 이곳에서는 일상적으로 시행되는 공납에 대한 예법을 언급한 것이라고 했는데, 아마도 옳은 해석인 것 같다.

補註 ○徐志修曰: 此篇覆解上篇, 名物之詳略, 恐是或解或不解, 不必論大饗常貢之異也.

번역 ○서지수가 말하길, 「교특생」편은 「예기」편을 재차 해설한 것인데, 명칭과 사물에 대한 상세하거나 간략한 설명에 대해 어떤 것은 해석하기도 하고 또 어떤 것은 해석하지 않기도 하였으니, 대향과 일상적으로 바치는 공납품의 차이를 논의할 필요는 없다.

見情也. 丹·漆·絲·纊·竹·箭, 與衆共財也. 其餘無常貨, 各以其國之所有, 則致遠物也. 其出也, 肆夏而送之, 蓋重禮也.

6) 『서』「주서(周書)·여형(呂刑)」: 皇帝淸問下民, 鰥寡有辭于苗, 德威惟畏, 德明惟明.

「교특생」 10장

참고-集說

大射禮, 公升卽席奏肆夏. 燕禮, 賓及庭奏肆夏. 是諸侯之禮,
今大夫之僭, 自①晉大夫趙武始.

번역 『의례』「대사례(大射禮)」편에서는 군주가 당에 올라가서 자리에 나아가면, 사
하(肆夏)라는 악곡을 연주한다고 했다.[1] 또 『의례』「연례(燕禮)」편에서는 빈객이
마당에 도달하게 되면, 사하를 연주한다고 했으니,[2] 이것은 본래 제후에게만 해당
하는 예이다. 그런데 현재는 대부들이 참람되게 사용하고 있으니, 이러한 잘못은
진나라 대부인 조무(趙武)로부터 시작되었다.

① ○晉大夫趙武.

補註 按: 武, 文子名.
번역 살펴보니, '무(武)'는 문자의 이름이다.

---

1) 『의례』「대사(大射)」: 公降一等揖賓, 賓辟, 公升卽席. 奏肆夏.
2) 『의례』「연례(燕禮)」: 若以樂納賓, 則賓及庭, 奏肆夏.

참고─經文

①<u>朝覲大夫之私覿, 非禮也. 大夫執圭而使, 所以申信也. 不敢</u>
<u>私覿, 所以致敬也. 而庭實私覿, 何爲乎諸侯之庭? 爲人臣者無</u>
<u>外交,</u> ②<u>不敢貳君也.</u>

번역 조근(朝覲)의 예법에 있어서, 대부가 사적으로 다른 나라의 제후를 찾아가 만나보는 것은 비례가 된다. 대부가 자신의 군주가 부여한 명규(命圭)를 들고, 전사(專使)[1]의 임무를 시행하는 것은 자신의 신의를 펼치기 위한 것이다. 감히 사적으로 다른 나라의 제후를 만나보지 않는 것은 자신의 군주를 공경하기 위해서이다. 그러므로 마당에 선물을 채워놓고 사적으로 찾아가 만나보는 것을 어떻게 제후의 마당에서 시행할 수 있는가? 신하의 입장에 있는 자는 타국의 군주와 교류함이 없으니, 다른 나라의 군주에 대해서 감히 두 마음을 품을 수 없기 때문이다.

① 朝覲大夫[止]諸侯之庭.

補註 鄭註: "其君親來, 其臣不敢私見於主國君也, 以君命聘, 則有私見." 疏曰: "案聘禮, 臣出使有私覿, 今云私覿, 非禮也, 故鄭知從君行. 且經文朝覲, 是君親行之事也. 以君命聘, 則有私見者, 解經文執圭而使, 所以申信也. 聘禮有私覿, 故云以君命聘, 則有私見也."

번역 정현의 주에서 말하길, "제후가 직접 찾아온 경우, 그를 따라온 신하는 감히 사적으로 찾아간 나라의 군주를 찾아뵙지 않는데, 군주의 명령에 따라서 빙문(聘問)을 한다면, 사적으로 만나보는 일도 있게 된다."라고 했다. 소에서 말하길, "『의례』「빙례(聘禮)」편을 살펴보면, 신하는 국경을 벗어나 사신으로 찾아간 경우, 사적으로 찾아가 만나보는 경우도 있다고 했는데, 이곳

---

1) 전사(專使)는 어떤 일을 주도적으로 처리할 수 있는 권한을 부여받은 사신(使臣)을 뜻한다.

에서는 사적으로 만나본다고 했으며, 이것을 비례라고 했다. 그렇기 때문에 정현은 이곳에서 말한 내용이 자신의 군주를 뒤따라 다른 나라에 찾아간 경우가 됨을 알 수 있었던 것이다. 또 경문에서는 '조근(朝覲)'이라고 했는데, 이것은 군주가 직접 찾아간 경우에 해당한다. 군주의 명령에 따라서 빙문(聘問)을 한다면, 사적으로 만나보는 일도 있게 된다고 했는데, 이것은 경문에서 규(圭)를 들고 사신으로 가는 것은 신의를 펼치는 것이라고 한 말을 풀이한 것이다. 빙례에는 사적으로 찾아가서 만나보는 경우가 있다. 그렇기 때문에 "군주의 명령에 따라서 빙문을 한다면, 사적으로 만나보는 일도 있게 된다."라고 말한 것이다.

補註 ○按: 論語·鄕黨, "執圭鞠躬如也." 朱子註, "圭, 諸侯命圭, 聘問隣國, 則使大夫執以通信." 小註引此經大夫執圭以使, 所以申信之說. 又"享禮, 有容色, 私覿, 愉愉如也." 小註朱子曰, "享禮, 乃其君之信. 私覿, 則聘使亦有私禮物, 與所聘之國君及其大臣." 又或問, "私覿見於聘禮, 孔子行之, 而記禮者, 以爲非禮, 何也?" 朱子曰, "胡氏以爲若聘禮所記, 孔子所行者正丘. 當時大夫, 僭於邦君, 於是乎, 有庭實旅百如享禮然, 則非正矣. 故記曰庭實旅百, 何爲乎諸侯之庭, 此說是也." 今詳朱子所解, 以此所謂私覿爲指庭實旅百如享禮者而言, 與朝覲大夫之私覿非禮也, 却不叶. 蓋朝覲, 終非大夫奉使之名故也. 引記庭實旅百, 此文作庭實私覿, 亦異.

번역 ○살펴보니, 『논어』「향당(鄕黨)」편에서는 "규를 잡았을 때에는 몸을 굽혔다."[2]라고 했고, 주자의 주에서는 "규(圭)는 제후의 명규이니, 이웃 나라에 빙문을 하게 되면 대부를 시켜 이것을 들고 찾아가게 하여 신의를 통하게 한다."라고 했다. 소주에서는 이곳 경문에서 대부가 규를 들고서 사신으로 찾아가는 것은 신의를 펼치기 위한 것이라는 말을 인용하였다. 또 "향례에서는 온화한 표정을 지었고, 사적으로 만나볼 때에는 조화롭고 유순하게 했다."[3]라고 했고, 소주에서 주자는 "향례를 시행하면 군주가 보낸 명규를 전

---

2) 『논어』「향당(鄕黨)」: <u>執圭, 鞠躬如也</u>, 如不勝.

하게 된다. 사적으로 만나보게 되면, 빙문으로 찾아간 사신 또한 개인적으로 가지고 온 예물을 빙문으로 찾아간 나라의 군주 및 그 휘하의 대신에게 주게 된다."라고 했다. 또 혹자가 "사적으로 만나본다는 것은 『의례』「빙례(聘禮)」편에도 나오며, 공자도 이러한 의례를 시행했는데, 『예기』를 기록한 자가 이것을 비례라고 여긴 것은 어째서입니까?"라고 묻자 주자는 "호씨는 「빙례」편에서 말한 것에 따르면 공자가 시행한 것은 올바른 일이다. 그런데 당시 대부들은 자신의 군주가 따르는 예법을 참람되게 사용하였고, 이에 마당에 온갖 예물을 늘어놓아 마치 향례를 시행하는 것처럼 했으니 올바르지 않은 일이다. 그렇기 때문에 『예기』에서는 마당에 온갖 예물을 늘어놓는 것을 어떻게 제후의 마당에서 시행할 수 있느냐고 기록했다고 여겼는데, 이 주장이 옳다."라고 대답했다. 주자의 풀이를 상세히 살펴보니, 여기에서 말한 사적(私覿)을 마당에 온갖 예물을 늘어놓아 향례처럼 치르는 것으로 말했는데, "조근의 예법에 있어서 대부가 사적으로 다른 나라의 제후를 찾아가 만나보는 것은 비례이다."라는 말과는 합치되지 않는다. '조근(朝覲)'이라는 것은 대부가 임무를 받아 사신으로 찾아간다는 명칭이 될 수 없기 때문이다. 그리고 '정실려백(庭實旅百)'이라고 기록한 말을 인용했는데, 이곳 문장에서는 '정실사적(庭實私覿)'이라고 기록했으니, 이 또한 차이를 보인다.

② 不敢貳君也.

補註 楊梧曰: 君字, 註稱他君. 一云, 致敬謂致敬己君, 則不敢貳君, 亦宜作己君, 儘通.

번역 양오가 말하길, '군(君)'자에 대해 주에서는 다른 나라의 군주를 지칭한다고 했다. 일설에 '치경(致敬)'은 자신의 군주에게 공경을 다한다는 뜻이니, '불감이군(不敢貳君)' 또한 마땅히 자신의 군주를 뜻하는 말로 풀이해야 한다고 했는데, 이 또한 뜻이 통한다.

---

3) 『논어』「향당(鄕黨)」: 享禮, 有容色. 私覿, 愉愉如也.

「교특생」12장

大夫而饗君, 非禮也. 大夫強而君殺之, 義也. ①由三桓始也.

번역 대부의 신분인 자가 군주에게 향연을 베푸는 것은 비례이다. 대부가 강성하게 되면, 군주가 그를 죽이니, 대의(大義)에 따르는 것이다. 이러한 일들은 삼환(三桓) 때부터 시작되었다.

① ○由三桓始也.

補註 按: 左傳公子慶父 · 公子牙 · 公子友, 皆桓公之子, 故其後遂謂之三桓. 今陳註, 成季卽公子友也, 僖叔卽公子牙也, 慶父卽公子慶父也, 故曰大夫強而君殺之, 由三桓始.

번역 살펴보니,『좌전』에 나오는 공자 경보 · 공자 아 · 공자 우는 모두 환공의 자식이다. 그렇기 때문에 후세에는 이들을 '삼환(三桓)'이라고 지칭한 것이다. 진호의 주에서 말한 성계(成季)는 공자 우에 해당하고, 희숙(僖叔)은 공자 아에 해당하며, 경보(慶父)는 공자 경보에 해당한다. 그렇기 때문에 "대부가 강성하게 되면 군주가 그를 죽이니 삼환으로부터 시작되었다."고 말한 것이다.

大夫富强而具饗禮以饗君, 以臣召君, 故曰非禮. 大夫強橫僭逆, 必亂國家, 人君殺之, 是斷以大義. 三桓, 魯之三家, 皆桓公之後也. 先是①成季以莊公之命酖殺僖叔, 後慶父賊子般, 又弑閔公, 於是又殺慶父. 故云由三桓始.

번역 대부가 부강하게 되어, 향례(饗禮)의 의례를 갖춰서 군주에게 향연을 베푸는 것은 신하의 입장이면서 군주를 부르는 격이 된다. 그렇기 때문에 '비례(非禮)'라고 말한 것이다. 대부가 강성하여 횡포를 부리며 참람되게 거스르면, 반드시 국가를 혼란스럽게 만드니, 군주된 자는 그를 죽이는 것이다. 그리고 이것은 대의(大義)에 따라 결단을 한 것이다. '삼환(三桓)'은 노나라의 유력한 세 가문으로, 모두 노나라 환공(桓公)의 후손이 된다. 앞서 성계(成季)는 장공(莊公)의 명령에 따라서 희숙(僖叔)을 독살하였고, 이후에 경보(慶父)는 자반(子般)을 죽이고, 또 민공(閔公)을 시해하였으며, 이때 경보 또한 살해를 당했다. 그렇기 때문에 "삼환 때부터 시작되었다."라고 말한 것이다.

① 成季[止]又殺慶父.

補註 按: 成季酖僖叔, 慶父賊子般, 竝見莊三十二年. 慶父弒閔公, 魯殺慶父, 竝見閔二年.

번역 살펴보니, 성계가 희숙을 독살하고 경보가 자반을 죽였던 일은 모두 장공 32년 기록에 나온다. 경보가 민공을 시해하고 노나라에서 경보를 죽인 것은 모두 민공 2년 기록에 나온다.

「교특생」 13장

天子無客禮, 莫敢爲主焉. 君適其臣, 升自阼階, 不敢有其室也. ①覲禮, 天子不下堂而見諸侯, 下堂而見諸侯, 天子之失禮也. 由夷王以下.

번역 천자에게는 빈객이 되는 예법이 없으니, 감히 천자를 대상으로 신하가 주인으로 자처할 수 없기 때문이다. 군주가 신하에게 찾아갔을 때, 군주는 주인이 오르는 동쪽 계단을 통해서 당에 오르니, 신하는 감히 그 건물을 사적으로 소유할 수 없기 때문이다. 근례(覲禮)에 있어서 천자는 당하로 내려가서 제후들을 조견하지 않는데, 당하로 내려가서 제후들을 조견하는 것은 천자가 실례를 범한 것이다. 이러한 일들은 이왕(夷王)으로부터 그 이하의 천자들이 모두 따랐다.

① 覲禮.

補註 按: 朝禮, 春曰朝, 夏曰宗, 秋曰覲, 冬曰遇. 然則覲禮, 乃秋朝之禮. 詳見聘義補註.

번역 살펴보니, 조례에 있어서 봄에 시행하는 것을 조(朝)라 부르고 여름에 시행하는 것을 종(宗)이라 부르며 가을에 시행하는 것을 근(覲)이라 부르고 겨울에 시행하는 것을 우(遇)라 부른다. 그렇다면 '근례(覲禮)'라는 것은 가을에 시행하는 조례(朝禮)에 해당한다. 자세한 내용은 『예기』 「빙의(聘義)」 편의 보주에 나온다.

天子所以無客禮者, 以其尊無對, 莫敢爲主故也. 適臣而升自主階, 是爲主之義. 不敢有其室者, 言人臣不敢以此室爲私有

而主之矣, 況敢爲主而待君爲客乎? 覲禮, 天子負斧依南面, ①
侯氏執玉入, 是不下堂見諸侯也. 惟春朝夏宗, 以客禮待諸侯,
則天子以車出迎. 夷王, ②康王之玄孫之子.

번역 천자에게 빈객이 되는 예가 없는 이유는 그의 존귀함에는 상대할 자가 없으므로, 감히 신하를 빈객에 대비되는 주인으로 삼을 수가 없기 때문이다. 신하에게 찾아가서 당에 오를 때, 주인이 오르는 동쪽 계단을 통해 오르는 것은 주인이 되는 도의에 따르기 때문이다. "감히 그 실을 갖지 않는다."라고 한 말은 신하는 감히 이러한 실이라는 공간을 사적으로 소유하여, 주인행세를 할 수 없다는 뜻이니, 하물며 감히 주인의 입장이 되어서, 군주를 대접하며 빈객으로 삼을 수 있겠는가? 근례 (覲禮)에 있어서, 천자는 부의(斧依)를 등지고 남면을 하며,[1] 제후들은 옥을 들고서 들어오니,[2] 이것이 바로 당 밑으로 내려가서 제후들을 조현하지 않는다는 뜻이다. 오직 봄에 시행하는 조례(朝禮)와 여름에 시행하는 종례(宗禮)에서만 빈객에 대한 예법에 따라서 제후들을 대우하니, 천자는 수레에 올라서 밖으로 나가 그들을 맞이하게 된다.[3] 이왕(夷王)은 강왕(康王)의 현손의 아들이다.

① 侯氏.

補註 按: 侯氏, 諸侯來朝者之稱, 已見曾子問補註.
번역 살펴보니, '후씨(侯氏)'는 제후가 찾아와서 조회를 할 때 그를 부르는 칭호이니, 이미 『예기』「증자문(曾子問)」편의 보주에서 설명했다.

---

1) 『예기』「명당위(明堂位)」: 昔者周公朝諸侯于明堂之位, 天子負斧依南鄕而立.
2) 『의례』「근례(覲禮)」: 天子衰冕, 負斧依. 嗇夫承命, 告于天子. 天子曰, "非他, 伯父實來, 予一人嘉之. 伯父其入, 予一人將受之." 侯氏入門右, 坐, 奠圭, 再拜稽首. 擯者謁. 侯氏坐取圭, 升致命. 王受之玉. 侯氏降, 階東北面再拜稽首.
3) 『주례』「추관(秋官)·대행인(大行人)」: 春朝諸侯而圖天下之事, 秋覲以比邦國之功, 夏宗以陳天下之謨, 冬遇以協諸侯之慮, 時會以發四方之禁, 殷同以施天下之政.

② 康王之玄孫之子.

補註 疏曰: 康王生昭王, 昭王生穆王, 穆王生恭王, 恭王生懿王, 懿王崩,
弟孝王立, 孝王崩, 懿王太子燮立, 是爲夷王.

번역 소에서 말하길, 강왕(康王)은 소왕(昭王)을 낳았고, 소왕(昭王)은 목
왕(穆王)을 낳았으며, 목왕(穆王)은 공왕(恭王)을 낳았고, 공왕(恭王)은 의
왕(懿王)을 낳았다. 의왕(懿王)이 붕어하자 그의 동생이었던 효왕(孝王)이
즉위하였고, 효왕(孝王)이 붕어하자, 의왕(懿王)의 태자였던 섭(燮)이 즉위
하였으니, 이 자가 바로 이왕(夷王)이다.

「교특생」 14장

諸侯之①宮縣, 而祭以白牡, 擊玉磬, 朱干設錫, 冕而舞大武,
乘大路, 諸侯之僭禮也.

번역 제후가 궁현(宮縣)[1]으로 악기들을 설치하고, 제사를 지낼 때 희생물로 백모(白牡)를 사용하며, 옥경(玉磬)을 연주하고, 무용수들의 도구는 금으로 치장한 적색의 방패를 사용하며, 무용수들에게 면복(冕服)을 입혀서 대무(大武)를 추게 하고, 제사를 지낼 때 대로(大路)에 타는 것은 제후들이 천자의 예법에 대해서 참례를 한 것이다.

① 宮縣.

補註 按: 宮縣之義, 見檀弓上補註.

번역 살펴보니, '궁현(宮縣)'의 뜻은 『예기』「단궁상(檀弓上)」편의 보주에 나온다.

---

1) 궁현(宮縣)은 악기를 설치할 때 4방면으로 설치하는 것을 뜻한다. 천자는 4방면에 모두 악기를 설치하는데, 이것을 '궁현'이라고 부른다. 참고적으로 제후가 악기를 설치하는 방식은 헌현(軒縣)이라고 하며, 3면에 악기들을 설치하는 것이고, 경(卿)이나 대부(大夫)가 악기를 설치하는 방식은 판현(判縣)이라고 하며, 2면에 악기들을 설치하는 것이고, 대부(大夫) 또는 사(士)가 악기를 설치하는 방식을 (特縣)이라고 부른다.

「교특생」 15장

참고-經文

臺門而旅樹, ①反坫, 繡黼丹朱中衣, 大夫之僭禮也.

번역 대문(臺門)을 설치하고, 출입구에 나무를 병풍처럼 심어서 가리며, 반점(反坫)[1]을 설치하고, 중의(中衣)를 만들며 수보(繡黼)로 옷깃을 달고, 적색으로 끝단을 대는 것은 대부들이 제후의 예법에 대해서 참례를 한 것이다.

① ○反坫.

補註 鄭註: 反爵之坫.
번역 정현의 주에서 말하길, 술잔을 내려놓는 받침대이다.

참고-集說

石梁王氏曰: ①繡當依詩文, 不可改爲綃.

번역 석량왕씨가 말하길, '수(繡)'자는 마땅히 『시』의 문장에 따라서 글자대로 해석해야 하니, '초(綃)'자로 고칠 수 없다.

① 繡當依[止]不可改爲綃.

補註 按: 詩卽唐風也. 楊之水: "素衣朱繡, 從子于鵠." 朱子註: "繡, 如字", 而鄭註則朱繡亦作朱綃.

---

1) 반점(反坫)은 비운 술잔을 올려놓는 대를 뜻한다. 흙을 쌓아서 윗면을 평평하게 해서 '반점'을 만들었다. 이것은 본래 제후들이 서로 회동을 할 때 사용하는 것이다.

번역 살펴보니, '시(詩)'라는 것은 『시』「당풍(唐風)·양지수(揚之水)」편에 해당한다. 「양지수」편에서는 "흰 옷에 붉은 수를 놓은 옷을 입고, 그대를 따라 곡으로 가리라."²⁾라고 했고, 주자의 주에서는 "수(繡)자는 글자대로 읽는다." 라고 했는데, 정현의 주에서는 주수(朱繡)를 또한 주초(朱綃)로 기록했다.

---

2) 『시』「당풍(唐風)·양지수(揚之水)」: 揚之水, 白石皓皓. <u>素衣朱繡, 從子于鵠.</u> 既 見君子, 云何其憂.

「교특생」 16장

故天子微, 諸侯僭; 大夫強, 諸侯脅. 於此①相貴以等, ②相覿
以貨, 相賂以利, 而天下之禮亂矣. ③諸侯不敢祖天子, 大夫不
敢祖諸侯. 而公廟之設於私家, 非禮也, ④由三桓始也.

번역 그러므로 천자가 미약하게 되면, 제후가 참람되게 행동하고, 대부가 강성하게
되면, 제후는 협박을 당한다. 이렇게 되면 동급이 따르는 범례를 적용하여 제멋대로
서로를 존귀하게 높이는 것이며, 재화를 가져가서 제멋대로 서로 만나보는 것이고,
이권으로써 제멋대로 서로에게 뇌물을 주어, 천하의 예가 문란하게 되는 것이다.
제후는 감히 천자를 시조로 삼을 수 없고, 대부는 감히 제후를 시조로 삼을 수가
없다. 그러므로 군주의 묘(廟)를 자기 개인의 집에 설치하는 것은 비례이니, 이러한
비례는 삼환(三桓)으로부터 시작되었다.

① 相貴以等.

補註 疏曰: 謂臣下不畏懼於君, 而擅相尊貴以等列, 故庾云擅相封爵也.
번역 소에서 말하길, 신하들이 군주에 대해 두려워하지 않고 제멋대로 동급
의 범례를 적용하여 서로를 존귀하게 높였다는 뜻이다. 그렇기 때문에 유
씨[1]는 "제멋대로 서로에게 토지를 나눠주고 작위를 하사해준다는 뜻이다."
라고 말한 것이다.

補註 ○陽村曰: 卽戰國之時, 諸侯相王之事, 是也.
번역 ○양촌이 말하길, 전국시대 때 제후들이 서로 왕이라 지칭한 일화가 여
기에 해당한다.

---

1) 유울지(庾蔚之, ?~?) : =유씨(庾氏). 남조(南朝) 때 송(宋)나라 학자이다. 저서로는
『예기약해(禮記略解)』, 『예론초(禮論鈔)』, 『상복(喪服)』, 『상복세요(喪服世要)』,
『상복요기주(喪服要記注)』 등을 남겼다.

② 相覜以貨.

補註 疏曰: 大夫私相覜以貨賄, 不辟君.

번역 소에서 말하길, 대부들이 사적으로 재화를 가지고 서로를 찾아보면서 도 군주를 꺼려하지 않는다는 뜻이다.

③ 諸侯不敢祖天子.

補註 語類曰: 諸侯不敢祖天子, 然魯有文王廟, 左氏亦云鄭祖厲王, 何 也? 此必周衰, 諸侯僭肆, 做此違條礙法事, 故公廟設於私家.

번역 『어류』에서 말하길, 제후는 감히 천자를 시조로 삼을 수 없다고 했는 데, 노나라에는 문왕의 묘가 있었고, 『좌전』에서 또한 정나라는 여왕을 시조 로 삼았다고 한 것은 어째서인가? 이것은 분명 주나라가 쇠퇴하여 제후들이 참람되고 제멋대로 굴었기 때문에 이와 같이 법도를 어기는 일이 발생한 것이 다. 그래서 군주의 묘를 자기 개인의 집에 설치했던 것이다.

④ 由三桓始也.

補註 楊梧曰: 推其原, 則由魯立文王之廟, 而三桓效尤耳. 記者不言, 爲 魯諱也.

번역 양오가 말하길, 그 근원을 거슬러 올라가면 노나라에서 문왕의 묘를 세 운 것으로부터 비롯된 것인데, 삼환은 이것을 본받아 더 자행했던 것일 뿐이 다. 『예기』를 기록한 자가 이러한 사실을 언급하지 않은 것은 노나라 군주 를 위해 피휘를 했기 때문이다.

참고-集說

相貴以等, 謂擅相尊貴以等列也. 諸侯不敢祖天子, 而左傳云, 宋祖帝乙, 鄭祖厲王. ①魯襄十二年, 吳子壽夢卒, 臨於周廟,

禮也. 魯以周公之故立文王廟耳. 大夫不敢祖諸侯, 而左傳云,
凡邑有宗廟先君之主曰都. 記者以禮之正言之. 而又有他義
者. 舊說謂天子之子以上德爲諸侯者, 得祀其所出, 故魯以周
公之故立文王廟. 公子得祖先君, 公孫不得祖諸侯, 故公子爲
大夫者, 亦得立宗廟於其采地, 故曰邑有宗廟先君之主也. 其
王子母弟, 雖無功德, 不得出封爲諸侯, 而食采畿內者, 亦得立
祖王廟於采地. 故②都宗人, 家宗人, 掌祭祖王之廟也. 由三桓
始, 謂魯之三家立桓公廟也.

번역 "서로 존귀하게 높이길 동급으로써 한다."라는 말은 제멋대로 서로를 존귀하
게 높이며, 동급의 범례들에 따른다는 뜻이다. 제후는 감히 천자를 시조로 삼을 수
가 없는데, 『좌전』에서는 송나라에서 제을(帝乙)을 조(祖)로 삼고, 정나라에서 여
왕(厲王)을 조(祖)로 삼았다고 했다.[2] 그리고 노나라 양공(襄公) 12년에는 오나라
공자 수몽(壽夢)이 죽었는데, 양공이 문왕(文王)을 모신 주묘(周廟)에서 곡을 했
고, 이것은 예법에 맞는 행동이라고 했다. 노나라에서는 주공(周公) 때문에, 주공의
아버지인 문왕의 묘(廟)를 세울 수 있었던 것일 뿐이다. 대부는 감히 제후를 시조
로 삼을 수 없는데, 『좌전』에서는 무릇 읍(邑)에 선군(先君)의 신주를 모신 종묘
(宗廟)가 있다면, 그 읍을 도(都)라고 부른다고 했다.[3] 이처럼 차이를 보이는 이유
는 『예기』를 기록한 자는 예법의 규범 중 정례(正禮)에 기준을 두어 언급했기 때문
이다. 그리고 또한 여기에는 다른 뜻도 포함되어 있다. 옛 학설에서는 천자의 자식
들 중 덕이 높아서 제후가 된 자들은 그들이 출생하게 된 대상에게 제사를 지낼
수 있다고 하였다. 그렇기 때문에 노나라에서는 주공 때문에 문왕에 대한 묘(廟)를
세울 수 있었다고 한다. 따라서 군주의 자식은 그들의 선군을 시조로 삼을 수 있지
만, 군주의 손자들은 제후를 시조로 삼을 수 없는 것이다. 그렇기 때문에 군주의
자식들 중 대부가 된 자들 또한 그가 받은 채지(采地)에 종묘(宗廟)를 세울 수 있
는 것이다. 그래서 읍 중에 선군의 신주를 모시는 종묘가 있다고 말한 것이다. 천자

---

2) 『춘추좌씨전』「문공(文公) 2년」: 故禹不先鯀, 湯不先契, 文·武不先不窋. 宋祖
帝乙, 鄭祖厲王. 猶上祖也.

3) 『춘추좌씨전』「장공(莊公) 28년」: 築郿, 非都也. 凡邑, 有宗廟先君之主曰都, 無
曰邑. 邑曰築, 都曰城.

의 자식이나 천자와 어머니가 같은 동생들은 비록 공덕이 없어서, 밖으로 나가서 제후로 분봉을 받지 못했다고 하더라도, 천자의 수도 안에 채읍(采邑)을 받게 되는데, 이러한 자들 또한 자신의 채지에 천자를 시조로 삼아서 그에 대한 묘(廟)를 세울 수 있는 것이다. 그렇기 때문에 『주례』에는 도종인(都宗人)과 가종인(家宗人)이라는 관리가 있는 것이며, 이들은 천자를 시조로 삼는 묘(廟)에서 제사를 지내는 일을 담당했다. "삼환(三桓)으로부터 시작되었다."는 말은 노나라의 유력한 세 가문이 각자 환공(桓公)에 대한 묘(廟)를 세웠다는 뜻이다.

① 魯襄十二年[止]禮也.

補註 左傳文.
번역 『춘추좌씨전』의 기록이다.[4]

補註 ○按: 左傳本註, "臨, 哭也. 周廟, 文王廟也." 陳註引此者, 證諸侯亦有祖天子者.
번역 ○살펴보니, 『좌전』의 본래 주에서는 "임(臨)은 곡을 한다는 뜻이다. 주묘(周廟)는 문왕의 묘를 뜻한다."라고 했다. 진호의 주에서는 이러한 기록을 인용하여 제후들 중에는 또한 천자를 시조로 삼았던 경우가 있었음을 증명하였다.

② 都宗人家宗人.

補註 按: 此皆周禮 · 春官之屬. 而祭祖王之廟云者, 乃其鄭註也.
번역 살펴보니, 이들은 모두 『주례』 「춘관(春官)」에 속해 있는 관리들이다. "천자를 시조로 삼은 묘에서 제사를 지낸다."라고 한 말은 곧 『주례』에 나온 정현의 주에 해당한다.

---

4) 『춘추좌씨전』「양공(襄公) 12년」: 秋, <u>吳子壽夢卒, 臨於周廟, 禮也</u>. 凡諸侯之喪, 異姓臨於外, 同姓於宗廟, 同宗於祖廟, 同族於禰廟. 是故魯爲諸姬, 臨於周廟; 爲邢 · 凡 · 蔣 · 茅 · 胙 · 祭, 臨於周公之廟.

「교특생」 17장

天子①存二代之後, ②猶尊賢也. 尊賢③不過二代.

번역 천자가 이전 두 왕조의 후손들을 보존시켜주는 것은 여전히 현명한 자를 존중하기 때문이다. 그러나 현명한 자를 존중하는 것은 두 왕조를 넘기지 않는다.

① 存二代之後.

補註 楊梧曰: 存二代之後, 在命賜郊天, 及世守天子之禮, 以祀其祖上說, 不特封爲上公而已.

번역 양오가 말하길, 두 왕조의 후손들을 보존시키는 것은 하늘에 대한 교제사를 지낼 수 있도록 허락하고 대대로 천자의 예법을 보존하여 그들의 조상에 대한 제사를 지낼 수 있도록 하기 위한 것이니 단지 분봉해서 상공으로 삼는데 그치는 것이 아니다.

② 猶尊賢也.

補註 楊梧曰: 猶, 言可已而不已. 賢, 以禹·湯功德言.

번역 양오가 말하길, '유(猶)'자는 그만 둘 수 있지만 그만두지 않는다는 뜻이다. '현(賢)'은 우임금과 탕임금의 공덕을 기준으로 말한 것이다.

③ 不過二代.

補註 鄭註: 過之, 遠難法也.

번역 정현의 주에서 말하길, 그것을 벗어나게 되면, 대수가 멀어지게 되어 법도를 혼란스럽게 만들기 때문이다.

①疏曰: 古春秋左氏說周家封夏殷二王之後以爲上公, 封黃帝·堯·舜之後謂之三恪. 恪者, 敬也, 敬其先聖而封其後.

번역 소에서 말하길, 고문(古文)학파인 『춘추좌씨』의 학자들 주장에서는 주나라에서는 하나라와 은나라 두 왕조의 후손들을 분봉하여 상공(上公)으로 삼았고, 황제·요·순의 후손들을 분봉하였으니, 이들을 '삼각(三恪)'이라고 부른다. '각(恪)'이라는 말은 "존경한다[敬]."는 뜻으로, 선대 성왕을 존경하여, 그들의 후손들을 분봉해주는 것이다.

① 疏曰[止]封其後.

補註 疏本文曰: 案異義, "公羊說, 存二王之後, 所以通夫三統之義, 古春秋左氏說, 周家封夏·殷二王之後以爲上公, 封黃帝·堯·舜之後, 謂之三恪." 鄭云, "所存二王之後者, 命使郊天, 以天子之禮祭其始祖受命之王, 自行其正朔服色. 恪者, 敬也. 敬其先聖而封其後, 與諸侯無殊, 何得比夏殷之後?"

번역 소의 본문에서 말하길, 『오경이의』[1]를 살펴보면 "공양학자들의 주장에서는 두 왕조의 후손들을 분봉해주는 것은 하늘의 운행인 하·은·주 역법체계의 의미를 통괄하는 것이라고 하며, 고문학파인 춘추좌전학자들의 주장에서는 주나라에서는 하나라와 은나라라는 두 왕조의 후손들을 상공(上公)으로 삼았고, 황제·요·순의 후손들을 분봉하였는데 이들을 '삼각(三恪)'으로 부른다."라고 했다. 정현은 "두 왕조의 후손들을 보존해준다는 것은 그들에게 명령을 내려서 그들로 하여금 하늘에 대한 교제사를 지내며, 천자에 대한 예를 사용하여 천명을 받았던 그 왕조의 시조가 되는 천자에게 제사를 지내게 했으며, 그들 스스로 그들의 역법과 복식을 사용하도록 한 것이다.

---

1) 『오경이의(五經異義)』는 후한(後漢) 때의 학자인 허신(許愼)이 지은 책이다. 유실되었는데, 송대(宋代) 때 학자들이 다시 모아서 엮었다. 오경(五經)에 관한 고금(古今)의 유설(遺說)과 이의(異義)를 싣고, 그에 대한 시비(是非)를 판별한 내용들이다.

'각(恪)'이라는 것은 공경한다는 뜻으로, 선대의 성왕들을 공경하여 그들의 후손들을 분봉해준 것으로, 그 후손들은 여타의 제후들과 큰 차이가 없었는데, 어떻게 하나라와 은나라의 후손들과 비교할 수가 있겠는가?"라고 했다.

補註 ○按: 陳註節略此疏, 殊失本旨.

번역 ○살펴보니, 진호의 주에서는 이러한 소의 기록을 너무 축약하여 본지를 잃게 되었다.

「교특생」21장

大夫有獻弗親, ①君有賜不面拜, 爲君之答己也.

번역 대부는 헌상할 것이 있더라도 직접 군주에게 건네지 않으며, 군주가 하사를 해준 것이 있더라도 대부는 직접 군주를 바라보며 절을 하지 않으니, 군주가 번거롭게 자신을 향해 답배를 해야 하기 때문이다.

① 君有賜不面拜.

補註 鄭註: 不面拜者, 於外告小臣, 小臣受以入也.

번역 정현의 주에서 말하길, 대면하면서 절을 하지 않는다는 말은 밖에서 소신(小臣)에게 아뢰면, 소신이 그것을 받아서 들어가게 된다는 뜻이다.

「교특생」 22장

①鄕人禓, 孔子朝服立於阼, 存室神也.

번역 향인(鄕人)들이 잡귀를 물리치는 의식을 시행함에, 공자는 묘실(廟室)의 신이 놀라게 될 것을 염려하여, 조복(朝服)을 착용하고 묘의 동쪽 계단에 서서, 신이 자신을 의지하여 편안하게 머물도록 하였다.

① ○鄕人禓.

補註 按: 禓, 當從示旁, 而今本誤從衣旁. 衣旁者, 乃祖裼之裼.

번역 살펴보니, '석(裼)'자는 마땅히 시(示)자를 부수로 하는 양(禓)자로 기록해야 하는데,『금본』에서는 잘못하여 의(衣)자를 부수로 하는 석(裼)자로 기록했다. 의(衣)자를 부수로 하는 석(裼)자는 좌측 소매를 걷는다고 했을 때의 석(裼)자에 해당한다.

「교특생」 24장

참고-經文

孔子曰: 士使之射, 不能, 則辭以疾, ①縣弧之義也.

번역 공자가 말하길, "사의 신분인 자에게 활쏘기를 시켰는데, 만약 그가 활쏘기에 익숙하지 못하다면, 질병을 핑계로 사용을 해야 하니, 이것은 사내아이가 처음 태어났을 때 문 옆에 활을 걸어두는 도의에 해당한다."라고 했다.

① ○縣弧之義也.

補註 陽村曰: 射者男子之事, 故初生時設弧門左, 以示壯之所有事也. 今不能, 則愧於縣弧之義, 故不敢以不能辭而以疾辭也.

번역 양촌이 말하길, 활쏘기는 남자가 하는 일이다.[1] 그렇기 때문에 사내아이가 태어나면 문의 좌측에 활을 걸어두어[2] 장성하게 되면 하게 되는 일이 있음을 드러낸다. 그런데 지금 제대로 하지 못한다면 활을 걸어두었던 도의에 대해 부끄럽게 여기는 점이 있게 된다. 그렇기 때문에 감히 잘 하지 못한다는 말로 사용을 하지 못하고, 병을 핑계로 사양하게 된다.

補註 ○楊梧曰: 註謂與初生未能相似, 淺謬.

번역 ○양오가 말하길, 주에서는 "처음 태어났을 때 아직 활을 쏠 수 없는 것과 유사하다."라고 했는데, 미숙하고도 잘못된 설명이다.

---

1) 『예기』「사의(射義)」 : 是故, 古者天子以射選諸侯·卿·大夫·士. <u>射者, 男子之事也</u>, 因而飾之以禮樂也. 故事之盡禮樂而可數爲以立德行者莫若射, 故聖王務焉.

2) 『예기』「내칙(內則)」 : <u>子生, 男子設弧於門左</u>, 女設帨於門右. 三日始負子, 男射女否.

「교특생」 25장

孔子曰: 三日齊, 一日用之, 猶恐不敬. ①二日伐鼓, 何居?

번역 공자가 말하길, "3일 동안 재계를 하고, 다음 하루 동안 제사를 지내며 음악을 사용하게 되는데, 이렇게 치러도 오히려 불경한 것은 아닐까 염려가 된다. 그런데 어찌하여 2일째 되는 날 북을 치는 자가 있는가? 도대체 무슨 정신으로 이처럼 한단 말인가?"라고 했다.

① ○二日伐鼓何居.

補註 按: 鄭註, "居, 讀爲姬, 語之助也." 陳註不取鄭註, 而曰如字.
번역 살펴보니, 정현의 주에서는 "'거(居)'자는 희(姬)자로 풀이하니, 어조사이다."라고 했다. 진호의 주에서는 정현의 주에 따르지 않았고 글자대로 읽는다고 했다.

補註 ○類編曰: 居, 當讀如其, 而註如字, 訓以處, 未詳.
번역 ○『유편』에서 말하길, '거(居)'자는 마땅히 기(其)자로 풀이해야 하는데, 주에서는 글자대로 풀이하여 처(處)자로 해석했는데 잘 모르겠다.

補註 ○按: 此章之義, 小註陸氏・方氏說, 當參看.
번역 ○살펴보니, 이 문장의 뜻에 대해서는 소주에 나온 육씨와 방씨의 주장을 참고해야 한다.

참고-大全 山陰陸氏曰: 此豈魯事歟? 不目言之, 諱也.
번역 산음육씨가 말하길, 이것이 어찌 노나라의 일이 아니겠는가? 직접 가리켜서 말을 하지 않은 것은 직접적으로 말하기를 꺼려했기 때문이다.

참고-大全 嚴陵方氏曰: 家語曰, 季桓子將祭, 齊三日, 而二日鐘鼓之音不絶, 蓋其事矣.

번역 엄릉방씨가 말하길, 『공자가어』에서는 "계환자가 제사를 지내고자 하여, 재계를 3일 동안 치르게 되었는데, 2일째에 종과 북소리가 끊이지 않았다."고 했으니, 아마도 위의 문장은 이 일을 가리켜서 한 말 같다.

「교특생」 26장

孔子曰: ①繹之於庫門內, 祊之於東方, ②朝市之於西方, 失之矣.

번역 공자가 말하길, "오늘날 역(繹)을 지내며 고문(庫門) 안에서 치르고 있고, 팽(祊)을 할 때에도 동쪽에서 하고 있으며, 아침에 시장을 개설하는 것도 서쪽에서 개설하고 있으니, 이 모두는 예법을 잃어버린 일들이다."라고 했다.

① ○繹之於[止]東方.

補註 鄭註: 祊之禮, 宜於廟門外之西室, 繹又於其堂者, 神位於西也. 此二者同時, 而其大名曰繹, 其祭禮簡, 而事尸禮大.

번역 정현의 주에서 말하길, '팽(祊)'을 치르는 예법은 마땅히 묘문 밖의 서쪽 협실에서 치러야 하는 것이고, 역(繹)을 지낼 때에도 또한 그곳의 당에서 치러야 하니, 신들의 위치가 서쪽에 놓이기 때문이다. 그리고 이 두 가지 사안은 동시에 치르는 것이고, 묶어서 말을 할 때에는 대표적으로 '역(繹)'이라고 부르게 된다. 그 제사의 예법은 간략하지만 시동을 섬기는 예법은 중대한 것이다.

② 朝市.

補註 周禮 · 司市有三期, 大市, 日昃而市, [日將中而未中, 猶在東側也.] 百族爲主. 朝市, 朝時而市, 商賈爲主. 夕市, 夕時而市, 販夫販婦爲主.

번역 『주례』「사시(司市)」편에는 세 시기가 기록되어 있으며, 대시(大市)는 해가 중천에 떠오르게 되면 시장을 개설하며, [해가 중천에 떠오르려고 하지만 아직 중천에 오지 않은 것이니, 여전히 동쪽에 치우쳐 있는 것이다.] 모든 백성들이 모여들게 된다. 조시(朝市)는 아침에 시장을 개설하며, 상인들이 모여들게 된다. 석시(夕市)는 저녁에 시장을 개설하며, 판매를 하는 남녀가

모여들게 된다.[1]

補註 ○按: 家語, 衛莊公之反國也, 改舊制·變宗廟·易朝市, 故夫子之言如此.

번역 ○살펴보니,『공자가어』에서는 위나라 장공이 본국으로 되돌아가서 옛 제도를 고치고 종묘의 제도를 변화시키며 조시(朝市)를 바꿨다고 했다. 그렇기 때문에 공자가 이처럼 말한 것이다.

---

1) 『주례』「지관(地官)·사시(司市)」: 大市, 日昃而市, 百族爲主; 朝市, 朝時而市, 商賈爲主; 夕市, 夕時而市, 販夫販婦爲主.

「교특생」 27장

참고-經文

社祭土而主陰氣也, 君南鄉於北墉下, ①答陰之義也. 日用甲, 用日之始也.

번역 사(社)에서는 땅에게 제사를 지내고, 음기(陰氣)를 위주로 한다. 그렇기 때문에 군주는 북쪽 담장 아래에서 남쪽을 바라보게 되니, 이것은 음기에 마주하는 도의를 나타낸다. 제사일을 정할 때에는 갑(甲)자가 들어간 날로써 하니, 날짜가 시작되는 것에 따르기 때문이다.

① ○答陰之義也.

補註 楊梧曰: 前以南面爲答陽, 指所向之南方爲陽也. 此答陰者, 神之向陰, 卽是陰位也.

번역 양오가 말하길, 앞에서는 남쪽을 바라보는 것이 양기를 마주하는 도의라고 했으니, 향하는 방향이 남쪽인 것을 가리켜 양(陽)이라고 한 것이다. 이곳에서는 음기를 마주한다고 했는데, 신은 음의 방향을 향하고 있으니, 이곳은 곧 음의 자리가 된다.

참고-集說

①地秉陰, 則社乃陰氣之主. 社之主設於壇上北面, 而君來北牆下, 南向祭之, 蓋社不屋, 惟立之壇墠而環之以牆. 旣地道主陰, 故其主北向而君南向對之. 答, 對也. 甲爲十干之首.

번역 땅은 음(陰)을 부리게 되니, 사(社)는 곧 음기(陰氣)의 주인이 된다. 사(社)의 신주는 제단 위에서 북쪽을 바라보도록 설치하고, 군주는 그곳에 찾아가서 북쪽

담[牆] 아래에서, 남쪽을 향해서 제사를 지내니, 아마도 사(社)의 제단에는 지붕을 씌우지 않고, 오직 제단만 쌓고, 그 주변을 담으로 둘렀기 때문일 것이다. 땅의 도리 자체가 음(陰)을 위주로 하고 있기 때문에, 그 신주는 북쪽을 바라보고 있고, 군주는 남쪽을 바라보며 그를 마주하게 된다. '답(答)'자는 "마주한다[對]."는 뜻이다. '갑(甲)'은 십간(十干)의 시작이 된다.

① 地秉陰.

補註 禮運文.

번역 『예기』「예운(禮運)」편의 기록이다.[1]

---

1) 『예기』「예운(禮運)」: 故天秉陽, 垂日星, 地秉陰, 竅於山川, 播五行於四時, 和而後月生也. 是以三五而盈, 三五而闕.

「교특생」 28장

참고-經文

天子大社, 必受霜露風雨, 以達天地之氣也. 是故喪國之社屋之, 不受天陽也. 薄社北牖, ①使陰明也.

번역 천자의 대사(大社)에는 지붕을 올리지 않으니, 제단을 노출시켜서, 반드시 서리·이슬·바람·비가 그대로 닿게 하여, 천지의 기운을 소통시킨다. 이러한 까닭으로 패망한 나라의 사(社)에는 지붕을 올려서, 하늘의 양기(陽氣)를 받아들이지 못하도록 한다. 박(薄)땅에 있던 사(社)에는 북쪽에 들창을 내어서, 음기(陰氣)가 엄습하도록 만들었다.

① **使陰明也.**

補註 疏曰: 北牖, 示絶陽而通陰, 陰明則物死也.

번역 소에서 말하길, 북쪽에 들창을 내는 것은 양기(陽氣)의 소통을 끊고, 음기(陰氣)만 소통되게 했던 뜻을 드러내는 것으로, 밝음을 음하게 한다면 만물은 죽게 된다.

補註 ○按: 以疏義觀之, 陰明, 似是陰其明之意.

번역 ○살펴보니, 소의 주장에 따라 살펴보면, '음명(陰明)'이란 아마도 밝음을 어둡게 한다는 의미인 것 같다.

참고-大全

嚴陵方氏曰: ①大社, 卽祭法所謂王社也. 以王社爲大, 則自侯社而下, 皆爲小矣. 達者, 上下達之謂也. 上則達天之氣, 以濟乎下, 下則達地之氣, 以濟乎上, 故以達言之. 喪國之社, 卽媒氏所謂勝國之社也. 勝言我所勝, 喪言彼之喪, 其實一也. 於大社, 言必受霜露風雨, 於喪國之社, 言不受天陽, 亦互言之爾.

번역 엄릉방씨가 말하길, '대사(大社)'는 곧 『예기』「제법(祭法)」편에서 말한 '왕사(王社)'라는 것에 해당한다.[1] 왕사(王社)를 '큰 것[大]'으로 삼았다면, 후사(侯社)[2]로부터 그 이하의 것들은 모두 '작은 것[小]'으로 삼았음을 알 수 있다. '달(達)'이라는 것은 상하(上下)가 서로 소통된다는 뜻이다. 위로는 하늘의 기운에 소통하여, 아래에 있는 것들을 구제하고, 아래로는 땅의 기운에 소통하여, 위에 있는 것들을 구제한다. 그렇기 때문에 '달(達)'이라고 기록한 것이다. 패망한 나라의 사(社)는 곧 『주례』「매씨(媒氏)」편에서 말한 승국(勝國)의 사(社)를 뜻한다.[3] '승(勝)'이라는 말은 내가 이긴 상대를 뜻하는 말이고, '상(喪)'이라는 말은 상대방이 패망함을 뜻하는 말이니, 실제로는 동일한 말이다. 대사(大社)에 대해서는 반드시 서리·이슬·바람·비를 받아들이게 한다고 말했고, 패망한 나라의 사(社)에 대해서는 하늘의 양기(陽氣)를 받지 못하게 한다고 했으니, 이 또한 서로 호환이 되도록 말한 것일 뿐이다.

① 大社[止]王社.

補註 按: 王爲群姓立社曰大社, 自爲立社曰王社. 方氏混而一之, 未曉其義.

번역 살펴보니, 천자가 뭇 관리들과 백성들을 위해 세우는 사(社)를 대사(大社)라 부르고, 자신을 위해서 세우는 사를 왕사(王社)라 부른다. 방씨는 이를 뒤섞어 하나처럼 설명했는데, 본래의 의미를 깨닫지 못한 것이다.

---

1) 『예기』「제법(祭法)」: 王爲群姓立社, 曰大社. 王自爲立社, 曰王社. 諸侯爲百姓立社, 曰國社. 諸侯自爲立社, 曰侯社. 大夫以下, 成群立社, 曰置社.

2) 후사(侯社)는 제후(諸侯)가 자신을 위해 사(社)의 신을 제사지냈던 장소를 뜻한다. 궁성(宮城)의 우측에 있었으며, 자전(藉田)에 위치했다. 『예기』「제법(祭法)」편에서는 "諸侯爲百姓立社曰國社, 諸侯自爲立社曰侯社."라고 했는데, 이에 대한 공영달(孔穎達)의 소(疏)에서는 "其諸侯國社亦在公宮之右, 侯社在藉田."이라고 풀이했다.

3) 『주례』「지관(地官)·매씨(媒氏)」: 若祭勝國之社稷, 則爲之尸.

「교특생」 29장

참고-集說

聖人知地道之大, 故立社以祭, 所以神而明之也. 美報, 美善其
報之之禮也. ①上古穴居, 故有中霤之名. 中霤與社皆土神. 卿
大夫之家主祭土神於中霤, 天子諸侯之國主祭土神於社. 此皆
以示其爲載物生財之本也.

번역 성인은 땅의 도리가 위대하다는 사실을 알고 있었기 때문에, 사(社)를 세워서
제사를 지내도록 한 것이니, 이것은 땅을 신령스럽게 여겨서, 그 도리를 드러내는
방법이 된다. '미보(美報)'는 땅에게 보답하는 것을 아름답고 좋게 여기는 예이다.
상고시대에는 혈거(穴居) 생활을 하였다.[1] 그렇기 때문에 '집 중앙에 뚫린 구멍[中
霤]'이라는 명칭이 생기게 된 것이다. '중류(中霤)'와 '사(社)'는 모두 땅의 신이
머무는 곳이다. 경과 대부의 집에서는 중류에서 땅의 신에 대한 제사를 주관하게
되고, 천자와 제후의 나라에서는 사(社)에서 땅의 신에 대한 제사를 주관하게 된다.
이러한 행위들은 모두 땅이 만물을 실어주고, 재화를 생산해주는 근본이 됨을 나타
낸다.

① ○上古穴居[止]霤之名.

補註 按: 中霤, 詳見月令註及補註.

번역 살펴보니, '중류(中霤)'에 대해서는 『예기』「월령(月令)」편의 주 및 보
주에 자세히 나온다.

---

1) 『역』「계사하(繫辭下)」: 上古穴居而野處, 後世聖人易之以宮室, 上棟下宇, 以待
風雨, 蓋取諸大壯.

「교특생」 32장

참고-經文

①唯社, 丘乘供粢盛, 所以報本反始也.

번역 오직 사(社)에 대한 제사에서만, 구승(丘乘)¹⁾의 행정구역에서 제사 때 진설하는 자성(粢盛)²⁾을 공급하게 하니, 이러한 것들은 근본에 보답하고, 시초를 반추하는 방법이다.

① 唯社丘乘供粢盛.

補註 疏曰: 皇氏云, 若天子諸侯祭社, 則用籍田之穀. 大夫以下無籍田, 若祭社, 則丘乘之民供之, 示民出力也."

번역 소에서 말하길, 황간은 "만약 천자와 제후가 사(社)에게 제사를 지내는 경우라면, 적전(藉田)³⁾에서 생산된 곡식을 사용하게 된다. 대부 이하의 신

---

1) 구승(丘乘)은 구전(丘甸)을 뜻한다. 도비(都鄙)에 소속되어 있는 경작지를 가리킨다. 9명의 농부가 경작하는 땅의 크기를 정(井)이라고 하며, 4개의 정(井)이 모이면, 1개의 읍(邑)이 되고, 4개의 읍(邑)이 모이면, 1개의 구(丘)가 되며, 4개의 구(丘)가 모이면, 1개의 승(乘)이 된다. 『禮記』「郊特牲」편의 "唯社, 丘乘共粢盛."이라는 기록에 대해 鄭玄의 注에서는 "丘, 十六井也. 四丘, 六十四井曰甸, 或謂之乘. 乘者, 以於車賦出長轂一乘."이라고 풀이했고, 孔穎達의 疏에서는 "丘乘者, 都鄙井田也. 九夫爲井, 四井爲邑, 四邑爲丘, 四丘爲乘. 唯祭社而使丘乘共其粢盛也."라고 풀이했다.

2) 자성(粢盛)은 제성(齊盛)이라고도 부른다. 자(粢)자는 곡식의 한 종류인 기장을 뜻하고, 성(盛)자는 그릇에 기장을 풍성하게 채워놓은 모양을 뜻한다. 따라서 '자성'은 제기(祭器)에 곡물을 가득 채워놓은 것을 뜻하며, 제물(祭物)로 사용되었다. 『춘추공양전』「환공(桓公) 14년」편에는 "御廩者何, 粢盛委之所藏也."라는 기록이 있는데, 이에 대한 하휴(何休)의 주에서는 "黍稷曰粢, 在器曰盛."이라고 풀이하였다.

3) 적전(藉田)은 적전(籍田)이라고도 부른다. 천자와 제후가 백성들을 동원해서 경작하는 땅이다. 처음 농사일을 시작할 때, 천자와 제후는 이곳에서 직접 경작에 참여함

분들은 적전이 없으니, 만약 사(社)에서 제사를 지내게 된다면, 구승(丘乘)에 속한 백성들이 곡식을 제공하니, 이러한 곡식이 백성들의 힘을 통해 생산된 것임을 나타내게 된다."라고 했다.

補註 ○按: 祭法註, 王社·侯社在籍田, 王及諸侯, 所自祭以供粢盛云, 則王社·侯社, 固用籍田之穀矣. 至於大社·國社, 亦是爲民所立, 則恐亦丘乘供粢盛也. 皇氏所謂大夫以下祭社, 蓋指置社也. 祭法大夫以下成群立社曰置社, 鄭云今時里社也.

번역 ○살펴보니, 『예기』「제법(祭法)」편의 주에서는 왕사(王社)와 후사(侯社)는 적전(籍田)에 있으며, 천자와 제후가 직접 제사를 지낼 때 자성(粢盛)을 공급하기 위해서라고 했으니, 왕사와 후사는 진실로 적전에서 생산된 곡식을 사용했던 것이다. 대사(大社)와 국사(國社)에 있어서도 이것이 백성들을 위해 세운 것이라면 아마도 구승에서 자성을 공급했을 것이다. 황간이 대부로부터 그 이하의 계층이 사에서 제사를 지낸다고 한 것은 아마도 치사(置社)를 가리키는 것 같다. 「제법」편에서는 "대부로부터 그 이하의 무리들은 100가(家) 이상의 규모가 되면, 사에게 제사지내기 위한 제단을 설치하니, 그 제단을 '치사(置社)'라고 부른다."[4]라고 했고, 정현은 "오늘날의 '이사(里社)'에 해당한다."라고 했다.

참고-大全

> 長樂劉氏曰: 役於公則家有定員, 役於社則①羨徒皆作, 人人求福於其身也. 衣食本乎土, 故曰報本, 知平水土始於勾龍, 知播五穀始於后稷, 故以爲配, 是曰反始焉.

으로써, 농업을 중시한다는 뜻을 보이게 된다.

4) 『예기』「제법(祭法)」: 王爲群姓立社, 曰大社. 王自爲立社, 曰王社. 諸侯爲百姓立社, 曰國社. 諸侯自爲立社, 曰侯社. 大夫以下成群立社, 曰置社.

번역 장락유씨가 말하길, 군주에게 부역을 당할 때에는 가(家)마다 일정하게 정해진 인원수가 있는데, 사(社)를 위해 부역을 할 때에는 선도(羨徒)가 모두 참여하니, 그들 모두가 참여하여, 제 자신에게 복을 내려주기를 기원하기 때문이다. 옷과 음식들의 재료는 모두 땅을 통해서 나온다. 그렇기 때문에 근본에 보답한다고 말한 것이고, 물난리를 다스린 것은 구룡(勾龍)으로부터 비롯되었음을 알 수 있고, 또 오곡(五穀)을 파종한 것은 후직(后稷)에게서 비롯되었음을 알 수 있다. 그렇기 때문에 이들을 함께 배향하게 되니, 이러한 까닭으로 "시초를 반추한다."라고 말한 것이다.

① 羨徒.

補註 周禮・小司徒: 凡起徒役, 毋過家一人, 以其餘爲羨, 唯田與追胥竭作.
번역 『주례』「소사도(小司徒)」편에서 말하길, 부역할 자들을 동원하는 경우 1가(家)마다 1명을 초과하지 못하도록 하며, 그 나머지는 선(羨)으로 삼는데, 오직 사냥이나 도적을 쫓을 때에만 모두 동원한다.[5]

---

5) 『주례』「지관(地官)・소사도(小司徒)」: 凡起徒役, 毋過家一人, 以其餘爲羨, 唯田與追胥竭作.

「교특생」 33장

季春①出火, 爲焚也. 然後②簡其車賦, 而歷其卒伍, 而君親誓
社以習軍旅, 左之右之, 坐之起之, 以觀其習變也. 而流示之
禽, 而③鹽諸利, 以觀其不犯命也. 求服其志, 不貪其得, 故以
戰則克, 以祭則受福.

번역 계춘의 달에는 들판에 불을 내니, 잡초들을 제거하기 위해서이다. 그런 뒤에
수레와 병사들을 검열하며, 대오의 수를 셈하고, 군주는 직접 사(社)에서 대중들에
게 서약을 하고, 이 기회를 통해서 군대를 연습시킨다. 군대의 대오를 좌로 움직이
게 하고 또 우로 움직이게 하며, 혹은 앉게 시키고 또 일어서게도 시키며, 변화된
상황에 따라 대처법을 익힌 것을 관찰한다. 그리고 짐승들을 이리저리 흩어지게 하
여 병사들에게 그 모습을 보이고, 이로움을 흠모하도록 만든 뒤에, 이를 통해서 명
령을 어기고 짐승들을 취하지 않는가를 살펴보게 된다. 이처럼 하는 것은 이로움을
탐하는 마음을 굴복시키기 위함이고, 군주 또한 취득한 것에 대해서 탐내지 않는다.
그렇기 때문에 전쟁을 하면 반드시 이기게 되는 것이고, 제사를 지내게 되면 복을
받게 되는 것이다.

① 出火爲焚也.

補註 按: 爲字, 疏及本註皆從平聲, 音註爲去聲者, 恐誤.

번역 살펴보니, '위(爲)'자에 대해서 소와 본래의 주에서는 모두 평성으로 읽
었는데, 『음주』에서는 거성으로 보았으니, 아마도 잘못된 것 같다.

② 簡其車賦.

補註 按: 賦字之訓, 小註方說當看.

번역 살펴보니, '부(賦)'자의 뜻에 대해서는 소주에 나온 방씨의 주장을 참고
해야 한다.

③ 鹽諸利.

補註 鹽, 今本誤作鹽, 註同.

번역 '염(鹽)'자를 『금본』에서는 고(鹽)자로 잘못 기록하였는데 주도 이와 마찬가지이다.

補註 ○類編曰: 鹽, 恐鹽之誤. 言流示所獲而疏諸利, 以觀其不犯命也.

번역 ○『유편』에서 말하길, '염(鹽)'자는 아마도 고(鹽)자를 잘못 기록한 것 같다. 포획한 짐승을 풀어주어 이리저리 흩어지게 해서 이익을 줄이고, 이를 통해 명령을 어기지 않는가를 살펴본다는 뜻이다.

補註 ○徐志修曰: 若從鹽義, 則似與流字不相照.

번역 ○서지수가 말하길, 만약 고(鹽)자의 뜻으로 풀이한다면, 아마도 유(流)자와 서로 호응하지 않는 것 같다.

建辰之月, 大火心星昏見南方, 故出火以焚除草萊, 焚後卽蒐田. 簡, 閱視也. 賦, 兵也. 歷, 數之也. 百人爲卒, 五人爲伍. 誓社, 誓衆於社也. 或左或右, 或坐或作, 皆是軍旅之法. 習變, 習熟其變動之節也. 驅逐之際, 禽獸流動紛紜, 衆皆見之, 故云流示之禽. 鹽, 讀爲艶. 艶諸利, 謂使之歆艶於利也. 禽獸雖甚可欲, 而殺獲取舍, 皆有定制. 犯命者必罰, 不使之犯命者, 是求以遏服其貪利之志. 人君亦取之有制, 如①大獸公之, 小禽私之, 不踰法而貪下之所得也. 以戰則克, 習民於變也. 祭則受福, 獲牲以禮也.

번역 북두칠성의 자루가 진(辰)에 걸치는 달에, 대화(大火)의 심성(心星)은 저녁

무렵 남쪽 하늘에 나타난다. 그렇기 때문에 불을 내서 잡초들을 제거하고, 잡초들을 불사른 이후에는 곧 '수전(蒐田)'[1]을 한다. '간(簡)'자는 검열을 한다는 뜻이다. '부(賦)'자는 병사[兵]를 뜻한다. '력(歷)'자는 셈을 한다는 뜻이다. 100명의 사람이 1졸(卒)이 되고, 5명이 1오(伍)가 된다. '서사(誓社)'라는 것은 사(社)에서 대중들에게 서약을 한다는 뜻이다. 좌로 움직이게도 하고 또는 우로 움직이게도 하며, 앉히기도 하고 또는 일어서게도 하는데, 이 모두는 군대를 움직이는 법도에 해당한다. '습변(習變)'은 변동에 따른 절도를 익힌다는 뜻이다. 짐승들을 쫓을 때, 짐승들은 이리저리 움직이며 흩어지게 되고, 대중들이 모두 그것들을 바라보게 된다. 그렇기 때문에 "이리저리 움직여 흩어지는 모습을 보이는 짐승들[流示之禽]."라고 말한 것이다. '염(鹽)'자는 '염(艶)'자로 해석하니, '염제리(艷諸利)'라는 말은 그들로 하여금 이로움에 대해서 흠모하도록 만든다는 뜻이다. 짐승들에 대해서 비록 모두 잡아들이고 싶어 하지만, 살생하고 포획하며 취사선택을 하는 데에는 모두 정해진 법제가 있다. 명령을 범한 자는 반드시 벌을 받게 하여, 그들로 하여금 명령을 어기지 못하도록 한 것은 그들의 이로움을 탐하는 뜻을 꺾고자 한 것이다. 군주 또한 취득을 하는데 있어서 정해진 법제가 있으니, 예를 들어 덩치가 큰 짐승은 군주에게 바치고, 작은 짐승은 수여을 하여 법도를 어기면서까지 백성들이 얻은 것을 탐하지 않는 것이다. 이를 통해 전쟁을 하게 되면 이기게 되는 것은 변화된 상황에 대해서 백성들에게 대처법을 익히게 했기 때문이다. 그리고 이를 통해 제사를 지내게 되면 복을 받게 되는 것은 희생물을 포획하길 예에 맞춰서 했기 때문이다.

① **大獸公之小禽私之.**

補註 周禮·大司馬文. 本註: "公之, 輸之於公, 私之, 以自畀也."
번역 『주례』「대사마(大司馬)」편의 기록이다.[2] 본래의 주에서 말하길, "공지(公之)는 군주에게 바친다는 뜻이며, 사지(私之)는 수여한다는 뜻이다." 라고 했다.

---

1) 수전(蒐田)은 봄에 시행하는 사냥을 뜻하며, 또한 사냥 전체를 범칭하는 용어로도 사용된다.
2) 『주례』「하관(夏官)·대사마(大司馬)」: 中軍以鼙令鼓, 鼓人皆三鼓, 群司馬振鐸, 車徒皆作. 遂鼓行, 徒銜枚而進. <u>大獸公之, 小禽私之</u>, 獲者取左耳.

①疏曰: 祭社旣在仲春, 此出火爲焚, 當在仲春之月, 記者誤也.

번역 소에서 말하길, 사(社)에 대한 제사는 이미 중춘(仲春) 때 치르게 되어 있으므로, 이곳에서 불을 내어 잡초를 제거한다고 한 일도 마땅히 중춘의 달에 시행하는 것이다. 따라서 『예기』를 기록한 자가 이 문장을 잘못 기록한 것이다.

① 疏曰祭社[止]誤也.

補註 疏本文曰: 祭社旣用仲春, 此出火爲焚, 當在仲春. 今云季春者, 以季春之月, 民始出火, 故記者錯誤, 遂以爲天子諸侯用焚亦在季春也. 司爟云: "季春出火, 民咸從之", 此出火, 謂出陶冶之火. 左氏昭六年, 鄭人鑄刑書, 火未出而用火, 故晉士文伯譏之. 若田獵之火, 則昆蟲蟄後得火田以至仲春也.

번역 소의 본문에서 말하길, 사(社)에 대한 제사는 이미 중춘(仲春)의 달에 시행한다고 하였으니, 이곳에서 불을 내어 잡초를 제거한다는 일도 마땅히 중춘의 달에 시행하게 된다. 그런데 이곳 문장에서 '계춘(季春)'이라고 기록한 것은 계춘의 달에 백성들이 비로소 불을 내어 본격적으로 사용한다는 점에 착안하여, 기록을 하며 착오를 일으켜서, 결국은 천자와 제후가 불을 질러 잡초를 제거하는 일 또한 계춘에 한다고 여기게 된 것이다. 『주례』「사관(司爟)」편에서는 "계춘 때 불을 내고, 백성들은 모두 이러한 지침에 따른다."[3]라고 하였다. 이곳에서 불을 낸다는 것은 기물을 주조하기 위한 불을 낸다는 뜻이다. 『좌전』에서는 소공(昭公) 6년에 정나라에서 기물에 형법 조문을 새겼는데, 아직 불을 내놓을 시기가 아닌데도 불을 사용하였기 때문에, 진나라 사문백이 이러한 일을 기롱하였다고 했다.[4] 만약 사냥을 하기 위해

---

3) 『주례』「하관(夏官)·사관(司爟)」: <u>季春出火, 民咸從之.</u> 季秋內火, 民亦如之.

4) 『춘추좌씨전』「소공(昭公) 6년」: 三月, 鄭人鑄刑書. 叔向使詒子産書, …… 士文伯曰, "火見, 鄭其火乎! 火未出, 而作火以鑄刑器, 藏爭辟焉. 火如象之, 不火何爲?"

불을 사용하는 경우라면, 곤충들이 모두 칩거에 들어간 이후에야 경작지에 불을 지를 수 있고, 중춘(仲春) 때까지 불을 사용하게 된다.

嚴陵方氏曰: 木氣終於辰, 故火順所生而見. 司爟於季春, 則出火焉. ①水氣兆於戌, 故火受所勝而沒. 司爟於季秋, 則納火焉. 聖人奉天時, 則爲焚者, 特出火之事爾. 牧師凡田事贊焚萊是矣. 田獵之禮, 周官則行之於仲月, 而與此異, 豳詩·月令, 則行之於季月, 而與此同, 此之所言, 亦泛記異代爾. 月令仲春, 擇元日命民社, 則出火之田, 非爲社也. 王制三田, 一爲乾豆, 二爲賓客, 三爲充君之庖, 則田固有不爲社者矣. 夫社必先之以焚者, 蓋焚其宿草而後, 可田故也. 且社主陰, 陰主殺, 則爲社而有田, 因田而習軍旅, 不亦宜乎? 月令所謂敎於田獵, 以習五戎, 車攻所謂因田獵而選車徒, 皆謂是爾. 車賦者, 卽司馬法, 自六尺爲步, 積之至於通十爲成, 成出革車一乘者, 是矣. 小司徒之職, 五人爲伍, 五伍爲兩, 四兩爲卒, 卒伍者, 軍旅之法立於伍, 成於卒故也. 簡言於利否有所擇, 歷言於夷險有所經, 曰簡·曰歷, 亦互言之, 故大司馬止曰選車徒也, 以至車驟徒趨, 車馳徒走, 險野人爲主, 易野車爲主, 皆簡歷之也. 誓卽所謂群吏聽誓于陳前是也. 誓特誓田而已, 而曰社者, 以爲社而田故也. 左之右之, 卽以旌爲左右祁門, 是矣. 坐之起之, 卽以敎坐作進退之節, 是矣. 左右之位坐起之節, 亦莫不敎焉, 凡以觀其習應變之事也. 流示之禽者, 驅其禽而流行以示之, 所謂設驅逆之車是矣. 此則誓之以利也. 夫田之獲禽, 猶戰之獲虜也. 戰之獲虜有賞, 而田之獲禽有賞, 所謂大獸公之小禽私之, 是賞之之意也. 若失伍而獲禽, 則所利者小, 所害者大, 必

有罰焉. 蓋小人見利而忘法, 凡此但求服士卒之志, 使之不失
伍爾, 不貪其所得之禽也. 夫以不敎民戰, 是謂棄之, 故因其田
以習軍旅, 則戰之備也, 故以戰則克. 無事而不田曰不敬, 故因
其無事而歲三田, 則祭之備也, 故以祭則受福.

번역 엄릉방씨가 말하길, 목(木)의 기운은 진(辰)의 자리에서 끝을 맺는다. 그렇기 때문에 화(火)의 기운이 생겨나야 할 바에 따라서 나타나는 것이다. 따라서 사관(司爟)은 계춘(季春) 때 불을 내도록 한다. 수(水)의 기운은 술(戌)의 자리에서 그 조짐을 드러낸다. 그렇기 때문에 화(火)는 자신을 이기는 상대를 받아들이며 없어지는 것이다. 따라서 사관은 계추(季秋) 때 불을 함부로 쓰지 못하도록 단속한다.[5] 성인(聖人)은 천시(天時)를 받들게 되니, 불을 내서 잡초를 제거하는 것은 단지 불을 내는 일에 해당할 따름이다. 목사(牧師)가 농업과 관련된 모든 일에 있어서, 불을 내서 잡초를 제거하는 일을 돕는다고 한 말이 바로 이러한 일을 가리킨다.[6] 사냥을 하는 예법에 있어서, 『주례』에서는 각 계절의 가운데 달에 시행한다고 하여, 이곳의 문장 기록과 다르고, 『시』「빈풍(豳風)」과 『예기』「월령(月令)」편에서는 각 계절의 끝 달에 시행한다고 하여, 이곳의 기록과 동일한데, 그 이유는 이곳에서 언급하는 기록들은 또한 이전 왕조의 예법까지도 범범하게 기록한 것이기 때문이다. 「월령」편에서는 중춘(仲春)의 달에, 길일을 택해서 백성들에게 명령하여, 사(社)에게 제사를 지낸다고 했으니,[7] 불을 내서 사냥을 하는 것은 사(社)를 위한 것이 아니다. 『예기』「왕제(王制)」편에서는 사냥의 세 가지 목적을 기록하며, 첫 번째는 제기(祭器)에 담을 마른 고기를 마련하기 위해서이고, 두 번째는 빈객을 접대하기 위한 음식물을 마련하기 위해서이며, 세 번째는 군주의 푸줏간을 채우기 위해서라고 했으니,[8] 사냥의 목적에는 진실로 사(社)를 위하지 않는 것들도 있다. 무릇 사(社)에 대한 제사에 앞서서, 반드시 우선적으로 불을 내서 잡초를 제거하게 되는데, 그 이유는 잡초들을 제거한 이후에야 사냥을 할 수 있기 때문이다. 또 사(社)는 음기(陰氣)를 위주로 하고, 음기는 살생을 위주로 하므로, 사(社)에 대한 제사를 지내면

---

5) 『주례』「하관(夏官)·사관(司爟)」: 季春出火, 民咸從之. 季秋內火, 民亦如之.

6) 『주례』「하관(夏官)·목사(牧師)」: 掌其政令. 凡田事, 贊焚萊.

7) 『예기』「월령(月令)」: 擇元日, 命民社.

8) 『예기』「왕제(王制)」: 天子諸侯無事, 則歲三田, 一爲乾豆, 二爲賓客, 三爲充君之庖.

서 사냥을 하게 되는 것이고, 사냥을 하는 일에 기인하여, 군대를 연습시키는 것이
또한 마땅한 일이 아니겠는가? 「월령」편에서 사냥을 통해서 교육을 하여, 다섯 가
지 병장기 다루는 방법을 익히게 한다는 말[9]과 『시』 「거공(車攻)」편에서 사냥을 통
해서 수레와 군대를 선발한다고 한 말[10]은 모두 이러한 뜻을 나타낼 따름이다. '거
부(車賦)'라는 것은 곧 『사마법』에서 말한 6척(尺)을 1보(步)로 삼는 것으로부터,
점진적으로 나아가 10을 통괄하여 1성(成)으로 삼고, 성(成)에서 전쟁용 수레 1승
(乘)을 출자한다는 것이 바로 이것을 가리킨다. 『주례』 「소사도(小司徒)」편의 직무
기록에서는 5명을 1오(伍)로 삼고, 5개의 오(伍)를 1개의 양(兩)으로 삼으며, 4개
의 양(兩)을 1개의 졸(卒)로 삼는다고 했으니,[11] '졸오(卒伍)'라고 기록한 이유는
군대의 법도가 기본적으로 오(伍)를 기본 단위로 삼고, 졸(卒)에서 일정정도의 완
성을 이루기 때문이다. '간(簡)'은 이롭고 그렇지 않은 것에 대해서 선택하는 점이
있음을 말한 것이고, '력(歷)'은 평탄하고 험준한 것에 대해서 경험하는 점이 있음
을 말한 것이니, '간(簡)'이라 말하고, '력(歷)'이라 말한 것 또한 서로 호환이 되도
록 기록한 것이다. 그렇기 때문에 『주례』 「대사마(大司馬)」편에서는 수레와 군대를
선발하다고만 말하고, 또 수레를 신속하게 몰고 군대가 빨리 달리며, 수레를 질주하
게 하고 군대를 달리게 만들며, 험준한 지역에서는 사람이 주가 되고, 평탄한 지역
에서는 수레가 주가 된다고 했던 것들[12]도 모두 간(簡)하고 력(歷)하는 일들을 뜻
한다. '서(誓)'라는 것은 곧 뭇 장수들이 대열 앞에서 서약을 받아들인다고 한 말[13]
이 바로 이것을 가리킨다. 따라서 서약이라는 것은 단지 사냥에 대해서 서약을 하
는 것일 따름인데, 사(社)에 대해서 언급한 이유는 사(社)에 대한 제사를 위해서
사냥을 하기 때문이다. 좌로 하고 우로 한다는 말은 곧 깃발을 이용해서 좌우로 움

---

9) 『예기』 「월령(月令)」: 是月也, 天子, 乃敎於田獵, 以習五戎, 班馬政.

10) 『시』 「소아(小雅)·차공(車攻)」편의 모서(毛序): 宣王, 能內脩政事, 外攘夷狄,
復文武之境土, 脩車馬, 備器械, 復會諸侯於東都, 因田獵而選車徒馬.

11) 『주례』 「지관(地官)·소사도(小司徒)」: 乃會萬民之卒伍而用之. 五人爲伍, 五
伍爲兩, 四兩爲卒, 五卒爲旅, 五旅爲師, 五師爲軍. 以起軍旅, 以作田役, 以比
追胥, 以令貢賦.

12) 『주례』 「하관(夏官)·대사마(大司馬)」: 又三鼓, 振鐸, 作旗, 車徒皆作. 鼓進, 鳴
鐲, 車驟徒趨, 及表乃止. 坐作如初. 乃鼓, 車馳徒走, 及表乃止. …… 險野, 人
爲主; 易野, 車爲主.

13) 『주례』 「하관(夏官)·대사마(大司馬)」: 群吏聽誓于陳前, 斬牲以左右徇陳, 曰
"不用命者斬之."

직여서 조용히 문으로 들어가게 한다는 것14)에 해당한다. 앉히고 일으킨다는 말은 곧 앉고 일어나며, 나아가고 물러나는 절도를 가르친다는 것15)에 해당한다. 좌우로 움직이는 위치구분과 앉고 일어나는 절도에 대해서는 또한 가르치지 않은 것이 없으니, 무릇 이것을 통해서 변화된 상황에 대처하는 일들을 관찰하기 때문이다. '유시지금(流示之禽)'이라는 말은 짐승들을 몰아서 이리저리 움직여서 사람들에게 노출시킨다는 뜻이니, 짐승들을 몰고 달아나지 못하도록 막는 수레를 설치한다고 한 말16)에 해당한다. 이것은 이로움을 탐하도록 하는 것이다. 무릇 사냥에서는 짐승을 포획하게 되니, 이것은 전쟁에서 포로를 포획하는 것과 같다. 전쟁에서 포로를 포획한 자는 상(賞)을 받게 되고, 사냥에서 짐승을 포획한 자도 상을 받게 되니, 이른바 큰 짐승은 군주에게 바치고 작은 짐승은 수여한다고 한 말17)이 바로 상을 하사하는 뜻에 해당한다. 만약 대오를 이탈하여 짐승을 포획한다면, 이로움을 취득한 것은 작고, 해를 끼친 것은 크니, 반드시 벌을 받게 된다. 무릇 소인(小人)들은 이로움을 보게 되면, 법도를 잊어버리게 되니, 무릇 이것은 단지 병사들의 뜻을 복종하게 만들어서, 그들로 하여금 대오를 이탈하지 않게끔 한 것일 따름이며, 또 포획한 짐승들에 대해서 탐욕을 부리지 않게 한 것이다. 무릇 백성들을 가르치지 않고 전쟁에 내보내는 것을 "버린다."라고 했기 때문에,18) 사냥을 하는 것을 기회로 삼아서 군대에 대한 일들을 익히게 한다면, 전쟁에 대한 대비가 되는 것이다. 그렇기 때문에 전쟁을 하면 이기게 된다. 특별한 일이 없는데도 사냥을 하지 않는 것을 불경(不敬)하다고 부른다.19) 그렇기 때문에 특별한 일이 없는 것에 기인하여, 한 해에 3차례 사냥을 하면, 제사에 대한 대비를 하게 된다. 그렇기 때문에 제사를 지내게 되면, 복(福)을 받게 되는 것이다.

---

14) 『주례』「하관(夏官)·대사마(大司馬)」: 遂以狩田, <u>以旌爲左右和之門</u>, 群吏各帥其車徒以敘和出, 左右陳車徒, 有司平之.

15) 『주례』「하관(夏官)·대사마(大司馬)」: 以敎坐作進退疾徐疏數之節.

16) 『주례』「하관(夏官)·대사마(大司馬)」: 既陳, 乃設驅逆之車, 有司表貉于陳前.

17) 『주례』「하관(夏官)·대사마(大司馬)」: 中軍以鼙令鼓, 鼓人皆三鼓, 群司馬振鐸, 車徒皆作. 遂鼓行, 徒銜枚而進. <u>大獸公之, 小禽私之</u>, 獲者取左耳.

18) 『논어』「자로(子路)」: 子曰, "以不敎民戰, 是謂棄之."

19) 『예기』「왕제(王制)」: <u>無事而不田, 曰不敬</u>, 田不以禮, 曰暴天物. 天子不合圍, 諸侯不掩群.

① 水氣兆於戊.

補註 戊, 當作戌.
번역 '무(戊)'자는 마땅히 술(戌)자로 기록해야 한다.

「교특생」 35장

今按郊祀一節, 先儒之論不一者, 有①子月·寅月之異, 有①
周禮·魯禮之分, ②又以郊與圓丘爲二事, 又有祭天與祈穀爲
二郊, 今皆不復詳辨, 而以朱說爲定.

번역 현재 ‘교사(郊祀)’에 대한 문단을 살펴보니, 선대 유학자들의 논의가 동일하
지 않다. 그 주장들 속에는 자월(子月)에 치르고 또는 인월(寅月)에 치른다는 차이
점이 있고, 주나라의 예법이고 또 노나라의 예법이라는 구분이 있으며, 또 교(郊)에
서 지내는 제사와 원구(圓丘)에서 지내는 제사를 별개의 두 가지 사안으로 여기고,
또 하늘에게 제사를 지내고 곡식의 풍년을 기원하는 두 가지 교제사가 있다고도 여
기는데, 현재 이 모든 주장들에 대해서는 자세히 논변하지 않았지만, 주자의 주장을
정설로 삼는다.

① ○子月寅月周禮魯禮.

補註 按: 以疏說考之, 鄭則祖易緯三王之郊一用夏正之說, 以爲郊在寅
月者, 周禮, 其子月者, 乃魯禮. 魯以無冬至祭天圓丘之事, 是以建子之
月郊天. 王肅則廣引經傳, 以周正冬至之郊, 無周·魯之異, 對啓蟄祈穀
之郊, 故言始也.

번역 살펴보니, 소의 주장에 따라 살펴보니, 정현은 『역』의 위서에서 세 왕
조의 교제사는 모두 하정(夏正)[1]에 따랐다는 설에 근본을 두어 교제사를 인

---

1) 하정(夏正)은 하(夏)나라의 정월(正月)을 뜻한다. 이러한 뜻에서 파생되어 하나라
의 역법(曆法)을 지칭하기도 한다. 하력(夏曆)을 기준으로 두었을 때, 은(殷)나라는
12월을 정월로 삼았으며, 주(周)나라는 11월을 정월로 삼았다. 『사기(史記)』「역서
(曆書)」편에서는 “秦及漢初曾一度以夏曆十月爲正月, 自漢武帝改用夏正后, 曆
代沿用.”이라고 하여, 진(秦)나라와 전한초기(前漢初期)에는 하력에서의 10월을
정월로 삼았다가, 한무제(漢武帝)부터는 다시 하력을 따랐다고 전해진다. 또한 ‘하
력’은 농력(農曆)이라고도 부르는데, ‘하력’에 기준을 두었을 때, 농사의 시기와 가장

월(寅月)에 치르는 것은 주나라의 예법이고, 자월(子月)에 치르는 것은 노나라의 예법이라고 여겼다. 노나라에는 동지에 하늘에 대해 원구에서 지내는 제사가 없었는데, 이러한 까닭으로 북두칠성의 자루가 자 방위에 오는 달에 하늘에 대한 교제사를 지냈던 것이다. 왕숙의 경우에는 경전의 기록들을 다방면으로 인용하며 주나라 역법으로 동지 때 교제사를 지냈으니 주나라와 노나라에는 예법의 차이가 없으며, 계칩에 곡식의 풍년을 기원하며 지냈던 교제사와 대비를 했기 때문에 시(始)라고 말했다고 주장한다.

② 又以郊與圓丘[止]二郊.

補註 按: 鄭玄則以周禮冬至祭天圓丘, 爲非郊祭, 此卽所謂郊與圓丘爲二事者也. 王肅則以爲所在言之, 則謂之郊, 所祭言之, 則謂之圓丘, 此則以郊與圓丘爲一事也. 祭天祈穀二郊, 卽上王肅之說也. 今當以王說爲正. 鄭玄以此章歸之魯禮, 而曰: "周衰禮廢, 儒者見周禮盡在魯, 因推魯禮以言周事"云, 其不信經文, 臆斷爲說甚矣.

번역 살펴보니, 정현의 경우 『주례』에서 동지에 하늘에 대한 제사를 원구에서 지낸다고 한 것은 교제사가 아니라고 여겼으니, 이것이 바로 교제사와 원구에서 지내는 제사를 별개의 두 사안으로 여기는 경우이다. 왕숙의 경우 그 장소를 기준으로 말한다면 교제사라고 부르며, 제사지내는 대상을 기준으로 말한다면 원구라고 부른다고 했으니, 이것은 교제사와 원구에서 지내는 제사를 동일한 사안으로 여기는 경우이다. 하늘에 대한 제사와 곡식의 풍년을 기원하는 두 개의 교제사라는 것은 앞에 나온 왕숙의 주장에 해당한다. 왕숙의 주장을 정론으로 삼아야 한다. 정현은 이곳 문장의 내용을 노나라의 예법으로 귀속시키며, "주나라의 예법이 쇠하고 없어졌는데, 유학자들은 주나라의 예법이 노나라에 남아있는 것을 보고, 이로 인해 노나라의 예법을 미루어 주나라의 일들을 설명하게 되었다."라고 했다. 그러나 이것은 경문의 기록을 믿지 않고 억측과 그에 따른 판단으로 말을 만들어낸 것이다.

잘 맞았기 때문이다. 따라서 역대 왕조에서 역법을 개정할 때에는 '하력'에 기준을 두게 되었다.

「교특생」 36장

郊祭者, 報天之大事, 而①主於迎長日之至. 祭義云, "配以月", 故方氏謂天之尊無爲. 可祀之以其道, 不可主之以其事, 故以日爲之主焉. ②天秉陽, 日者衆陽之宗, 故就陽位而立郊兆. 陶匏, 亦器之質者, 質乃物性之本然也.

번역 교(郊)제사는 하늘이 시행하는 큰일에 대해서 보답을 하고, 해가 길어지게 됨이 도래함을 맞이하는 것을 위주로 한다. 『예기』「제의(祭義)」편에서는 "달을 함께 배향한다."[1]라고 하였다. 그렇기 때문에 방각은 "하늘은 존귀하지만 구체적인 행위의 드러남이 없다. 따라서 그 도리로써 제사를 지낼 수 있지만, 구체적인 일을 위주로 할 수는 없다. 그러므로 하늘[天]대신 해[日]를 위주로 삼게 되는 것이다."라고 말한 것이다. 그리고 하늘은 양(陽)을 부리고, 해는 모든 양(陽) 중에서도 종주가 된다. 그렇기 때문에 양(陽)의 방위에 나아가서, 교(郊)에 조(兆)를 세우는 것이다. 질그릇[陶]과 바가지[匏] 또한 기물들 중에서도 질박한 것이니, 질박한 것은 곧 사물의 성질 중에서도 본래의 것에 가까운 것이다.

① ○主於迎長日之至.

補註 按: 主日, 以此爲解, 殊未襯, 其下所引方說, 以日爲之主者是矣. 方說在祭義註.

번역 살펴보니, '주일(主日)'이라는 말을 이러한 뜻으로 풀이한다면 다소 일치하지 않는 점이 있는데, 그 뒤에서 인용하고 있는 방씨의 주장에서는 해를 위주로 삼는다고 했으니 이 말이 옳다. 방씨의 주장은 『예기』「제의(祭義)」편의 주에 수록되어 있다.

---

1) 『예기』「제의(祭義)」: 郊之祭, 大報天而主日, 配以月. 夏后氏祭其闇, 殷人祭其陽, 周人祭日以朝及闇.

② 天秉陽.

補註 禮運文.

번역 『예기』「예운(禮運)」편의 기록이다.[2]

---

2)『예기』「예운(禮運)」: 故<u>天秉陽</u>, 垂日星, 地秉陰, 竅於山川, 播五行於四時, 和而
後月生也. 是以三五而盈, 三五而闕.

「교특생」 37장

於郊, 故謂之郊. 牲①用騂, 尙赤也. 用犢, 貴誠也. ②郊之用
辛也.

번역 교제사는 교외[郊]에서 지내기 때문에, 그 명칭을 '교(郊)'라고 부르는 것이다. 희생물은 붉은 색의 소를 사용하니, 적색을 숭상하기 때문이다. 소 중에서도 송아지를 사용하는 것은 진실됨을 숭상하기 때문이다. 교제사는 신(辛)자가 들어가는 날을 이용해서 치른다.

① 用騂尙赤.

補註 鄭註: 尙赤, 周也.
번역 정현의 주에서 말하길, 적색을 숭상하는 것은 주나라 때의 예법이다.[1]

② 郊之用辛.

補註 按: 此一句, 當依古經屬下段.
번역 살펴보니, 이 구문은 『고경』의 체제에 따라 마땅히 아래 단락[2]에 연결해야 한다.

補註 ○又按: 家語作"周之始郊, 其月以日至, 其日用上辛."
번역 ○또 살펴보니, 『공자가어』에서는 "주나라에서 처음 교제사를 지냈을 때 해가 길어지기 시작하는 동지가 들어가는 달에 했고, 그 날짜는 상순 중 신(辛)자가 들어가는 날에 했다."라고 했다.

---

1) 『예기』「단궁상(檀弓上)」: 夏后氏尙黑, 大事斂用昏, 戎事乘驪, 牲用玄. 殷人尙白, 大事斂用日中, 戎事乘翰, 牲用白. 周人尙赤, 大事斂用日出, 戎事乘騵, 牲用騂.
2) 『예기』「교특생(郊特牲)」: 周之始郊日以至.

「교특생」 39장

참고─經文

卜郊, 受命于祖廟, ①作龜于禰宮, 尊祖親考之義也.

번역 교(郊)제사에 대해서 거북점을 칠 때에는 그 사안을 태조의 묘에서 아뢰어, 태조로부터 명령을 하달 받고, 거북점은 부친의 묘에서 치게 되니, 이것은 태조를 존귀하게 받들고 부친에게 친근하게 대하는 도의이다.

① ○作龜.

補註 按: 周禮·春官·太卜及卜師, 皆有命龜作龜之文. 註, "命龜, 告龜以所卜之事. 作龜, 以火灼之, 以作其兆也." 據此, 則陳註作猶用也者, 非, 小註方說得之.

번역 살펴보니, 『주례』「춘관(春官)·대복(大卜)」편 및 「복사(卜師)」편에서는 모두 거북껍질에 명령을 내리는 말이 있고 또 거북껍질에 점을 치는 말이 있다. 주에서는 "명구(命龜)는 거북껍질에게 점을 치는 사안에 대해서 알리는 것이다. 작구(作龜)는 불로 지져서 갈라지는 조짐을 만드는 것이다."라고 했다. 이러한 기록에 근거해보면, 진호의 주에서는 작(作)자는 사용한다는 뜻이라고 했는데, 이것은 잘못된 해석이며, 소주에 나온 방씨의 주장이 옳다.

참고─大全 嚴陵方氏曰: 受命則受之而已. 作龜則質其可否焉. 於祖則受命, 以其能始事故也. 於禰則作龜, 以其能成事故也. 於祖曰廟, 以其遠而神事之也. 禰曰宮, 以其近而人事之也. 尊親之義, 又在於是矣. 作龜, 卽灼龜也. 灼之將以作事, 故以作言之.

번역 엄릉방씨가 말하길, 명령을 받는다고 하였다면, 받아드릴 따름이다. 거북점을 친다고 하였다면, 시행의 여부를 질문하는 것이다. 조(祖)에 대해서 명령을 받는다고 한 것은 태조는 일을 시작할 수 있는 권능을 갖추고 있기 때문이다. 부친[禰]에 대해서 거북점을 친다고 한 것은 부친은 일을 완성시킬 수 있는 권능을 갖추고 있기 때문이다. 조(祖)에 대해서 '묘(廟)'라고 한 것은 사람과 멀리 떨어져 있어서, 신(神)에 대한 도리로써 섬기기 때문이다. 부친[禰]에 대해서 '궁(宮)'이라고 한 것은 사람과 가까이 있어서, 사람에 대한 도리로써 섬기기 때문이다. 존귀하게 높이고 친근하게 대하는 도의는 또한 여기에 달려 있는 것이다. "거북점을 친다[作龜]."는 것은 거북껍질을 불로 그슬리는 것이다. 그슬려서 장차 일을 시행하게 되기 때문에, "시행한다[作]."고 기록한 것이다.

「교특생」 40장

참고─經文

卜之日, 王立于澤, 親聽誓命, ①受敎諫之義也.

번역 거북점을 치는 날에 천자는 택궁(澤宮)1)에 서서, 유사(有司)가 다른 관리들에게 제사와 관련된 일을 명령하는 것을 들으니, 이처럼 하는 것은 가르침과 간언을 받아들이는 도의에 해당한다.

① ○受敎諫之義.

補註 按: 受敎諫, 與王制受諫同. 諫, 猶誡告也.

번역 살펴보니, 수교간(受敎諫)이라는 말은 『예기』「왕제(王制)」편에서 "간언해준 것을 받아들인다."2)라고 한 말과 동일하다. 따라서 '간(諫)'자는 경계하고 일러준다는 의미이다.

---

1) 택궁(澤宮)은 활쏘기를 하여 사(士)를 선발하던 장소이다. 『주례』「하관(夏官)·사궁시(司弓矢)」편에는 "澤共射椹質之弓矢"이라는 기록이 있는데, 이에 대한 정현의 주에서는 정사농(鄭司農)의 주장을 인용하여, "澤, 澤宮也, 所以習射選士之處也."라고 풀이했다.

2) 『예기』「왕제(王制)」: 大史典禮, 執簡記, 奉諱惡, 天子齊戒, 受諫.

「교특생」41장

참고―經文

①<u>獻命庫門之內, 戒百官也. 大廟之命, 戒百姓也.</u>

번역 유사(有司)가 모든 관리들에게 훈계할 내용을 기록하여, 천자에게 바치면, 천자는 그것을 가지고 고문(庫門) 안에서 모든 관리들에게 주의를 준다. 그리고 태묘에서도 명령을 내려서, 동족의 신하들에게 주의를 준다.

① ○獻命庫門[止]戒百姓.

補註 鄭註: "王自澤宮還, 以誓命重相申敕也. 百官, 公卿以下也. 百姓, 王之親也. 入廟戒, 親親也." 疏曰: "皇氏云, '姓者, 生也, 竝是王之先祖所生.'"

번역 정현의 주에서 말하길, "천자가 택궁(澤宮)으로부터 돌아와서, 훈계할 내용으로 명령을 내려서 거듭 주의를 주는 것이다. '백관(百官)'은 공경(公卿) 이하의 관리들을 뜻한다. '백성(百姓)'은 천자의 친족들이다. 태묘에 들어가서 훈계를 하는 것은 친근한 자들을 친근하게 대하기 때문이다."라고 했다. 소에서 말하길, "황간은 '성(姓)자는 태어난다는 뜻이니, 모든 자들이 천자의 선조로부터 태어났다는 뜻이다.'"라고 했다.

「교특생」 42장

참고─經文

祭之日, 王①皮弁以聽祭報, 示民嚴上也. 喪者不哭, 不敢凶服, ②氾埽反道, 鄕爲田燭, 弗命而民聽上.

번역 교(郊)제사를 지내는 날이 되면, 천자는 피변(皮弁)을 착용하고서 제사의 준비 사항 등을 보고받으니, 백성들에게 윗사람을 존엄하게 대해야 한다는 사실을 보여주기 위해서이다. 상(喪)을 치르는 자는 이날 곡을 하지 않고, 감히 상복을 입지 않으며, 땅에 물을 뿌려서 청소를 하고 흙을 파서 뒤집어 놓으며, 육향(六鄕)[1]에 살고 있는 백성들은 밭두둑에 횃불을 밝혀 놓으니, 이러한 일들은 별도로 명령을 내리지 않아도 백성들이 자발적으로 따르는 지침이다.

① ○皮弁以聽祭報.

補註 楊梧曰: 此時未著祭服, 又不可褻服以待, 故著視朝之服.

번역 양오가 말하길, 이 시기에는 아직 제복을 착용하지 않은 상태이며, 또한 평상복을 입고서 기다릴 수도 없다. 그렇기 때문에 조회에 참가할 때 입는 복장을 착용하는 것이다.

② 氾掃.

補註 疏曰: 廣掃也.

번역 소에서 말하길, 널리 청소한다는 뜻이다.

---

1) 육향(六鄕)은 주(周)나라 때 원교(遠郊)에 설치된 여섯 개의 향(鄕)을 뜻한다. 주나라의 제도에서는 국성(國城)과 가까이 있는 교외(郊外)를 근교(近郊)라고 불렀고, 근교 밖을 원교(遠郊)라고 불렀다. 그리고 원교 안에는 6개의 향(鄕)을 설치했고, 원교 밖에는 6개의 수(遂)를 설치했다.

祭報, 報白日時早晚, 及牲事之備具也. 氾埽, 洒水而後埽也.
反道, 剗道路之土反之, 令新者在上也. 鄕, 郊內六鄕也. 六鄕
之民, 各於田首設燭照路, ①恐王行事之早也. 喪者不哭以下
諸事, 皆不待上令而民自聽從, 蓋歲以爲常也.

번역 '제보(祭報)'는 시간의 빠르고 늦은 차이와 희생물 및 각각의 사안들을 갖춘
정도에 대해서 보고한다는 뜻이다. '범소(氾埽)'는 물을 뿌린 이후에 청소를 한다
는 뜻이다. '반도(反道)'는 도로의 흙을 파서 뒤집어엎어서, 새로운 빛깔의 흙이 그
위로 오도록 하는 것이다. '향(鄕)'은 교(郊) 안에 있는 육향(六鄕)을 뜻한다. 육향
에 속한 백성들은 각자 자신의 경작지 두둑에 횃불을 설치하여 길을 밝히니, 천자
가 제사를 지내러 일찍 찾아오게 될까를 염려해서이다. 상을 치르는 자가 곡을 하
지 않는다는 것으로부터 그 이하의 여러 사안들은 모두 위정자가 명령을 내릴 때까
지 기다리지 않고 백성들이 자발적으로 따르게 되는 것이니, 아마도 한 해를 터울
로 일정하게 시행해야 할 일로 여겼기 때문이다.

① 恐王行事之早也.

補註 按: 疏無行事二字, 而作向郊之早, 較明.

번역 살펴보니, 소의 기록에는 행사(行事)라는 두 글자가 없고, 향교지조(向
郊之早)로 기록했는데, 이것이 더 분명한 해석이다.

「교특생」44장

戴冕璪十有二旒, ①則天數也. 乘素車, 貴其質也. 旂十有二旒,
②龍章而設日月, 以象天也. 天垂象, 聖人則之, 郊所以③明天
道也.

번역 면류관을 씀에, 면류관에는 옥을 꿴 줄이 12개 들어가니, 이것은 하늘의 법칙
을 본받기 위해서이다. 나무로 만든 수레인 소거(素車)를 타는 것은 그 질박함을
숭상하기 때문이다. 깃발에 12개의 깃술을 달며, 용의 무늬를 새기고, 해와 달의 모
양을 새겨서, 하늘의 형상을 본뜨게 된다. 하늘은 형상을 드리우고, 성인은 그것을
본받으니, 교(郊)제사는 하늘의 도를 밝히는 방법이 된다.

① 則天數.

補註 鄭註: "天之大數不過十二." 疏曰: "此八字, 哀七年, 左傳文."
번역 정현의 주에서 말하길, "하늘의 큰 수는 12를 넘지 않는다."라고 했다. 소에
서 말하길, "이 여덟 글자는 애공 7년에 대한『좌씨전』의 문장이다.[1]"라고 했다.

② 龍章而設日月.

補註 鄭註: 畫於旂上.
번역 정현의 주에서 말하길, 깃발 위에 그림을 그린다는 뜻이다.

③ 明天道.

補註 鄭註: 明, 謂則之以示人也.
번역 정현의 주에서 말하길, '명(明)'이라는 말은 그 도리를 본받아서 사람들
에게 보여준다는 뜻이다.

---

1)『춘추좌씨전』「애공(哀公) 7년」: 周之王也, 制禮, 上物不過十二, 以爲天之大數也.

「교특생」45장

①<u>帝牛不吉, 以爲稷牛</u>. ②<u>帝牛必在滌三月, 稷牛唯具, 所以別</u>
事天神與人鬼也. 萬物本乎天, 人本乎祖, 此所以配上帝也. 郊
之祭也, ③<u>大報本反始也</u>.

번역 상제(上帝)에게 바치는 소에 대해서 점을 쳤는데, 불길하다는 점괘가 나오게
되면, 후직(后稷)에게 바치는 소로 대체한다. 제우(帝牛)는 반드시 우리에서 3개월
동안 가둬서 키운 것으로 사용하고, 직우(稷牛)는 단지 흠 없이 온전한 것을 사용
하니, 이처럼 하는 이유는 천신(天神)과 인귀(人鬼)를 섬기는 것을 구별하기 위해
서이다. 만물은 하늘에 근본을 두고 있고, 사람은 조상에 근본을 두고 있으니, 이러
한 이유로 자신의 조상을 상제에게 배향하는 것이다. 교(郊)에서 지내는 제사는 근
본에 보답하고, 시초를 반추하는 성대한 의식이다.

① ○帝牛不吉以爲稷牛.

補註 鄭註: "養牲必養二也." 疏曰: "爲, 猶用也." 又曰: "案宣三年正月,
郊牛之口傷, 改卜牛, 牛死, 乃不郊. 公羊云: '曷爲不復卜? 養牲養二,
卜帝牲不吉, 則扳稷牲而卜之.' 何休云: '先卜帝牲, 養之有災, 更引稷牲
卜之. 以爲天, 牲養之凡當二, 卜爾, 復不吉, 則止不郊也.'"

번역 정현의 주에서 말하길, "희생물을 키울 때에는 반드시 두 마리를 키우
게 된다."라고 했다. 소에서 말하길, "'위(爲)'자는 사용한다는 뜻이다."라고
했다. 또 말하길, "선공 3년 정월 기록을 살펴보니 '교(郊)제사 때 사용될 소
의 입에 상처가 나서, 소를 바꿔서 재차 점을 쳤는데, 그 소가 죽어버렸다.
그래서 교제사를 지내지 않았다.'[1]라고 했다. 『공양전』에서는 '어찌하여 재

---

1) 『춘추』 「선공(宣公) 3년」: 三年, 春, 王正月, 郊牛之口傷, 改卜牛, 牛死, 乃不郊,
猶三望.

차 점을 치지 않는가? 희생물을 기를 때 2마리를 기르게 되니, 상제(上帝)에게 바칠 희생물에 대해서 점을 쳤는데 불길하다는 점괘가 나왔다면, 후직(后稷)에게 바칠 희생물을 대신 끌고 와서 점을 친다.'2)라고 했고, 하휴는 '앞서 상제에게 바칠 희생물에 대해서 점을 치는데, 기르는 과정에서 재앙이 발생해서 다시금 후직에게 바칠 희생물을 데려다가 점을 치는 것이다. 이 희생물을 사용해서 하늘에 대한 제사를 지내게 되니, 희생물을 기를 때에는 모두 2마리를 길러야 하며, 점을 쳤는데 재차 불길하다는 점괘가 나온다면, 점치는 것을 멈추고 교제사를 지내지 않는다.'"라고 했다.

補註 ○類編曰: 帝牛在滌者, 非一牛也, 故初卜不吉, 則以此爲稷牛, 更卜在滌也.

번역 ○『유편』에서 말하길, 우리에서 기르는 상제에게 바칠 소는 한 마리가 아니다. 그렇기 때문에 처음 점을 쳐서 불길하다는 점괘가 나오면 이것을 후직에게 바치는 소로 정하고, 우리에 있는 다른 소에 대해서 재차 점을 친다.

補註 ○按: 疏訓爲字以用, 謂用稷牛爲帝牛者, 甚牽强. 類編所解稍似平順, 而但與公羊傳相違, 且在滌非一牛云者, 欠明.

번역 ○살펴보니, 소에서는 위(爲)자를 용(用)자로 풀이했으니, 후직에게 바칠 소를 상제에게 바칠 소로 사용한다는 뜻이 되는데, 매우 견강부회한 말이다. 『유편』에서 풀이한 것은 다소 평이한 해석인 것 같지만, 『공양전』의 내용과 위배되며, 또 우리에서 기르는 소가 한 마리가 아니라고 말한 것은 불명확한 해설이다.

② 帝牛必[止]唯具.

補註 疏曰: 此覆解上文帝牛不吉而用稷牛之事. 以帝牛必在滌三月, 今

---

2) 『춘추공양전』「선공(宣公) 3년」: 曷爲不復卜. 養牲養二卜. 帝牲不吉. 則扳稷牲而卜之.

帝牛不吉, 故取稷牛, 已在滌三月也. 其祀稷之牛, 臨時別取.

번역 소에서 말하길, 이 문장은 앞에서 제우(帝牛)에게 불길하다는 점괘가 나와서 직우(稷牛)를 대신 사용한 일에 대해 재차 해석한 말이다. 제우는 반드시 우리에서 3개월 동안 가둬서 키우게 되는데, 현재 제우에게 불길한 일이 발생했기 때문에, 직우를 대신 사용하게 된 것이니, 직우 또한 이미 우리에서 3개월 동안 길러졌기 때문이다. 그리고 후직에게 제사를 지내며 사용될 소에 대해서는 그 시기가 되면 별도로 선별하여 사용하게 된다.

補註 ○公羊傳曰: "帝牲在於滌三月. 於稷者, 唯具是視." 何休云: "視其身體具無灾害而已, 不養于滌."

번역 ○『공양전』에서 말하길, "상제에게 바칠 희생물은 우리에 가둬서 3개월 동안 기른다. 후직에게 바칠 희생물에 대해서는 오직 신체가 온전히 갖춰진 것을 사용한다."[3]라고 했고, 하휴는 "그 신체를 살펴서 흠이 없는 것을 갖추기만 할 따름이며, 우리에서 기르지 않는다."라고 했다.

補註 ○按: 公羊解唯具, 差異而較長.

번역 ○살펴보니, 『공양전』의 '유구(唯具)'에 대한 풀이는 조금 차이가 있지만 비교적 뛰어나다.

③ 大報本反始也.

補註 疏曰: 皇氏云, "上文社, 下直云報本反始, 此文天神尊, 故加一大字."

번역 소에서 말하길, 황간은 "앞 문장에 나온 '사직(社稷)'에 대해서는 그 뒤에서 곧바로 '근본에 보답하고 시초를 반추한다.'[4]라고 하였는데, 이곳 문장에 나타난 천신(天神)은 존귀한 대상이기 때문에, '대(大)'자를 덧붙인 것이다."라고 했다.

---

3) 『춘추공양전』「선공(宣公) 3년」: 帝牲在于滌三月. 於稷者, 唯具是視.
4) 『예기』「교특생」: 唯社, 丘乘供粢盛, 所以報本反始也.

「교특생」 46장

①天子大蜡八, ②伊耆氏始爲蜡. 蜡也者, 索也. ③歲十二月④合, 聚萬物而索饗之也.

번역 천자가 지내는 성대한 사(蜡)제사는 8명의 신을 섬기니, 이기씨(伊耆氏)가 처음으로 이러한 사제사를 시행했다. '사(蜡)'라는 것은 찾는다는 뜻이다. 한 해의 12월에 모든 것이 닫히게 되면, 만물을 취합하여, 신을 찾아서 제사를 지내는 것이다.

① ○天子大蜡八.

補註 按: 八蜡, 恐先嗇一·司嗇二·農三·郵表畷四·猫五·虎六·坊七·水庸八. 陳註數八蜡, 一從鄭註, 而其以昆蟲爲一物, 猫虎合爲一物者, 恐非. 昆蟲, 只見下文, 祝辭與草木泛稱而已, 元無助益農功之事, 何可祭之乎? 類編之斥, 是矣. 但類編以百種爲八蜡之一, 蓋以陳註訓百種, 以司百穀之種之神故也, 而愚意祭百種, 只是以百種穀祭先嗇·司嗇之意. 且疏曰: "祭百種, 以報嗇, 爲下'饗農及郵表畷'起文. 百種, 則農及郵表畷·禽獸等, 所以祭之者, 報其助嗇之功", 此則以種字訓類字也, 義亦可通, 而其非八蜡之一則明矣. 類編又以禽獸與猫虎各爲一物, 亦不然. 禽獸卽猫虎, 非但註說爲然, 先言祭及禽獸, 以見仁之至義之盡, 而繼言猫虎之祭以釋, 禽獸之爲猫虎者, 自是分曉, 何可分禽獸·猫虎爲二哉?

번역 살펴보니, 팔사(八蜡)는 아마도 선색(先嗇)이 첫 번째이고, 사색(司嗇)이 두 번째이며, 농(農)이 세 번째이고, 우표철(郵表畷)이 네 번째이며, 묘(猫)가 다섯 번째이고, 호(虎)가 여섯 번째이며, 방(坊)이 일곱 번째이고, 수용(水庸)이 여덟 번째일 것이다. 진호의 주에서 팔사(八蜡)를 나열한 것은 모두 정현의 주에 따른 것인데, 곤충(昆蟲)을 하나의 대상으로 삼았고, 묘(猫)와 호(虎)를 합쳐 하나의 대상으로 삼았는데, 아마도 잘못된 해석인 것 같다. '곤충(昆蟲)'에 대한 내용은 단지 아래문장에 나오는데,[1] 축사에서 초목(草木)과 더불어 범범하게 지칭한 것일 뿐이며, 본래 농업에 도움을 주는 일을 하지 않는데 어떻게 그들에게 제사를 지낼 수 있겠는가? 『유편』에서 이를 비판한 것은 옳다. 다만 『유편』에서는 백종(百種)을 팔사(八蜡) 중 하나라고 여겼는데, 아마도 진호의 주에서 백종(百種)을 풀이하며 모든 곡식의 종자를 담당하는 신이라고 했기 때문인 것 같다. 그러나 내가 생각하기에 백종에게 제사를 지낸다는 것은 단지 백종의 곡식으로 선색과 사색에게 제사를 지낸다는 뜻일 뿐이다. 또 소에서는 "백종으로 제사를 지내서 색(嗇)에게 보답한다는 말은 아래문장에서 '농(農)과 우표철(郵表畷)에게 제사를 지낸다.'라고 한 말을 위해 문장의 서두를 일으킨 것이다. 백종(百種)은 농(農)·우표철(郵表畷)·금수(禽獸) 등을 뜻하니, 이들에게 제사를 지내는 이유는 농사를 도왔던 공덕에 대해서 보답을 하기 위해서이다."라고 했으니, 이것은 종(種)자를 부류를 뜻하는 유(類)자로 풀이한 것으로, 그 의미 또한 통용되며, 또한 백종(百種)이 팔사(八蜡) 중 하나가 아니라는 사실도 명백해진다. 『유편』에서는 또 금수(禽獸)와 묘호(猫虎)를 각각의 대상이라고 여겼는데 이 또한 그렇지 않다. '금수(禽獸)'는 곧 묘호(猫虎)에 해당하는 것으로 주의 설명이 그러할 뿐만 아니라, 앞에서 금수(禽獸)에게까지 제사를 지내서 인의 지극함과 의를 다한다는 뜻을 드러낸다고 했고, 계속하여 묘호(猫虎)에 대한 제사를 언급하여 풀이했으니, 금수(禽獸)가 묘호(猫虎)에 해당한다는 것은 이 자체로도 분명한 일인데, 어떻게 금수(禽獸)와 묘호(猫虎)를 둘로 구분할 수 있겠는가?

補註 ○更按: 王肅之數八蜡, 分猫虎爲二, 無昆蟲, 正與愚見合.
번역 ○다서 살펴보니, 왕숙이 팔사(八蜡)를 나열하며 묘(猫)와 호(虎)를 둘로 구분하였고 곤충(昆蟲)에 대한 언급이 없으니, 바로 내 견해와 부합된다.

---

1) 『예기』 「교특생(郊特牲)」: 曰: 土反其宅, 水歸其壑, 昆蟲毋作, 草木歸其澤.

② 伊耆氏.

補註 鄭註: "伊耆氏, 古天子號也." 疏曰: "伊耆氏, 神農也. 以其初爲田事, 故爲蜡祭以報天也. 下云: '主先嗇', 神農旣爲始蜡, 豈自祭其身以爲先嗇乎? 皇氏云: '神農·伊耆, 一代總號, 其子孫爲天子者, 始爲蜡祭, 祭其先祖造田者, 故有先嗇也.'"

번역 정현의 주에서 말하길, "이기씨(伊耆氏)는 고대 천자의 칭호이다."라고 했다. 소에서 말하길, "이기씨(伊耆氏)는 곧 신농(神農)을 뜻한다. 그는 최초로 농사짓는 일을 시작하였기 때문에, 사(蜡)제사를 지냄으로써 하늘의 공덕에 보답하는 것이다. 아래문장에서는 '선색(先嗇)을 위주로 한다.'라고 하였는데, 신농은 곧 최초로 사제사를 지냈던 자이다. 따라서 어떻게 제 스스로 그 자신에게 제사를 지내며, 선색으로 삼을 수 있단 말인가? 이 문제에 대해서 황간은 "신농(神農)과 이기(伊耆)는 한 왕조의 천자를 가리키는 총괄적인 명칭이니, 그의 자손들 중에 천자가 된 자가 처음으로 사제사를 지냈던 것이며, 자신의 선조 중 농사일을 개발한 자에게 제사를 지내게 되었다. 그렇기 때문에 제사 대상에 선색(先嗇)이 포함된 것이다."라고 했다.

補註 ○陸曰: 或云卽帝堯是也.

번역 ○육덕명이 말하길, 혹자는 이 자가 제요(帝堯)에 해당한다고도 말한다.

補註 ○按: 陳註, 堯也, 蓋本於陸.

번역 ○살펴보니, 진호의 주에서는 요임금이라고 했는데, 아마도 육덕명의 주장에 근거한 말인 것 같다.

③ 歲十二月.

補註 鄭註: 十二月, 周之正數, 謂建亥之月也.

번역 정현의 주에서 말하길, 한 해 12월이라는 말은 주나라에서 규정한 수로, 북두칠성의 자루가 해(亥)의 자리에 오는 달을 뜻한다.

補註 ○按: 蠟祭之在建亥月, 月令疏說備論之, 已見其補註.

번역 ○살펴보니, 사(蠟)제사는 건해(建亥)의 달에 지내는데,『예기』「월령(月令)」편의 소에서 자세히 논의하였고, 해당 보주에 이미 나온다.

④ 合聚萬物而索饗之.

補註 鄭註: "饗者, 饗其神也." 疏曰: "所祭之神, 合聚萬物而索饗之, 但以八神爲主."

번역 정현의 주에서 말하길, "향(饗)은 해당 신을 흠향시킨다는 뜻이다."라고 했다. 소에서 말하길, "제사를 받는 신들에 대해서는 만물을 취합하여 그들을 찾아서 제사를 지내게 되는데, 단지 이러한 여덟 신들을 위주로 할 따름이다."라고 했다.

補註 ○按: 合, 亦聚之意. 陳註合猶閉也云者, 未可曉.

번역 ○살펴보니, '합(合)'자 또한 취(聚)자의 뜻이다. 진호의 주에서는 합(合)자를 닫는다는 뜻의 폐(閉)자와 같다고 했는데, 이해할 수 없다.

「교특생」 47장

蜡之祭也, 主①先嗇而祭司嗇也, ②祭百種以報嗇也.

번역 사(蜡)의 제사에서는 여덟 신들 중에서도 선색(先嗇)을 주인으로 삼고, 사색(司嗇)에게 제사를 지내며, 모든 곡식의 종자를 담당하는 신에게 제사를 지내서 농사를 지을 수 있도록 했던 공덕에 보답을 하는 것이다.

① ○先嗇.

補註 疏曰: 種曰稼, 斂曰嗇. 不云稼而云嗇者, 取其成功收斂.

번역 소에서 말하길, 파종하는 것을 '가(稼)'라고 부르며, 수확하는 것을 '색(嗇)'이라고 부른다. 그런데 이러한 신들에 대해서 '가(稼)'자를 붙여서 부르지 않고, '색(嗇)'자를 붙여서 부르고 있는데, 그 이유는 공적을 이루어서 수렴을 한다는 뜻에서 의미를 취했기 때문이다.

② 祭百種以報嗇也.

補註 鄭註: 嗇所樹藝之功, 使盡饗之.

번역 정현의 주에서 말하길, 색(嗇)은 농작물을 기르는데 공덕이 있으므로, 그들로 하여금 모두 흠향을 하도록 만드는 것이다.

補註 ○按: 鄭註, 似與愚說合.

번역 ○살펴보니, 정현의 주는 아마도 나의 설명과 부합하는 것 같다.

「교특생」 51장

> 皮弁素服而祭, 素服以①送終也. 葛帶榛杖, ①喪殺也. 蜡之祭,
> 仁之至, 義之盡也.

번역 피변(皮弁)을 쓰고, 소복(素服)을 입고서 제사를 지내니, 소복을 입고서 제사를 지내는 것은 끝마침에 대해서 잘 전송하는 것이다. 칡을 엮은 띠를 두르고 개암나무로 만든 지팡이를 잡는 것은 정식적인 상례에 따라 낮추는 것이다. 사(蜡)제사는 인(仁)의 지극함이며, 의(義)의 극진함이다.

① ○送終也[又]喪殺也.

補註 鄭註: 送終 · 喪殺, 所謂老物也.

번역 정현의 주에서 말하길, 끝맺음을 전송하고, 상례에 따라 낮춘다는 것은 이른바 노쇠한 사물에 대한 것이다.

補註 ○按: 鄭註所謂云者, 指周禮 · 籥章文也. 本疏曰, "謂息田夫萬物也."

번역 ○살펴보니, 정현의 주에서 설명한 것은 『주례』「약장(籥章)」편의 기록을 가리킨다.[1] 본래의 소 기록에서는 "농부와 만물을 쉬게 한다는 뜻이다."라고 했다.

> 物之助成歲功者, 至此而老, 老則終矣, 故皮弁 · 素服 · 葛
> 帶 · 榛杖以送之, 喪禮之殺也. 此爲義之盡. 祭報其功, 則仁之
> 至也. 周禮①籥章云, "國祭蜡則龡豳頌, 擊土鼓, 以息老物."

---

1) 『주례』「춘관(春官) · 약장(籥章)」: 國祭蜡, 則吹豳頌, 擊土鼓, 以息老物.

번역 만물이 세공(歲功)²⁾을 도와서 완성하는 일을 하는데, 이 시기에 이르게 되어 노쇠해지니, 노쇠해지면 끝마치게 된다. 그렇기 때문에 피변(皮弁)을 쓰고, 소복(素服)을 착용하며, 칡으로 엮은 띠를 두르고, 개암나무로 만든 지팡이를 잡고서 그것들을 전송하니, 이것은 상례에서 낮추는 것에 해당한다. 이것들은 의(義)의 극진함이 된다. 제사를 지내서 그 공덕에 보답을 하게 된다면, 인(仁)의 지극함이 된다. 『주례』「약장(籥章)」편에서는 "나라에서 사(蜡)제사를 지내게 되면, 빈송(豳頌)을 연주하고, 토고(土鼓)를 두드려서, 노쇠해진 만물을 쉬게 한다."라고 했다.

① 籥章.

補註 春官之屬.

번역 『주례』「춘관(春官)」에 속한 관리이다.

---

2) 세공(歲功)은 한 해 동안 이룩한 공적(功績)을 지칭한다. 구체적으로는 한 해의 농사를 수확한다는 뜻이다. 『한서(漢書)』「예악지(禮樂志)」편에는 "陽出布施於上而主歲功, 陰入伏藏於下而時出佐陽. 陽不得陰之助, 亦不能獨成歲功."이라는 기록이 있다.

「교특생」52장

①黃衣黃冠而祭, 息田夫也. 野夫黃冠. ②黃冠, 草服也.

번역 황색의 옷을 입고 황색의 모자를 쓰고서 제사를 지내는 것은 농부들을 휴식시키는 것이다. 초야에 머무는 자들은 황색의 모자를 쓴다. 황색의 모자는 초야에 머무는 자들이 착용하는 복장에 따른 모자이다.

① 黃衣黃冠而祭.

補註 鄭註: 此祭, 謂旣蜡, 臘先祖五祀也.

번역 정현의 주에서 말하길, 여기에서 말한 제사는 사(蜡)제사를 끝내고 나서, 선조와 오사(五祀)에 대한 납(臘)제사[1]를 지낸다는 뜻이다.

補註 ○按: 陳註本此, 而小註方氏, 則以爲皮弁素服而祭, 主祭者之服, 黃衣黃冠而祭, 助祭者之服, 未知孰是.

번역 ○살펴보니, 진호의 주는 이 말에 근거한 것인데, 소주에서 방씨는 피변에 소복을 착용하고 제사를 지낸다는 것은 제사를 주관하는 자의 복장을 뜻하고, 황의와 황관을 착용하고 제사를 지낸다는 것은 제사를 돕는 자들의

---

1) 납(臘)은 엽(獵)이라고도 부른다. 짐승을 사냥하여 조상 및 오사(五祀)에게 지내는 제사를 뜻한다. 고대에는 백신(百神)들에 대한 제사를 사(蜡)라고 불렀고, 조상에 대한 제사를 '납'이라고 불렀는데, 진한대(秦漢代) 이후로는 이 둘을 통칭하여, '납'이라고 불렀다. 『예기』「월령(月令)」편에는 "天子, 乃祈來年于天宗, 大割, 祠于公社及門閭, 臘先祖 · 五祀, 勞農以休息之."라는 기록이 있고, 이에 대한 공영달(孔穎達)의 소(疏)에서는 "臘, 獵也. 謂獵取禽獸以祭先祖五祀也."라고 풀이했다. 또한 『춘추좌씨전』「희공(僖公) 5년」편에는 "宮之奇以其族行, 曰虞不臘矣."라는 기록이 있는데, 이에 대한 두예(杜預)의 주에서는 "臘, 歲終祭衆神之名."이라고 풀이했다. 즉 '납'은 한 해가 끝날 무렵 뭇 신들에게 지내는 제사의 명칭이라는 뜻이다.

복장을 뜻한다고 했는데, 누구의 주장이 옳은지 모르겠다.

② 黃冠草服也.

補註 鄭註: 服象其時物之色也, 季秋而草木黃落.

번역 정현의 주에서 말하길, 복장은 그 당시 사물의 색깔을 따르게 되어 있는데, 계추가 되면 초목들은 누렇게 변색되어 낙엽을 떨어뜨린다.

補註 ○按: 此與陳註異, 陳註恐長.

번역 ○살펴보니, 이것은 진호의 주와 차이를 보이는데, 진호의 주가 아마도 더 나은 것 같다.

「교특생」53장

①大羅氏, 天子之掌鳥獸者也, 諸侯貢屬焉. 草笠而至, 尊野服也.

번역 대라씨(大羅氏)는 천자에게 소속된 관리로, 천자에게 있는 조수(鳥獸)를 담당하는 자이니, 제후들이 공물로 바치는 조수들이 여기에 포함된다. 제후의 공물을 가져온 자들은 풀로 엮은 관을 쓰고 찾아오니, 이러한 복장을 하는 이유는 초야(草野)의 사람들이 입는 복장을 존중하기 때문이다.

① ○大羅氏章.

補註 羅氏, 周禮·夏官之屬.

번역 나씨(羅氏)는 『주례』「하관(夏官)」에 속해 있는 관리이다.

補註 ○鄭註: 諸侯於蜡, 使使者戴草笠, 貢鳥獸也.

번역 ○정현의 주에서 말하길, 제후는 천자의 사(蜡)제사에 대해서, 심부름꾼을 시켜서 초립(草笠)을 쓰게 하여, 조수(鳥獸)를 공납하도록 한다.

「교특생」54장

羅氏, ①<u>致鹿與女</u>, 而詔客告也. 以戒諸侯曰: 好田好女者亡其國.

번역 대라씨(大羅氏)는 사슴과 여자를 데려와서 공납품을 들고 찾아온 심부름꾼에게 보여주며, 천자의 명령을 알려주어, 그가 자신의 군주에게 아뢰게 한다. 그리고 천자의 말을 전해 제후들에게 주의를 주며, "사냥을 좋아하고 여색을 좋아하는 자는 반드시 그 나라를 잃게 될 것이다."라고 말한다.

① ○致鹿與女.

補註 鄭註: 詔使者, 使歸以此告其君, 所以戒之.

번역 정현의 주에서 말하길, 심부름을 온 자에게 알려주는 것은 그로 하여금 되돌아가서, 이러한 내용을 자신의 군주에게 아뢰게 한 것으로, 그 군주에게 주의를 준 것이다.

補註 ○按: 田獵所得及亡國之女等說, 本出於疏, 非鄭註也. 愚意, 此只謂諸侯若貢此二物, 則以王命還歸之也.

번역 ○살펴보니, 사슴은 사냥을 통해 포획한 것이고, 여자는 패망한 나라에서 포로로 획득한 여자라는 등의 설명은 본래 소에서 도출된 말이며 정현의 주에 나온 뜻이 아니다. 내가 생각하기에 이것은 단지 제후에게 이러한 두 부류의 공물이 있다면 천자의 명령과 함께 되돌려 보낸다는 뜻이다.

「교특생」 55장

①天子樹瓜華, 不斂藏之種也.

번역 천자는 오이를 심으니, 수확하여 오래도록 보관할 수 없는 품종이기 때문이다.

① ○天子樹瓜華章.

補註 徐志修曰: 恐是他文錯簡. 註以爲告諸侯, 甚苟簡.

번역 서지수가 말하길, 아마도 이것은 다른 문장의 글이 착간으로 이곳에 삽입된 것 같다. 주에서는 제후에게 일러주는 것으로 풀이했는데, 매우 건성으로 풀이한 말이다.

①瓜華, 瓜與果蓏之屬也. 天子所種者瓜華, 供一時之用而已, 不是收斂久藏之種也. 若可收斂久藏之物, 則不樹之, 惡與民爭利也. 此亦令使者歸告戒其君之事.

번역 '과화(瓜華)'는 오이와 그 과실 등속을 뜻한다. 천자가 심는 과화는 어느 특정 시기에 쓰일 재료로 공급될 따름이니, 수확하여 오래도록 보관할 수 있는 품종이 아니다. 만약 수확하여 오래도록 보관할 수 있는 물건이라면 심지 않으니, 백성들과 그 이로움을 다툰다는 것을 싫어하기 때문이다. 이러한 내용 또한 심부름을 온 자로 하여금 되돌아가서 그의 군주에게 아뢰어 경계지침으로 삼는 사안이다.

① 瓜華瓜與果蓏之屬.

補註 按: 鄭註, 華, 果蓏也, 故陳註如此.

번역 살펴보니, 정현의 주에서는 "'화(華)'는 과실이다."라고 했다. 그렇기 때문에 진호의 주에서 이처럼 풀이한 것이다.

補註 ○又按: 字彙, 蓏, 郎果切, 音裸. 說文, 在木曰果, 在地曰蓏. 一說植生曰果, 蔓生曰蓏. 應劭曰: 木實曰果, 草實曰蓏.

번역 ○또 살펴보니, 『자휘』에서는 "'蓏'자는 '郎(랑)'자와 '果(과)'자의 반절음으로, 그 음은 '裸(라)'이다."라고 했다. 『설문』에서는 "나무에 붙어 있는 것은 과(果)라고 부르며, 땅 속에 있는 것은 라(蓏)라고 부른다."라고 했다. 일설에는 식물의 가지에서 자라나는 것은 과(果)라 부르고, 덩굴에서 자라나는 것은 라(蓏)라고 부른다. 응소[1]는 나무의 과실을 과(果)라고 부르며, 풀의 과실을 라(蓏)라고 부른다고 했다.

---

1) 응소(應劭, ?~?): 후한(後漢) 때의 학자이다. 자(字)는 중원(仲遠)·중원(仲援)·중원(仲瑗)이다. 저서로는 『율략론(律略論)』·『풍속통의(風俗通義)』·『한관의(漢官儀)』·『한서집해(漢書集解)』 등이 있다.

「교특생」 56장

참고─經文

八蜡以記四方. 四方年不順成, ①八蜡不通, 以謹民財也. 順成之方, 其蜡乃通, 以移民也. ②旣蜡而收, ③民息已. 故旣蜡, 君子不興功.

번역 여덟 신에게 사(蜡)제사를 지낼 때에는 사방 제후국들의 길흉을 기록한 것을 참고한다. 사방의 제후국 중 흉년이 든 국가에서는 사제사를 지내지 않음으로써 백성들의 재화를 아낀다. 풍년이 든 제후국에서는 제사를 지내서, 백성들의 마음을 편안하게 한다. 사제사를 끝내고 만물을 수렴하고 나면, 백성들을 쉬도록 할 따름이다. 그렇기 때문에 사제사를 끝낸 다음에 군주는 사업을 일으키지 않는 것이다.

① 八蜡不通.

補註 按: 陳註不得與諸方通祭云者, 謂不得行諸方通同之祭也. 疏曰: "皇氏云, '其國不成, 則不爲蜡, 成則爲蜡.'"

번역 살펴보니, 진호의 주에서는 다른 지역에서 이들에 대한 통괄적인 제사에 참여할 수 없다고 했는데, 여러 방면에 대해 통괄적으로 지내는 제사를 시행할 수 없다는 의미이다. 소에서는 "황간은 '그 나라에 곡식이 여물지 않았다면 사(蜡)제사를 지내지 않고, 곡식이 잘 여물었다면 사제사를 지낸다.'"라고 했다.

② 旣蜡而收.

補註 陸云句絶.

번역 육덕명이 말하길, 여기에서 구문을 끊는다.

③ 民息已.

補註 按: 已, 似是語助. 小註以爲歲事已矣, 恐不然.

번역 살펴보니, '이(已)'자는 아마도 어조사인 것 같다. 소주에서는 한 해의 일들이 모두 끝난다는 뜻으로 풀이했는데, 아마도 그렇지 않은 것 같다.

참고-大全 嚴陵方氏曰: 記四方者, 記四方之豐凶也. 年不順成, 八蜡不通, 此以蜡而記其凶也. 順成之方, 其蜡乃通, 此以蜡而記其豐也. 蜡乃合聚之祭, 故因其合聚而收之也. 物旣收, 則民亦息, 民息則一歲之事已矣, 故曰民息已. 前言田夫, 此言民息, 互相備也. 功者, 民力之所致, 民息已, 故旣蜡, 君子不興功, 且蜡本以息農夫, 則此所言功, 止謂農功爾. 若夫宮功, 則執於建亥之月, 土功則畢於建子之月, 武功則纘於建丑之月, 而旣蜡, 君子未始不興功焉.

번역 엄릉방씨가 말하길, '기사방(記四方)'이라는 말은 사방의 풍흉(豐凶)을 기록한다는 뜻이다. 그 해에 흉년이 들어서 여덟 신(神)들에 대한 사(蜡)제사를 지내지 않는 것은 사(蜡)제사를 통해 그 지역의 흉년을 기록했기 때문이다. 풍년이 든 지역에서는 사(蜡)제사를 지내니, 사(蜡)제사를 통해 그 지역의 풍년을 기록했기 때문이다. 사(蜡)제사는 곧 만물을 취합하여 지내는 제사이다. 그렇기 때문에 취합하는 것에 기인하여, 거둬들이는 것이다. 만물이 이미 거둬들여지게 되면, 백성들 또한 휴식을 취하니, 백성들이 휴식을 취하는 것은 한 해의 일들이 모두 끝났기 때문이다. 그래서 "백성들이 휴식을 하니 모든 일이 끝났다."라고 말한 것이다. 앞 문장에서는 "전부(田夫)를 쉬게 한다."라고 했고, 이곳 문장에서는 "민(民)이 휴식한다."라고 했는데, 이것은 서로 호환이 되도록 기록한 것이다. '공(功)'이라는 것은 백성들의 노동력을 통해 성취되니, 백성들이 휴식을 취하여 모든 일이 끝났기 때문에, 사(蜡)제사를 끝내면 군주는 사업을 일으키지 않는 것이고, 또 사(蜡)제사는 본래 농부들을 휴식시키는데 목적이 있으니, 여기에서 말하는 '공(功)'이라는 것은 단지 농사에 대한 일을 뜻할 따름이다. 건물을 짓는 사업과 같은 경우, 건해(建亥)의 달에 맡아서 하고,[1) 치수와 성곽 등과 관련된 사업은 건자(建

子)의 달에 끝내며,[2] 군대와 관련된 훈련은 건축(建丑)의 달에 이어받아서 실시하니,[3] 사(蜡)제사가 끝난 뒤에 군주는 일찍이 사업을 시행하지 않은 적이 없었다.

記四方者, 因蜡祭而記其豐凶也. 蜡祭之禮, 列國皆行之. 若其國歲凶, 則八蜡之神, 不得與諸方通祭, 所以使民之謹於用財, 不妄費也. 移者, 寬縱之義. 蓋歲豐, 則民財稍可寬舒用之也. ①黨正屬民飲酒, 始雖用禮, 及其飲食醉飽, 則亦縱其酣暢爲樂, 夫子所謂一日之澤是也. 農民終歲勤動, 而於此時得一日之樂, 是上之人勞農之美意也. 旣蜡之後, 收斂積聚, 民皆休息, 故不興起事功也.

번역 "사방을 기록한다[記四方]."는 말은 사(蜡)제사를 지내는 것에 기인하여, 각 지역의 풍흉(豐凶) 정도를 기록한다는 뜻이다. 사(蜡)제사의 예법에 따르면, 모든 제후국에서 이 제사를 시행한다. 그런데 만약 어느 제후국에 흉년이 들게 된다면, 그 지역의 사(蜡)제사를 받는 여덟 신들은 다른 지역에서 이들에 대한 통괄적인 제사를 지내는데 참여할 수 없으니, 이러한 조치를 통해 백성들이 재물을 씀에 신중하게 만들어서, 낭비하지 못하도록 하는 것이다. '이(移)'라는 것은 자유롭게 놔둔다는 뜻이다. 무릇 풍년이 든 해라면 백성들의 재물에 대해서는 사용하는 것을 너그럽게 수용하게 된다. 당정(黨正)은 백성들을 취합하여 음주를 함에, 처음에는

---

1) 『시』「빈풍(豳風)·칠월(七月)」: 九月築場圃, 十月納禾稼. 黍稷重穋, 禾麻菽麥. 嗟我農夫, 我稼旣同, 上入<u>執宮功</u>. 晝爾于茅, 宵爾索綯. 亟其乘屋, 其始播百穀.

2) 『춘추좌씨전』「장공(莊公) 29년」: 冬十二月, 城諸及防, 書, 時也. 凡<u>土功, 龍見而畢務</u>, 戒事也; 火見而致用, 水昏正而栽, 日至而畢.

3) 『시』「빈풍(豳風)·칠월(七月)」: 四月秀葽, 五月鳴蜩. 八月其穫, 十月隕蘀. 一之日于貉, 取彼狐狸, 爲公子裘. 二之日其同, 載<u>纘武功</u>, 言私其豵, 獻豜于公.

비록 예법에 따라서 시행하지만,[4] 취하고 배가 부르게 되면, 그 뜻에 따라 자유롭게 노는 것을 즐거움으로 삼으니, 공자가 하루 동안 즐겁게 논다고 한 말[5]이 바로 이것을 가리킨다. 농민은 일 년 내내 수고롭게 일을 했고, 이 시기가 되어서야 하루 동안의 즐거움을 만끽하니, 이것은 위정자가 농민들을 위로하는 아름다운 뜻에 해당한다. 이미 사(蜡)제사를 지낸 이후 농작물을 수확하여 저장을 하게 되면, 백성들은 모두 휴식을 취한다. 그렇기 때문에 사업을 일으키지 않는 것이다.

① **黨正屬民飮酒.**

補註 黨正, 周禮 · 司徒之屬. 本文: "國索鬼神, 而祭祀, 則以禮屬民, 而飮酒于序." 註: "屬, 猶合也 · 聚也."

번역 '당정(黨正)'은 『주례』 사도(司徒)의 휘하에 있는 관리이다. 본문에서는 "나라에서 귀신을 찾아 제사를 지내게 되면 예법에 따라 백성들을 모으고, 서(序)에서 음주를 한다."라고 했고, 주에서는 "속(屬)자는 합하고 모은다는 뜻이다."라고 했다.

---

4) 『주례』「지관(地官) · 당정(黨正)」: 國索鬼神而祭祀, <u>則以禮屬民, 而飮酒于序以正齒位</u>, 壹命齒于鄉里, 再命齒于父族, 三命而不齒.

5) 『예기』「잡기하(雜記下)」: 子貢觀於蜡, 孔子曰, "賜也, 樂乎?" 對曰, "一國之人皆若狂, 賜未知其樂也." 子曰, "百日之蜡, <u>一日之澤</u>, 非爾所知也."

「교특생」 57장

참고-經文

①恒豆之菹, 水草之和氣也; 其醢, 陸産之物也. ②加豆, 陸産也; 其醢, 水物也.

번역 항상 진설하는 두(豆)의 채소절임은 조화로운 기운을 가진 수중 산물이며, 그곳에 올리는 젓갈은 육지 산물이다. 추가적으로 올리는 두의 음식은 육지 산물이며, 그곳에 올리는 젓갈은 수중 산물이다.

① 恒豆之菹章.

補註 疏曰: 此以下, 總明祭祀所用之宜.

번역 소에서 말하길, 이곳 구문으로부터 그 이하의 기록들은 제사에서 사용하기에 합당한 것들을 총괄적으로 나타내고 있다.

補註 ○楊梧曰: 祭禮, 王薦腥, 后亞獻, 于是薦朝事之籩豆, 王薦熟, 后亞獻, 于是薦饋食之籩豆, 則明祭有朝事也. 安可謂朝事爲人食而非祭乎?

번역 ○양오가 말하길, 제례에 따르면 천자가 생고기를 바치고 왕후가 아헌을 하면 이에 조사(朝事) 때의 변(籩)과 두(豆)를 바치고, 천자가 익힌 고기를 바치고 왕후가 아헌을 하면 이에 궤식(饋食) 때의 변과 두를 바치니, 이것은 제사에는 조사가 포함됨을 나타낸다. 그런데 어떻게 조사는 사람들이 먹기 위한 것이며 제사가 아니라고 할 수 있겠는가?

補註 ○按: 周禮·醢人有朝事之豆, 饋食之豆, 又有加豆. 此經恒豆, 則疏以爲兼朝事·饋食之豆, 蓋朝事·饋食, 皆祭禮也.

번역 ○살펴보니, 『주례』「해인(醢人)」편에는 조사(朝事) 때의 두(豆)가 나오고,1) 궤식(饋食) 때의 두가 나오며,2) 또 추가적으로 차리는 두가 나온다.3) 이곳 경문에서는 항두(恒豆)라고 했으니, 소에서는 조사와 궤식의 두를 포함한 것이라고 여겼다. 그 이유는 아마도 조사와 궤식은 모두 제례의 일부이기 때문일 것이다.

② 加豆陸産也.

補註 疏曰: 若葵菹・豚拍之屬, 是也.

번역 소에서 말하길, 규저(葵菹)나 돈박(豚拍) 등의 부류가 여기에 해당한다.

참고─集說

恒豆, 每日常進之豆也. 周禮①醢人所掌朝事之豆, ②註謂清朝未食先進口食也. 菹, ③酢菜也. 水草, ④昌本茆菹之類. 加豆, 周禮註謂尸旣食后, 亞獻尸所加進之豆, 但醢人所掌, 是天子之禮. ⑤此言諸侯之禮, 物旣不同, 此朝事之豆, 與祭禮饋食薦孰之豆, 俱爲恒豆, 而加豆, 則祭末酳尸所用也. 水物, 若蠃醢魚醢是也. 菹醢皆以豆盛之.

번역 '항두(恒豆)'는 매일 일상적으로 올리는 두(豆)를 뜻한다. 『주례』의 해인(醢人)이 담당했던 조사(朝事)의 두(豆)에 대해서, 정현의 주에서는 이른 아침 아직 식사를 하지 않았을 때, 먼저 음식을 진설하는 것이라고 했다. '저(菹)'는 초채(酢菜)라는 채소절임이다. '수초(水草)'는 창본(昌本)이나 묘저(茆菹)와 같은 식물류

---

1) 『주례』「천관(天官)・해인(醢人)」: 醢人掌四豆之實. 朝事之豆, 其實韭菹・醓醢, 昌本・麋臡, 菁菹・鹿臡, 茆菹・麇臡.

2) 『주례』「천관(天官)・해인(醢人)」: 饋食之豆, 其實葵菹・蠃醢・脾析・蠯醢, 蜃・蚳醢, 豚拍・魚醢.

3) 『주례』「천관(天官)・해인(醢人)」: 加豆之實, 芹菹・兔醢・深蒲・醓醢・箈菹・鴈醢・筍菹・魚醢.

이다. '가두(加豆)'에 대해서, 『주례』의 주에서는 시동이 이미 식사를 마친 이후, 시동에게 아헌(亞獻)을 하며 추가적으로 진설하게 되는 두(豆)라고 했는데, 다만 해인(醢人)이라는 관리가 담당을 하니, 이것은 천자에게 적용되는 예법이다. 이곳 문장에서는 제후에게 적용되는 예법을 언급하였으므로, 그 음식들이 이미 동일하지 않은 것이며, 여기에서 말하는 조사(朝事) 때의 두(豆)와 제례(祭禮)에서 궤식(饋食)과 익힌 음식을 바칠 때의 두(豆)는 모두 항두(恒豆)가 되고, 가두(加豆)는 제사 말미에 시동에게 입가심하는 술을 따라주며 사용하는 것이다. '수물(水物)'은 마치 라해(臝醢)나 어해(魚醢)와 같은 것들이다. 저(菹)와 해(醢)는 모두 두(豆)를 이용해서 담는다.

① **醢人**.

補註 天官之屬.

번역 『주례』「천관(天官)」에 속한 관리이다.

② **註謂[止]口食**.

補註 按: 周禮此乃籩人朝事之籩. 註, 鄭司農說也. 鄭玄則以爲以司尊彝之職參之, 朝事謂祭宗廟薦血腥之事. 疏曰: "此先鄭不推上下文勢, 直以生人所食解之, 故後鄭不從也." 鄭司農說已經辨破, 而陳註復引之, 誤矣.

번역 살펴보니, 『주례』의 이 말은 『주례』「변인(籩人)」편에서 말한 조사(朝事) 때의 변(籩)에 해당한다. 주(註)는 정사농의 주장을 뜻한다. 정현의 경우 『주례』「사준이(司尊彝)」편의 직무 기록을 참고하여, 조사(朝事)는 종묘에서 제사를 지낼 때 희생물의 피와 생고기를 바치는 절차라고 했다. 소에서는 "이것은 정사농이 앞뒤의 문맥을 살펴보지 않고 단지 살아있는 사람들이 먹는 것으로 풀이를 한 것이다. 그렇기 때문에 정현이 그 주장에 따르지 않은 것이다."라고 했다. 정사농의 주장은 이미 논파가 되었는데 진호의 주에서 재차 그 주장을 인용했으므로, 이것은 잘못된 해석이다.

③ 酢菜.

補註 字彙: 葅酢菜以米粒, 和醢漬菜也. 酢, 音醋, 酸漿.

번역 『자휘』에서 말하길, 초채에 대한 절임은 낱알로 절임을 하는데 식초를 섞어 절인다. '酢'자의 음은 '醋(초)'이니, 산장(酸漿)이다.

④ 昌本茆.

補註 醢人註: 昌本, 昌蒲根, 茆, 鳧葵也.

번역 『주례』「해인(醢人)」편의 주에서 말하길, '창본(昌本)'은 창포(昌蒲)의 뿌리이며, '묘(茆)'는 부규(鳧葵)라는 식물이다.

⑤ 此言諸侯之禮.

補註 疏曰: 鄭知此謂諸侯者, 以與周禮 · 醢人天子豆物不同, 故知也.

번역 소에서 말하길, 정현이 이곳의 내용이 제후에 대한 경우임을 알 수 있었던 이유는 그 기록이 『주례』에 나타난 천자의 두(豆) 및 그곳에 올리는 음식들과 차이를 보이기 때문에, 이러한 사실을 알 수 있었던 것이다.

「교특생」58장

참고—經文

籩豆之薦, 水土之品也. 不敢用常褻味而貴多品, 所以交於神
明之義也, 非食味之道也. 先王之薦, 可食也而不可耆也. 卷冕
路車, 可陳也而不可好也. ①武壯而不可樂也. ①宗廟之威而
不可安也. ①宗廟之器, 可用也而不可便其利也. 所以交於神
明者, 不可同於所安樂之義也.

번역 변(籩)과 두(豆)에 차려서 바치는 산물은 물과 땅에서 생산되는 물품이다. 감
히 일상적으로 먹는 맛있는 음식들을 사용하지 않고, 물품이 많은 것을 귀한 것으
로 여기는 것은 신명(神明)과 교감하는 방법의 도리이니, 맛있는 음식을 먹는 도리
가 아니다. 선왕이 제사를 지내며 바쳤던 음식들은 먹을 수 있는 것이었지만, 즐겨
먹을 수 없는 것들이다. 곤면(袞冕)과 노거(路車)[1]는 진열해둘 수 있지만, 사람들
이 눈요기를 할 수 없는 것이다. 제사에 추는 춤은 장엄한 것으로, 오락거리로 삼을
수 없다. 종묘는 위엄스러운 장소이니, 편안하게 머물 수가 없다. 종묘에서 사용하
는 기물들은 실제로 사용할 수 있는 것들이지만, 그 기물들을 편리하게 사용할 수
없다. 신명과 교감하는 방법은 안락하게 여기는 도의와 동일하게 할 수 없다.

① 武壯而[又]宗廟之威[又]宗廟之器.

補註 按: 武下·威下·器下, 皆當句.

번역 살펴보니, 무(武)자 뒤, 위(威)자 뒤, 기(器)자 뒤에서 모두 구문을 끊
어야 한다.

---

1) 노거(路車)는 천자 및 제후 등이 타는 수레이다. 후대에는 귀족들이 타는 수레까지
도 지칭하는 용어로 사용되었다. '노거'의 '노(路)'자는 그 뜻이 크대大는 의미이다.
따라서 군주가 이용하거나 머무는 장소에 '노'자를 붙여서 부르게 된 것이다. 『춘추
좌씨전』「환공(桓公) 2년」편에는 "大路越席."이라는 기록이 있는데, 이에 대한 공영
달(孔穎達)의 소(疏)에서는 "路, 訓大也. 君之所在以大爲號, 門曰路門, 寢曰路
寢, 車曰路車, 故人君之車, 通以路爲名也."라고 풀이했다.

不可者, 謂①食之有節, 不可貪愛. 舊說謂質而無味, 不能悅口.
不可好, 謂尊嚴之服器, 不可以供玩愛. 武, 萬舞大武也, 以示
壯勇之容, 不可常爲娛樂. 宗廟威嚴之地, 不可寢處以自安. 宗
廟行禮之器, 不可利用以爲便. 交神明之義如此.

번역 '불가기(不可耆)'라는 말은 음식을 먹을 때에도 절도가 있으니, 탐욕을 부릴
수 없다는 뜻이다. 옛 학설에서는 질박하며 맛이 없어서, 입을 즐겁게 할 수 없다고
풀이했다. '불가호(不可好)'라는 말은 존엄한 의복과 기물은 완상하고 감상하는데
사용할 수 없다는 뜻이다. '무(武)'는 만무(萬舞)인 대무(大武)를 뜻하니, 이를 통
해서 장엄하고 용맹한 모습을 드러내는 것으로, 일상적인 오락거리로 삼을 수 없다.
종묘는 위엄스러운 곳이니, 휴식을 취하며 제 스스로 편안하게 있을 수 없다. 종묘
에서 의례를 시행할 때 사용하는 기물들은 이롭게 사용하며 편리한 도구로 삼을 수
없다. 신명과 교감하는 도의는 이와 같다.

① 食之有節不可貪愛.

補註 楊梧曰: 此說非.
번역 양오가 말하길, 이 주장은 잘못되었다.

補註 ○按, 舊說本好, 楊梧之駁陳註者是.
번역 ○살펴보니, 옛 학설이 옳은 것으로, 양오가 진호의 주를 비판한 것은
옳은 일이다.

嚴陵方氏曰: 常所食者, 則褻而不敬, 故謂之常褻味. 交於神明
者, 在誠而不在味, 故曰非食味之道也. 義言其所宜, 道言其所
由. 篇首言籩豆之食, 此言薦者, 實言實之於中, 薦言薦之於
上. 又曰: 水土之屬, 謂若籩豆之實, 水土之品, 可食之以爲禮,
而不可供者慾之求. 卷冕, 龍袞也. 路車, 卽大路也. 可陳之以
爲儀, 而不可資玩好之用. 武舞, 執干戚, 以爲勇壯之容, 而非
所以樂其情焉. 宗廟奉鬼神, 以示威靈之居, 而非所以安其身
焉. 祭器, 不若燕器之利而便於用, 安樂者, 謂所安而樂之也,
若可者可好之類是矣. 此言先王之薦, 可食而不可者, 則知後
之所言玄酒明水與夫大羹, 皆不可者. 言路車可陳而不可好,
則知素車之乘, 亦不可好也. 言宗廟之器, 可用而不可便其利,
則知①疏布幕與夫蒲越稾鞂, 皆不可便其利也. 前總其略, 後
別其詳.

번역 엄릉방씨가 말하길, 항상 먹는 음식은 친숙하여 공경스럽지 못하다. 그렇기 때문에 '상설미(常褻味)'라고 말한 것이다. 신명과 교감한다는 것은 진실됨에 달려 있는 것이지, 음식의 맛에 달려 있지 않다. 그렇기 때문에 "맛있는 음식을 맛보는 도리가 아니다."라고 말한 것이다. '의(義)'는 그 합당한 측면을 언급한 것이고, '도(道)'는 그 유래된 측면을 언급한 것이다. 「교특생」편의 첫 부분에서는 변(籩)과 두(豆)에 올리는 음식들을 언급했는데,[2] 이곳에서는 '천(薦)'이라고 언급했다. 그 이유는 '실(實)'은 그 안에 채운다는 측면에서 언급한 말이고, '천(薦)'은 윗사람에게 바친다는 뜻에서 언급한 말이기 때문이다. 또 말하길, 물과 땅의 부류라는 것은 변(籩)이나 두(豆)와 같은 기물에 담는 음식으로, 물과 땅에서 생산되는 물품은 먹을 수 있는 것으로 마련하는 것을 예법으로 삼지만, 맛을 즐기는 욕구에 이바지할 수는 없다. '권면(卷冕)'은 곤룡포[龍袞]를 뜻한다. '노거(路車)'는 대로(大路)를 뜻한다. 이것들을 진열하는 것은 의례로 삼을 수 있지만, 감상하는 용도로 사용할

---

2)『예기』「교특생」: 鼎俎奇而籩豆偶, 陰陽之義也. 籩豆之實, 水土之品也. 不敢用
褻味而貴多品, 所以交於旦明之義也.

수 없다. 무무(武舞)에서는 방패와 도끼를 들고 추는데, 이것을 용맹하고 장엄한 모습으로 삼지만, 그 정감을 즐겁게 하기 위한 용도가 아니다. 종묘에서 귀신을 받들어서, 이를 통해 신령이 거처함을 드러내지만, 제 자신을 편안하게 머물게 하는 곳은 아니다. 제기(祭器)는 연회에 사용하는 기물처럼 편리해서 쓰기 좋은 것만 못하다. '안락(安樂)'이라는 것은 편안하게 여기며 즐긴다는 뜻이니, 마치 즐기고 좋아할 수 있는 부류들이 바로 이러한 것들에 해당한다. 이곳에서 선왕이 바친 음식들은 먹을 수 있지만, 즐길 수 없다고 말했다면, 뒤에서 언급한 현주(玄酒)와 명수(明水) 및 대갱(大羹)과 같은 것들도 모두 즐길 수 없다는 사실을 알 수 있다. 또 노거(路車)를 진열할 수 있지만, 좋아할 수 없다고 했다면, 소거(素車)에 타는 것 또한 좋아할 수 없다는 사실을 알 수 있다. 종묘에서 사용하는 기물은 사용할 수 있지만, 그 이로움을 편리하게 이용할 수 없다고 했다면, 소포멱(疏布冪)과 포월(蒲越) 및 고갈(稾鞂) 등도 모두 그 이로움을 편리하게 이용할 수 없다는 사실을 알 수 있다. 앞에서는 그 대략적인 것을 총괄적으로 언급한 것이고, 뒤에서는 세분화하여 설명한 것이다.

① 疏布冪.

補註 冪, 當作冪.
번역 '막(冪)'자는 마땅히 멱(冪)자로 기록해야 한다.

「교특생」 59장

酒醴之美, 玄酒明水之尚, 貴五味之本也. 黼黻文繡之美, 疏布
之尚, 反女功之始也. 莞簟之安, 而蒲越稾鞂之尚, ①明之也.
大羹不和, 貴其質也. ②大圭不琢, 美其質也. 丹漆雕幾之美,
素車之乘, ③尊其樸也. 貴其質而已矣. 所以交於神明者, 不可
同於所安褻之甚也. 如是而后宜.

번역 술과 단술을 맛좋은 것으로 여기지만, 현주(玄酒)와 명수(明水)[1]를 숭상하는 것은 오미(五味)의 근본이 되는 물을 존귀하게 여기기 때문이다. 보불(黼黻)과 같은 무늬와 화려한 수들을 아름답게 여기지만, 거친 포(布)를 숭상하는 것은 여자들이 견직물을 만들기 시작한 시초를 반추하기 때문이다. 완점(莞簟)과 같은 것은 편안하지만, 포월(蒲越)이나 고갈(稾鞂)과 같이 조악한 것들을 숭상하는 것은 그 예법의 차이점을 드러내기 위해서이다. 대갱(大羹)에는 양념을 가미하여 맛을 내지 않으니, 그 질박함을 존귀하게 여기기 때문이다. 대규(大圭)에는 별도의 조각을 새기지 않으니, 그 질박함을 아름답게 여기기 때문이다. 단색이나 옻칠을 하며 무늬를 조각하는 것을 아름답게 여기지만, 소박한 소거(素車)에 타는 것은 그 소박함을 존귀하게 여기기 때문이다. 이러한 것들은 모두 그 질박함을 귀하게 여기기 때문일 따름이다. 신명과 교감하는 방법은 매우 안락하게 여기며 친숙하게 여기는 것들과 동일하게 할 수 없다. 이처럼 한 이후에야 합당하게 되는 것이다.

① 明之也.

補註 鄭註: 明之者, 神明之也.

번역 정현의 주에서 말하길, '명지(明之)'라는 말은 신명스럽게 여긴다는 뜻이다.

補註 ○按: 此與陳註異, 而較長.

---

1) 명수(明水)는 제사 때 사용하는 깨끗한 물을 뜻한다.

번역 ○살펴보니, 이것은 진호의 주와 차이를 보이는데, 비교적 더 낫다.

補註 ○又按: 楊梧曰, "明之, 謂潔著, 蓋有白賁之質, 斯有中孚之誠也", 亦通.

번역 ○또 살펴보니, 양오는 "명지(明之)라는 것은 청결히 하여 드러낸다는 뜻이니, 하얗고 화려함이 없는 바탕을 가지고 있는데, 여기에는 중부(中孚)의 성실함이 있기 때문이다."라고 했는데, 이 또한 뜻이 통한다.

② **大圭不琢**.

補註 鄭註: 琢, 當爲篆.

번역 정현의 주에서 말하길, '탁(琢)'자는 마땅히 전(篆)자가 되어야 한다.

補註 ○按: 禮器, 已從鄭註音篆, 故此不復言, 而註以竝見前.

번역 ○살펴보니, 『예기』「예기(禮器)」편에서 이미 정현의 주에 따라 그 음을 전(篆)으로 풀이했다. 그렇기 때문에 이곳에서 재차 언급하지 않은 것이며, 주에서는 모두 앞에 설명이 나온다고 한 것이다.

③ **尊其樸也**.

補註 按: 疏曰: "貴其質而已矣句, 包上酒醴以下諸事." 小註方說亦然, 但上文旣有貴其質·美其質之語, 而此又以貴其質, 總結之, 則未免重複, 不如單屬素車, 以作兩項解說也.

번역 살펴보니, 소에서는 "질박함을 존귀하게 여길 따름이라는 구문은 앞에 나온 주례(酒醴)로부터 그 이하의 여러 사안들을 포괄한다."라고 했다. 소주에 나온 방씨의 주장 또한 이러하다. 다만 앞 문장에 이미 질박함을 존귀하게 여기고 질박함을 아름답게 여긴다는 말이 있는데, 이곳에서 재차 질박함을 존귀하게 여긴다고 하여 총괄적으로 결론을 맺은 것이라면, 중복된다는 것을 면하지 못하니, 소거(素車)에만 해당하는 것으로 하여 두 항목으로 나눠 해석하는 것만 못하다.

未有五味之初, 先有水, 故水爲五味之本. 未有黼繡, 先有麤
布, 故疏布爲女功之始. 周禮①司烜氏掌以鑒取明水於月, 蓋
取其潔也. 明之, 昭其禮之異也. 雕, 刻鏤之也. 幾, 漆飾之②幾
限也. 安褻之甚, 言甚安甚褻也. 宜, 猶稱也. 餘並見前.

번역 아직 오미(五味)를 내기 이전인 초기에는 그보다 앞서 물이 있었다. 그렇기 때문에 물을 오미의 근본으로 삼은 것이다. 아직 보수(黼繡)와 같은 무늬가 있기 전에는 그보다 앞서 거친 포[麤布]가 있었다. 그렇기 때문에 거친 포를 여자들이 견직물을 짜기 시작한 것으로 삼은 것이다. 『주례』「사훤씨(司烜氏)」편에서는 음감(陰鑒)으로 달이 비친 우물에서 명수(明水) 뜨는 일을 담당한다고 했는데,[2] 무릇 그 청결함을 취한 것이다. '명지(明之)'라는 말은 그 예법의 차이를 드러낸다는 뜻이다. '조(雕)'자는 조각을 하고 새긴다는 뜻이다. '기(幾)'자는 옻칠로 장식을 할 때 무늬를 새기는 윤곽을 뜻한다. '안설지심(安褻之甚)'은 매우 편안하게 여기며, 매우 친근하게 여긴다는 뜻이다. '의(宜)'자는 걸맞음[稱]을 뜻한다. 나머지 사안들은 모두 앞에 그 설명이 나온다.

① 司烜氏.

補註 周禮·司寇屬官.

번역 『주례』「사구(司寇)」에 속한 관리이다.

補註 ○烜, 音燬.

번역 ○'烜'자의 음은 '燬(훼)'이다.

② 幾限.

補註 詩·谷風, "薄送我畿." 朱子註, "畿, 門限也."

---

2) 『주례』「추관(秋官)·사훤씨(司烜氏)」: 司烜氏; 掌以夫遂取明火於日, <u>以鑒取明水於月</u>, 以共祭祀之明齏·明燭, 共明水.

번역 『시』「곡풍(谷風)」편에서는 "가까이 하여 나를 기(畿)에서 전송하는구나."[3]라고 했고, 주자의 주에서는 "기(畿)는 문의 경계지점이다."라고 했다.

---

3) 『시』「패풍(邶風)·곡풍(谷風)」: 行道遲遲, 中心有違. 不遠伊邇, <u>薄送我畿</u>. 誰謂荼苦, 其甘如薺. 宴爾新昏, 如兄如弟.

「교특생」 60장

鼎俎奇而籩豆偶, 陰陽之義也. 黃目, ①鬱氣之上尊也. ②黃者, 中也. 目者, 氣之清明者也. 言酌於中而清明於外也.

번역 정(鼎)과 조(俎)는 홀수로 설치하고, 변(籩)과 두(豆)는 짝수로 설치하니, 음양(陰陽)의 뜻에 따른 것이다. 황목(黃目)은 울창주를 담아서 향기가 퍼지는 상위의 술동이이다. '황(黃)'은 중앙에 해당하는 색깔이다. '목(目)'은 기운의 맑고 밝음을 뜻한다. 즉 중앙에서 잔을 따라서 겉으로 맑고 밝음을 드러낸다는 뜻이다.

① 鬱氣之上尊.

補註 疏曰: 祭時列之, 最在諸尊之上, 故云上也.

번역 소에서 말하길, 제사를 지낼 때 이것들을 진열하게 되는데, 여러 술동이들 중에서도 가장 상등에 위치하기 때문에, '상(上)'이라고 말한 것이다.

② 黃者中[止]清明於外.

補註 楊梧曰: 是言飾尊之象, 非立名之義, 酌於中, 以鬱酒言, 清明於外, 以芬芳之氣言.

번역 양오가 말하길, 이것은 술동이를 장식하는 형상을 언급한 것이지 명칭을 정한 뜻을 말한 것이 아니며, 중앙에서 잔을 따른다는 것은 울창주를 기준으로 말한 것이며, 겉으로 맑고 밝음을 드러낸다는 것은 꽃다운 향내를 기준으로 말한 것이다.

補註 ○徐志修曰: 小註方說似有理.

번역 ○서지수가 말하길, 소주에 나온 방씨의 주장은 아마도 일리가 있는 것 같다.

참고-大全 嚴陵方氏曰: 目之精水也, 其光火也, 以水爲體, 故其氣淸, 以火爲用, 故其氣明. 鬱在中, 而以瓚酌之, 蓋酌於中也, 直達於外焉, 蓋淸明於外也. 夫孝子將祭, 虛中以治之, 此非酌於中之義乎? 至於不御內, 不聽樂, 不飮酒, 不茹葷, 此非淸明於外之義乎?

번역 엄릉방씨가 말하길, 목(目)의 정기는 수(水)이고, 그 빛은 화(火)에 해당하니, 수(水)를 체(體)로 삼았기 때문에, 그 기운이 맑은 것이며, 화(火)를 용(用)으로 삼았기 때문에, 그 기운이 밝은 것이다. 울창주가 중앙에 있고, 술주걱[瓚]으로 술을 따르는 것은 무릇 중앙에서 술잔을 따르는 것이고, 외부로 직접 소통시키게 되니, 무릇 외부로 맑고 밝은 기운이 드러나는 것이다. 효자가 장차 제사를 지내게 될 때에는 중(中)을 비워서 시행한다고 했으니,[1] 이것이 바로 중(中)에서 술을 따른다는 뜻이 아니겠는가? 집안의 일에 관여하지 않고, 음악을 듣지 않으며, 술을 마시지 않고, 여훈(茹葷)과 같은 냄새 나는 나물을 먹지 않는 것에 있어서도 이것은 외부로 맑고 밝음을 드러내는 뜻이 아니겠는가?

---

1) 『예기』「제의(祭義)」: <u>孝子將祭</u>, 慮事不可以不豫, 比時具物, 不可以不備, <u>虛中以治之</u>.

「교특생」62장

①冠義, 始冠之, 緇布之冠也. 大古冠布, 齊則緇之. 其緌也, 孔子曰: "吾未之聞也, ②冠而敝之 可也."

번역 관례(冠禮)를 치르는 도의에서는 처음으로 관(冠)을 씌워줌에, 치포관(緇布冠)을 사용한다. 태고 때에는 관(冠)을 만들 때 포(布)를 이용해서 만들었고, 재계를 하게 되면, 검은색으로 된 포(布)를 이용해서 만들었다. 관(冠)에 다는 장식인 유(緌)에 대해서, 공자는 "나는 이러한 장식을 한다는 것에 대해서는 들어보지 못했다. 관례를 치를 때 잠시 사용하고, 관례를 치른 뒤에는 치포관을 제거하는 것이 옳다."라고 했다.

① ○冠義始冠章.

補註 按: 自此至生無爵死無諡, 竝與儀禮·士冠禮後記文同. 又家語·冠頌篇, 與此槩同而加詳, 當參考.

번역 살펴보니, 이곳 구문으로부터 "생전에 작위가 없었다면, 죽어서도 시호를 짓지 않았다."[1]라고 한 구문까지는 모두 『의례』「사관례(士冠禮)」편의 뒤에 나온 기문과 일치한다. 또 『공자가어』「관송(冠頌)」편의 내용은 이곳의 내용과 대략적으로 동일하지만 보다 상세한 설명이 덧붙여 있으니, 마땅히 참고해야만 한다.

② 冠而敝之.

補註 語類曰: 敝, 是不用也.

번역 『어류』에서 말하길, '폐(敝)'는 사용하지 않는다는 뜻이다.

---

1) 『예기』「교특생(郊特牲)」: 天子之元子, 士也. 天下無生而貴者也. 繼世以立諸侯, 象賢也. 以官爵人, 德之殺也. 死而諡, 今也. 古者生無爵, 死無諡.

補註 ○按: 冠而敝之, 又見玉藻, 當參考.

번역 ○살펴보니, '관이폐지(冠而敝之)'라는 말은 또한『예기』「옥조(玉藻)」편에도 나오니,2) 마땅히 참고해야만 한다.

---

2)『예기』「옥조(玉藻)」: 始冠, 緇布冠, 自諸侯下達. <u>冠而敝之</u>可也.

「교특생」63장

참고-集說

著代, 顯其爲主人之次也. 酌而無酬酢曰醮, ①客位在戶牖之間. 加有成, 加禮於有成之人也. 三加, 始冠緇布冠, 次加皮弁, 又次加爵弁也. 喩其志者, 使其知廣充志意以稱尊服也. 此適子之禮, 若庶子則冠於房戶外南面, 醮亦戶外也. 夏殷之禮醮用酒, 每一加而一醮. 周則用醴, 三加畢乃總一醴也.

번역 '저대(著代)'는 주인에 오를 다음 서열이 됨을 드러낸다는 뜻이다. 술을 따르되 서로 술을 권함이 없는 의례를 '초(醮)'라고 부르고, 빈객의 자리는 호(戶)와 들창[牖] 사이에 해당한다. '가유성(加有成)'은 성인(成人)이 되는 자에게 예법을 더해준다는 뜻이다. '삼가(三加)'에서는 최초 치포관(緇布冠)을 씌워주고, 그 다음으로 피변(皮弁)을 씌워주며, 또 그 다음으로 작변(爵弁)을 씌워준다. '유기지(喩其志)'라는 말은 뜻과 의지를 확충하여, 존귀한 복식에 걸맞도록 해야 함을 알게끔 한다는 뜻이다. 이것은 적자(適子)에게 해당하는 예이니, 만약 서자(庶子)인 경우라면, 방(房)의 호(戶) 바깥에서 남쪽을 바라보는 장소에서 관례(冠禮)를 치르고, 초(醮) 또한 호(戶) 밖에서 시행한다. 하나라와 은나라의 예법에서는 초(醮)를 할 때 술을 사용했으며, 매번 하나의 관을 씌워줄 때마다 한 차례 초(醮)를 했다. 주나라의 경우에는 단술을 사용하였고, 세 차례 관을 씌워주는 절차가 모두 끝나게 되면, 총괄적으로 한 차례 단술을 따라주었다.

① ○客位在戶牖之間.

補註 按: 適子醮, 在戶牖之間南面, 蓋雖適子, 其醮位, 則與庶子同南面, 而但庶子稍西耳.

번역 살펴보니, 적자에 대해 초(醮)를 하는 것은 방문과 들창 사이에서 남쪽을 바라보며 하게 되는데, 아마도 적자라 하더라도 초(醮)를 하는 자리는 서자와 동일한 곳에서 남면을 한다. 다만 서자의 경우 좀 더 서쪽으로 치우쳐 있을 따름이다.

「교특생」 64장

委貌·章甫·毋追, 皆緇布冠, 但三代之易名不同, 而其形制
亦應異耳. 是皆先王制禮之道, 故皆以道言之. 委貌, 卽玄冠.
舊說委, 安也, 言所以安正容貌; 章, 明也, 所以表明丈夫. 毋,
發聲之辭. ①追, 猶椎也. 以其形名之. 此一條, 是論三加始加
之冠.

번역 '위모(委貌)'·'장보(章甫)'·'무추(毋追)'는 모두 치포관(緇布冠)에 해당하
는데, 다만 삼대(三代) 때에는 명칭을 고치게 되어, 서로 달라지게 된 것이고, 그
형태와 제작방법 또한 마땅히 달랐을 것이다. 이것은 모두 선왕이 예를 제정했던
도에 해당한다. 그렇기 때문에 모두에 대해서, '도(道)'자를 붙여서 언급한 것이다.
'위모(委貌)'는 곧 현관(玄冠)에 해당한다. 옛 학설에서는 '위(委)'자를 "안정시킨
다[安]."는 뜻으로 풀이하니, 즉 용모를 단정하게 만든다는 의미이고, '장(章)'자는
"나타낸다[明]."는 뜻으로 풀이하니, 즉 장부가 되었음을 드러내는 의미이다. '무
(毋)'자는 발어사에 해당한다. '추(追)'자는 상투[椎]를 뜻한다. 그 형태에 따라서
이러한 명칭을 정한 것이다. 이곳 한 조목은 삼가(三加)를 할 때 처음으로 씌워주
는 관에 대해서 논의한 것이다.

① ○追猶椎也.

補註 按: 古經及儀禮註疏, 皆曰: "追, 猶堆也, 以其形名之." 今陳註作
椎, 恐誤.

번역 살펴보니, 『고경』 및 『의례주소』에서는 모두 "추(追)는 언덕을 뜻하는
퇴(堆)자와 같으니, 형태에 따른 명칭이다."라고 했다. 그런데 진호의 주에
서는 추(椎)자로 기록했으니, 아마도 잘못된 설명인 것 같다.

참고-集說

周之弁, 殷之冔, 夏之收, 各是時王所制, 以爲三加之冠. 舊說
弁名出於槃, 槃, 大也. 冔名出於①幠, 幠, 覆也. 收, 所以收斂
其髮也. 形制未聞.

번역 주나라 때의 변(弁), 은나라 때의 후(冔), 하나라 때의 수(收)는 각각 당시
왕조에서 제작한 것으로, 삼가(三加)에서 세 번째로 씌워주는 관으로 삼은 것이다.
옛 학설에서는 '변(弁)'이라는 명칭은 반(槃)에서 도출되었는데, '반(槃)'자는 "크
다[大]."는 뜻이라고 했다. 또 '후(冔)'라는 명칭은 호(幠)에서 도출되었는데, '호
(幠)'자는 "뒤덮다[覆]."는 뜻이다. '수(收)'는 그 머리카락을 감싼다는 뜻이다. 그
러나 그 형태와 제작방법에 대해서는 들어보지 못했다고 했다.

① ○幠.

補註 火吳反.

번역 '火(화)'자와 '吳(오)'자의 반절음이다.

「교특생」 66장

皮弁, 以白鹿皮爲之, 其服則十五升之布也, 白與冠同, 以素爲
裳, 而①辟積其要中, 故云皮弁素積也. 三代皆以此爲再加之
冠服.

번역 '피변(皮弁)'은 백색의 사슴가죽으로 만든 것으로, 그 때 착용하는 복식은 15
승(升)의 포(布)를 이용해서 만드니, 백색으로 만들어서 관의 색깔과 동일하게 하
며, 흰색의 옷감으로 하의를 만들고, 이것으로 허리 중앙에 덧대기 때문에, '피변소
적(皮弁素積)'이라고 말한 것이다. 삼대(三代) 때에는 모두 이것을 두 번째 씌워주
는 관의 복식으로 삼았다.

① ○辟積.

補註 按: 辟, 通作襞, 摺也.

번역 살펴보니, '벽(辟)'자는 벽(襞)자와 통용해서 사용하니, 접는다는 뜻이다.

「교특생」 67장

참고-經文

①無大夫冠禮, 而有其昏禮. 古者五十而後爵, 何大夫冠禮之有? ②諸侯之有冠禮, 夏之末造也.

번역 대부 계층에는 다른 계층과 다른 별도의 관례가 없고, 별도의 혼례만 있을 따름이다. 고대에는 50세가 된 이후에야 작위를 받았는데, 어떻게 대부의 관례가 별도로 있겠는가? 제후에게 별도의 관례가 생긴 것은 하나라 말기에 생겨난 일이다.

① 無大夫[止]昏禮.

補註 鄭註: 言年五十乃爵爲大夫也. 其有昏禮, 或改取也.

번역 정현의 주에서 말하길, 나이가 50세가 되어야만, 작위를 받아서 대부가 된다는 뜻이다.[1] 그들에게 별도의 혼례가 있는 것은 간혹 재취(再娶)를 하는 경우도 있기 때문이다.

補註 ○儀禮·士冠記註曰: 周之初禮, 年未五十而有賢才者, 試以大夫之事, 猶服士服, 行士禮. 二十而冠, 急成人也. 五十乃爵, 重官人也.

번역 ○『의례』「사관례(士冠禮)」편의 기문에 대한 주에서 말하길, 주나라 초기의 예법에 따르면, 나이가 아직 50에 이르지 않았지만 현명함과 재주가 있다면, 대부에 대한 사안으로 시험을 하지만, 여전히 사의 복장을 착용하며 사에게 적용되는 예법을 시행한다. 20세가 되어 관례를 치르는 것은 성인이 되도록 재촉하기 때문이다. 50세가 되어야만 작위를 내리는 것은 관리를 선발하는 일을 중시하기 때문이다.

---

1) 『예기』「왕제(王制)」: <u>五十而爵</u>, 六十不親學, 七十致政, 唯衰麻爲喪.

② 諸侯之[止]末造也.

補註 鄭註: "言夏初以上, 諸侯雖有幼而卽位者, 猶以士禮冠之, 亦五十乃爵命也. 至其衰末, 未成人者, 多見簒弑, 乃更卽位, 則爵命之, 以正君臣, 而有諸侯之冠禮." 疏曰: "此經直明諸侯, 不云天子, 又下云天子之元子猶與士同, 則天子與士異也. 然則天子冠禮, 其來已久, 但無文. 玉藻云: '玄冠朱組纓, 天子之冠也.' 鄭註: '始冠之冠也.'"

번역 정현의 주에서 말하길, "하나라 초엽 및 그 이전에는 제후들 중 비록 어린 나이에 즉위를 한 경우가 있더라도, 여전히 사 계층이 따르는 예법에 따라 관례를 치러주었고, 이러한 경우에도 또한 50세가 되어야만 작위의 명(命) 등급을 받게 된다는 의미이다. 그러나 말엽에 이르게 되면, 아직 성인이 되지 못한 상태에서 대부분 찬탈이나 시해를 당하게 되어, 새롭게 즉위를 하였다면, 작위의 명(命) 등급을 내려서, 군주와 신하의 관계를 올바르게 하여, 제후에게 적용되는 관례가 별도로 생기게 된 것이다."라고 했다. 소에서 말하길, "이곳 경문에서는 단지 '제후(諸侯)'라고만 나타내었고, 천자(天子)라고는 언급하지 않았는데, 또한 아래문장에서는 천자의 원자도 여전히 사 계층의 예법과 동일하게 치른다고 했다면, 천자와 사는 차이가 있었던 것이다. 그렇다면 천자에게 적용되었던 별도의 관례 규정은 그 유래가 이미 오래된 것이지만, 남아 있는 자료가 없다. 『예기』「옥조(玉藻)」편에서는 '현관(玄冠)에 적색의 조영(組纓)을 하는 것은 천자가 쓰는 관이다.'[2]라고 했고, 정현의 주에서는 '처음으로 씌워줄 때의 관이다.'"라고 했다.

補註 ○大戴禮·公冠篇: "公冠, 四加玄冕祭." 註曰: "四, 當爲三. 玄, 當爲袞, 字之誤." 疏曰: "諸侯尙四加, 天子當五 加袞冕也."

번역 ○『대대례기』「공관(公冠)」편에서 말하길, "군주의 관례에 대해서는 4차례 관을 씌워주니 현면(玄冕)을 더하며 이 복장으로 제사를 지낸다."[3]라

---

2) 『예기』「옥조(玉藻)」: <u>玄冠朱組纓, 天子之冠也</u>. 緇布冠繢緌, 諸侯之冠也. 玄冠丹組纓, 諸侯之齊冠也. 玄冠綦組纓, 士之齊冠也.

3) 『대대례기』「공부(公符)」: 公冠, 四加玄冕.

고 했고, 주에서는 "사(四)자는 마땅히 삼(三)자가 되어야 한다. 현(玄)자는 마땅히 곤(袞)자가 되어야 하니, 자형이 비슷해서 생긴 오류이다."라고 했으며, 소에서는 "제후도 오히려 4차례 관을 씌워준다면, 천자의 경우에는 마땅히 5차례 관을 씌워주며 곤면(袞冕)이 추가된다."라고 했다.

補註 ○通解曰: 今按本文, 但言玄端[卽緇布冠之服]·皮弁·玄冕, 而不言爵弁, 則三加, 鄭說爲是. 而諸侯玄冕以祭, 則當從本文. 唯天子三加, 其袞冕歟.

번역 ○『통해』에서 말하길, 본문을 살펴보니, 단지 현단(玄端)[이것은 치포관(緇布冠)의 복식에 해당한다.]·피변(皮弁)·현면(玄冕)이라고만 했고, 작변(爵弁)을 언급하지 않았다면, 삼가(三加)에 해당하는 것으로 정현의 주장이 옳다. 그런데 제후의 경우 현면을 착용하고 제사를 지냈다면, 마땅히 본문에 따라야 한다. 다만 천자의 경우 삼가(三加)에서 세 번째 씌워주는 관은 곤면(袞冕)이었을 것이다.

「교특생」 68장

①天子之元子, 士也. 天下無生而貴者也. ②繼世以立諸侯, 象賢也. ③以官爵人, 德之殺也. 死而謐, 今也. 古者生無爵, 死無謐.

번역 천자의 원자(元子)라 하더라도 그에게 적용하는 관례는 사 계층이 따르는 예법일 따름이다. 천하에는 태어나면서부터 존귀한 자는 없었다. 선대를 계승하여 제후의 지위에 오른 것은 조상들의 현명함을 본받을 수 있기 때문이다. 관직을 가지고 사람들에게 작위를 나눠줄 때에는 그들이 갖춘 덕에 따라서 차등을 두어야 한다. 죽었을 때 시호를 지어주는 것은 현재 시행되는 예법일 따름이다. 고대에는 생전에 작위가 없었다면, 죽어서도 시호를 짓지 않았다.

① ○天子之元子士也.

補註 鄭註: 儲君副主, 猶云士也, 明人有賢行著德, 乃得貴也.

번역 정현의 주에서 말하길, 이미 지위 계승이 확정된 자는 주군에 버금가는데도 오히려 '사(士)'라고 하였으니, 이것은 사람에게 현명한 자의 행실과 덕을 드러냄이 있어야만 곧 존귀하게 된다는 뜻을 나타낸 것이다.

補註 ○通解曰: 此明世子之冠, 猶士禮也.

번역 ○『통해』에서 말하길, 이것은 세자의 관례는 사의 예법과 같았음을 나타낸다.

② 繼世以立[止]象賢也.

補註 疏曰: 此釋夏末以來, 有諸侯冠禮之意.

번역 소에서 말하길, 이 문장은 하나라 말엽으로부터 그 이래로 제후에게 별도의 관례가 생긴 의미를 풀이하고 있다.

③ *以官爵人[止]殺也.*

補註 疏曰: 此明所以無大夫冠禮也.
번역 소에서 말하길, 이것은 대부에게는 별도의 관례가 없게 된 이유를 나타내고 있다.

補註 ○士冠記註曰: "子孫能法先祖之賢, 故使之繼世也." 又曰: "德大者, 爵以大官, 德小者, 爵以小官也." 又曰: "今謂周衰, 古謂殷. 殷士生不爲爵, 死不爲諡. 周制以士爲爵, 猶不爲諡. 今時士死, 則諡之, 非也."
번역 ○『의례』「사관례(士冠禮)」편 기문에 대한 주에서 말하길, "자손들이 선조의 현명함을 본받을 수 있기 때문에, 그로 하여금 세대를 계승토록 하는 것이다."라고 했다. 또 말하길, "덕이 큰 자에게는 큰 관직으로 작위를 내리고, 덕이 작은 자에게는 작은 관직으로 작위를 내린다."라고 했다. 또 말하길, "금(今)은 주나라의 도가 쇠퇴했을 때를 뜻하며, 고(古)는 은나라 때를 뜻한다. 은나라 때 사는 생전에 작위를 받지 못하면 죽어서도 시호를 짓지 않았다. 주나라의 제도에서는 사를 작위로 삼았지만, 여전히 시호는 짓지 않았다. 그런데 오늘날에는 사가 죽었을 때 시호를 짓고 있으니, 잘못된 일이다."라고 했다.

補註 ○通解曰: 今按此於冠義無所當, 疑錯簡也. 然註義, 亦非是. 言上古之時, 民各推其賢者, 擧以爲君, 沒則復奉其子, 以繼之其後, 遂以爲諸侯. 然其子之立也, 但象似其賢而已, 非故擇賢而立之也. 至於中古, 乃在上者擇人任官, 而爲之爵等, 此則德之衰殺, 不及上古之時矣. 又至於周而有諡法, 則生而有爵者, 死又加諡, 此則又其殺也. 上古民自立君, 故生無爵. 中古未有諡法, 故雖有爵而無諡. 又以申言古今之變也.
번역 ○『통해』에서 말하길, 현재 살펴보니 이 내용은 관례의 의미와는 해당하는 바가 없으므로, 아마도 착간으로 잘못 기록된 것 같다. 따라서 주의 의미 또한 잘못된 풀이이다. 상고시대에는 백성들이 각각 현명한 자를 추대하여 그를 군주로 삼았고, 그가 죽게 되면 그의 자식을 다시 추대하여 그 뒤를 계승토록 했으며, 마침내 이들을 제후로 삼았던 것이다. 따라서 그 자식의 자리라는 것은 단지 본래 추대된 자의 현명함과 비슷함을 상징할 따름이지, 반드시 현명한 자를 택해서 세웠던 것은 아니다. 중고시대에 이르게 되면 위에 있는 자가 사람을 선발하여 관리로 등용하였고, 이로 인해 작위의 등급을 마련하였는데, 이것은 덕이 쇠퇴하여 상고시대에는 미치지 못하는 것이다. 또 주나라에 이르게 되면 시호를 짓는 법도가 생겨났으니, 생전에 작위를 가졌던 자는 죽어서도 시호를 갖게 되었다. 이것은 더욱 그 덕이 쇠퇴한 것이다. 상고시대에 백성들은 스스로 군주를 세웠다. 그렇기 때문에 생전에 작위가 없었던 것이다. 중고시대에는 아직까지 시호를 짓는 법도가 나타나지 않았다. 그렇기 때문에 비록 작위를 가졌더라도 시호가 없었다. 따라서 이것은 이러한 일들을 통해 고금의 변화를 거듭 설명한 것이다.

補註 ○楊梧曰: 天下無生而貴, 此天子元子之無冠禮也. 天子且然, 況諸侯之世子乎? 諸侯且然, 況大夫之適子乎? 繼世以立, 以官爵人, 二段是卽諸侯大夫之無生而貴, 以形出天子來. 死而諡以下, 言有位者, 古無冠禮, 而今有之, 猶士之無位者, 古無諡禮, 而今則有之, 變禮可勝言哉?

번역 ○양오가 말하길, 천하에는 태어나면서부터 존귀한 자는 없었으니, 이것이 천자의 원자에게 별도의 관례가 없었던 이유이다. 천자 또한 이러한데 하물며 제후의 세자인 경우에는 어떠하겠는가? 또 제후 또한 이러한데 하물며 대부의 적자인 경우에는 어떠하겠는가? 세대를 계승하여 지위에 오른다는 것과 관직으로 사람들에게 작위를 준다는 두 단락은 제후와 대부에게는 태어나면서부터 존귀한 경우가 없다는 뜻에 해당하며, 이를 통해 천자로부터 비롯되어 나왔음을 형상화한 것이다. 죽었을 때 시호를 짓는다는 것으로부터 그 이하의 구문은 지위를 가진 자의 경우 고대에는 별도의 관례가 없었는데 지금은 생겼다. 그런데 이것은 사 중 지위가 없는 자는 고대에는 시호를 짓는 예법이 없었는데 지금은 생긴 경우와 같다는 뜻이다. 이러한 변례를 어찌 다 말할 수 있겠는가?

補註 ○按: 繼世以下, 朱子歸之錯簡, 而若姑以冠義解之, 則楊說差長, 其解繼世以官兩段者, 小註方說較明.

번역 ○살펴보니, 세대를 계승한다는 말로부터 그 이하의 내용에 대해, 주자는 착간으로 여겼다. 그런데 관례의 의미에 따라 풀이를 해본다면 양오의 주장이 비교적 낫고, 세대를 계승하고 관직을 내려준다는 두 단락의 해석에 있어서는 소주에 나온 방씨의 설명이 비교적 명확하다.

참고-大全 嚴陵方氏曰: 嗣諸侯者, 有冠禮, 大夫則無之者, 蓋諸侯繼世以立, 大夫以官爵之而不繼世故也. 諸侯必繼世以立, 所以象賢, 大夫不繼世, 爲其德之殺也.

번역 엄릉방씨가 말하길, 제후의 지위를 계승하는 자에게는 별도의 관례가 있지만, 대부의 경우에는 없는데, 그 이유는 아마도 제후는 세대를 이어서 지위에 오르지만, 대부는 관직을 통해 작위를 받는 것이고, 세대를 계승하여 지위를 물려받는 것이 아니기 때문일 것이다. 제후가 반드시 세대를 계승하여 지위에 오르는 것은 현명함을 본뜨는 것이고, 대부가 세대를 계승하지 않는 것은 그의 덕이 낮기 때문이다.

참고-集說

元子, 適長子也, 其冠亦行士之冠禮. 無生而貴, 言有德乃有位也. 立諸侯以繼其先世, 以其能法前人之賢行也. 以官爵人, 必隨其德之大小而爲降殺也. 死必有諡, 今日之變禮也. ①殷以前, 大夫以上乃爲爵, 死則有諡. 周制②雖爵及命士, 死不諡也.

번역 '원자(元子)'는 천자의 적장자를 뜻하는데, 그에게 적용하는 관례 또한 사에게 적용되는 관례에 따라 시행한다. "태어나면서부터 존귀한 자는 없다."는 말은 덕을 갖춰야만 곧 지위를 갖게 된다는 뜻이다. 제후의 적자(適子)를 제후로 세워서, 선대를 계승하도록 하는 것은 그가 이전 조상들의 현명한 행실을 본받을 수 있기 때문이다. 관직으로써 다른 사람들에게 작위를 나눠줄 때에는 반드시 그가 갖춘 덕의 크기에 따라서 차등을 두어야 한다. 죽었을 때 반드시 시호를 정하게 된 것은 현재 시행되는 변례(變禮)이다. 은나라 이전인 경우, 대부 이상이라면 곧 작위를 갖게 되고, 그가 죽게 되면 시호를 받게 된다. 그러나 주나라 때의 제도에서는 비록 작위가 명사(命士)에게까지 하사되었지만, 명사가 죽었을 때에는 시호를 지어주지 않았다.

① 殷以前[止]有諡.

補註 沙溪曰: 是殷以前亦有諡, 而檀弓曰死諡周道也者, 殷以前, 皆因生號爲諡, 若堯·舜·禹·湯是也. 周禮死別爲諡, 故云死諡周道也.

번역 사계가 말하길, 이것은 은나라 이전에도 시호가 있었다는 것을 나타내는데, 『예기』「단궁(檀弓)」편에서 "죽게 되면 시호로 부르게 되니, 이것은 주나라의 도이다."[1]라고 말한 이유는 은나라 이전에는 모두 생전에 부르던 호칭에 따라서 시호를 정했으니, 요(堯)·순(舜)·우(禹)·탕(湯)과 같은 경우가 여기에 해당한다. 주나라의 예법에 따르면 그 사람이 죽게 되면 별도로 시호를 짓는다. 그렇기 때문에 "죽게 되면 시호로 부르게 되니, 이것은 주나라의 도이다."라고 말한 것이다.

補註 ○按: 以朱子說觀之, 則不可謂殷以前有諡.

번역 ○살펴보니, 주자의 주장에 따라 살펴본다면, 은나라 이전에 시호가 있었다고 말할 수 없다.

② 雖爵及命士.

補註 疏曰: 周禮·典命云, "小國之君, 其卿三命, 其大夫再命, 其士一命." 士旣有命, 命卽爵也, 故知爵及命士. 檀弓云, "士之有誄, 自此始也", 旣從縣賁父·卜國爲始, 明以前無誄也. 無誄, 卽無諡也.

---

1) 『예기』「단궁상(檀弓上)」: 幼名, 冠字, 五十以伯仲, <u>死諡, 周道也</u>.

번역 소에서 말하길, 『주례』「전명(典命)」편에서는 "소국의 제후에게 있어서, 그에게 소속된 경은 3명(命)의 등급이고, 그에게 소속된 대부는 2명의 등급이며, 그에게 소속된 사는 1명의 등급이다."[2]라고 했다. 따라서 사 계급도 이미 명(命)의 등급을 받은 것이 되고, 명의 등급을 받게 되면 곧 작위를 갖게 된다. 『예기』「단궁(檀弓)」편에서는 "사 계급에게 뇌(誄)[3]가 생긴 것은 이로부터 시작되었다."[4]라고 했는데, 이 말은 곧 현분보(縣賁父)와 복국(卜國)으로부터 시작되었음을 나타내니, 그 이전에는 뇌를 지어주지 않았음을 나타낸다. 뇌가 없다면 시호도 없게 된다.

---

2) 『주례』「춘관(春官)·전명(典命)」: 公之孤四命, 以皮帛眡小國之君, <u>其卿三命, 其大夫再命, 其士一命</u>, 其宮室·車旗·衣服·禮儀, 各視其命之數.

3) 뇌(誄)는 죽은 자의 행적들을 열거하여, 그 기록들을 읽으며, 시호(諡號)를 짓는 것을 뜻한다. '뇌'자는 "묶는대累l."는 뜻이다. 즉 죽은 자의 행적을 하나로 엮는다는 의미이다.

4) 『예기』「단궁상(檀弓上)」: 魯莊公及宋人戰于乘丘, 縣賁父御, 卜國爲右. 馬驚敗績, 公隊, 佐車授綏, 公曰: "末之卜也." 縣賁父曰: "他日不敗績, 而今敗績, 是無勇也." 遂死之. 圉人浴馬, 有流矢在白肉. 公曰: "非其罪也." 遂誄之. <u>士之有誄, 自此始也.</u>

「교특생」 69장

참고—經文

①禮之所尊, 尊其義也. 失其義, 陳其數, 祝史之事也. 故其數
可陳也, 其義難知也. 知其義而敬守之, 天子之所以治天下也.

번역 예(禮)가 존귀한 것은 그 의(義)를 존귀하게 여기기 때문이다. 그 의(義)를
놓치고, 의례에 사용되는 각종 기물들을 진열하는 것은 축관(祝官)이나 사관(史官)
들에게 해당하는 일이다. 그렇기 때문에 각종 기물들은 누구나 진열할 수 있지만,
그 의(義)는 파악하기가 어렵다. 그 의(義)를 알고, 공경스럽게 지키는 것은 천자가
천하를 다스리는 방법이다.

① 禮之所尊章.

補註 疏曰: 此經上論冠義, 下論昏義, 故記人因上起下, 於中說重禮之義.
번역 소에서 말하길, 이곳 경문에서는 앞에서 관례(冠禮)를 치르는 의의를
논의했고, 그 뒤에서 혼례(昏禮)를 치르는 의의를 논의했다. 그렇기 때문에
『예기』를 기록한 자는 앞의 내용을 통해 뒤의 내용을 연결시키기 위해, 그
중간에 예(禮)의 의(義)를 중시한다는 뜻을 설명한 것이다.

「교특생」70장

天地合而后萬物興焉. 夫昏禮, 萬世之始也. 取於異姓, 所以①附遠厚別也. ②幣必誠, 辭無不腆, 告之以直信. ③信事人也, 信婦德也. 壹與之齊, 終身不改, 故夫死不嫁.

번역 하늘과 땅이 합치된 이후에야 만물이 흥성해진다. 무릇 혼례(昏禮)라는 것은 인류의 시작이 된다. 혼례를 치르며 이성(異姓)에게서 상대방을 찾음은 혐의를 멀리한다는 것과 남녀 사이의 구별을 두텁게 하기 위함이다. 폐물을 보낼 때에는 반드시 성심을 다하며, 전하는 말에 있어서도 아름답게 꾸미지 않는 말이 없고, 강직함과 신의를 경계지침으로 알려준다. 신의는 다른 사람을 섬기는 것에 해당하고, 또한 아녀자가 갖춰야 하는 덕에 해당한다. 한결같이 남편과 더불어서 동일한 희생물을 먹고, 종신토록 고치지 않는다. 그렇기 때문에 남편이 죽게 되더라도 다른 집으로 시집을 가지 않는 것이다.

① ○附遠.

補註 按: 疏曰, "依附疏遠之道." 楊梧曰, "遠, 指女家言." 小註方氏亦以爲於遠不附, 則人情無以通, 此三說恐是, 陳註未當.

번역 살펴보니, 소에서는 "서로 소원하게 대하는 도이다."라고 했고, 양오는 "원(遠)은 여자의 집을 가리켜서 말한 것이다."라고 했으며, 소주에서 방씨 또한 혐의를 멀리하는 것에 따르지 않는다면 사람의 정감은 소통될 수 없다고 했는데, 이 세 주장이 아마도 옳은 것 같으며, 진호의 주는 합당하지 않은 것 같다.

② 幣必誠[止]直信.

補註 鄭註: "誠, 信也. 腆, 猶善也. 二者所以敎婦直信也." 疏曰: "誠, 謂使可裁制, 勿令虛濫. 賓之傳辭, 無自謙退. 云幣不善, 不詐飾也."

번역 정현의 주에서 말하길, "성(誠)자는 신의[信]를 뜻한다. 전(腆)자는 좋다[善]는 뜻이다. 이 두 가지 것들은 아녀자에게 정직함과 신의를 가르치는 것이다."라고 했다. 소에서 말하길, "성(誠)은 정해진 규격에 맞도록 하며, 헛되이 분수에 넘치도록 해서는 안 된다는 뜻이다. 빈객이 전달하는 말에 있어서는 제 스스로 겸손하게 낮추는 일이 없음을 뜻한다. 폐백에 대해서 좋게 꾸미지 않는 것은 허황된 수식을 가미하지 않는다는 뜻이다."라고 했다.

補註 ○士昏記: "辭無不腆, 無辱. 皮帛必可制." 註: "賓不稱幣不善, 主人不謝來辱." 疏曰: "必可制者, 可制爲衣物."
번역 ○『의례』「사혼례(士昏禮)」편의 기문에서 말하길, "빈객이 전달하는 말에 있어서는 예물이 변변하지 못하다는 말을 하지 않고, 주인은 오느라 욕보았다는 말을 하지 않는다. 가죽과 비단은 반드시 옷으로 만들 수 있는 것으로 한다."[1]라고 했고, 주에서는 "빈객은 예물이 좋지 않다는 말을 하지 않고, 주인은 찾아오느라 욕보았다는 사례를 하지 않는다."라고 했으며, 소에서는 "필가제(必可制)는 옷으로 만들어 입을 수 있는 것을 뜻한다."라고 했다.

補註 ○按, 古註疏, 朱子已載通解, 當從之.
번역 ○살펴보니, 옛 주와 소의 기록은 주자도 이미 『통해』에 수록하였으니, 마땅히 이러한 주장에 따라야 한다.

補註 ○又按: 辭無不腆下, 當著隱吐, 諺讀誤.
번역 ○또 살펴보니, '사무부전(辭無不腆)' 뒤에는 마땅히 은[隱]토를 붙여야 하니, 『언독』의 토는 잘못되었다.

③ **信事人也信婦德也.**

補註 按: 以陳註觀之, 信下當不句, 而諺讀兩信字下皆著吐, 與疏及小註

---

1) 『의례』「사혼례(士昏禮)」: 記. 士昏禮. 凡行事必用昏昕, 受諸禰廟. 辭無"不腆"‧無"辱". 摯不用死. 皮帛必可制. 腊必用鮮, 魚用鮒, 必殽全.

方說合.

번역 살펴보니, 진호의 주에 따라 살펴보면 '신(信)'자 뒤에서 구문을 끊어서는 안 되는데, 『언독』에서는 2개의 신(信)자 뒤에 모두 토를 붙이고 있으니, 소 및 소주에 나온 방씨의 주장과 합치된다.

補註 ○又按: 方說, 栗谷取之, 入小學註.

번역 ○또 살펴보니, 방씨의 주장은 율곡이 채택하여 『소학』의 주에 수록되었다.

참고-大全 嚴陵方氏曰: 天地合, 萬物興, 昏禮之合二姓, 蓋本於此. 有夫婦, 然後有父子, 父子, 所以傳世, 故曰昏禮萬世之始. 必取異姓, 所以附遠, 不取同姓, 所以厚別, 且於遠不附, 則人情無以通, 於別不厚, 則人道無以辨, 昏姻者, 所以通人情, 而辨人道而已. 幣, 所以將昏姻之意, 辭, 所以通昏姻之情, 辭無不腆者, 則告之以直故也, 幣必誠者, 則告之以信故也, 故繼言告之以直信. 以事人者, 必以信, 而婦人以事人爲事, 故信爲婦德也. 上兼言直, 而下不釋直者, 蓋信而無僞, 則直在其中矣. 不改, 則不改而他適也. 以其不可改, 故雖夫死不嫁.

번역 엄릉방씨가 말하길, 천지가 합치되어, 만물이 흥성하게 되니, 혼례(昏禮)에서 두 성(姓)이 합하는 것은 무릇 이것에 근본을 둔 것이다. 부부(夫婦)의 관계가 생긴 이후에야 부자(父子)의 관계가 생겨나는데, 부자관계는 세대를 전수하는 방법이 된다. 그렇기 때문에 "혼례는 만세의 시초이다."라고 말한 것이다. 반드시 상대방을 이성(異姓)에게서 취하는 것은 혐의를 멀리하는 것을 쫓는 방법이며, 동성(同姓)에서 취하지 않는 것은 유별함을 두텁게 하는 방법이며, 또한 혐의를 멀리하는 것에 대해서 쫓지 않는다면, 사람의 정감은 소통이 되지 않고, 유별함에 대해서 두텁게 하지 않는다면, 사람의 도리는 구별이 되지 않는데, 혼인이라는 것은 사람의 정감을 소통시키고, 사람의 도리를 구별하는 것일 따름이다. 폐백은 혼인의 뜻을 행동으로 옮기는 것이며, 전하는 말은 혼인의 정감을 소통시키는 방법인데, 전하는 말에 대해서 아름답게 꾸미지 않음이 없는 것은 경계지침을 내릴 때 강직함을 통해서 하기 때문이다. 또 폐백에 대해서 반드시 성심을 다하는 것은 경계지침을 내릴 때 신의를 통해서 하기 때문이다. 그래서 그 말에 뒤이어서 "강직함과 신의로 경계지침을 내린다."라고 말한 것이다. 사람을 섬기는 것에 있어서는 반드시 신의로써 하고, 부인은 사람을 섬기는 것을 자신의 일로 삼는다. 그렇기 때문에 신의가 아녀자의 덕이 되는 것이다. 앞의 문장에서는 강직함까지 언급하였지만, 뒤에서는 강직함에 대해서 풀이를 하지 않았는데, 그 이유는 무릇 신의를 나타내며 거짓됨이 없다면, 강직함은 그 안에 포함되어 있기 때문이다. '불개(不改)'는 마음을 고쳐서 다른 곳으로 가지 않는다는 뜻이다. 그녀는 다른 집으로 시집을 갈 수 없기 때문에, 비록 남편이 죽게 되더라도, 시집을 가지 않는 것이다.

「교특생」 71장

男子親迎, 男先於女, 剛柔之義也. 天先乎地, 君先乎臣, 其義
一也. 執摯以相見, 敬章別也. 男女有別, 然後父子親; 父子親,
然後義生; 義生, 然後禮作; 禮作, 然後萬物安. ①無別無義, 禽
獸之道也.

번역 혼례(昏禮)에 있어서, 남자는 친영(親迎)을 하는데, 아내를 데려올 때, 남자
가 여자를 앞장서는 것은 강유(剛柔)의 의(義)에 따르기 때문이다. 그리고 하늘이
땅보다 앞서고, 군주가 신하보다 앞선 것은 그 의(義)가 이것과 동일하다. 남자가
아내의 집안에 찾아갈 때, 예물을 가지고 찾아가서 만나보는 것은 공경스럽게 행동
하여 남녀의 유별함을 드러내기 위해서이다. 남녀 사이에 유별함이 있은 뒤에라야
부자관계에서 친근함이 생겨나고, 부자관계에 친근함이 있은 뒤에라야 의(義)가 생
겨나며, 의(義)가 생겨난 뒤에라야 예(禮)가 만들어지고, 예(禮)가 만들어진 이후
에야 만물이 편안하게 된다. 유별함이 없고 의(義)가 없는 것은 짐승들이 따르는
도(道)이다.

① ○無別無義禽獸之道.

補註 鄭註: 言聚麀之亂類也.

번역 정현의 주에서 말하길, 암컷을 공유하여 부류를 문란하게 만든다는 뜻
이다.

「교특생」 72장

참고─經文

壻親御授綏, 親之也. 親之也者, 親之也. 敬而親之, 先王之所
以得天下也. ①出乎大門而先, 男帥女, 女從男, 夫婦之義由此
始也. 婦人從人者也, 幼從父兄, 嫁從夫, 夫死從子. 夫也者, 夫
也. 夫也者, 以知帥人者也.

번역 친영(親迎)을 하여, 아내를 데려갈 때, 남편은 직접 수레를 몰며 아내에게 수
레에 오를 때 잡게 되는 끈을 건네니, 이것은 상대방을 친애하기 때문이다. 상대방
을 친애하는 것은 상대방으로 하여금 자신을 친애하게 만드는 것이다. 공경스럽게
대하여 친애를 하는 것은 선왕이 천하를 얻었던 방법이다. 그녀의 집 대문을 나가
게 되면, 남편이 탄 수레가 앞장을 서니, 남자는 여자를 이끄는 것이고, 여자는 남
자를 따르는 것으로, 부부의 의(義)가 이 시점으로부터 시작된다. 부인은 타인을
따르는 존재이니, 어렸을 때에는 부친과 남자 형제들을 따르게 되고, 시집을 가게
되면, 남편을 따르게 되며, 남편이 죽게 되면, 아들을 따르게 된다. '부(夫)'라는 것
은 사내를 뜻한다. 사내가 된 자는 지혜와 재주로써 상대방을 통솔하는 자이다.

① ○出乎大門而先.

補註 陸曰: 先字絶句.

번역 육덕명이 말하길, 선(先)자에서 구문을 끊는다.

補註 ○按: 諺讀連下文爲句, 誤.

번역 ○살펴보니, 『언독』에서는 그 뒤의 문장과 연결을 해서 구문을 끊었으
니, 잘못된 해석이다.

「교특생」 73장

①玄冕齊戒, ②鬼神陰陽也. 將以爲社稷主, 爲先祖後, 而可以
不致敬乎?

번역 현면(玄冕)을 착용하고, 재계를 지내는 것은 귀신을 섬기는 도리에 해당한다.
혼례(昏禮)를 치르는 자는 장차 사직(社稷)의 제사를 주관하는 자가 되는데, 선조
의 후예가 되는 자가 공경을 다하지 않을 수 있겠는가?

① ○玄冕齊戒.

補註 楊梧曰: 此大夫以上禮, 故言及社稷. 若士則爵弁纁裳, 無玄冕之
文也.

번역 양오가 말하길, 이것은 대부 이상의 계층이 따르는 예법이다. 그렇기
때문에 사직에 대해서도 언급한 것이다. 사의 경우라면 작변(爵弁)에 분홍
색의 하의를 착용하니, 현면(玄冕)을 착용한다는 기록이 없다.

② 鬼神陰陽也.

補註 鄭註: "陰陽, 謂夫婦也." 疏曰: "著祭服而齊戒親迎, 是敬此夫婦之
道, 如事鬼神, 故云鬼神陰陽."

번역 정현의 주에서 말하길, "'음양(陰陽)'은 부부(夫婦)를 뜻한다."라고 했
다. 소에서 말하길, "제사 복장을 착용하고 재계를 하여 친영(親迎)을 하는
것은 부부의 도를 공경하길, 마치 귀신을 섬기는 것처럼 한다는 뜻이다. 그
렇기 때문에 귀신을 섬기듯 부부의 도를 공경하는 것이라고 말한 것이다."라
고 했다.

補註 ○按, 通解載鄭註, 當從之.

번역 ○살펴보니,『통해』에서는 정현의 주를 수록하고 있으니, 마땅히 그 해석에 따라야 한다.

「교특생」 74장

참고―經文

共牢而食, 同尊卑也. 故婦人無爵, 從夫之爵, 坐以夫之齒. 器用
陶匏, ①尚禮然也. 三王作牢用陶匏. 厥明, 婦盥饋. 舅姑卒食,
婦餕餘, ②私之也. 舅姑降自西階, 婦降自阼階, ③授之室也. 昏
禮不用樂, ④幽陰之義也. 樂, 陽氣也. 昏禮不賀, 人之序也.

번역 혼례(昏禮)를 치른 부부가 희생물의 고기를 같은 도마에 두고 먹는 것은 부부
의 신분이 동일함을 뜻한다. 그렇기 때문에 부인에게는 작위가 없지만, 남편의 작위
에 따르는 것이고, 모임에 참여하여 자리에 앉을 때에도, 서열을 정함에 남편의 나
이에 따르는 것이다. 기물들에 있어서 질그릇이나 바가지를 사용하는 것은 고대로
부터 숭상되어 왔던 예가 이와 같았기 때문이다. 삼왕(三王) 때부터 희생물을 함께
먹고 질그릇과 바가지를 사용하는 것이 시행되었다. 혼례를 치른 다음날 아침, 며느
리는 깨끗하고 정결하게 씻고서, 시부모에게 음식을 바친다. 시부모가 그 음식을
다 먹은 뒤, 며느리는 시부모가 남긴 음식을 먹게 되니, 이것은 자식처럼 여겨서
자애롭게 대하기 때문이다. 의례 절차가 끝나면 시부모는 빈객이 이용하는 서쪽 계
단을 통해서 내려가고, 며느리는 주인이 이용하는 동쪽 계단을 통해서 내려가니,
그녀에게 가사를 전수한다는 뜻을 나타내기 위해서이다. 혼례를 치를 때에는 음악
을 연주하지 않는데, 이것은 그윽하고 조용하고자 하는 의(義)에 따르기 때문이다.
음악은 양(陽)의 기운에 해당한다. 혼례에서는 당사자에게 축하를 하지 않으니, 이
것은 그 자가 부모의 지위를 계승하게 되어, 부모의 입장에서는 서글픈 일이 되기
때문이다.

① ○尚禮然也.

補註 鄭註: 此謂太古之禮器.
번역 정현의 주에서 말하길, 이것은 태고 때 사용하던 예기를 뜻한다.

補註 ○按: 陳註大誤.

번역 ○살펴보니, 진호의 주는 매우 잘못되었다.

② *私之也*.

補註 鄭註: 私, 猶恩也.

번역 정현의 주에서 말하길, '사(私)'자는 "은혜를 베풀다[恩]."는 뜻이다.

③ *授之室也*.

補註 鄭註: 明當爲家事之主也.

번역 정현의 주에서 말하길, 마땅히 가사를 주관하는 안주인이 되어야 한다는 뜻을 나타낸다.

④ *幽陰之義*.

補註 鄭註: 幽, 深也. 欲使婦深思其義, 不以陽散之也.

번역 정현의 주에서 말하길, '유(幽)'자는 "깊다[深]."는 뜻이다. 부인으로 하여금 그 의(義)에 대해서 깊이 생각하도록 하고자 하여, 양(陽)으로써 정신이 흐트러지지 않게끔 하는 것이다.

補註 ○程子曰: 昏禮豈是幽陰? 但古人重此大禮, 嚴肅其事, 不用樂也. 昏禮不賀, 人之序也.

번역 ○정자가 말하길, 혼례가 어찌 그윽하고 음(陰)한 사안에 해당하겠는가? 다만 옛 사람들은 이러한 성대한 예식을 중시하여 그 사안을 엄숙하게 진행하고자 해서 음악을 사용하지 않았던 것이다. 혼례에서 축하를 하지 않는 것은 부모의 지위를 대신하는 일이기 때문이다.

補註 ○按: 幽陰之義, 小註方氏所釋, 儘好.

번역 ○살펴보니, '유음지의(幽陰之義)'에 대해서는 소주에 나온 방씨의 해석이 가장 좋다.

참고-大全 嚴陵方氏曰: 夫尊則婦亦尊, 夫卑則婦亦卑, 故曰同尊卑. 尊卑同, 故爵齒亦從夫而已, 以爵齒各有尊卑故也. 盥, 所以致其潔, 饋, 所以致其養. 以舅姑之尊而降自賓階, 以婦之卑而降自主人之階者, 示授之室而爲之主, 男以女爲室, 故以室主之. 又曰: 昏姻之禮, 在子則有代父之序, 在婦則有代姑之序, 所以不賀則一也. 孔子曰: "取婦之家, 三日不擧樂, 思嗣親也." 彼言思嗣親, 此言幽陰之義者, 蓋有所思者, 固欲其幽陰也. 經云齋之玄也, 以陰幽思也是矣. 然曲禮言賀取妻, 賀其有客而已, 故其辭曰: "聞子有客, 使某羞."

번역 엄릉방씨가 말하길, 남편이 존귀하다면, 부인 또한 존귀하게 되고, 남편이 미천하다면, 부인 또한 미천하게 된다. 그렇기 때문에 "신분의 차등을 함께 한다."라고 말한 것이다. 신분의 차등이 같기 때문에, 작위와 나이에 있어서도 또한 남편을 따르게 될 따름인데, 작위와 나이에는 각각 서열의 차등이 있기 때문이다. '관(盥)'이라는 것은 그 정결함을 지극히 하는 방법이며, '궤(饋)'라는 것은 봉양의 도리를 지극히 하는 방법이다. 시부모처럼 존귀한 신분을 갖춘 자가 내려갈 때, 빈객이 사용하는 계단을 통해 내려가고, 며느리처럼 상대적으로 미천한 신분을 가진 자가 내려갈 때, 주인이 사용하는 계단을 통해 내려가는 것은 그녀에게 실(室)을 주어서, 그녀를 주인으로 삼는다는 뜻을 보이기 위함인데, 남자는 여자를 실(室)로 삼기 때문에, 실(室)을 물려준다는 것을 통해서 주인으로 삼는다는 뜻을 보인 것이다. 또 말하길, 혼인을 하는 예는 자식에게 있어서는 부친의 지위를 계승한다는 뜻이 포함되고, 며느리에게 있어서는 시어미의 지위를 계승한다는 뜻이 포함되니, 축하를 하지 않는다는 측면에서는 동일하다. 공자는 "며느리를 맞이하는 집안에서 3일 동안 음악을 연주하지 않은 이유는 자식이 결혼한다는 행위는 부친의 자리를 이어받는 것을 뜻하므로, 부친의 마음을 상하게 하지 않을까를 염려해서이다."[1]라고 했다. 그 문장에서는 "부친의 지위를 계승한다는 것에 대해서 염려한다."고 했고, 이곳 문장에서는 유음(幽陰)의 의(義)라고 했는

---

1) 『예기』「증자문(曾子問)」: 孔子曰: 嫁女之家, 三夜不息燭, 思相離也. <u>取婦之家, 三日不擧樂, 思嗣親也.</u> 三月而廟見, 稱來婦. 擇日而祭於禰, 成婦之義也.

데, 무릇 깊이 생각하는 점이 있다는 것은 진실로 그윽하고 조용하고자 하는 뜻이 포함된 것이다. 경문에서는 재계를 하며 검은색의 복장을 착용한다고 했는데, 그윽하고 조용하게 생각을 하고자 하기 때문이다. 그런데 『예기』 「곡례(曲禮)」편에서는 아내를 맞이한 자에게 축하의 말을 전한다고 했는데, 빈객으로 맞이하는 일이 생긴 일에 대해서 축하를 한 것일 뿐이다. 그렇기 때문에 축하의 말을 전할 때에도, "당신에게 아내를 맞이하는 경사가 있다는 소식을 듣고서, 저 아무개를 시켜서 부조를 보냈습니다."[2]라고 한 것이다.

---

2) 『예기』 「곡례상(曲禮上)」: 賀取妻者曰, "某子使某, 聞子有客, 使某羞."

「교특생」76장

참고-經文

①殷人尚聲, 臭味未成, 滌蕩其聲. 樂三闋, 然後出迎牲. 聲音
之號, 所以詔告於天地之間也.

번역 은나라 때에는 소리를 숭상했으니, 희생물을 도축하기 이전에, 음악소리를 울
려 퍼지게 한다. 음악을 연주하여 세 차례 연주를 끝내게 되면, 그런 뒤에야 밖으로
나가서 희생물을 맞이한다. 소리를 통해서 부르짖는 것은 천지의 사이에서 귀신에
게 아뢰는 방법이다.

① ○殷人尚聲.

補註 疏曰: 不言夏, 或從虞也.

번역 소에서 말하길, 하나라에 대해서 언급하지 않은 것은 아마도 유우씨 때
의 제도를 따랐기 때문일 것이다.

「교특생」 77장

참고─經文

①周人尙臭, 灌用鬯臭, 鬱合鬯, 臭陰達於淵泉. 灌以圭璋, 用
玉氣也. 旣灌然後迎牲, 致陰氣也.

번역 주나라 때에는 냄새를 숭상했으니, 술을 땅에 부어서 신을 강림시킬 때에는
창주의 향기로운 냄새를 사용했는데, 울금이라는 향초를 창주에 합하여, 더욱 깊어
진 향기를 통해 음(陰)에서 신을 구했으니, 더욱 깊은 심연에까지 도달하게 만든
것이다. 관(灌)을 할 때에는 규(圭)와 장(璋)을 사용하니, 옥의 기운을 사용한 것이
다. 이미 관(灌)을 했다면, 그런 뒤에는 희생물을 맞이하니, 음(陰)의 기운에 도달
하도록 만드는 것이다.

① ○周人尙臭.

補註 語類曰: 商人求諸陽, 故尙聲. 周人求諸陰, 故尙臭, 灌用鬱鬯. 然
周人亦求諸陽, 如大司樂言: "圜鍾爲宮, 則天神可得而禮", 可見古人察
得義理精微, 用得樂, 便與他相感格, 此乃降神之樂. 如舞雲門, 是獻神
之樂. 荀子謂: "伯牙鼓琴, 而六馬仰秣. 瓠巴鼓瑟, 而游魚出聽", 粗者亦
有此理. 又如虞美人草, 聞人歌虞美人詞與吳詞則自動, 雖草木亦如此.
번역 『어류』에서 말하길, 은나라는 양에서 찾았기 때문에 소리를 숭상했다.
주나라는 음에서 찾았기 때문에 냄새를 숭상하여 관(灌)에 울창주를 사용했
다. 그러나 주나라 또한 양에서도 찾았으니, 예를 들어 『주례』「대사악(大司
樂)」편에서는 "환종(圜鍾)음으로 궁(宮)음을 삼는다면, 천신에 대해서 제사
를 지내 예우할 수 있다."[1]라고 했으니, 옛 사람들은 의리를 정밀히 살필 수

---

1) 『주례』「춘관(春官)·대사악(大司樂)」: 凡樂, <u>圜鍾爲宮</u>, 黃鍾爲角, 大蔟爲徵, 姑
洗爲羽, 雷鼓雷鼗, 孤竹之管, 雲和之琴瑟, 雲門之舞, 冬日至, 於地上之圜丘奏
之, 若樂六變, <u>則天神皆降</u>, <u>可得而禮矣</u>.

있어서 음악을 사용하여 그 대상과 서로 감응하여 이르게 할 수 있었음을 확인할 수 있고, 이것은 곧 신을 강림시킬 때의 음악에 해당한다. 또 운문(雲門)의 춤을 추는 것은 신에게 제사를 지내며 사용하는 음악이다. 『순자』에서는 "백아가 금을 연주하면 여섯 마리의 말이 귀를 기울여 듣는다. 호파가 슬을 연주하면 물고기가 뛰어올라 듣는다."[2]라고 했다. 사물 중 거친 기운을 받은 것에도 이러한 이치가 있다. 또 예를 들어 우미인초라는 풀은 사람들이 우미인에 대한 노래를 부르거나 오나라의 노래를 부르는 것을 듣는다면 저절로 움직인다고 하니, 비록 초목이라 하더라도 이와 같았다.

石梁王氏曰: "①四臭字本皆句絕, 然細別之, 鬯灌之地, 此臭之陰者也; 蕭焫上達, 此臭之陽者也." 亦有義, 姑從釋文.

번역 석량왕씨가 말하길, "4개의 취(臭)자는 본래 모든 글자에서 구문을 끊는데, 세부적으로 구별해보면, 창주를 땅에 부어서 신을 강림시키는 것은 냄새의 음(陰)한 것에 해당하고, 쑥을 태워서 냄새를 위로 올리는 것은 냄새의 양(陽)한 것에 해당한다."라고 했는데, 이 말에도 또한 일리가 있지만, 『경전석문(經典釋文)』에서 구문을 끊은 것에 따른다.

① 四臭字本皆句絕.

補註 按: 古疏鬱合鬯句, 蕭合黍稷句, 皆不連臭字. 此云四臭字本皆句絕, 未知何所據也.

번역 살펴보니, 옛 소의 기록에서는 '울합창(鬱合鬯)'에서 구문을 끊고, '소합서직(蕭合黍稷)'에서 구문을 끊었으니, 모두 취(臭)자와 연결해서 구문을

---

2) 『순자』「권학(勸學)」: 昔者瓠巴鼓瑟, 而流魚出聽; 伯牙鼓琴, 而六馬仰秣. 故聲無小而不聞, 行無隱而不形.

끊지 않았다. 이곳에서 4개의 취(臭)자에서 본래 모두 구문을 끊는 것이라고 했는데, 무엇을 근거로 이러한 말을 했는지 모르겠다.

補註 ○又按: 旣曰四臭字, 則王氏說, 當移在下段之註.

번역 ○또 살펴보니, 이미 4개의 취(臭)자라고 했다면, 왕씨의 주장은 마땅히 아래 단락의 주로 옮겨야 한다.

「교특생」 78장

참고—經文

蕭合黍稷, 臭陽達於牆屋. 故旣奠, 然後①焫蕭合羶薌. 凡祭愼諸此.

번역 쑥을 서직(黍稷)에 합해서 태우는 것은 냄새를 올려 양(陽)에서 신을 찾음에, 그 냄새를 담장과 지붕으로 두루 통하게 하는 것이다. 그렇기 때문에 술을 따라서 진설한 뒤에는 쑥을 태워서, 고기의 기름과 곡물에 합해서 태우는 것이다. 무릇 제사를 지낼 때에는 이러한 부분에 대해서 신중을 기한다.

① 焫蕭合羶薌.

補註 鄭註: 蕭, 薌蒿也, 梁以脂, 合黍稷燒之. 詩云: "取蕭祭脂." 羶當爲馨, 聲之誤也.

번역 정현의 주에서 말하길, '소(蕭)'자는 향기로운 쑥을 뜻하니, 희생물의 기름으로 물들이고 서직(黍稷)을 합쳐서 태우게 된다. 『시』에서는 "쑥을 기름에 섞어서 태운다."[1]라고 했다. '전(羶)'자는 마땅히 형(馨)자가 되어야 하니, 소리가 비슷해서 생긴 오류이다.

補註 ○按: 鄭旣云梁脂燒之, 又引詩以證其用脂, 而猶必讀羶爲馨, 何也? 羶卽膵脊之臭, 薌卽黍稷之臭. 曲禮黍曰薌合. 薌字, 自有香義. 二字皆當如字讀.

번역 ○살펴보니, 정현은 이미 희생물의 기름으로 물들여서 태운다고 했고, 또 『시』를 인용하여 기름을 사용한다는 것을 증명하였는데도, 기어코 전(羶)자를 형(馨)자로 풀이한 것은 어째서인가? 전(羶)자는 짐승의 지방 냄새

---

1) 『시』「대아(大雅)·생민(生民)」: 誕我祀如何. 或舂或揄, 或簸或蹂. 釋之叟叟, 烝之浮浮. 載謀載惟, <u>取蕭祭脂</u>, 取羝以軷. 載燔載烈, 以興嗣歲.

에 해당하고, 향(薌)자는 서직의 냄새에 해당한다. 『예기』「곡례(曲禮)」편에서는 "서(黍)를 향합(薌合)이라고 부른다."[2]라고 했다. 향(薌)자 자체에는 향기로움의 뜻이 포함되어 있다. 따라서 두 글자는 모두 글자대로 풀이해야 한다.

補註 ○後按: 楊梧及類編說, 亦與愚見同.

번역 ○이후 살펴보니, 양오와 『유편』의 주장 또한 나의 견해와 같다.

---

2) 『예기』「곡례하(曲禮下)」: 黍曰薌合.

「교특생」79장

참고-經文

①魂氣歸于天, 形魄歸于地, 故祭求諸陰陽之義也. 殷人先求諸陽, 周人先求諸陰. ②詔祝於室, 坐尸於堂, ③用牲於庭, 升首於室. 直祭祝於主, 索祭祝於祊. 不知神之所在, 於彼乎, 於此乎? 或諸遠人乎? 祭于祊, 尚曰求諸遠者與.

번역 사람이 죽게 되면, 혼기(魂氣)는 하늘로 회귀하고, 형백(形魄)은 땅으로 회귀한다. 그렇기 때문에 제사를 지내는 것은 음양(陰陽)에서 신을 찾는 의(義)에 해당한다. 은나라 때에는 우선적으로 양(陽)에서 신을 찾았고, 주나라 때에는 우선적으로 음(陰)에서 신을 찾았다. 실(室)에서 축관이 축사(祝辭)를 통해 신에게 아뢰고, 당(堂)에 시동을 앉히며, 마당에서 희생물을 도축하고, 실(室)에 희생물의 머리를 올린다. 정규 제사에서는 신주에게 축사를 아뢰고, 신을 찾으며 지내는 제사에서는 팽(祊)에서 축사를 아뢴다. 팽(祊)에서 축사를 아뢸 때에는 신이 계신 곳을 알 수 없으니, "저기에 계신가? 아니면 이곳에 계신가? 그것도 아니라면 사람과 멀리 떨어진 곳에 계신가?"라고 하게 된다. 팽(祊)에서 제사를 지내게 되면, 희망을 하며, "멀리 떨어진 곳에서 찾을 수 있기를 바랍니다."라고 말하게 된다.

① ○魂氣歸于天.

補註 語類曰: "魂氣歸于天, 是消散了, 正如火烟騰上, 去處何歸? 只是消散了, 論理大槪如此. 然亦有死而未遽散者, 亦有冤恨而未散者, 亦有冤死而魂卽散者." 問, "聖人死如何?" 曰, "聖人安於死, 便卽消散."

번역 『어류』에서 말하길, "혼기가 하늘로 돌아가는 것은 사라지고 흩어지는 것이니, 연기가 하늘로 올라가는 것과 같은 것으로, 연기가 흩어져 어디로 간단 말인가? 단지 사라지고 흩어질 따름으로, 그 이치를 논의하자면 대체적으로 이와 같다. 그러나 죽었는데도 급히 흩어지지 못하는 것이 있고, 원한이 있어 흩어지지 못하는 것도 있는데, 원한을 품고 죽었더라도 혼은 흩어지게 된다."라고 했다. "성인의 죽음은 어떠합니까?"라고 묻자 "성인은 죽음을 편안히 받아들여서 곧바로 사라지고 흩어지게 된다."라고 대답했다.

② 詔祝於室坐尸於堂.

補註 鄭註: 謂朝事時也, 朝事延尸於戶西, 南面, 布主席東面, 取牲膟膋, 燎于爐, 洗肝于鬱鬯而燔之, 入以詔神於室.

번역 정현의 주에서 말하길, 조사(朝事)하는 시기를 뜻하니, 조사를 하게 되면 시동을 호(戶)의 서쪽으로 인도하여, 남쪽을 바라보게 하며, 주인의 자리를 깔고 동쪽을 바라보게 하며, 희생물의 기름을 가져다가 화로의 숯에서 태우는데, 우선 희생물의 간(肝)을 울창주에 씻어서 태우며, 들어와서 실(室)에서 신에게 아뢴다.

補註 ○按: 今詳註疏, 則詔祝於室, 坐尸於堂, 乃一時事, 非兩節也.

번역 ○살펴보니, 주와 소의 내용을 상세히 살펴보면, 실(室)에서 축관이 축사를 통해 신에게 아뢰고, 당(堂)에 시동을 앉히는 것은 같은 시기에 진행되는 일이며, 별개의 두 절차가 아니다.

③ 用牲於庭.

補註 按: 用牲于庭, 在燎燔詔祝之前, 而反在其下者, 以對升首于室故也. 升首, 在詔祝後.

번역 살펴보니, 마당에서 희생물을 도축하는 것은 화로에서 태우고 축관이 축문으로 아뢰기 이전에 해당하는데, 도리어 그 뒤에 기술한 이유는 실에 희생물의 머리를 올린다는 말과 대비를 시켰기 때문이다. 희생물의 머리를 올리는 것은 축관이 축문으로 아뢴 이후에 해당한다.

詔, 告也. 詔祝於室, 謂天子諸侯之祭, ①朝事之時, 祝取牲之 ②膵膋燎於爐炭, 而入告神於室也. 坐尸於堂者, 灌鬯之後, 尸坐戶西南面也. 用牲於庭, 謂殺牲也. 升首於室, 升牲之首也. 直祭, 正祭也. 祭以薦熟爲正, 正祭之時, 祝官以祝辭告於神主, 如云薦歲事於皇祖伯某甫是也. 索, 求也. 求索其神靈而祭之, 則祝官行祭于祊也. 祊有二, 一是正祭時設祭於廟, 又求神於廟門之內而祭之. ③詩云: "祝祭于祊." 此則與祭同日. 一是明日繹祭, 祭於廟門之外也. 於彼於此, 言神在於彼室乎, 在於此堂乎? 或諸遠人者, 或遠離於人而不在廟乎? 尚, 庶幾也. 祭于祊, 庶幾可求之於遠處乎?

번역 '조(詔)'자는 "아뢰다[告]."는 뜻이다. '조축어실(詔祝於室)'이라는 말은 천자와 제후가 제사를 지내며, 조사(朝事)를 할 때, 축관이 희생물의 창자 사이에 낀 기름을 가져다가 화로의 숯에서 태우고, 실(室)에 들어가서 신에게 아뢴다는 뜻이다. '좌시어당(坐尸於堂)'이라는 말은 울창주를 이용해서 땅에 부은 이후, 시동을 호(戶)의 서쪽에 앉히고 남쪽을 바라보게 한다는 뜻이다. '용생어정(用牲於庭)'이라는 말은 희생물을 도축한다는 뜻이다. '승수어실(升首於室)'이라는 말은 희생물의 머리를 올린다는 뜻이다. '직제(直祭)'는 정규 제사를 뜻한다. 제사에서는 익힌 고기를 바치는 것을 올바른 규정으로 삼는데, 정규 제사를 지낼 때, 축관은 축사(祝辭)를 통해 신주에게 아뢰니, 마치 "황조(皇祖)의 맏이이신 아무개께, 해마다 드리는 정규적인 제사를 올립니다."[1]라고 하는 말들이 그 축사에 해당한다. '색(索)'자는 "찾다[求]."는 뜻이다. 신령을 찾아서 제사를 지내게 된다면, 축관은 팽(祊)에서 제사를 지내게 된다. '팽(祊)'에는 두 가지가 있으니, 하나는 정규 제사를 지낼 때, 묘(廟)에서 제사를 지내고, 또한 묘문(廟門) 안쪽에서 신을 찾아서 제사를 지내는 것이다. 『시』에서는 "축관이 팽(祊)에서 제사를 지낸다."[2]라고 했다. 이러한 경우

---

1) 『의례』「소뢰궤식례(少牢饋食禮)」: 主人曰, "孝孫某, 來日丁亥, 用薦歲事于皇祖伯某, 以某妃配某氏, 尙饗."

2) 『시』「소아(小雅)·초자(楚茨)」: 濟濟蹌蹌, 絜爾牛羊, 以往烝嘗. 或剝或亨, 或肆或將. 祝祭于祊, 祀事孔明. 先祖是皇, 神保是饗. 孝孫有慶. 報以介福, 萬壽無疆.

에는 정규 제사를 지내는 날과 동일한 날에 시행한다. 다른 하나는 그 다음날 지내는 역제(繹祭)를 뜻하니, 묘문 밖에서 제사를 지내는 것이다. '어피어차(於彼於此)'라는 말은 "신이 저 실(室)에 계신가? 아니면 이곳 당(堂)에 계신가?"라는 뜻이다. '혹저원인(或諸遠人)'이라는 말은 "혹은 사람과 멀리 떨어져 있어서, 묘(廟)에 있지 않은 것인가?"라는 뜻이다. '상(尚)'자는 바라건대[庶幾]라는 뜻이다. 팽(祊)에서 제사를 지내면, "바라건대 먼 곳에서 신을 찾을 수 있을 것인가?"라고 말하게 된다.

① 朝事.

補註 按: 朝事卽朝踐, 詳見禮運本註及補註.

번역 살펴보니, '조사(朝事)'는 곧 조천(朝踐)에 해당하며, 자세한 내용은 『예기』「예운(禮運)」편의 본주 및 보주에 나온다.

② 膟.

補註 按: 辨疑, 膟, 音率, 而不但下文取膟膋之膟著律音, 古經及字書皆音律, 恐辨疑字誤.

번역 살펴보니, 『변의』에서는 '膟'자의 음은 '率(률)'이라고 했는데, 아래문장에서 '취률료(取膟膋)'[3]라고 했을 때의 '膟'자는 그 음을 '律(률)'이라고 붙였을 뿐만 아니라 『고경』과 『자서』에서도 모두 그 음이 '律(률)'이라고 했으니, 아마도 『변의』에서는 글자를 잘못 기록한 것 같다.

③ 詩云祝祭于祊.

補註 按: 詩, 卽楚茨之篇. 朱子註: "孝子不知神之所在, 故使祝博求於廟門內待賓客之處也."

---

[3] 『예기』「교특생(郊特牲)」: 血祭, 盛氣也. 祭肺肝心, 貴氣主也. 祭黍稷加肺, 祭齊加明水, 報陰也. 取膟膋燔燎升首, 報陽也. 明水涗齊, 貴新也. 凡涗, 新之也. 其謂之明水也, 由主人之潔著此水也.

번역 살펴보니, '시(詩)'는 곧 『시』「초자(楚茨)」편에 해당한다. 주자의 주에서는 "자식은 신령이 있는 곳을 알 수 없기 때문에 축관을 시켜서 묘문 안쪽 중 빈객을 기다리는 장소에서 널리 찾아보도록 시킨다."라고 했다.

「교특생」 80장

참고-經文

祊之爲言倞也, 肵之爲言敬也. 富也者, 福也. ①首也者, 直也. 相, 饗之也. 嘏, 長也, 大也. 尸, 陳也. 毛血, 告幽全之物也. ②告幽全之物者, 貴純之道也.

번역 '팽(祊)'이라는 말은 멀다는 의미이고, 시동 앞에 차려지는 '근(肵)'은 공경한 다는 뜻이 된다. 하사(嘏辭)에 들어가는 '부(富)'라는 말은 축복을 받는다는 뜻이 다. 희생물의 머리라는 것은 곧다는 뜻이다. '상(相)'은 흠향을 시킨다는 뜻이다. '하(嘏)'는 장구하고 광대하다는 의미이다. '시(尸)'는 진열하다는 뜻이다. 희생물 의 털과 피는 내외적으로 이상 없이 온전한 희생물로 아뢴다는 뜻이다. 이상 없이 온전한 희생물로 아뢰는 것은 내외적으로 모두 좋은 것을 존귀하게 여기는 도(道) 에 해당한다.

① 首也者直也.

補註 疏曰: 直, 正也, 首爲一體之正.

번역 소에서 말하길, '직(直)'이라는 것은 정수[正]을 뜻한다. 즉 머리라는 것 은 희생물 전체 중 정수에 해당한다는 뜻이다.

② 告幽全.

補註 疏曰: 告幽, 言肉裏美善. 告全, 言毛色完具.

번역 소에서 말하길, '고유(告幽)'라는 것은 희생물의 고기 및 내부가 좋다는 뜻이며, '고전(告全)'이라는 것은 희생물의 털과 색이 완전하다는 뜻이다.

儆, 遠也. 承上文求諸遠者而言, 尸有①肵俎, 是主人敬尸之俎
也. 人君嘏辭有富, 以福言也. 牲體首在前, 升首而祭, 取其與
神坐相直也. 相, 詔侑也. 所以詔侑於尸, 欲其享此饌也. 尸使
祝致嘏辭於主人, 嘏有長久廣大之義也. 尸, 神象, 當爲主之
義, 今以訓陳, 記者誤耳. 殺牲之時, 先以毛及血告神者, 血在
內, 是告其幽; 毛在外, 是告其全也. 貴純者, 貴其表裏皆善也.

번역 '경(儆)'자는 "멀다[遠].'는 뜻이다. 앞 문장에서 "멀리 있는 곳에서 찾는다."
는 것을 이어서 말한 것이며, 시동에게는 기조(肵俎)가 차려지게 되는데, 이것은
주인이 시동을 공경하게 대하여 차려내는 도마에 해당한다. 군주에 대해서 하사(嘏
辭)를 할 때에는 '부(富)'자가 들어가는데, 축복을 기원하며 말을 하기 때문이다.
희생물의 몸체 중 머리는 앞에 놓여 있고, 머리를 바쳐서 제사를 지내는 것은 그것
이 신이 앉는 자리와 서로 마주한다는 뜻에서 채택한 것이다. '상(相)'자는 아뢰고
권유한다는 뜻이다. 시동에게 아뢰고 권유를 하는 것은 그가 차려진 음식들을 흠향
하도록 만들고자 해서이다. 시동은 축관을 시켜서 주인에게 하사를 내려주는데, '하
(嘏)'에는 장구하고 광대하다는 의미가 포함되어 있다. 시동은 신을 형상화한 것이
니, 마땅히 주(主)의 의미가 되는데, 현재는 '진(陳)'자로 풀이를 했으니, 이것은 『
예기』를 기록한 자가 잘못 기록한 것일 뿐이다. 희생물을 도축했을 때에는 우선적
으로 희생물의 털과 피로써 신에게 아뢰는데, 피는 희생물의 내부에 있는 것이므로,
희생물의 그윽함을 아뢰는 것에 해당하고, 털은 바깥에 있으므로, 희생물이 이상
없이 완전하다는 것을 아뢰는 것에 해당한다. 순(純)을 존귀하게 대한다는 것은 겉
과 속이 모두 좋은 것을 존귀하게 여기는 것이다.

① 肵俎.

補註 按: 肵俎, 詳見曾子問註.
번역 살펴보니, '근조(肵俎)'에 대해서는 자세한 내용이 『예기』「증자문(曾子
問)」편의 주에 나온다.

「교특생」 81장

血祭, 盛氣也. 祭肺肝心, 貴氣主也. 祭黍稷加肺, ①祭齊加明水, 報陰也. 取膟膋燔燎升首, 報陽也. 明水涗齊, 貴新也. 凡涗, 新之也. 其謂之明水也, 由主人之潔著此水也.

번역 희생물의 피를 가지고 제사를 지내는 것은 그 기(氣)를 더욱 융성하게 만드는 것이다. 희생물의 폐·간·심장을 가지고 제사를 지내는 것은 기운의 주체가 되는 장기를 존귀하게 여기기 때문이다. 서직(黍稷)으로 제사를 지낼 때 희생물의 폐를 첨가하고, 오제(五齊)[1]를 가지고 제사를 지낼 때 명수(明水)를 첨가하는 것은 음(陰)에 보답하기 위해서이다. 희생물의 장 사이에 있는 기름을 가져다가 태우고, 희생물의 머리를 바치는 것은 양(陽)에 보답하기 위해서이다. 명수와 걸러낸 술을 설치하는 것은 신선한 것을 존귀하게 여기기 때문이다. 무릇 세(涗)라는 것은 신선

---

1) 오제(五齊)는 술의 맑고 탁한 정도에 따라서 다섯 가지 등급으로 분류한 술을 뜻한다. 또한 술을 범칭하는 용어로도 사용된다. 다섯 가지 술은 범제(泛齊), 례제(醴齊), 앙제(盎齊), 제제(緹齊), 침제(沈齊)를 가리킨다. 『주례』「천관(天官)·주정(酒正)」편에는 "辨五齊之名, 一曰泛齊, 二曰醴齊, 三曰盎齊, 四曰緹齊, 五曰沈齊."라는 기록이 있다. 각 술들에 대해 설명하자면, 위의 기록에 대한 정현의 주에서는 "泛者, 成而滓浮泛泛然, 如今宜成醪矣. 醴猶體也, 成而汁滓相將, 如今恬酒矣. 盎猶翁也, 成而翁翁然, 蔥白色, 如今酇白矣. 緹者, 成而紅赤, 如今下酒矣. 沈者, 成而滓沈, 如今造淸矣. 自醴以上尤濁, 縮酌者. 盎以下差淸. 其象類則然, 古之法式未可盡聞. 杜子春讀齊皆爲粢. 又禮器曰, '緹酒之用, 玄酒之尙.' 玄謂齊者, 每有祭祀, 以度量節作之."라고 풀이했다. 즉 '범제'는 술이 익고 나서 앙금이 둥둥 떠 있는 것으로 정현 시대의 의성료(宜成醪)와 같은 술이고, '례주'는 술이 익고 나서 앙금을 한 차례 걸러낸 것으로 염주(恬酒)와 같은 것이며, '앙제'는 술이 익고 나서 새파란 빛깔을 보이는 것으로 찬백(酇白)과 같은 술이고, '제제'는 술이 익고 나서 붉은 빛깔을 보이는 것으로 하주(下酒)와 같은 술이며, '침제'는 술이 익고 나서 앙금이 모두 가라앉아 있는 것으로 조청(造淸)과 같은 술이다. '범주'는 가장 탁한 술이며, '례주'는 그 다음으로 탁한 술이고, '앙제'부터는 뒤로 갈수록 맑은 술에 해당한다.

하게 만든다는 뜻이다. 그 물을 명수(明水)라고 부르는 것은 주인이 청결하게 하며 밝게 드러내는 것이 이 물을 통해서 이루어졌기 때문이다.

① 祭齊加明水.

補註 鄭註: "齊, 五齊也, 五齊加明水, 則三酒加玄酒也." 疏曰: "五齊尊上, 加明水之尊, 五齊重, 明水亦重. 三酒輕, 玄酒亦輕, 故云三酒加玄酒也. 此云玄酒者對明水, 直謂水也. 若總而言之, 則明水亦名玄酒, 禮運云: '玄酒在室', 及司烜註云: '明水以爲玄酒', 是也."

번역 정현의 주에서 말하길, "제(齊)는 오제(五齊)를 뜻하니, 오제에 명수를 더한다면, 삼주(三酒)에는 현주(玄酒)를 더하는 것이다."라고 했다. 소에서 말하길, "오제를 담은 술동이 위에 명수를 담은 술동이를 진설하는데, 오제는 중시되는 대상이고, 명수 또한 중시되는 사물이다. 반면 삼주는 상대적으로 덜 중시되는 것이고, 현주 또한 상대적으로 덜 중시되는 대상이기 때문에, 삼주에는 현주를 더한다고 말한 것이다. 이곳에서 말한 현주는 명수와 대비를 해서 쓴 말인데, 이것은 단지 물을 뜻할 따름이다. 만약 총괄적으로 말을 하게 된다면, 명수에 대해서도 또한 현주라고 부르게 된다. 『예기』「예운(禮運)」편에서는 '현주를 실에 둔다.'[2]라고 한 것이고, 『주례』「사훤(司烜)」편에 대한 정현의 주에서도 '명수를 현주로 삼는다.'라고 한 것이다."라고 했다.

有血有氣乃爲生物, 血由氣以滋, 死則氣盡而血亦枯矣. 故血祭者, 所以表其氣之盛也. 肺肝心, 皆氣之所舍, 故云氣主. 周

---

2) 『예기』「예운(禮運)」: 故玄酒在室, 醴醆在戶, 粢醍在堂, 澄酒在下, 陳其犧牲, 備其鼎俎, 列其琴瑟管磬鐘鼓, 脩其祝嘏, 以降上神與其先祖, 以正君臣, 以篤父子, 以睦兄弟, 以齊上下, 夫婦有所, 是謂承天之祜.

祭肺, 殷祭肝, 夏祭心也. 祭黍稷加肺者, 謂尸①隋祭之時, 以
黍稷兼肺而祭也. 祭齊加明水, 謂尸正祭之時, 陳列五齊之尊,
又加明水之尊也. 祖考形魄歸地屬陰, 而肺於五行屬金, 金水
陰也, 故加肺. 加明水, 是以陰物而報陰靈也. 脺膋, 腸間脂也.
先燔燎于爐, 至薦孰, 則合蕭與黍稷燒之. 黍稷陽也, 牲首亦陽
體, 魂氣歸天爲陽, 此以陽物報陽靈也. 明水, 陰鑑所取月中之
水. 涗, 猶清也. 沛漉五齊而使之清, 故云涗齊. 所以設明水及
涗齊者, 貴其新潔也. 凡涗, 新之也, 專主涗齊而言, 故下文又
釋明水之義. 絜著, 潔淨而明著也. 自月而生, 故謂之明. 周禮
五齊, 一泛齊, 二醴齊, 三盎齊, 四緹齊, 五沈齊.

번역 피를 가지고 있고, 기(氣)를 가지고 있다면, 살아있는 사물이 되며, 피는 기(氣)를 통해서 많아지고, 죽게 되면, 기(氣)가 소진되어, 피 또한 마르게 된다. 그렇기 때문에 희생물의 피를 바쳐서 제사를 지내는 것은 기(氣)의 융성함을 드러내는 방법이 된다. 희생물의 폐(肺)·간(肝)·심장[心]은 모두 기(氣)가 모이는 곳이다. 그렇기 때문에 기운의 주인이라고 말한 것이다. 주나라 때에는 폐를 위주로 제사를 지냈고, 은나라 때에는 간을 위주로 제사를 지냈으며, 하나라 때에는 심장을 위주로 제사를 지냈다. 서직(黍稷)으로 제사를 지내며 폐를 더한다는 말은 시동이 수제(隋祭)를 지낼 때, 서직과 폐를 가지고 제사를 지낸다는 뜻이다. 제(齊)로 제사를 지내며 명수(明水)를 더한다는 말은 시동이 정규 제사를 지낼 때, 오제(五齊)를 담은 술동이를 진열하고, 또 명수를 담은 술동이를 진열한다는 뜻이다. 조상의 형백(形魄)은 땅으로 귀의하여 음(陰)에 속하고, 희생물의 폐는 오행(五行) 중 금(金)에 속하는데, 금(金)과 수(水)는 음(陰)에 해당한다. 그렇기 때문에 희생물의 폐를 첨가하는 것이다. 명수를 첨가하는 것은 음(陰)에 해당하는 사물을 통해서 음(陰)의 혼령에게 보답하는 것이다. '율료(脺膋)'는 창자 사이에 있는 지방이다. 먼저 화로에서 그것을 태우고, 익힌 고기를 바치게 되면, 쑥과 서직을 합하여 태운다. 서직은 양(陽)에 해당하고, 희생물의 머리 또한 양(陽)에 해당하는 신체 부위이며, 혼기(魂氣)는 하늘로 귀의하여 양(陽)이 되니, 이것은 양(陽)에 해당하는 사물을 통해서 양(陽)의 혼령에게 보답하는 것이다. 명수(明水)는 음감(陰鑑)을 통해서 달이 비춰진 우물에서 뜬 물이다. '세(涗)'자는 "맑다[清]."는 뜻이다. 오제를 맑게 걸러내서, 맑은 술로 만드는 것이다. 그렇기 때문에 '세제(涗齊)'라고 말한 것이다. 명수와 세제를 진설하는 이유는 신선하고 청결한 것을 존귀하게 여기기 때문이다. 무릇 세(涗)라는 것은 신선하게 만든다는 것이니, 이 말은 전적으로 세제(涗齊)만을 위주로 언급한 것이다. 그렇기 때문에 그 뒤의 문장에서는 또한 명수(明水)의 의미를 풀이한 것이다. '혈착(絜著)'은 청결하고 밝게 드러난다는 뜻이다. 달을 통해서 생겨났기 때문에, '명(明)'이라고 부르는 것이다. 『주례』에는 '오제(五齊)'가 기록되어 있으니, 첫 번째는 범제(泛齊)이고, 두 번째는 례제(醴齊)이며, 세 번째는 앙제(盎齊)이고, 네 번째는 제제(緹齊)이며, 다섯 번째는 침제(沈齊)이다.

① 隋祭.

補註 按: 隋祭音義, 見曾子問註及補註.

번역 살펴보니, '수제(隋祭)'에 대한 음과 뜻은 『예기』 「증자문(曾子問)」편의 주 및 보주에 나온다.

「교특생」82장

참고-集說

服者, 服順於親也. 拜服也, 謂再拜是服順也. 稽首爲服順之
甚, 肉袒爲服順之盡, 言①服順之誠在內, 今又肉袒, 則內外皆
服矣, 故云服之盡. 祭主於孝, ②士之祭, 稱孝孫孝子, 是以祭
之義爲稱也. 諸侯有國, 卿大夫有家, 不但祭祖與禰而已. 其祭
自曾祖以上, 惟稱曾孫, 故云稱曾孫某, 謂國家也. 蓋大夫三
廟, 得事曾祖也. 上士二廟, 事祖禰. 中下士一廟, 祖禰共之.
相, 詔侑於尸也. 相者不告尸以讓, 蓋是主人敬尸, 自致其誠
敬, 盡其嘉善, 無所與讓也.

번역 '복(服)'이라는 말은 부모에 대해서 복종하고 순종한다는 뜻이다. '배복야(拜服也)'라는 말은 재배(再拜)를 하는 것은 복종하고 순종함에 해당한다는 뜻이다. 계수(稽首)는 복종함과 순종함이 매우 깊은 것이며, 옷을 걷어서 신체를 드러내는 것은 복종함과 순종함을 다하는 것이니, 복종함과 순종함의 진실됨이 내면에 있는데, 현재 신체까지도 드러냈다면, 내외적으로 모두 복종을 한다는 뜻이다. 그렇기 때문에 "복(服)을 다함이다."라고 말한 것이다. 제사에서는 효를 위주로 하는데, 사계층의 제사에서는 '효손(孝孫)'이나 '효자(孝子)'라고 지칭하니, 이것은 제사의 의(義)에 따라 칭호를 맞춘 것이다. 제후는 국(國)을 소유하고 있고, 경과 대부는 가(家)를 소유하고 있으니, 단지 조부 및 부친에 대해서만 제사를 지낼 뿐이 아니다. 그들이 지내는 제사에서는 증조부로부터 그 이상의 조상에 대해서 지내므로, 오직 '증손(曾孫)'이라고 지칭하게 된다. 그렇기 때문에 "증손 아무개라고 지칭하는 것은 국가(國家)를 소유한 경우를 뜻한다."라고 말한 것이다. 무릇 대부는 3개의 묘(廟)를 세우니, 증조부에 대해서 섬길 수가 있다. 상사(上士)는 2개의 묘를 세우니, 조부와 부친에 대해서 섬기는 것이다. 중사(中士) 및 하사(下士)는 1개의 묘를 세우니, 조부와 부친의 신주를 같은 곳에 설치하여 섬긴다. '상(相)'은 시동에게 아뢰고 권유를 한다는 뜻이다. 의례를 돕는 자는 시동에게 겸양의 뜻으로 아뢰지 않으니, 무릇 주인이 시동을 공경하여, 제 스스로 진실됨과 공경함을 다하고, 좋은 것들을 다 하게 되어, 함께 사양을 하는 것이 없기 때문이다.

① ○服順之誠[止]皆服矣.

補註 楊梧曰: 服甚服盡, 總明一箇服字, 正是要見出敬之至來. 本註: "服順之誠在內, 今又肉袒, 則內外皆服, 故云服之盡", 不知四服字俱指內說, 却從外面儀容上見得, 若至肉袒, 方云內外皆服, 則拜與稽首, 獨非外乎?

번역 양오가 말하길, 복심(服甚)이나 복진(服盡)은 모두 복(服)이라는 한 글자가 바로 공경의 지극함으로부터 나타난 것임을 드러낸 말이다. 본주에서는 "복종함과 순종함의 진실됨이 내면에 있는데, 현재 신체까지도 드러냈다면, 내외적으로 모두 복종을 한다는 뜻이다. 그렇기 때문에 복(服)을 다함이라고 말한 것이다."라고 했다. 이것은 4개의 복(服)가 내적인 것을 가리켜서 말한 것이지만, 이것은 외적인 행동거지와 용모를 통해 살펴볼 수 있다는 사실을 모른 것이니, 만약 신체까지 드러내는 것에 이르러서야 내외적으로 모두 복종하는 것이라고 말한다면, 절을 하고 머리는 조아리는 것은 외적인 것이 아니란 말인가?

② 士之祭稱孝孫孝子.

補註 疏曰: 其諸侯大夫事祖禰之時, 亦稱孝子·孝孫.

번역 소에서 말하길, 제후와 대부가 조부 및 부친을 섬길 때에도 또한 '효자(孝子)'나 '효손(孝孫)'으로 지칭한다.

「교특생」 83장

①腥肆爓腍祭, 豈知神之所饗也? 主人自盡其敬而已矣. ②擧斝角, 詔妥尸. 古者尸無事則立, 有事而后坐也. 尸, 神象也. 祝, 將命也.

번역 희생물의 생고기, 부위별로 자른 고기, 데친 고기, 익힌 고기를 통해서 제사를 지내는데, 어찌 신이 어떤 것을 흠향할 줄 알아서 이처럼 하는 것이겠는가? 주인은 제 스스로 자신의 공경하는 마음을 다하는 것일 뿐이다. 가(斝)와 각(角)을 들어 올리면, 축관은 주인에게 아뢰어, 시동을 편안히 앉도록 만든다. 고대에는 시동에게 특별한 일이 없다면, 제자리에 세워 두었고, 시행할 일이 있은 뒤에라야 자리에 앉혔다. 시동은 신을 형상화하는 자이다. 축관은 명령을 전달하는 자이다.

① 腥肆爓腍.

補註 鄭註: "治肉曰肆." 疏曰: "肆, 剔也."

번역 정현의 주에서 말하길, "희생물의 생고기를 손질한 것을 '사(肆)'라고 부른다."라고 했다. 소에서 말하길, "'사(肆)'자는 벤다는 뜻이다."라고 했다.

補註 ○陸音: 肆, 敕歷反.

번역 ○육덕명의 『음의』에서 말하길, '肆'자는 '敕(칙)'자와 '歷(력)'자의 반절음이다.

補註 ○周禮·大宗伯: "以肆獻祼享先王." 註: "肆者, 進所解牲體." 音註: "肆, 他歷反."

번역 ○『주례』 「대종백(大宗伯)」 편에서는 "사(肆)[1]·헌(獻)[2]·관(祼)[3]으

---

1) 사(肆)는 육향(六享)의 첫 번째 제사에 속하는 것으로, 희생물의 몸체를 해체하여

로 선왕에게 제사지낸다."[4]라고 했고, 정현의 주에서는 "사(肆)는 해체한 희생물의 몸체를 바치는 것이다."라고 했으며, 『음주』에서는 "'肆'자는 '他(타)'자와 '歷(력)'자의 반절음이다."라고 했다.

補註 ○按: 肆音, 二經皆作剔, 此非直改肆以剔, 恐肆字從解剔之義, 則音當爲剔故也.

번역 ○살펴보니, '肆'자의 음에 대해서 두 경문에서는 모두 '剔(척)'으로 기록했는데, 이것은 단순히 사(肆)자를 척(剔)자로 고치는 것이 아니며, 아마도 사(肆)자의 뜻 중에서 해체하고 벤다는 의미를 따른 것이라면, 그 음은 마땅히 '剔(척)'이 되어야 하기 때문이다.

② **擧斝角詔妥尸.**

補註 疏曰: 天子曰斝, 諸侯曰角. 饋食薦熟之時, 尸未入, 祝先奠爵于鉶南, 尸入, 卽席而擧之, 如特牲禮: "陰厭後, 尸入擧奠焉也." 尸始卽席擧奠斝·角之時, 至尊之坐, 未敢自安, 祝當告主人拜尸, 使安坐也.

번역 소에서 말하길, 천자의 시동이 쓰는 잔을 '가(斝)'라고 부른다. 제후의 시동이 쓰는 잔을 '각(角)'이라고 부른다. 궤식(饋食)을 하며 익힌 고기를 바쳤을 때, 시동이 아직 들어오지 않은 상태에서, 축관은 음식이 차려진 곳 남쪽에 술잔을 진설하고, 시동이 들어와서 자리로 나아가 술잔을 들게 되니, 마치 『의례』「특생궤식례(特牲饋食禮)」편에서 "음염(陰厭)[5]을 한 이후, 시

바친다는 뜻으로, 익힌 고기를 바치는 때를 의미한다.

2) 헌(獻)은 육향(六享)의 첫 번째 제사에 속하는 것으로, 단술을 따라서 바친다는 뜻으로, 희생물의 피와 생고기를 바치는 때를 의미한다.

3) 관(祼)은 육향(六享)의 첫 번째 제사에 속하는 것으로, 울창주를 땅에 부어 강신제를 한다는 뜻으로, 처음 시동에게 술을 따라 신이 강림하길 바라는 때를 의미한다.

4) 『주례』「춘관(春官)·대종백(大宗伯)」: 以肆獻祼享先王, 以饋食享先王, 以祠春享先王, 以禴夏享先王, 以嘗秋享先王, 以烝冬享先王.

5) 음염(陰厭)은 적장자가 아직 성년이 되지 않은 상태에서 죽었을 때, 그에 대한 제사

동이 들어가서 차려진 술잔을 든다."라고 한 말과 같다. 시동이 처음 자리로 나아가서 차려져 있는 가(斝)와 각(角)을 들게 될 때, 지극히 존엄한 자리이므로, 제 스스로 편안하게 여길 수가 없어서, 축관은 마땅히 주인에게 아뢰어, 시동에게 절을 하도록 해서, 시동으로 하여금 편안하게 앉도록 만들어야 한다.

補註 ○按: 角下當著厓吐, 諺讀恐非.

번역 ○살펴보니, '각(角)'자 뒤에는 마땅히 애[厓]토를 붙여야 하니,『언독』의 토는 아마도 잘못된 것 같다.

는 종묘(宗廟)의 그윽하고 음(陰)한 장소에서 간략하게 치르게 되는데, 이것을 '음염'이라고 부른다.

「교특생」 84장

참고—經文

①縮酌用茅, 明酌也.

번역 예제(醴齊)를 걸러서 맑은 술로 만들고자 할 때에는 띠풀로 거름망을 만들어서, 명작(明酌)을 섞어서 거른다.

① ○縮酌用茅.

補註 鄭註: "周禮云, '醴齊縮酌.'" 疏曰: "引周禮, 證此經縮酌卽醴齊也." 又曰: "不云泛齊者, 與醴齊同."

번역 정현의 주에서 말하길, "『주례』에서는 '예제(醴齊)는 축작(縮酌)한다.'[1]"라고 했다. 소에서 말하길, "『주례』를 인용한 것은 이곳 경문에서 '축작(縮酌)'이라고 한 것이 예제를 가리킨다는 뜻을 증명하기 위해서이다."라고 했다. 또 말하길, "범제(泛齊)에 대해서 언급하지 않은 것은 예제의 경우와 동일하기 때문이다."라고 했다.

---

1) 『주례』「춘관(春官)·사준이(司尊彝)」: 凡六彝六尊之酌, 鬱齊獻酌, 醴齊縮酌, 盎齊涗酌, 凡酒脩酌.

「교특생」 85장

참고-經文

①醊酒涗于清, ②汁獻涗于醊酒.

번역 잔주(醊酒)는 청주(清酒)를 통해서 거르고, 즙헌(汁獻)은 잔주를 통해서 거른다.

① ○醊酒涗于清.

補註 疏曰: 其緹齊·沉齊涗之與醊酒同.

번역 소에서 말하길, 제제(緹齊)와 침제(沉齊)를 거를 때에는 잔주의 경우와 동일하다.

② 汁獻.

補註 鄭註: 獻, 當爲莎, 齊語聲之誤也. 以摩莎出香汁, 故謂之汁莎.

번역 정현의 주에서 말하길, '헌(獻)'자는 마땅히 사(莎)자가 되어야 하니, 제나라에서 발음했던 소리가 비슷해서 생긴 오류이다. 섞고 걸러서 향긋한 즙을 추출하기 때문에 '즙사(汁莎)'라고 부른다.

「교특생」 86장

①猶明淸與醆酒于舊澤之酒也.

번역 앞서 언급한 술들은 오늘날 명작(明酌)과 청주(淸酒) 및 잔주(醆酒)를 오래된 술에 섞은 뒤 걸러낸 술과 같다.

① ○猶明淸[止]舊澤之酒.

補註 鄭註: 若今明酌淸酒與醆酒, 以舊醳之酒沛之矣, 就其所知以曉之也.

번역 정현의 주에서 말하길, 오늘날 명작(明酌)과 청주(淸酒) 및 잔주(醆酒)를 오래된 술을 이용해서 걸러내는 것과 같다고 한 것은 당시 사람들이 알고 있던 내용에 따라서 이해를 시킨 것이다.

補註 ○周禮三酒註: 事酒, 今之醳酒. 昔酒, 所謂舊醳者.

번역 ○『주례』에 나온 삼주(三酒)에 대한 주에서 말하길, '사주(事酒)'는 오늘날의 역주(醳酒)에 해당한다. '석주(昔酒)'라는 것은 이른바 구역(舊醳)이라는 것이다.

上文所沛三者之酒, 皆天子諸侯之禮. 作記之時, 此禮已廢, 人不能知其法, 故言此以曉之曰: 沛醴齊以明酌, 沛醆酒以淸酒, 沛汁獻以醆酒者, 卽如今時明淸醆酒沛于舊醳之酒也. 猶, 若也. 舊, 謂陳久也. 澤, 讀爲醳. 醳者, ①和醳醴釀之名, 後世謂之醳酒.

번역 앞 문장에서 거른다고 한 세 가지 술들은 모두 천자와 제후의 의례 때 사용하는 술이다. 『예기』를 기록했을 당시, 이러한 예(禮)는 이미 폐지되어서, 사람들은 그 예법을 알 수 없었다. 그렇기 때문에 이러한 말을 언급하여 깨우쳐주길, "예제(醴齊)를 거를 때 명작(明酌)을 사용하고, 잔주(醆酒)를 거를 때 청주(淸酒)를 사용하며, 즙헌(汁獻)을 거를 때 잔주(醆酒)를 사용한다는 것은 곧 오늘날 명작(明酌)·청주(淸酒)·잔주(醆酒)를 구역(舊醳)에 거른 술과 같다."고 한 것이다. '유(猶)'자는 "같다[若]."는 뜻이다. '구(舊)'자는 매우 오래되었다는 뜻이다. '택(澤)'자는 '역(醳)'자로 풀이한다. '역(醳)'이라는 것은 오래된 술에 섞어서 맑은 술로 만든다는 명칭으로, 후세에는 이것을 '역주(醳酒)'라고 불렀다.

① 和醳醴醸之名.

補註 按: 此本疏訓而未詳其義, 字書醳爲醇酒, 醴爲甘酒. 然則此所謂和醳醴醸者, 其味似在醇甘之間, 而未可詳也.

번역 살펴보니, 이것은 소의 해석에 근본한 말이지만 그 의미에 대해서는 자세히 모르겠다. 『자서』에서는 역(醳)을 진한 술이라고 했고, 예(醴)를 단 술이라고 했다. 그렇다면 여기에서 '화역례양(和醳醴醸)'이라고 한 것은 그 맛이 진하고 단 것 사이에 있다는 것 같지만, 자세히는 모르겠다.

「교특생」 87장

祭有祈焉, 有報焉, ①有由辟焉.

번역 제사에는 기원을 하는 것도 있고, 보답을 하는 것도 있으며, 이러한 것들을 이용하여 제례를 지내서 재앙이나 환란 등을 그치게 하는 것도 있다.

① 有由辟焉.

補註 按: 辟, 如字讀, 亦爲辟禳之義, 不必改作弭. 類編及楊梧說亦皆然.

번역 살펴보니, '벽(辟)'자는 글자대로 풀이하더라도 재앙을 물리친다는 뜻이 되니, 굳이 미(弭)자로 고칠 필요가 없다. 『유편』과 양오의 주장 또한 모두 이러하다.

此泛言祭禮又有此三者之例. 如周禮所云: "①祈福祥, 求永貞, 祈年于田祖", 詩言"春夏祈穀"之類, 是祈也. 報, 謂獲福而報之. 祭禮多是報本之義. 由, 用也. 辟, 讀爲弭. 如②周所謂弭災兵遠罪疾之類. 由弭者, 用此以消弭之也.

번역 이 문장은 제례(祭禮)에는 또한 이러한 세 종류의 범례가 있음을 범범하게 해석하고 있다. 예를 들어 『주례』에서 이른바 "복과 상서로움을 기원하고, 장수를 기원하며, 전조(田祖)[1]에게 풍년을 기원한다."[2]라고 말하고, 『시』에서 "봄과 여름에

---

1) 전조(田祖)는 전설 속의 인물로, 처음 농경지를 경작한 자이다. 신농씨(神農氏)를 가리킨다. 『시』「소아(小雅)·보전(甫田)」편에는 "琴瑟擊鼓, 以御田祖."라는 기록

곡식이 여물기를 기원한다."[3]라고 말한 부류들이 바로 기원하는 일에 해당한다. '보(報)'자는 복을 얻어서 보답한다는 뜻이다. 제례(祭禮)는 대부분 근본에 보답하는 의(義)에 해당한다. '유(由)'자는 "사용하다[用]."는 뜻이다. '벽(辟)'자는 '미(弭)'자로 풀이한다. 예를 들어 『주례』에서 재앙이나 병란을 그치게 하고, 죄나 질병을 멀리한다는 부류와 같은 것이다.[4] 따라서 '유미(由弭)'라는 말은 이러한 제사를 이용해서, 소멸시키고 그치게 한다는 뜻이다.

① 祈福祥求永貞.

補註 春官 · 大祝文.

번역 『주례』「춘관(春官) · 대축(大祝)」편의 기록이다.

② 周所謂[止]罪疾.

補註 春官 · 小祝文.

번역 『주례』「춘관(春官) · 소축(小祝)」편의 기록이다.

補註 ○按: 周下脫禮字.

번역 ○살펴보니, '주(周)'자 뒤에 예(禮)자가 누락된 것이다.

이 있는데, 주자의 『집전(集傳)』에서는 "謂始耕田者, 卽神農也."라고 풀이했다.

2) 『주례』「춘관(春官) · 대축(大祝)」: 大祝; 掌六祝之辭, 以事鬼神示, <u>祈福祥, 求永貞</u>. 一曰順祝, 二曰年祝, 三曰吉祝, 四曰化祝, 五曰瑞祝, 六曰筴祝. / 『주례』「춘관(春官) · 약장(龥章)」: 凡國<u>祈年于田祖</u>, 龡豳雅, 擊土鼓, 以樂田畯.

3) 『시』「주송(周頌) · 희희(噫嘻)」편의 모서(毛序): 噫嘻, 春夏, 祈穀于上帝也.

4) 『주례』「춘관(春官) · 소축(小祝)」: 小祝掌小祭祀, 將事侯禳禱祠之祝號, 以祈福祥, 順豐年, 逆時雨, 寧風旱, <u>彌災兵, 遠罪疾</u>.

「교특생」88장

齊之玄也, 以陰幽思也. 故君子三日齊, ①必見其所祭者.

번역 재계를 하며 현관(玄冠)과 현의(玄衣)를 착용하는 것은 귀신들이 머무는 그윽하고 어두운 뜻에 따르면서도, 그것에 생각을 잠기게 하기 때문이다. 그러므로 군자가 3일 동안 이처럼 재계를 하게 되면, 반드시 제사를 지내게 되는 대상을 볼 수 있게 된다.

① 必見其所祭者.

補註 按: 祭義, 致齊於內, 散齊於外章, 當叅看.

번역 살펴보니, 『예기』「제의(祭義)」편에서 내적으로는 치제(致齊)를 하고, 외적으로는 산제(散齊)를 한다고 했던 문장1)을 참고해야만 한다.

嚴陵方氏曰: 凡物之理陰則靜, 陽則動, 幽則深, ①淺則明, 天機之動, 不足以守靜, 天機之淺, 不足以極深, 而哀樂欲惡, 貳其心矣, 豈足以致其思哉? 故必貴乎以陰幽也. 君子之服, 象其德, 齊之服, 其色若是, 豈不宜哉? 故君子三日齊, 必見其所祭者, 以其靜而深故也. 爲神而齊, 必見其所祭之神, 爲鬼而齊, 必見其所祭之鬼.

---

1) 『예기』「제의(祭義)」: 致齊於內, 散齊於外, 齊之日, 思其居處, 思其笑語, 思其志意, 思其所樂, 思其所嗜. 齊三日, 乃見其所爲齊者.

번역 엄릉방씨가 말하길, 무릇 사물의 이치가 음(陰)하다면 고요하게 되고, 양(陽)하다면 활동적이게 되며, 그윽하다면 깊고, 얕으면 밝으니, 천부적인 성질이 활동적이면 고요함을 지키기에는 부족하고, 천부적인 성질이 얕으면 깊음을 지극히 하기에 부족하며, 슬픔·기쁨·욕망·싫어함 등은 두 마음을 품도록 만드니, 어찌 그 생각을 지극히 할 수 있겠는가? 그렇기 때문에 반드시 음(陰)하고 그윽한 것으로써 함을 존귀하게 여기는 것이다. 군자가 착용하는 복장은 그의 덕을 상징하니, 재계를 할 때의 복장에 있어서, 그 색깔을 이처럼 하는 것이 어찌 합당한 것이 아니겠는가? 그러므로 군자가 3일 동안 재계를 하게 되면, 반드시 제사를 드리는 대상을 볼 수 있게 되니, 고요하고 깊이 있게 되었기 때문이다. 신(神)을 위해서 재계를 한다면, 반드시 제사를 드리는 신(神)을 보게 되고, 귀(鬼)를 위해서 재계를 한다면, 반드시 제사를 드리는 귀(鬼)를 보게 된다.

① 淺則明.

補註 當作明則淺.

번역 마땅히 '명즉천(明則淺)'이라고 기록해야 한다.

禮記補註卷之十二

『예기보주』 12권

「내칙(內則)」 제12편

補註 通解: 目錄曰, "鄭以爲記男女居室事父母舅姑之法. 以閨門之內, 禮儀可則, 故曰內則." 今按, 此必古者學校敎民之書.

번역 『통해』에서 말하길, 『목록』에서는 "정현은 편명을 '내칙(內則)'이라고 지은 이유는 남녀가 집에 거처하며, 부모 및 시부모를 섬기는 예법에 대해서 기록하고 있기 때문이라고 했다. 규문(閨門)[1] 안에서 본받을 만한 규범이기 때문에 '내칙(內則)'이라고 말한 것이다."라고 했다. 현재 살펴보니 이 기록은 분명 옛날에 학교에서 백성들을 가르쳤던 서적임이 틀림없다.

---

1) 규문(閨門)은 내실(內室) 및 궁 안의 동산에 설치된 문을 뜻한다. 그 장소가 안쪽에 위치하였으므로, 부인이 거처하던 장소를 뜻하는 용어로도 사용하였다. 또한 집안을 뜻하는 용어로도 사용하였다.

「내칙」 1장

참고-經文

①后王命冢宰降德于衆兆民.

번역 천자는 총재(冢宰)¹)에게 명령하여, 만백성에게 그 덕을 내려주어서, 교화를 하도록 시켰다.

① 后王[止]衆兆民.

補註 楊梧曰: 后王, 爲天下之君師, 旣能修身齊家, 以善其則於上矣. 以 爲民, 亦有家不可不齊, 故命冢宰頒降德敎于衆兆民, 使民則而效之, 如 此篇所云也.

번역 양오가 말하길, '후왕(后王)'은 천하의 군주이자 스승으로, 자신을 수양하고 집안을 다스릴 수 있어서, 이를 통해 위정자의 자리에서 그 법도를 선하게 할 수 있다. 이를 통해 백성들을 다스리는 것은 가정을 이루고 있다면 다스리지 않을 수가 없다. 그렇기 때문에 총재에게 명령하여 덕에 따른 교화를 모든 백성들에게 내려주어, 백성들로 하여금 이를 법칙으로 삼아 따르도록 한 것이니, 이곳 「내칙」편에서 언급한 내용처럼 실천하게 한 것이다.

---

1) 총재(冢宰)는 대재(大宰)와 같은 말이다. '대재'는 태재(太宰)라고도 부른다. '대재'는 은(殷)나라 때 설치된 관직이라고 전해지며, 주(周)나라에서는 '총재'라고도 불렸다. 『주례(周禮)』의 체제상으로는 천관(天官)의 수장이며, 경(卿) 1명이 담당했다. 『주례』의 체제상으로는 가장 높은 관직이다. 따라서 '대재'가 담당했던 일은 국정 전반에 대한 것이었다.

石梁王氏曰: 註①分后王作兩字解, 不通. 書·說命后王君公, 后王, 猶言君王, 天子之別稱也. ②鄭註皆非記者本意, 但據周禮太宰掌建邦之③六典, 則敎典在所兼統, 如此亦可解. 鄭分天子諸侯, 甚無意義.

번역 석량왕씨가 말하길, 정현의 주에서는 '후왕(后王)'을 '후(后)'자와 '왕(王)'자로 나누어서 해석했지만, 의미가 통하지 않는다. 『서』「열명(說命)」편에서는 '후왕(后王)과 군공(君公)'이라고 했는데,[2] 이때의 '후왕(后王)'은 '군왕(君王)'이라고 하는 말과 같으니, 천자(天子)에 대한 별칭이다. 정현의 주에서 주장한 내용들은 모두 『예기』를 기록한 자의 본의가 아니지만, 『주례』「태재(太宰)」편에서 나라의 육전(六典)을 확립하는 일을 담당한다고 했던 기록[3]에 근거해보면, 교전(敎典)은 총재(冢宰)가 함께 통괄하는 업무에 포함되니, 이와 같은 말들은 또한 납득할 수 있다. 그러나 정현이 천자와 제후를 구분한 것은 정말로 의미가 없는 해석이다.

① **分后王作兩字解.**

補註 鄭註: "后, 君也, 謂諸侯也. 王, 天子也." 疏曰: "后, 謂諸侯, 王, 謂天子. 不先言王者, 辟天子妃后之嫌也."

번역 정현의 주에서 말하길, "후(后)자는 군(君)자의 뜻이니, 제후를 뜻한다. 왕(王)자는 천자를 뜻한다."라고 했다. 소에서 말하길, "후(后)자는 제후를 뜻하고, 왕(王)자는 천자를 뜻한다. 왕자를 먼저 언급하지 않은 것은 천자의 정부인인 '왕후(王后)'로 오해할 것을 피하기 위해서이다."라고 했다.

② **鄭註皆非記者本意.**

補註 鄭註: "周禮冢宰掌飮食, 司徒掌十二敎, 今一云冢宰, 記者據諸侯

---

2) 『서』「상서(商書)·열명중(說命中)」: 樹<u>后王君公</u>, 承以大夫師長.

3) 『주례』「천관(天官)·대재(大宰)」: 大宰之職, 掌建邦之六典, 以佐王治邦國.

也. 諸侯幷六卿爲三, 或兼職焉." 疏曰: "今此內則之篇, 既有飲食, 又有
敎令, 則經文當云命冢宰·司徒. 今唯一云冢宰, 是司徒兼冢宰之事, 故
云記者據諸侯言之."

번역 정현의 주에서 말하길, "『주례』의 체제에 따르면, 천자에게 소속된 총
재(冢宰)는 음식에 대한 일을 담당하고, 사도(司徒)는 십이교(十二敎)를 담
당한다. 그런데 이곳 기록에서 한 차례 '총재(冢宰)'라고만 말한 것은『예기』
를 기록한 자가 제후에게 기준을 두었기 때문이다. 제후는 육경(六卿)을 병
합하여 삼경(三卿)⁴⁾을 두며, 간혹 그 업무를 겸직시켰다."라고 했다. 소에서
말하길, "이곳 「내칙」편에는 음식에 대한 내용도 포함되어 있고, 또 교화와
정령에 대한 내용도 포함되어 있으니, 경문에서는 마땅히 총재(冢宰)와 사
도(司徒)에게 명령을 내린다고 기록해야 한다. 그런데 현재 이곳에서는 단
지 '총재(冢宰)'라고만 기록했으니, 사도가 총재의 일까지도 겸직했다는 사
실을 나타낸다. 그렇기 때문에『예기』를 기록한 자가 제후에게 기준을 두어
언급했다고 말한 것이다."라고 했다.

補註 ○按: 註疏說如此, 故王氏辨之如此.

번역 ○살펴보니, 주와 소의 주장이 이와 같았기 때문에 왕씨가 이와 같이
변론했던 것이다.

---

4) 삼경(三卿)은 세 명의 경(卿)을 뜻하며, 제후국의 관리 중 가장 높은 반열에 오른
자들이다. 사도(司徒), 사마(司馬), 사공(司空)이 '삼경'에 해당한다. 제후국의 입장
에서는 천자에게 소속된 삼공(三公)과 유사하다. 『주례』의 체제에 따르면, 천자에
게는 천관(天官), 지관(地官), 춘관(春官), 하관(夏官), 추관(秋官), 동관(冬官)이라
는 여섯 관부가 있었고, 각 관부의 수장은 총재(冢宰), 사도(司徒), 종백(宗伯), 사
마(司馬), 사구(司寇), 사공(司空)이 된다. 제후국에서는 3명의 경들이 여섯 관부의
일을 책임지게 되어, 사도가 총재를 겸하고, 사마가 종백을 겸하며, 사공이 사구를
겸했다고 설명하기도 한다. 『예기』「왕제」편에는 "大國三卿, 皆命於天子."라는 기
록이 있고, 이에 대한 공영달(孔穎達)의 소(疏)에서는 최영은(崔靈恩)의 주장을 인
용하여, "崔氏云, 三卿者, 依周制而言, 謂立司徒, 兼冢宰之事; 立司馬, 兼宗伯之
事; 立司空, 兼司寇之事."라고 풀이했다.

補註 ○通解曰: 今按, 註疏言諸侯司徒兼冢宰, 是也. 但此上言后王之命, 則冢宰寔天子之冢宰耳. 蓋周禮大宰掌建邦之六典, 而二曰敎典, 則敎民雖司徒之分職, 而冢宰無所不統, 故以其重者言之. 其在諸侯, 則亦天子之宰, 施典於邦國, 而諸侯承之, 以敎其民, 自不害於冢宰爲司徒之兼官也.

번역 ○『통해』에서 말하길, 현재 살펴보면, 주와 소에서는 제후에게 소속된 사도는 총재의 임무를 겸직한다고 했는데 이 말은 옳다. 다만 이 문장 앞에서는 후왕(后王)의 명령이라고 언급했으니, 총재(冢宰)는 곧 천자에게 소속된 총재일 따름이다. 『주례』「태재(太宰)」편에서는 나라의 육전(六典) 세우는 것을 담당한다고 했고, 두 번째는 교전(敎典)이라고 했으니,5) 백성들을 교화시키는 것은 비록 사도의 직무였지만, 총재는 통괄하지 않는 것이 없다. 그렇기 때문에 보다 중대한 것을 기준으로 말한 것이다. 제후국에 있어서도 천자에게 소속된 총재는 제후국에 육전을 전파하여 제후가 그 뜻을 받들어 백성들을 교화하게 되므로, 총재에 대해 사도가 겸직했던 관직으로 보는 것에도 저해되지 않는다.

③ **六典**.

補註 周禮・大宰: 掌建邦之六典. 一曰治典, 二曰敎典, 三曰禮典, 四曰政典, 五曰刑典, 六曰事典.

번역 『주례』「태재(太宰)」편에서 말하길, 나라의 육전 세우는 것을 담당한다. 첫 번째는 치전(治典)이고, 두 번째는 교전(敎典)이며, 세 번째는 예전(禮典)이고, 네 번째는 정전(政典)이며, 다섯 번째는 형전(刑典)이고, 여섯 번째는 사전(事典)이다.

---

5)『주례』「천관(天官)・대재(大宰)」: 大宰之職, 掌建邦之六典, 以佐王治邦國: 一曰治典, 以經邦國, 以治官府, 以紀萬民; 二曰敎典, 以安邦國, 以敎官府, 以擾萬民; 三曰禮典, 以和邦國, 以統百官, 以諧萬民; 四曰政典, 以平邦國, 以正百官, 以均萬民; 五曰刑典, 以詰邦國, 以刑百官, 以糾萬民; 六曰事典, 以富邦國, 以任百官, 以生萬民.

「내칙」2장

참고-經文

子事父母, 鷄初鳴, 咸①盥漱, 櫛縱笄總, ②拂髦, 冠緌纓, 端韠
紳, ③搢笏.

번역 자식이 부모를 섬김에, 닭이 아침에 처음으로 울면, 모두 일어나서 손을 씻고
양치질을 하고, 머리를 빗어서 싸매고, 비녀와 총(總)을 덧대어 다팔머리를 만들며,
머리카락 위에 있는 먼지들을 털어내고, 관(冠)을 쓰고, 끈을 결속하며, 남은 부분
을 늘어트리고, 현단복(玄端服)[1]을 착용하고 무릎 가리개와 띠를 차고, 허리춤에
홀(笏)을 꼽는다.

① 盥漱.

補註 按: 字書, "盥, 洗手也. 頮, 洗面也." 此章不言頮, 可疑. 以下文"其
間面垢, 燂潘請靧"觀之, 無乃古人雖日盥而不必日頮歟, 抑只言盥而頮
在其中歟.

번역 살펴보니, 『자서』에서는 "관(盥)은 손을 씻는다는 뜻이다. 회(頮)는 얼
굴을 씻는다는 뜻이다."라고 했다. 이곳 문장에서 회(頮)를 언급하지 않은

---

1) 현단(玄端)은 고대의 예복(禮服) 중 하나이다. 흑색으로 만든 옷이다. 주로 제사
때 사용했으며, 천자 및 제후로부터 대부(大夫)와 사(士) 계급에 이르기까지 모두
이 복장을 착용할 수 있었다. '현단'은 상의와 하의 및 관(冠)까지 포함하는 용어이
다. 한편 손이양(孫詒讓)의 주장에 따르면, '현단'은 의복에만 해당하는 용어이며,
관(冠)은 포함하지 않는다고 주장한다. 그리고 천자로부터 사 계급에 이르기까지
이 복장을 제복(齊服)으로 사용했다고 설명한다. 『주례』「춘관(春官)·사복(司服)」
편에는 "其齊服有玄端素端."이라는 기록이 있는데, 손이양의 『정의(正義)』에서는
"玄端素端是服名, 非冠名, 蓋自天子下達至於士通用爲齊服, 而冠則尊卑所用互
異."라고 풀이하였다. 그리고 '현단'은 천자가 평소 거처할 때 착용했던 복장을 가리
키기도 한다. 『예기』「옥조(玉藻)」편에는 "卒食, 玄端而居."라는 기록이 있고, 이에
대한 정현의 주에서는 "天子服玄端燕居也."라고 풀이하였다.

것은 의문스러운 점이다. 아래문장에서 "그 사이에 얼굴에 얼룩이 지면 쌀뜨물을 데워서 세면하기를 청한다."[2]라고 한 문장으로 살펴보면, 옛 사람들은 비록 날마다 손을 씻었지만 얼굴은 날마다 씻지는 않았을 것이며, 그것이 아니라면 단지 관(盥)이라고만 말해도 회(頮)에 대한 사안이 그 안에 포함되어 있을 것이다.

② 拂髦.

補註 鄭註: 髦, 象幼時鬢, 其制未聞.

번역 정현의 주에서 말하길, 모(髦)는 유년시절 하게 되는 황새머리[鬢] 모양을 본뜬 것이지만, 그 제도에 대해서는 들어보지 못했다.

補註 ○小學註劉氏曰: 髦, 謂子生三月, 則剪其胎髮爲鬢, 帶之于首, 男左女右. 逮其冠笄也, 則綵飾之加于冠, 不忘父母生育之恩也. 父母喪, 則去之.

번역 ○『소학』의 주에서 유씨가 말하길, 모(髦)는 자식이 태어나면 3개월이 되었을 때 배냇머리를 잘라 황새머리를 만들어 머리에 차는데, 남자는 좌측으로 하고 여자는 우측으로 한다. 관례를 하여 비녀를 꼽게 되면 채색된 비단으로 꾸며 관에 덧붙이니, 부모가 낳아주고 길러주신 은혜를 잊지 않고자 하기 때문이다. 부모의 상을 치르게 되면 제거한다.

補註 ○沙溪曰: 鬢與角羈, 一物. 髦與角, 二物也. 劉氏以髦爲鬢, 非是. 又劉氏所謂男左女右者, 與詩所謂兩髦, 及喪大記: "主人袒, 說髦", 註: "父死說左髦, 母死說右髦"之說, 相違.

번역 ○사계가 말하길, 타(鬢)와 각기(角羈)는 동일한 것이다. 모(髦)와 각(角)은 별개의 것이다. 유씨는 모(髦)를 타(鬢)라고 여겼는데 잘못된 주장이

---

2) 『예기』「내칙(內則)」: 五日則燂湯請浴, 三日具沐. <u>其間面垢, 燂潘請靧</u>; 足垢, 燂湯請洗. 少事長, 賤事貴, 共帥時.

다. 또 유씨가 남자는 좌측으로 하고 여자는 우측으로 한다고 했는데, 이것은 『시』에서 양모(兩髦)라고 한 것3)과 『예기』「상대기(喪大記)」편에서 "주인은 단(袒)을 하고 모(髦)를 푼다."4)라고 했고, 주에서 "만약 부친이 돌아가셨다면 좌측의 모(髦)를 풀어서 늘어트리고, 모친이 돌아가셨다면 우측의 모(髦)를 풀어서 늘어트린다."라고 한 말과 서로 어긋난다.

補註 ○按: 剪髮爲鬄, 詳見下文.
번역 ○살펴보니, 머리카락을 잘라 타(鬄)를 만든다는 것은 아래문장에 자세히 나온다.

補註 ○又按: 經文冠旣在拂髦之後, 而註亦云所陳皆以先後之次, 則劉氏所謂加于冠者, 亦誤矣.
번역 ○또 살펴보니, 경문에서는 관을 쓰는 것은 머리카락의 먼지를 털어낸 이후가 되며, 주에서도 "이곳에서 진술한 내용들은 모두 선후의 순차로써 기록한 것이다."라고 했으니, 유씨가 관에다 덧붙인다고 한 말 또한 잘못된 해석이다.

③ 搢笏.

補註 按: 陸云, "搢音箭, 又音晉." 據此, 則依常讀, 亦好.
번역 살펴보니, 육덕명은 "'搢'자의 음은 '箭(전)'이며 또한 그 음은 '晉(진)'도 된다."라고 했다. 이것에 근거해보면 일상적은 음으로 풀이하는 것 또한 괜찮다.

---

3) 『시』「용풍(鄘風)·백주(柏舟)」: 汎彼柏舟, 在彼中河. 髧彼兩髦, 實維我儀. 之死矢靡他. 母也天只, 不諒人只.
4) 『예기』「상대기(喪大記)」: 小斂, 主人卽位于戶內, 主婦東面乃斂. 卒斂, 主人馮之踊, 主婦亦如之. 主人袒, 說髦, 括髮以麻. 婦人髽, 帶麻于房中. 徹帷, 男女奉尸夷于堂, 降拜.

「내칙」 3장

참고—經文

左右佩用, ①左佩②紛·帨·刀礪·小觿·金燧.

번역 홀(笏)을 꼽은 뒤에는 좌우측에 사용할 물건들을 차게 되니, 좌측에는 기물을 닦는 헝겊, 손을 닦는 수건, 작은 칼과 가는 숫돌, 작은 매듭을 푸는 작은 뿔송곳, 햇빛으로 불을 붙일 때 사용하는 금수(金燧)를 찬다.

① ○左佩止]金燧.

補註 疏曰: 皇氏云, "左旁用力不便, 故佩小物."
번역 소에서 말하길, 황간은 "좌측으로는 힘을 쓰기에 불편하다. 그렇기 때문에 작은 물건들을 차는 것이다."라고 말했다.

② 紛帨.

補註 陸云: 紛, 或作帉.
번역 육덕명이 말하길, '紛'자는 '분(帉)'자로도 기록한다.

補註 ○沙溪曰: 紛, 與帉同.
번역 ○사계가 말하길, '분(紛)'자는 분(帉)자와 같다.

「내칙」 4장

①右佩②玦・捍・管・③遰・大觿・木燧.

번역 우측에는 활을 쏠 때 오른쪽 엄지에 끼우는 결(玦), 왼쪽 팔뚝에 감는 한(捍), 칼집, 큰 매듭을 푸는 큰 뿔송곳, 나무를 마찰시켜 불을 붙이는 목수(木燧)를 찬다.

① ○右佩[止]木燧.

補註 疏曰: 皇氏云, "右廂用力爲便, 故佩大物."

번역 소에서 말하길, 황간은 "우측으로는 힘을 쓰기에 편리하기 때문에, 큰 물건들을 차는 것이다."라고 했다.

② 玦捍.

補註 沙溪曰: 玦, 角指, 捍, 臂巾, 竝射具.

번역 사계가 말하길, '결(玦)'은 각지(角指)이며, '한(捍)'은 비건(臂巾)이니, 모두 활을 쏠 때 사용하는 기구이다.

③ 遰.

補註 鄭註: "刀鞞也." 疏曰: "遰刀鞞也者, 此刀大於左廂刀也."

번역 정현의 주에서 말하길, "칼집을 뜻한다."라고 했다. 소에서 말하길, "체(遰)는 칼집을 뜻한다고 했는데, 이 칼은 좌측에 꼽게 되는 칼보다도 크다."라고 했다.

補註 ○按: 鄭所謂鞞, 刀鞘也, 音必頂反.

번역 ○살펴보니, 정현이 말한 병(鞞)이라는 것은 칼집을 뜻하니, 그 음은 '必(필)'자와 '頂(정)'자의 반절음이다.

「내칙」 5장

①偪.

번역 허리 좌우측에 물건을 찬 뒤에는 행전을 찬다.

① ○偪.

補註 鄭註: 行縢.

번역 정현의 주에서 말하길, 행전을 두른다는 뜻이다.

卽①詩所謂邪幅也. 偪束其脛, 自足至膝, 故謂之偪也.

번역 '핍(偪)'은 곧 『시』에서 말한 '사핍(邪幅)'에 해당한다. '핍(偪)'은 정강이에 결속을 하니, 발부터 무릎까지 가리게 된다. 그렇기 때문에 죈다는 뜻의 '핍(偪)'이라고 부르는 것이다.

① 詩所謂.

補註 按: 詩卽小雅・采菽之篇.

번역 살펴보니, '시(詩)'는 곧 『시』「소아(小雅)・채숙(采菽)」편이다.[1]

---

[1] 『시』「소아(小雅)・채숙(采菽)」: 赤芾在股, 邪幅在下. 彼交匪紓, 天子所予. 樂只君子, 天子命之. 樂只君子, 福祿申之.

「내칙」 6장

①綦, 屨頭之飾, 即絇也, ②說見曲禮. 著, 猶施也.

번역 '기(綦)'자는 신코에 있는 장식으로, 곧 '구(絇)'에 해당하는데, 그 설명은 『예기』「곡례(曲禮)」편에 나온다. '저(著)'자는 "드러내다[施]."는 뜻이다.

① ○綦屨頭之飾卽絇.

補註 沙溪曰: 綦, 鞋口帶也. 絇, 屨頭飾也. 綦與絇, 兩物也. 註說恐不是.

번역 사계가 말하길, '기(綦)'는 신발 코에 있는 띠를 뜻한다. '구(絇)'는 신발 앞부분의 장식에 해당한다. 기(綦)와 구(絇)는 별개의 사물이다. 주의 설명은 아마도 잘못된 것 같다.

補註 ○鄭註: "綦, 屨繫也." 疏曰: "皇氏云, '屨頭施繫以爲行戒.' 或云屨上有繫, 以結於足."

번역 ○정현의 주에서 말하길, "'기(綦)'는 신발에 달린 끈이다."라고 했다. 소에서 말하길, "황간은 '신발의 코에 끈을 묶어서, 걸어 다닐 때 주의지침으로 삼는다.'라고 했다. 혹자는 신발을 착용할 때, 신발에 그 자체로 끈이 있어서, 이것을 이용해서 다리에 묶는다고 주장한다."라고 했다.

補註 ○通解曰: 或說是, 爲行戒者非.

번역 ○『통해』에서 말하길, 혹자의 주장이 옳으니, 걸어다닐 때 주의지침이 된다는 것은 잘못된 주장이다.

補註 ○士喪禮: "夏葛屨, 冬白屨, 皆繶緇絇純, 組綦繫于踵." 註: "綦, 屨係也, 所以拘止屨也." 疏曰: "絇在屨鼻, 以條爲之. 綦屨係也者, 經云繫

于踵, 則綦當屬于跟後以兩端向前, 與絇相連于脚跗踵足之上合結之,
名爲繫于踵也." 又"綦結于跗, 連絇." 註: "跗, 足上也. 絇, 屨飾, 如刀衣
鼻, 在屨頭上, 以餘組連之, 止足坼也." 疏曰: "跗, 足背也. 云: '絇, 如刀
衣鼻'者, 以漢時刀衣鼻況絇, 在屨頭上, 以其皆有孔, 得穿繫于中而過
者也. 以綦屨繫旣結, 有餘組穿連兩屨之絇, 使兩足不相離坼, 故云止足
坼也."

번역 ○『의례』「사상례(士喪禮)」편에서 말하길, "여름에는 칡으로 엮은 신
발을 신기고, 겨울에는 흰 가죽으로 만든 신발을 신기는데, 모두 신발의 끈
인 억(繶), 구(絇), 가장자리인 순(純)은 검은색으로 하며, 끈을 매달아 발꿈
치 쪽에서 묶는다."[1]라고 했다. 주에서 말하길, "기(綦)는 신발 끈으로, 신발
을 고정시키기 위한 것이다."라고 했다. 소에서 말하길, "구(絇)는 신발의 코
부근에 있으니 끈을 엮어서 만든다. 기(綦)는 신발 끈이라고 했는데, 경문에
서는 발꿈치에서 묶는다고 했으니, 기(綦)는 발꿈치 뒤쪽에 연결되어 양쪽
갈래로 나눠 앞으로 두르고, 구(絇)와 함께 발등에서 연결하여, 발꿈치에서
함께 결속하므로, 발꿈치에서 묶는다고 말한 것이다."라고 했다. 또 말하길,
"기(綦)를 발등에서 결속하여 구(絇)에 연결한다."[2]라고 했다. 주에서 말하
길, "부(跗)는 발등이다. 구(絇)는 신발의 장식이니, 칼집의 코와 같으며 신
발의 앞쪽에 있고 남은 끈으로 연결하여 발이 서로 벌어지는 것을 막는다."
라고 했다. 소에서 말하길, "부(跗)는 발등이다. 정현이 '구(絇)는 칼집의 코
와 같다.'라고 했는데, 한나라 때 사용된 도의비(刀衣鼻)라는 것으로 구(絇)
를 비유한 것이고, 신발의 앞쪽에 있으며, 모두 구멍이 있어서 그 안으로 넣
어 연결하여 끈을 빼낼 수 있다. 기(綦)로 각각의 신발을 결속하고 나머지
끈으로 두 신발의 구(絇)에 연결을 하여, 두 발이 서로 벌어지지 못하도록
한다. 그렇기 때문에 발이 벌어지는 것을 막는다고 말했다."라고 했다.

補註 ○家禮深衣章: "黑履白絇繶純綦." 附註劉氏曰: "履之有絇, 謂履

---

1) 『의례』「사상례(士喪禮)」: 夏葛屨, 冬白屨, 皆繶緇絇純, 組綦繫于踵.
2) 『의례』「사상례(士喪禮)」: 商祝掩瑱, 設幎目, 乃屨, <u>綦結于跗, 連絇</u>.

頭, 以條爲鼻, 或用繒一寸, 屈之爲絢, 所以受繫穿貫者也. 綦屬於跟,
所以繫履者也."

번역 ○『가례』 심의장에서 말하길, "흑색의 신발에 구(絢)·억(繶)·순
(純)·기(綦)는 백색으로 한다."라고 했고, 부주에서 유씨는 "신발에 구(絢)
가 있는 것은 신발 앞부분에 끈으로 코를 만든 것을 뜻하는데, 혹은 비단 1촌
을 사용하여 접어서 구(絢)를 만드니, 끈을 구멍에 꿸 수 있도록 하는 것이
다. 기(綦)는 발꿈치에 연결하여 신발을 결속하기 위한 것이다."라고 했다.

補註 ○按: 陳註, 以綦爲絢者, 未知何據. 而今以士喪禮及家禮註·沙溪
說參看, 則絢, 是屨鼻貫繫之飾, 綦, 是跟後所屬之繫, 其爲前後之兩飾
甚明無疑. 而今陳註合而一之, 豈不察於名物之度, 而有此誤解歟?

번역 ○살펴보니, 진호의 주에서 기(綦)를 구(絢)라고 여긴 것은 무엇을 근
거로 했는지 알 수 없다. 그런데 『의례』「사상례(士喪禮)」편과 『가례』의 주
및 사계의 주장에 따라 살펴보면, 구(絢)는 신발의 코로 끈을 관통하여 연결
하기 위한 장식이며, 기(綦)는 발꿈치 뒤에 붙어 있는 끈이니, 이것이 신발의
앞뒤에 붙어 있는 두 개의 장식이 된다는 것은 매우 명확하여 의심할 것이
없다. 그런데 진호의 주에서는 이 둘을 합쳐 하나로 여겼으니, 어찌 명칭과
사물에 대해 살피지 않아 이와 같은 잘못된 해석을 했단 말인가?

② 說見曲禮.

補註 按: 此指曲禮"解屨不敢當階"註.

번역 살펴보니, 이것은 『예기』「곡례(曲禮)」편에서 "신발을 벗어둘 때에도
감히 계단에 벗어두지 않는다."[3]라고 한 문장의 주를 가리킨다.

---

3) 『예기』「곡례상(曲禮上)」: 侍坐於長者, 屨不上於堂, 解屨不敢當階.

朱子曰: 綦, 鞋口帶也. 古人皆①旋繫, 今人只從簡易, 綴之於上, 如②假帶然.

번역 주자가 말하길, '기(綦)'자는 신발 코에 매다는 띠이다. 고대인들은 모두 굴곡이 지도록 묶었는데, 오늘날의 사람들은 단지 간이한 것만 따르게 되어, 그 위에 꿰매어 붙였으니, 마치 옷에 다는 가대(假帶)처럼 만든 것이다.

① 旋繫.

補註 沙溪曰: 旋繞繫之歟.

번역 사계가 말하길, 둘러서 연결을 했다는 뜻일 것이다.

② 假帶.

補註 沙溪曰: 假帶之形, 未詳.

번역 사계가 말하길, 가대의 형태에 대해서는 자세히 확인할 수 없다.

「내칙」 8장

> 左佩紛·帨·刀礪·小觿·金燧, 右佩①箴管·線·纊, 施縏
> ②袠, 大觿·木燧. 衿纓, 綦屨, 以適父母舅姑之所.

번역 허리띠를 두른 뒤, 허리에 물건을 차게 되니, 좌측에는 기물을 닦는 헝겊, 손을 닦는 수건, 작은 칼과 가는 숫돌, 작은 매듭을 푸는 작은 뿔송곳, 햇빛으로 불을 붙일 때 사용하는 금수(金燧)를 차고, 우측에는 바늘을 넣은 통, 실, 솜, 이것들을 넣는 주머니, 큰 매듭을 푸는 큰 뿔송곳, 나무를 마찰시켜 불을 붙이는 목수(木燧)를 찬다. 그리고 향낭을 차고, 신발 끈을 결속하여, 부모 및 시부모가 계신 장소로 간다.

① 箴.

補註 與鍼針同.

번역 바늘과 같은 뜻이다.

② 袠.

補註 袠, 當作表.

번역 질(袠)자는 마땅히 표(表)자로 기록해야 한다.

> 長樂陳氏曰: 男女事父母, 婦事舅姑, 皆有纓以佩容臭, 則與女
> 子許嫁之纓不同. 鄭氏曰: "婦人有纓, 示有繫屬", 誤矣. 何則許
> 嫁已纓? 將嫁無所復施, 旣嫁①夫說之矣. 無所復用, 則事舅姑

> 之衿纓, 非許嫁之纓也. 鄭氏曰: "許嫁之纓, 蓋以五采爲之", 然則事父母舅姑之纓, 亦五采歟.

번역 장락진씨가 말하길, 남녀가 부모를 섬기고, 며느리가 시부모를 섬길 때에는 모두 영(纓)이 포함되어, 향기를 내는 물건을 차게 되는데, 여자들 중 이미 혼인이 결정된 자가 차는 영(纓)과는 다른 것이다. 정현은 "부인은 영(纓)을 차게 되니, 결속되어 있음을 드러내는 것이다."라고 했지만, 이것은 잘못된 주장이다. 왜 혼인이 결정된 여자가 미리 영(纓)을 차고 있는가? 대답을 해보자면, 장차 시집을 가게 되면, 다시금 사용할 곳이 없게 되며, 이미 시집을 가게 되면, 남편이 그것을 떼어내는 것이다. 다시금 사용할 일이 없게 된다면, 시부모를 섬길 때 차게 되는 금영(衿纓)은 혼인이 결정된 여자가 차는 영(纓)이 아니다. 정현은 "혼인이 허락된 여자가 차는 영(纓)은 아마도 오채색의 천으로 만들었을 것이다."라고 했으니, 그렇다면 부모와 시부모를 섬길 때 차게 되는 영(纓) 또한 오채색의 천으로 만들게 될 것이다.

① **夫說之矣.**

補註 按: 說與脫通. 士昏禮親說婦之纓, 是也.

번역 살펴보니, '탈(說)'자는 탈(脫)자와 통용된다. 『의례』「사혼례(士昏禮)」 편에서 "직접 부인의 영(纓)을 떼어낸다."[1]라고 한 말이 이러한 용례에 해당한다.

---

1) 『의례』「사혼례(士昏禮)」: 主人入, <u>親說婦之纓</u>.

「내칙」 9장

及所, 下氣怡聲, 問衣燠寒, 疾痛①苛癢, 而敬抑搔之. 出入, 則或先或後而敬扶持之. 進盥, 少者奉②槃, 長者奉水, 請③沃盥, 盥卒授巾, 問所欲而敬進之, 柔色以溫之.

번역 부모 및 시부모가 계신 장소에 도착하면, 숨소리를 낮추고 목소리를 온화하게 하며, 입고 계신 옷이 더운지 또는 추운지를 여쭤보고, 질병에 걸리셨거나 가려운 곳이 있다면, 공경스러운 태도로 어루만지고 긁어드린다. 부모 및 시부모가 출입을 하게 되면, 앞서기도 하고 뒤서기도 하며 공경스럽게 부축해드린다. 세숫물을 떠서 드릴 때에는 나이가 어린 자는 대야를 들고 가고, 나이가 많은 자는 물을 가져가서, 씻을 물을 대야에 부어, 씻으시기를 청하며, 씻는 일이 끝나면 수건을 건넨다. 드시고 싶은 음식에 대해서 물어서, 공경스러운 태도로 바치며, 얼굴빛을 유순하게 하여 부모 및 시부모의 뜻을 받든다.

① 苛.

補註 陸音何.

번역 육덕명의 『음의』에서는 그 음이 '何(하)'이다.

② 槃.

補註 鄭註: 承盥水者.

번역 정현의 주에서 말하길, 씻을 물을 받치는 도구이다.

③ 沃盥.

補註 按: 小註沃之而盥云者, 是.

번역 살펴보니, 소주에서 "물을 따라서 씻도록 한다."고 한 말이 옳다.

苛, 疥也. 抑, 按; 搔, 摩也. 溫, 承藉之義. 謂以柔順之色, 承藉
尊者之意, 若①藻藉之承玉然.

번역 '가(苛)'자는 옴[疥]을 뜻한다. '억(抑)'자는 "문지르다[按].''는 뜻이며, '소
(搔)'자는 "긁는다[摩].''는 뜻이다. '온(溫)'자는 받든다는 뜻이다. 즉 유순한 얼굴
빛을 하여, 존귀한 자의 뜻을 받드는데, 마치 옥을 받치는 깔개를 통해서 옥을 받드
는 것처럼 한다는 의미이다.

① 藻藉之承玉.

補註 按: 藻藉, 詳見曲禮下補註及禮器.

번역 살펴보니, 조자(藻藉)는 자세한 설명이 『예기』「곡례(曲禮)」편의 보주
와 『예기』「예기(禮器)」편에 나온다.

「내칙」 10장

饘, 厚粥. 酏, 薄粥也. 芼羹, 以菜雜肉爲羹也. ①蕡, 大麻子.

번역 '전(饘)'은 된죽이다. '이(酏)'는 묽은 죽이다. '모갱(芼羹)'은 채소를 고기와 섞어서 함께 끓인 국이다. '분(蕡)'은 대마(大麻)의 열매이다.

① ○蕡大麻子.

補註 沙溪曰: 蕡, 枲實也.

번역 사계가 말하길, 분(蕡)은 삼의 열매이다.

補註 ○按: 蕡, 一作蒉. 爾雅·釋草云: "蒉, 枲實也." 沙溪說, 蓋本於此, 而月令孟秋食麻與犬, 沙溪引此註大麻子, 而曰: "今俗謂之眞荏."

번역 ○살펴보니, '분(蕡)'자는 분(蒉)자로도 기록한다. 『이아』「석초(釋草)」편에서는 "분(蒉)은 삼의 열매이다."[1]라고 했다. 사계의 주장은 아마도 이 기록에 근거한 것 같은데, 『예기』「월령(月令)」편에서는 맹추의 달에 "마의 열매와 개고기를 먹는다."[2]라고 했고, 사계는 이곳 주에서 "대마(大麻)의 열매이다."라고 한 말을 인용하고 "현재 세속에서는 진임(眞荏)이라고 부른다."라고 했다.

補註 ○又按: 字書, "麻有子曰枲", 則枲實卽麻蒉也. 若今俗眞荏, 雖名脂麻, 似與麻蒉, 有別.

번역 ○또 살펴보니, 『자서』에서는 "마(麻) 중에 열매가 있는 것은 사(枲)라고 부른다."라고 했으니, 사의 열매는 곧 마의 열매에 해당한다. 현재 세속에

---

1) 『이아』「석초(釋草)」: <u>蒉, 枲實</u>. 枲, 麻.

2) 『예기』「월령(月令)」: 載白旂, 衣白衣, 服白玉, <u>食麻與犬</u>, 其器, 廉以深.

서 진임(眞荏)이라고 부르는 것들은 비록 지마(脂麻)를 명칭하는 것이지만, 아마도 마의 열매와는 구별되는 것 같다.

「내칙」 11장

棗·栗飴蜜以甘之, 堇·荁·粉·楡①免薧, 瀡滫以滑之, 脂膏
以膏之. 父母舅姑必嘗之而後退.

번역 대추·밤 등은 엿이나 꿀 등으로 달게 만들며, 근(堇)·환(荁)·분(粉)·유
(楡)의 신선한 것이나 말린 것들은 쌀뜨물로 매끄럽게 하거나 기름을 통해서 기름
지게 만든다. 부모 및 시부모가 반드시 그것을 맛보는 것을 본 이후에야 물러난다.

① 免薧瀡滫以滑之.

補註 疏曰: 免·薧於周禮據肉而言, 皇氏熊氏皆云, "此則以堇·楡等爲
免·薧", 其義或然. 言此數物, 瀡滫之, 令柔滑也.

번역 소에서 말하길, 면(免)과 고(薧)를 『주례』에서는 고기를 기준으로 말한
것이고, 황간과 웅안생은 모두 "이것은 근(堇)과 유(楡) 등이 신선하거나 말
린 것을 가리킨다."라고 했는데, 그 주장이 혹여 그러하기도 할 것 같다. 이
러한 여러 사물들에 대해서는 적시고 매끄럽게 하여 유들유들하게 만든다는
뜻이다.

補註 ○按: 瀡滫以滑之云者, 非謂以瀡滫滑此諸物也, 謂此諸物並瀡滫
之, 以作滑味也. 此上諸物其性皆滑, 瀡滫, 卽浸調之義.

번역 ○살펴보니, '수수이활지(瀡滫以滑之)'라는 말은 쌀뜨물로 이러한 여
러 사물들을 매끄럽게 하거나 기름지게 한다는 뜻이 아니니, 이러한 여러 사
물들은 모두 적시고 섞어서 기름지고 맛이 좋게 한다는 뜻이다. 앞에 나온
여러 사물들은 모두 기름진 것들이니 '수수(瀡滫)'라는 것은 적셔서 맛이 어
우러지도록 한다는 뜻이다.

飴, 餳也. 堇, 菜名. 苣, 似堇而葉大. 楡之白者名枌. 兔, 新鮮
者. 薧, 乾陳者. 言堇苣枌楡四物, 或用新, 或用舊也. ①滫, 說
文久泔也. 瀡, 滑也. 滫瀡, 滫之滑者也. 凝者爲脂, 釋者爲膏.
甘之·滑之·膏之, 皆謂調和飮食之味也. 此篇所記飮食珍羞
諸物, 古今異制, 風土異宜, 不能盡曉, 然亦可見古人察物之
精, 用物之詳也.

번역 ‘이(飴)’자는 엿[餳]을 뜻한다. ‘근(堇)’자는 채소의 이름이다. ‘환(苣)’은 근 (堇)과 유사하지만, 잎사귀가 큰 것이다. 느릅[楡] 중 흰 것을 ‘분(枌)’이라고 부른 다. ‘면(兔)’은 신선한 것을 뜻한다. ‘고(薧)’는 널어서 말린 것을 뜻한다. 즉 근 (堇)·환(苣)·분(枌)·유(楡)라는 네 가지 식재료는 어떤 것은 신선한 것으로 사 용하고, 또 어떤 것은 오래전에 말린 것을 사용한다는 뜻이다. ‘수(滫)’자에 대해 『설문』에서는 뜨물이라고 풀이한다. ‘수(瀡)’자는 “매끄럽다.”는 뜻이다. ‘수수(滫 瀡)’라는 것은 수(滫) 중에서도 매끄러운 것을 뜻한다. 응결된 것은 ‘지(脂)’가 되 며, 풀어진 것은 ‘고(膏)’가 된다. 달게 하고, 매끄럽게 하며, 기름지게 한다는 것은 모두 음식에 조미를 가미하여 맛을 낸다는 뜻이다. 이곳 「내칙」편에서 기록한 음식 및 맛좋은 여러 것들은 고대와 현재의 요리 방법이 다른데, 풍토의 적합함이 달랐 으므로, 그것들에 대해서 모두 알 수는 없다. 그러나 이 기록을 통해서 또한 고대인 들이 사물을 매우 정밀하게 파악했고, 사물을 매우 섬세하게 사용했음을 확인할 수 있다.

① 滫說文久泔也瀡滑也.

補註 久, 舊本或誤作冬.

번역 ‘구(久)’자를 옛 판본에서는 동(冬)자로 잘못 기록한 것도 있다.

補註 ○按: 鄭註, “秦人溲曰滫, 齊人滑曰瀡也.” 瀡訓與陳註同, 而滫訓 則異. 其所謂溲, 陸音所九反, 則非溲溺之溲. 字書, “溲, 浸沃也, 水調 也.” 下文糔溲之以爲酏之溲字, 與鄭註所謂溲同. 且糔溲之糔, 註讀與 滫瀡之滫同. 然則滫瀡及下糔溲, 皆爲調和潤滑之稱無疑. 而陳註訓滫

以久泔, 且曰潃瀡, 潃之滑者也, 恐不然.

번역 ○살펴보니, 정현의 주에서는 "진(秦)나라 사람들은 적시는 것을 '수(潃)'라고 불렀고, 제(齊)나라 사람들은 매끄럽게 하는 것을 '수(瀡)'라고 불렀다."라고 했다. 수(瀡)자의 풀이는 진호의 주와 동일하지만, 수(潃)자의 풀이에 있어서는 차이가 난다. 이른바 '수(溲)'라는 것에 대해 육덕명의『음의』에서는 '所(소)'자와 '九(구)'자의 반절음이라고 했으니, 오줌을 뜻하는 수(溲)가 아니다.『자서』에서는 "수(溲)자는 적신다는 뜻이며, 물에 담가 어우러지게 한다는 뜻이다."라고 했다. 아래문장에서 "물을 부어 반죽해서 쌀죽을 만든다."[1]라고 했을 때의 '수(溲)'자는 정현의 주에서 말한 수(溲)자와 의미가 동일하다. 또한 '수수(糔溲)'에서의 수(糔)자에 대해 진호의 주 풀이는 수수(潃瀡)에서의 수(潃)와 같다고 했다. 그렇다면 수수(潃瀡)와 아래문장에 나오는 수수(糔溲)는 모두 조화롭게 하며 적시고 매끄럽게 한다는 명칭임에 틀림없다. 그런데도 진호의 주에서는 수(潃)자를 뜨물이라고 풀이했고, 수수(潃瀡)는 수(潃) 중에서도 매끄러운 것이라고 했는데, 아마도 그렇지 않을 것이다.

補註 ○更按: 沙溪曰, "泔, 韻會烹和之名." 據此則此所謂久泔, 亦或烹和之義, 非米潘之謂歟.

번역 ○다시 살펴보니, 사계는 "감(泔)자에 대해『운회』에서는 삶고 맛을 조화롭게 한다는 명칭이라고 했다."라고 했는데, 여기에 근거한다면 이곳에서 말한 구감(久泔)이라는 것 또한 삶고 맛을 조화롭게 한다는 뜻이 되며, 뜨물을 뜻하는 말이 아닐 것이다.

---

1) 『예기』「내칙(內則)」: 炮: 取豚若將, 刲之刳之, 實棗於其腹中, 編萑以苴之, 塗之以謹塗. 炮之, 塗皆乾, 擘之, 濯手以摩之, 去其皽, 爲稻粉, 糔溲之以爲酏, 以付豚, 煎諸膏, 膏必滅之. 鉅鑊湯, 以小鼎薌脯於其中, 使其湯毋滅鼎, 三日三夜毋絶火, 而后調之以醯醢.

長樂劉氏曰: 及所, 下氣怡聲, 恐驚其寐也. 問衣燠寒, 候其冷暖失節也. 疾痛苛癢, 省其體氣弗寧也. 抑, 謂按摩之, 搔, 謂抓撓之, 皆所以撫恤衰病, 而一出於敬, 不敢以爲儀也. 父母出入, 則或先或後, 敬扶持之, 相其所宜, 以助其力也. 又從而問其意之所欲食者, 則敬順其心以進之, 和柔其色以溫之, ①芬芳其意以奉之, 庶其親喜而不之厭也. 孝子之事親也, 必養其志, 常使歡欣樂, 其子之能養, 則非如是莫之致矣.

번역 장락유씨가 말하길, "계신 곳에 도착하면, 숨소리를 낮추고, 목소리를 온화하게 한다."는 것은 주무시는 것을 깨우지 않을까 염려했기 때문이다. "옷의 춥고 더운 정도를 여쭙다."는 말은 기후의 춥고 더운 정도에 따라 그 절도를 잃었는지를 살피는 것이다. '질병과 가려운 곳'이라는 말은 몸과 기운이 편안치 않은가를 살피는 것이다. '억(抑)'자는 문지른다는 뜻이다. '소(搔)'자는 긁는다는 뜻이다. 이 둘은 모두 쇠약해진 몸과 병환을 보살피는 것이고, 한결같이 공경함에서 비롯되는 행동이므로, 감히 형식적인 행위로 할 수 없다. 부모가 출입을 하게 되면, 혹은 앞서기도 하고, 혹은 뒤서기도 하며, 공경스러운 태도로 부축을 하여, 합당함에 맞춰서, 힘이 부치는 것을 돕는 것이다. 또한 뒤따라서 드시고 싶은 음식에 대해서 묻는 것은 그 마음을 공경스럽게 따르며 음식을 진설하는 것이고, 얼굴빛을 유순하게 하여 편안케 하는 것은 그 뜻을 기쁘게 해드리며 받드는 것이니, 이처럼 하면 부모를 기쁘게 만들면서도, 싫어하는 일이 없게끔 할 수 있다. 자식이 부모를 섬길 때에는 반드시 그 뜻을 보살펴서, 항상 기쁘고 즐겁게 만들어야 하니, 자식이 부모를 잘 봉양하게 된다면, 이처럼 지극히 하지 않는 것이 없게 된다.

① 芬芳其意.

補註 意, 恐食之誤.

번역 '의(意)'자는 아마도 식(食)자의 오자일 것이다.

「내칙」 12장

男女未冠笄者, 鷄初鳴, 咸盥漱, 櫛縰, 拂髦, 總角, 衿纓, 皆佩
①容臭. ②昧爽而朝, 問何食飮矣, 若已食則退, 若未食則佐長
者視具.

번역 남녀 중 아직 관례(冠禮)나 계례(笄禮)를 치르지 않은 자는 닭이 새벽에 처음
으로 울면, 모두 일어나서 손을 씻고 양치질을 하고, 머리를 빗고 쇄(縰)를 착용하
며, 머리다발을 털어서 먼지를 제거하고, 머리카락을 묶어서 뿔처럼 만들며, 금영
(衿纓)을 하니, 남녀 모두 향기를 내는 물건을 허리에 차게 된다. 아직 동이 터 오
르기 이전에 아침 문안인사를 드려서, 어떤 음식을 드시고 싶은가를 여쭙고, 만약
이미 식사를 끝냈다면 물러나고, 만약 아직 식사를 끝내지 않았다면, 나이가 많은
자를 도와서 음식 갖추는 것을 살펴본다.

① 容臭.

補註 沙溪曰: 按大雅·公劉, "鞞琫容刀." 朱子註, "如言容臭, 謂鞞琫之
中, 容此刀耳." 小註朱子曰, "容臭, 如今之香囊." 安成劉氏曰, "臭者,
香物, 若苣蘭之屬, 亦以香囊之中, 容此香物, 而謂之容臭耳." 此所謂容
臭釋以香囊爲是, 但與上文衿纓相重, 更詳之.

번역 사계가 말하길, 『시』「대아(大雅)·공류(公劉)」편을 살펴보면 "칼집의
장식과 장식한 칼이여."[1]라고 했고, 주자의 주에서는 "용취(容臭)라고 한 말
과 같으니, 장식한 칼집에 이 칼을 넣는다는 뜻일 뿐이다."라고 했으며, 소주
에서 주자는 "용취(容臭)라는 것은 오늘날의 향낭(香囊)과 같은 것이다."라
고 했고, 안성유씨는 "취(臭)라는 것은 향기를 내는 물건이니, 난초와 같은

---

1) 『시』「대아(大雅)·공류(公劉)」: 篤公劉, 于胥斯原, 旣庶旣繁, 旣順迺宣, 而無永
歎. 陟則在巘, 復降在原. 何以舟之, 維玉及瑤, 鞞琫容刀.

부류이며, 또한 향낭 안에 이러한 향기를 내는 사물을 넣어서 이를 용취(容臭)라고 부른 것일 뿐이다."라고 했다. 이것은 용취(容臭)라는 것을 향낭으로 풀이하는 것이 옳다는 것을 나타내는데, 다만 앞에서 금영(衿纓)이라고 한 것과 중복되므로, 다시 상세히 살펴보아야 한다.

② 昧爽而朝.

補註 鄭註: 後成人也.

번역 정현의 주에서 말하길, 성인(成人)인 자들보다 뒤에 하기 위해서이다.

「내칙」13장

①凡內外, 鷄初鳴, 咸盥漱, 衣服, 斂枕簟, 灑埽室堂及庭, 布席, 各從其事. ②孺子蚤寢晏起, 唯所欲, 食無時.

번역 무릇 집 안팎의 사람들은 닭이 처음 울면, 모두 일어나서 손을 씻고 양치질을 하고, 의복을 착용하며, 베개와 잠자리를 거두고, 실(室)과 당(堂) 및 마당에 물을 뿌려서 쓸며, 그런 뒤에 자리를 펴두고, 각각 자신의 일에 종사한다. 어린아이는 일찍 잠자리에 들고 늦게 일어나며, 오직 자신이 먹고 싶어 하는 것을 먹는데, 정해진 시기가 없다.

① ○凡內外鷄初鳴.

補註 疏曰: 此總論子婦之外卑賤之人, 爰及僕隷之等.

번역 소에서 말하길, 이것은 자식이나 며느리 외의 신분이 미천한 자들 및 종 등이 시행하는 일들에 대해서 총괄적으로 논의한 말이다.

② 孺子[止]唯所欲.

補註 鄭註: 又後未成人者.

번역 정현의 주에서 말하길, 또한 아직 성인(成人)이 되지 못한 자보다도 늦게 하는 것이다.

補註 ○按: 唯所欲三字, 恐當連上早寢晏起爲義.

번역 ○살펴보니, '유소욕(唯所欲)'이라는 세 글자는 아마도 앞 구문과 연결시켜서 일찍 자고 늦게 일어난다는 뜻으로 풀이해야 할 것 같다.

「내칙」 15장

父母舅姑將坐, 奉席請何鄕; 將衽, 長者奉席請何趾, ①少者執
牀與坐, 御者擧几, 斂席與簟, 縣衾, 篋枕, 斂簟而襡之.

번역 부모와 시부모가 장차 앉으려고 할 때에는 앉을 자리를 받들고서, 어느 방향
으로 자리를 펴야 하는지를 묻는다. 또한 누울 자리를 다시 바꾸려고 한다면, 나이
가 많은 자는 자리를 받들고서 다리를 어느 방향으로 두실 지를 묻고, 나이가 어린
자는 몸을 편안하게 하는 상(牀)을 들고 가서 부모 및 시부모에게 앉을 자리를 마
련해드리며, 시중을 드는 자는 몸을 기댈 수 있는 안석을 들고 나아가고, 눕는 자리
와 그 위에 까는 점(簟)을 거두며, 이불을 매달고, 베개는 상자 안에 넣어두며, 점
(簟)은 거둬서, 천으로 감싸서 보관한다.

① ○少者執牀與坐.

補註 按: 陳註, "將坐之時, 少者執此牀以與之坐", 恐不然. 此既在將衽
之下, 又與長者奉席請何趾對言, 則何可强添經文所無之將坐字以解之
乎? 栗谷小學註引用陳註, 而刪將坐之時四字, 曰, "與, 猶左右之也. 執
此牀, 坐而左右之, 不敢去."

번역 살펴보니, 진호의 주에서는 "장차 앉으려고 할 때, 나이가 어린 자는 이
러한 상(牀)을 들고 가서 부모에게 앉을 자리를 마련해드린다."라고 했는데,
아마도 이러한 뜻이 아닐 것이다. 이 말은 이미 "장차 누우려고 한다."라는
구문 뒤에 있고, 또 "나이가 많은 자는 자리를 받들고서 다리를 어느 방향으
로 두실 지를 묻는다."라는 구문과 대구로 말한 것이라면, 어떻게 억지로 경
문에도 없는 "장차 앉으려고 한다."라는 말을 첨가해서 풀이할 수 있겠는가?
율곡의 『소학』에 대한 주에서는 진호의 주를 인용하고 있지만 '장좌지시(將
坐之時)'라는 네 글자를 삭제하여, "여(與)자는 좌측이나 우측으로 둔다는
뜻이다. 상(牀)을 들고 가며 앉아서 앉는 자리를 좌측이나 우측으로 두니,

감히 제거할 수 없기 때문이다."라고 했다.

補註 ○更按: 此一節專記朝起將坐時事, 而將衽, 似不過因將坐而帶說也. 執牀與坐, 栗谷之意亦未必的指臥時, 依本註讀之, 亦無妨.

번역 ○다시 살펴보니, 이 문단은 전적으로 아침에 일어나서 앉으려고 할 때의 일을 기록한 것인데, '장임(將衽)'은 아마도 장좌(將坐)라는 것에 연유해서 함께 언급한 것에 지나지 않을 것이다. '집상여좌(執牀與坐)'에 대한 율곡의 풀이 또한 누우려고 할 때라고 적시하지 않았는데, 본래의 주에 따라 풀이하더라도 무방하다.

將坐, 旦起時也. 奉坐席而鋪者, 必問何鄕. 衽, 臥席也. 將衽, 謂更臥處也. 長者奉此臥席而鋪, 必問足向何所. ①牀, 說文云 "安身之几坐", 非今之臥牀也. 將坐之時, 少者執此牀以與之坐, 御侍者擧几進之, 使之憑以爲安. 臥必簟在席上, 旦起則斂之. 而簟又以褐韜之者, 以親身恐穢汚也. 衾則束而懸之, 枕則貯於篋也.

번역 "장차 앉으려고 한다."는 말은 아침에 일어날 때를 뜻한다. 앉을 자리를 받들고 가서 펴는 자는 반드시 어느 방향으로 펴야 하는지를 묻는다. '임(衽)'자는 눕는 자리를 뜻한다. "장차 임(衽)하려고 한다."는 말은 눕는 자리로 바꾼다는 뜻이다. 나이가 많은 자는 이러한 눕는 자리를 받들고 가서 펴며, 반드시 다리를 어느 방향으로 해야 하는지를 묻는다. '상(牀)'자에 대해, 『설문』에서는 "몸을 편안하게 만드는 안석과 자리이다."라고 했는데, 이것은 오늘날 눕는 침상을 뜻하는 말이 아니다. 장차 앉으려고 할 때, 나이가 어린 자는 이러한 상(牀)을 들고 가서 부모에게 앉을 자리를 마련해드리고, 시중을 드는 자는 안석을 들고 나아가게 되니, 부모로 하여금 그것에 기대어 몸을 편안하게 하도록 만드는 것이다. 누울 때에는 반드시 자리 위에 점(簟)을 깔게 되는데, 아침에 일어나게 되면, 그것을 거두게 된다. 그리고 점

(簟)은 또한 자루로 감싸게 되는데, 그 이유는 부모의 신체가 직접 닿는 것이므로, 아마도 신체를 더럽히게 될까를 염려했기 때문이다. 이불의 경우에는 묶어서 걸어 두게 되고, 베개의 경우에는 상자 안에 넣어두게 된다.

① 牀說文云[止]几坐.

補註 說文: 牀, 安身之坐者. 左傳, 蕘子馮詐病, 掘地下氷而牀焉, 至於恭坐, 則席也.

번역 『설문』에서 말하길, "상(牀)은 몸을 편안히 하는 앉는 자리이다."라고 했고, 주에서는 "『좌전』에서는 원자빙이 꾀병을 부려 땅을 파고 얼음을 깔고서 상(牀)을 설치했고, 공손히 앉아야 할 때가 되어서는 자리를 깔았다."라고 했다.

補註 ○按: 說文無几字, 而陳註添之, 誤.

번역 ○살펴보니, 『설문』에는 '궤(几)'자가 없으니, 진호의 주에서 이 글자를 첨가한 것은 잘못된 해석이다.

「내칙」 17장

참고─經文

父母在, 朝夕恒食, 子婦佐餕, ①既食恒餕. 父沒母存, 冢子御
食, ②群子婦佐餕如初. 旨甘柔滑, 孺子餕.

번역 부모가 모두 생존해 계신다면, 아침식사와 저녁식사 때 항상 드시게 되는 음
식에 대해서, 자식과 며느리는 권유를 하여 더 드시게 하고, 남은 음식들을 먹으며,
부모가 먹고 남긴 음식들을 모두 먹어치운다. 부친이 돌아가시고 모친만 생존해 계
신다면, 총자(冢子)[1]는 모친이 식사하시는 것을 시중들고, 나머지 아들들과 며느
리들은 권유를 하여 더 드시게 하며, 남은 음식을 먹는데, 부친이 생존해 계실 때처
럼 한다. 기름지고 달며 부드럽고 윤기가 흐르는 음식들이 남게 되면, 어린아이가
그 음식들을 먹는다.

① 既食恒餕.

補註 鄭註: 每食餕而盡之, 末有原也.
번역 정현의 주에서 말하길, 매번 식사에서 남은 음식을 먹을 때에는 모두
먹게 되며, 재차 차리는 일은 없다.

② 群子婦佐餕如初.

補註 鄭註: "侍食者不餕, 其婦猶皆餕也." 疏曰: "冢子無父, 故得侍母食.
冢婦既不侍食, 故鄭云猶皆餕也."
번역 정현의 주에서 말하길, "식사를 시중드는 자는 남은 음식을 먹지 않지
만, 그의 부인은 다른 사람들과 같이 남은 음식을 먹는다."라고 했다. 소에서

---

1) 총자(冢子)는 적장자를 뜻한다. 『예기』「내칙(內則)」편에는 "父沒母存, 冢子御食."
   이라는 기록이 있는데, 이에 대한 정현의 주에서는 "御, 侍也, 謂長子侍母食也."라
   고 풀이했다.

말하길, "적장자에게는 부친이 없는 상황이기 때문에, 모친을 시중들며 식사를 할 수 있다. 적장자의 부인은 이미 식사의 시중을 들지 않기 때문에, 정현은 모두 남은 음식을 먹는 것과 같다고 말한 것이다."라고 했다.

補註 ○楊梧曰: 冢婦以姑老代政, 不暇佐餕, 故唯群子婦佐餕.

번역 ○양오가 말하길, 적장자의 부인은 시어미가 연로하여 집안일을 대신 처리하기 때문에 더 드시라고 권유하고 남은 음식을 먹을 겨를이 없다. 그렇기 때문에 오직 나머지 아들들과 며느리들만이 더 드시라고 권유하며 남은 음식을 먹는 것이다.

補註 ○按: 楊說似較長. 小註陸氏亦云, "冢婦不預."

번역 ○살펴보니, 양오의 주장이 비교적 나은 것 같다. 소주에서 육씨 또한 "적장자의 부인은 그 일에 참여하지 않는다."라고 했다.

「내칙」18장

在父母舅姑之所, 有命之, ①應唯敬對; 進退周旋②愼齊, 升降
出入③揖遊, 不敢噦④噫·嚔咳·欠伸·跛倚·睇視, 不敢唾
⑤洟.

번역 부모 및 시부모가 계신 곳에 위치할 때, 명령을 내리게 되면, 유(唯)라고 응답
하고, 공손하게 대답을 하며, 나아가고 물러나는 등의 행동거지를 신중하고 가지런
히 하고, 오르고 내리며 출입하고 신체를 굽히고 펴는 일에 있어서도, 구역질을 하
거나 거친 숨소리를 내거나 재채기를 하거나 기침소리를 내거나 하품을 하거나 기
지개를 펴거나 비스듬하게 서거나 어딘가에 기대거나 곁눈질을 하는 등의 행동거지
를 감히 나타내지 않으며, 감히 침과 콧물을 흘리지 않는다.

① ○應唯敬對.

補註 小學註: 應唯, 應以速, 敬對, 對以敬也.
번역 『소학』의 주에서 말하길, '응유(應唯)'는 신속하게 응답한다는 뜻이며,
'경대(敬對)'는 공경스러운 태도로 대답한다는 뜻이다.

② 愼齊.

補註 鄭註: 齊, 莊也.
번역 정현의 주에서 말하길, '제(齊)'자는 "장엄하다[莊]."는 뜻이다.

補註 ○陸音: 側皆反.
번역 ○육덕명의 『음의』에서 말하길, '齊'자는 '側(측)'자와 '皆(개)'자의 반
절음이다.

③ 揖遊.

補註 小學註: 揖, 謂進而前, 其身略俯如揖. 遊, 揚也, 謂退而後, 其身微仰而揚也.

번역 『소학』의 주에서 말하길, '읍(揖)'자는 나아가서 앞으로 가게 되면 몸은 약간 숙여서 마치 읍을 할 때와 같게 된다는 뜻이다. '유(遊)'자는 올린다는 뜻이니, 물러나 뒤로 가게 되면 몸은 조금 펴서 올리게 된다는 의미이다.

④ 噫嚏.

補註 小學註: 噫, 食飽聲. 嚏, 噴嚏.

번역 『소학』의 주에서 말하길, '희(噫)'자는 트림을 할 때의 소리를 뜻한다. '체(嚏)'자는 재채기를 뜻한다.

⑤ 洟.

補註 陸曰: 洟, 本又作洟, 吐細反.

번역 육덕명이 말하길, '洟'자는 판본에 따라서 또한 '洟(이)'자로도 기록하며, '吐(토)'자와 '細(세)'자의 반절음이다.

「내칙」 19장

참고-經文

寒不敢襲, 癢不敢搔, ①不有敬事, 不敢袒裼, 不涉不撅, 褻衣
衾, 不見裏.

번역 부모 및 시부모가 계신 곳에서는 춥더라도 감히 옷을 껴입지 않고, 가렵더라
도 감히 긁지 않으며, 공경을 나타내야 할 일이 있지 않다면, 감히 단(袒)과 석(裼)
을 하지 않고, 물을 건너지 않는다면, 하의를 걷어 올리지 않으며, 속옷과 이불은
안감을 드러내지 않는다.

① ○不有敬事[止]不撅.

補註 語類曰: 此言尊長之前有敬事, 方敢袒裼. 敬事, 如習射之類. 射而
袒裼, 乃爲敬. 若非敬事而以勞倦袒裼, 則是不敬. 唯涉水而後撅, 若不
涉而撅, 則爲不敬. 如云"勞無袒, 暑無褰裳", 若非敬事, 雖勞亦不敢袒.
若非涉水, 雖盛暑亦不敢褰裳也.

번역 『어류』에서 말하길, 이것은 존장자 앞에서 공경을 나타내야 할 일이 있
어 단(袒)과 석(裼)[1]을 하게 된다는 뜻이다. 공경을 나타내야 할 일이라는
것은 활쏘기를 연습하는 부류와 같은 것이다. 활을 쏘고 단과 석을 하는 것
은 공경을 나타내는 행동이 된다. 만약 공경을 나타내야 할 일이 아닌데 힘
들다는 이유로 단과 석을 한다면 이것은 불경스러운 태도가 된다. 오직 물을
건널 때에만 하의를 걷어 올리는데, 만약 물을 건너지도 않는데 하의를 걷어
올린다면 이것은 불경스러운 태도가 된다. 이것은 마치 "힘들 때에도 상의를

---

1) 석(裼)은 고대에 의례를 시행할 때 하는 복장 방식 중 하나이다. 좌측 소매를 걷어
올려서, 안에 입고 있는 석의(裼衣)를 드러내는 것이다. 한편 '석'은 비교적 성대하지
않은 의식 때 시행하는 복장 방식으로도 사용되어, 좌측 소매를 걷어 올려서 공경의
뜻을 표하기도 했다.

걷어붙이지 않으며, 더울 때에도 하의를 걷어 올리지 않는다."²⁾라는 말과 같으니, 만약 공경을 나타내야 할 일이 아니라면, 비록 힘들더라도 감히 단을 하지 않는다. 또 물을 건너지 않는다면 비록 매우 덥더라도 또한 감히 하의를 걷어 올리지 않는다.

補註 ○按: 朱子此訓, 亦見通解, 陳註之誤, 自著矣.
번역 ○살펴보니, 주자의 풀이는『통해』에도 나오니, 진호의 주에서 잘못 풀이한 것은 저절로 드러난다.

補註 ○又按: 如郊特牲肉袒親割, 曲禮執玉有藉者裼之類, 皆敬事也.
번역 ○또 살펴보니, 예를 들어『예기』「교특생(郊特牲)」편에서 "팔을 걷어서 신체를 드러내며 직접 희생물을 가른다."³⁾라고 하거나『예기』「곡례(曲禮)」편에서 "옥을 잡을 때 깔개가 있는 것이라면 석(裼)을 한다."⁴⁾라고 한 부류들은 모두 공경을 나타내는 일에 해당한다.

참고-集說 襲, 重衣也. 袒與裼皆禮之敬, 故非敬事不袒裼也. 不因涉水, 則不揭裳, 不見裏, 爲其可穢.
번역 '습(襲)'자는 옷을 껴입는다는 뜻이다. '단(袒)'과 '석(裼)'은 모두 예(禮)에 따라 공경을 나타내는 복장방식이다. 그렇기 때문에 공경을 표시해야 할 일이 아니라면, 단(袒)과 석(裼)을 하지 않는 것이다. 물을 건너는 일이 아니라면, 하의를 걷어 올리지 않고, 속을 보이지 않는 것은 그것이 더럽혀질 수도 있기 때문이다.

---

2)『예기』「곡례상(曲禮上)」: 冠毋免, <u>勞毋袒, 暑毋褰裳</u>.
3)『예기』「교특생(郊特牲)」: 君再拜稽首, <u>肉袒親割</u>, 敬之至也. 敬之至也, 服也. 拜服也. 稽首, 服之甚也. 肉袒, 服之盡也. 祭稱孝子孝孫, 以其義稱也. 稱曾孫某, 謂國家也. 祭祀之相, 主人自致其敬, 盡其嘉, 而無與讓也.
4)『예기』「곡례하(曲禮下)」: <u>執玉, 其有藉者則裼</u>, 無藉者則襲.

「내칙」 20장

父母唾洟不見. 冠帶垢, 和灰①請漱; 衣裳垢, 和灰①請澣; 衣
裳綻裂, 紉箴請補綴.

번역 부모의 침과 콧물은 즉시 닦아서 다른 사람이 보지 못하도록 한다. 부모의 관
(冠)과 대(帶)가 더러워졌다면, 잿물을 타서 세탁하기를 청하며, 상의와 하의가 더
러워졌다면, 잿물을 타서 세탁하기를 청하고, 상의와 하의가 찢어졌다면, 바늘에 실
을 꿰어서 꿰매기를 청한다.

① ○請漱[又]請澣.

補註 鄭註: 手曰漱, 足曰澣.

번역 정현의 주에서 말하길, 손으로 세탁하는 것을 '수(漱)'라고 부르며, 발
로 밟아서 세탁하는 것을 '한(澣)'이라고 부른다.

「내칙」 22장

男不言內, 女不言外. 非祭非喪, 不相授器. ①其相授, 則女受
以篚; 其無篚, 則②皆坐, 奠之而后取之.

번역 남자는 집안에서 집밖의 일을 언급하지 않고, 여자는 집밖에서 집안의 일을
언급하지 않는다. 제사나 상사가 아니라면, 서로 물건을 주고받지 않는다. 서로
물건을 주고받게 된다면, 여자는 광주리를 이용해서 받고, 광주리가 없는 경우라
면, 둘 모두 무릎을 꿇고서, 땅에 물건을 놓아두면, 그 이후에 땅에서 물건을 들고
간다.

① ○其相授則女受以篚.

補註 愚聞之仲父曰: "此謂祭當嚴敬之地, 喪當急遽之時, 故不以授受爲
嫌. 然其授之也, 女必以篚受之者, 猶不欲大偪耳." 註以此句爲平日相
授者誤. 後考栗谷小學集註, 蓋得此意云.

번역 내가 중부께 듣기로, "이것은 제사를 지내는 곳은 엄숙하고 공경을 다
해야 하는 장소에 해당하고, 상사는 급하고 신속히 처리해야 할 때에 해당한
다. 그렇기 때문에 물건을 주고받는 것을 혐의로 삼지 않는다. 그러나 물건
을 건넬 때 여자는 반드시 광주리를 이용해서 받는데, 너무 다급히 하고자
하지 않기 때문일 뿐이다."라고 했다. 주에서는 이 구문을 평상시 서로 물건
을 건네는 경우로 여겼는데 이것은 잘못된 해석이다. 이후 율곡의 『소학집
주』를 살펴보았는데, 아마도 중부의 말이 옳은 것 같다.

補註 ○更按: 小學集成輔氏曰: "其相授, 則女受以篚, 無篚, 則坐奠, 而
後取, 唯常時所授受, 必如此, 故於喪祭有不暇也." 玄石亦曰: "通解・
昏義授受不親. 註曰: '不親者, 以手相與.' 內則曰其相授, 則女受以
篚, 恐不可以喪祭論也." 此兩說, 亦似有理.

번역 ○다시 살펴보니, 『소학집성』에서 보씨는 "서로 물건을 주고받게 된다면, 여자는 광주리를 이용해서 받고, 광주리가 없는 경우라면, 무릎을 꿇고서 땅에 물건을 놓아두면, 그 이후에 땅에서 물건을 들고 간다고 했는데, 이것은 평상시에만 물건을 주고받을 때 반드시 이와 같이 해야 한다는 뜻이다. 상사나 제사에는 이처럼 시행할 겨를이 없기 때문이다."라고 했다. 현석 또한 "『통해』「혼의(昏義)」편에서는 물건을 주고받을 때 직접 건네거나 받지 않는다고 했고, 주에서는 '불친(不親)이라는 것은 손으로 직접 건네지 않는다는 뜻이다.'라고 했다. 「내칙」편에서 서로 물건을 주고받게 된다면, 여자는 광주리를 이용해서 받는다고 했는데, 아마도 상사나 제사를 기준으로 논의할 수는 없을 것이다."라고 했다. 이러한 두 주장 또한 일리가 있는 것 같다.

② 皆坐.

補註 小學陳祚註: 男跪而以器停之於地, 而後女亦跪而取之, 女奠男取亦然. 陳氏以皆坐爲句, 非是.

번역 『소학』에 대한 진조[1]의 주에서 말하길, 남자가 무릎을 꿇고서 기물을 바닥에 내려놓으면, 그 뒤에 여자 또한 무릎을 꿇고서 물건을 드는데, 여자가 물건을 내려놓고 남자가 가져갈 때에도 이처럼 한다. 진호는 개좌(皆坐)를 하나의 구문으로 여겼는데, 잘못된 해석이다.

補註 ○按: 陳祚則以爲授之器者, 勿論男女, 皆先坐奠之, 待其起乃取之也. 其於不欲相偪之義, 尤爲精密.

번역 ○살펴보니, 진조는 물건을 건넬 때에는 남녀를 불문하고 모든 경우 먼저 무릎을 꿇고서 물건을 내려놓고, 그 사람이 일어날 때까지 기다렸다가 물건을 가져가는 뜻으로 여겼다. 서로 다급히 하지 않고자 한다는 의미에 있어서는 더욱 정밀한 해석이 된다.

---

1) 진조(陳祚, A.D.1382~A.D.1456) : 명나라 때의 학자이다. 자(字)는 영석(永錫)이다. 저서로는 『소학변혹(小學辨惑)』 등이 있다.

「내칙」 23장

참고―經文

外內不共井, 不共湢浴, 不通寢席, 不通乞假. 男女不通衣裳.
內言不出, 外言不入. 男子入內, 不嘯不指, 夜行以燭, 無燭則
止. 女子出門, ①必擁蔽其面, 夜行以燭, 無燭則止. 道路, 男子
由右, 女子由左.

번역 바깥채의 사람들과 안채의 사람들은 우물을 함께 쓰지 않고, 욕실을 함께 쓰
지 않으며, 침구를 함께 사용하지 않고, 빌리거나 빌려주지 않는다. 남자와 여자는
의복을 함께 사용하지 않는다. 집안의 말은 집밖으로 나가지 않고, 집밖의 말은 집
안으로 들이지 않는다. 남자가 집안으로 들어오면 휘파람을 불거나 손가락질을 하
지 않으며, 밤에 길을 갈 때에는 등불을 밝히고, 등불이 없다면 나가기를 그만둔다.
여자가 대문을 벗어나게 되면, 반드시 자신의 얼굴을 가리며, 밤에 길을 갈 때에는
등불을 밝히고, 등불이 없다면 나가기를 그만둔다. 도로에서 남자는 우측 길로 다니
고, 여자는 좌측 길로 다닌다.

① ○必擁蔽其面.

補註 按: 此下當著爲㫆吐, 諺讀誤.

번역 살펴보니, 이 구문 뒤에는 마땅히 며[㫆]토를 붙여야 하니, 『언독』의 토
는 잘못되었다.

「내칙」 24장

①子而孝, 父母必愛之; ①婦而敬, 舅姑必愛之. 然猶恐其恃愛
而於命或有所違也, 故以勿逆勿怠爲戒.

번역 아들로 태어나서 효도를 한다면, 부모는 반드시 그를 사랑하게 되고, 며느리
가 되어서 공경한다면, 시부모는 반드시 그녀를 사랑하게 된다. 그러나 본인을 사랑
한다는 사실을 믿고서, 명령에 대해서 간혹 위배하는 일이 발생할 것을 염려했기
때문에, 거역하지 말고, 태만하게 굴지 말라는 말로써 주의를 준 것이다.

① ○子而孝[又]婦而敬.

補註 沙溪曰: 孝敬, 當通子婦看.
번역 사계가 말하길, 효와 공경은 아들과 며느리에게 모두 통용되는 것으로
보아야 한다.

補註 ○按: 此章之意, 謂父母舅姑之命, 勿逆勿怠, 然後乃爲孝敬也. 陳
註及小註東萊說, 恐未然, 與親相忘云者, 尤有病.
번역 ○살펴보니, 이 문장의 뜻은 부모나 시부모의 명령에 대해서는 거스르
지 말아야 하며 태만히 해서도 안 되니, 이처럼 한 뒤에야 효와 공경이 된다
는 뜻이다. 진호의 주와 소주에 나온 동래의 주장은 아마도 그렇지 않을 것
이며, "부모와 함께 서로의 입장을 망각한다."는 것은 더더욱 병폐가 있다.

참고-大全 東萊呂氏曰: 旣孝敬也, 何必戒其逆怠? 蓋孝敬之人事親, 至於
與親相忘, 則慢心易生, 恐或至於逆怠, 故在所戒.
번역 동래여씨가 말하길, 이미 효도를 하고 공경하고 있는데, 하필이면 거역
하는 것과 태만하게 구는 것에 대해서 주의를 준 것인가? 무릇 효도를 하고
공경을 시행하는 사람이 부모를 섬길 때, 부모와 함께 서로의 입장을 망각하

는 지경에 이르게 된다면, 태만한 마음이 쉽게 발생하므로, 간혹 거역을 하거나 태만하게 구는 지경에 이르게 될 것을 염려한 것이다. 그렇기 때문에 이러한 내용에 대해서 주의를 준 것이다.

「내칙」 29장

父母有過, 下氣怡色柔聲以諫. 諫若不入, 起敬起孝, 說則復諫. 不說, ①與其得罪於鄕黨州閭, 寧孰諫. 父母怒不說, 而撻之流血, 不敢疾怨, 起敬起孝.

번역 부모에게 과실이 있다면, 숨소리를 낮추고, 얼굴빛을 평온하고 하며, 목소리를 유순하게 하여 간언을 한다. 간언을 했는데도, 만약 받아들이지 않는다면, 공경함과 효도를 더욱 발휘하고, 부모가 기뻐하면 재차 간언을 한다. 부모가 기뻐하지 않더라도, 부모가 마을 사람들에게 죄를 얻기보다는 차라리 조심스럽고 성숙된 자세로 간언을 하는 것이 낫다. 부모가 노여워하며 기뻐하지 않아서, 회초리를 때려 피가 흐르더라도, 감히 원망하지 않고, 공경함과 효도를 더욱 발휘한다.

① 與其得罪[止]州閭.

補註 疏曰: 使父母得罪.

번역 소에서 말하길, 부모로 하여금 죄를 짓도록 한다.

「내칙」 30장

①父母有婢子若庶子庶孫, 甚愛之, 雖父母沒, 沒身敬之不衰.

번역 부모에게 미천한 자에게서 출생한 자식이나 서자(庶子)나 서손(庶孫)이 있는데, 부모가 그들을 매우 사랑했다면, 비록 부모가 돌아가시더라도, 본인 또한 종신토록 그들을 공경해야 하며, 공경하는 마음이 줄어들어서는 안 된다.

① 〇父母有婢子.

補註 鄭註: 婢子, 所通賤人之子.

번역 정현의 주에서 말하길, '비자(婢子)'는 미천한 자에게서 출생한 자식을 뜻한다.

「내칙」 34장

참고-經文

> 舅姑使冢婦, 毋怠, ①不友無禮於介婦.

번역 시부모가 큰 며느리에게 어떤 일을 시키면, 큰 며느리는 태만하게 굴어서는 안 되며, 나머지 며느리들에게 감히 무례하게 굴어서도 안 된다.

① ○不友無禮於介婦.

補註 鄭註: 衆婦無禮, 冢婦不友之也.

번역 정현의 주에서 말하길, 나머지 며느리들이 무례하다면, 큰 며느리는 그녀들을 우애롭게 대하지 않는다.

補註 ○通解曰: 此句之義未詳. 註說, 恐未然也. 或疑友當作敢.

번역 ○『통해』에서 말하길, 이 구문의 뜻은 자세히 모르겠다. 주의 설명은 아마도 그렇지 않을 것이다. 혹자는 '우(友)'자는 감(敢)자로 기록해야 한다고 의심한다.

補註 ○按: 劉氏以毋怠不友無禮於介婦作一句者, 亦通. 而但所解有未當. 愚謂, 毋者, 禁止辭. 怠也·不友也·無禮也三者, 乃禁止之目也. 怠則憚其勞, 不友·無禮於介婦, 則驕其寵也.

번역 ○살펴보니, 유씨는 '무태불우무례어개부(毋怠不友無禮於介婦)'를 하나의 구문으로 보았는데, 이 또한 뜻이 통한다. 다만 그가 풀이한 것에 있어서는 합당하지 못한 점이 있다. 내가 생각하기에, '무(毋)'자는 금지사이다. 태(怠)라는 것과 불우(不友)라는 것과 무례(無禮)라는 세 가지는 금지의 대상이 된다. 태만하게 된다면 수고로운 일을 꺼리게 되고, 나머지 며느리들을 사귀지 않고 무례하게 군다면 총애를 믿고 교만하게 구는 것이다.

참고-集說 劉氏曰: 使, 以事使也. 毋, 禁止辭. 不友者, 不愛也. 無禮者, 不敬也. 言舅姑以事命冢婦, 則冢婦當自任其勞, 不可怠於勞而怨介婦不助己, 遂不愛敬之也.

번역 유씨가 말하길, '사(使)'자는 일을 시킨다는 뜻이다. '무(毋)'자는 금지사이다. '불우(不友)'라는 말은 사랑하지 않는다는 뜻이다. '무례(無禮)'라는 말은 공경하지 않는다는 뜻이다. 즉 시부모가 어떤 일을 큰 며느리에게 시키면, 큰 며느리는 마땅히 제 스스로 그 수고스러운 일을 처리해야 하며, 수고로운 일에 태만히 하며, 나머지 며느리들이 자신을 돕지 않는 것을 원망해서, 결국 그녀들을 사랑하지 않거나 공경하지 않아서는 안 된다는 뜻이다.

「내칙」 36장

不敢並行, ①<u>不敢並命</u>, 不敢並坐.

번역 나머지 며느리들은 큰 며느리에 대해서, 감히 나란히 걸을 수 없으며, 감히 나란히 명령을 받거나 내릴 수도 없고, 감히 나란히 앉을 수도 없다.

① ○不敢並命.

補註 鄭註: 命, 爲使令.

번역 정현의 주에서 말하길, '명(命)'은 심부름을 한다는 뜻이다.

補註 ○按: 陳註以命爲受命·出命兩事. 愚意, 只當以出命爲解.

번역 ○살펴보니, 진호의 주에서는 '명(命)'자를 명령을 받고 명령을 내린다는 두 가지 사안으로 여겼다. 내가 생각하기에 이것은 명령을 내린다는 뜻으로 풀이해야만 한다.

「내칙」 37장

참고—經文

凡婦不命適私室, 不敢退. 婦將有事, 大小必請於舅姑. 子婦無
私貨, ①無私畜, 無私器. 不敢私假, 不敢私與.

번역 모든 며느리들은 개인의 방으로 가라는 명령을 받지 않으면, 감히 물러나지
않는다. 며느리에게 장차 어떤 일이 있게 되면, 대소사에 관계없이, 반드시 시부모
에게 청하여 자문을 구한다. 자식과 며느리는 사적인 재화가 없고, 사적으로 비축하
는 일이 없으며, 사적으로 사용하는 기물이 없다. 따라서 감히 사적으로 빌려올 수
도 없고, 사적으로 빌려줄 수도 없다.

① ○無私畜.

補註 按: 畜, 陸音許六反, 又許又反, 又敕六反. 此兼畜聚·畜牧·六畜
三義, 未詳何指. 小學作蓄, 註, "蓄, 藏積之物."

번역 살펴보니, '畜'자에 대한 육음은 '許(허)'자와 '六(륙)'자의 반절음이며,
또한 '許(허)'자와 '又(우)'자의 반절음도 되고, 또한 '敕(칙)'자와 '六(륙)'자의
반절음도 된다. 이것은 '畜'자를 축적하고, 기르며, 육축(六畜)[1] 등 세 가지
의미를 모두 포함하는 것으로 본 것인데, 어떠한 뜻을 나타내는지는 정확히
나타나지 않는다. 『소학』에서는 '축(蓄)'자로 기록했고, 주에서는 "축(蓄)자
는 모으고 쌓아둔 사물을 뜻한다."라고 했다.

---

1) 육축(六畜)은 여섯 종류의 가축을 뜻한다. 말[馬], 소[牛], 양[羊], 닭[雞], 개[犬], 돼지
[豕]를 가리킨다. 『춘추좌씨전』「소공(昭公) 25년」편에는 "爲六畜·五牲·三犧, 以
奉五味."라는 기록이 있고, 이에 대한 두예(杜預)의 주에서는 "馬·牛·羊·雞·
犬·豕."라고 풀이했다.

「내칙」 39장

慶源輔氏曰: 姑嚴則婦賢, 凡此非特舅姑之便其私, 乃所以成婦之德也. 有事則私事大小也. 必請於舅姑, 無所隱也. 私貨, 謂不請於舅姑, 而專有之者. 喜如新受賜①人以與己, 己得以獻諸舅姑, 其喜一也. 始也, 人賜之, 今也, 親賜之, 又藏以待乏, 其心終一於舅姑也. 必請其故, 非誠於無私畜不私與者, 不能如此也.

번역 경원보씨[1]가 말하길, 시어미가 엄격하면, 며느리는 현명하게 되니, 무릇 이러한 것들은 단지 시부모가 개인적으로 편하게 하고자 함이 아니며, 이것은 곧 며느리의 덕성을 완성하는 방법이 된다. 어떤 일이 있다는 것은 개인적인 일로, 대소사를 모두 뜻한다. 반드시 시부모에게 청하는 것은 숨기는 바가 없기 때문이다. '사화(私貨)'는 시부모에게 청하지 않고, 자기마음대로 소유한 것이다. 기뻐할 때, 최초 다른 사람이 자신에게 건넨 물건을 받았을 때처럼 하는 것은 본인이 그 물건을 통해서 시부모에게 바칠 수 있어서이니, 그 기뻐함은 동일한 감정이 된다. 최초 남이 물건을 준 것인데, 현재는 시부모가 그것을 주었으며, 또한 그것을 보관하여 시부모가 사용하던 물건이 떨어질 때까지 기다리니, 그 마음은 시종일관 시부모를 향하고 있는 것이다. 반드시 옛 물건에 대해서 청하는 것은 진실로 사적으로 재물을 축적한 것이 없고, 사적으로 물건을 주지 않는 자가 아니라면, 이처럼 할 수 없다.

① 〇人以與己[止]一也.

補註 按: 如新受賜, 如更受賜, 當以舅姑之賜看, 小註說非.

---

1) 경원보씨(慶源輔氏, ?~?) : =보광(輔廣) · 보한경(輔漢卿). 남송(南宋) 때의 학자이다. 자(字)는 한경(漢卿)이고, 호(號)는 잠암(潛庵) · 전이(傳貽)이다. 여조겸(呂祖謙)과 주자(朱子)에게서 학문을 배웠다. 저서로는 『사서찬소(四書纂疏)』, 『육경집해(六經集解)』 등이 있다.

번역 살펴보니, '여신수사(如新受賜)'와 '여갱수사(如更受賜)'는 마땅히 시부모가 하사한 것으로 보아야 하니,²⁾ 소주의 설명은 잘못되었다.

---

2) 『예기』「내칙(內則)」: 婦或賜之飮食·衣服·布帛·佩帨·茝蘭, 則受而獻諸舅姑. 舅姑受之則喜, <u>如新受賜</u>. 若反賜之, 則辭. 不得命, <u>如更受賜</u>, 藏以待乏.

「내칙」 41장

①子弟猶歸器, 衣服·裘衾·車馬, 則必獻其上而后敢服用其
次也. 若非所獻, 則不敢以入於宗子之門, 不敢以貴富加於父
兄宗族.

번역 자손들 중 군왕 등으로부터 기물을 하사받게 되어, 의복·이불·수레나 말 등
을 받게 된다면, 반드시 그 중에서도 상등품을 종자(宗子)에게 바치고, 그런 뒤에
야 그 다음 등급의 것을 제 자신이 사용한다. 만약 종자의 작위가 그 물건을 사용할
수 없어서, 바치지 못했다면, 감히 그것을 착용하거나 사용하며, 종자의 집 대문으
로 들어가지 않으니, 감히 자신의 부귀함을 친족들보다 더 높일 수 없기 때문이다.

① 子弟猶歸器.

補註 類編曰: 未見其君上歸遺之意, 只是歸器于宗子. 器句, 馬句.

번역 『유편』에서 말하길, 군주가 보내준다는 뜻은 나타나지 않으니, 이것은
단지 종자에게 기물을 돌려준다는 뜻에 해당한다. '기(器)'자에서 구문을 끊
어야 하고, '마(馬)'자에서 구문을 끊어야 한다.

「내칙」 42장

참고-經文

①若富, 則具二牲, 獻其賢者於宗子. 夫婦皆齊而宗敬焉, 終事
而后敢私祭.

번역 종자(宗子)가 아닌 자손들 중 부귀한 자가 있다면, 두 마리의 희생물을 준비
하고, 그 중에서도 좋은 것을 종자에게 바친다. 두 부부는 모두 재계를 하고, 종자
의 집에 있는 종묘에 찾아가서, 제사를 도와 공경하는 마음을 표한다. 그 일을 끝낸
이후에야 되돌아와서 개인적인 제사를 지낸다.

① ○若富則具二牲章.

補註 疏曰: 此文雖主事大宗子, 而事小宗子者亦然.
번역 소에서 말하길, 이곳 문장은 비록 대종의 적장자를 섬기는 내용을 위주
로 언급했지만, 소종(小宗)의 적장자를 섬기는 방법 또한 이와 같다.

補註 ○通解呂氏曰: "宗子旣祭其祖禰, 則支子不得別祭, 所以嚴宗廟合
族屬, 故曰庶子不祭祖與禰, 明其宗也. 若己爲宗子而弟有子, 其弟旣
死, 其子欲祭其父, 必從祖祔食, 祭于宗子之家乎? 將就其宮而祭, 使其
子自主之乎? 從祖祔食, 祭于宗子之家, 止謂殤與無後者, 蓋殤與無後,
必宗子主之爲可, 若有後者, 亦使宗子主之, 則是子有不得事其父矣. 傳
曰: '子不私其父, 則不成爲子', 故兄弟生而異居, 所以盡子之私養, 及其
沒也, 反不得主祭, 於義可乎? 蓋異宮者, 必祭于其宮, 使其子主祭, 其
祭也, 必告于宗子而後行, 不得而專, 所以明其宗也. 宗子有祭, 必先與
焉, 卒祭而後祭其父, 故曰支子不祭, 祭必告于宗子." 又曰: "終事而後
敢私祭. 若非異宮, 則禮有所不得伸, 雖祔食於祖廟, 亦可以安, 所謂不
得已焉者也."
번역 ○『통해』에서 여씨가 말하길, "종자는 조부와 부친에 대한 제사를 지

내므로, 지자(支子)는 별도의 제사를 지낼 수 없으니, 종묘의 제사를 엄격히 하고 족인들을 통합하기 위한 것이다. 그렇기 때문에 '서자는 조부와 부친의 제사를 지낼 수 없으니, 종자의 권위를 드러내기 위해서이다.'[1]라고 말한 것이다. 만약 본인이 종자의 신분이고 동생에게 자식이 있는데, 동생이 이미 죽은 상태이고 그의 자식이 자신의 부친에 대해서 제사를 지내고자 한다면, 조부에 대한 제사에 따라 함께 합사하여 흠향을 드려 종자의 집에서 제사를 지내야 하는가? 아니면 그의 집으로 가서 제사를 지내며 그의 자식으로 하여금 직접 그 제사를 주관하도록 해야 하는가? 조부에 대한 제사에 따라 합사하여 함께 흠향을 드리며 종자의 집에서 제사를 지낸다는 것은 단지 요절한 자나 성인이 되어서 죽었더라도 후손이 없는 자의 경우를 뜻하니, 요절을 했거나 후손이 없는 자라면 반드시 종자가 그의 제사를 주관하는 것이 옳다. 만약 후손이 있는 경우인데, 이러한 경우에도 종자로 하여금 그 제사를 주관하게 한다면 그의 자식은 자신의 부친에 대한 제사를 지낼 수 없게 된다. 전문에서는 '자식이 자신의 부친을 자신의 부친으로 여기지 못한다면, 자식이 될 수 없다.'라고 했다. 그렇기 때문에 형제가 태어나면 건물을 달리해서 거주하니, 자식이 사적으로 봉양하는 도리를 다하기 위함인데, 부친이 돌아가셨을 때 도리어 그 제사를 주관하지 못한다면 도의상 옳은 처사겠는가? 건물을 달리해서 거주하는 경우에는 반드시 그 집에서 제사를 지내며, 그의 자식으로 하여금 제사를 주관하도록 하고, 제사를 지낼 때에는 반드시 종자에게 이러한 사실을 아뢴 뒤에 시행하여 자기 마음대로 할 수 없으니, 이것은 종자의 권위를 드러내기 위해서이다. 종자에게 시행할 제사가 있다면 반드시 그 제사에 먼저 참여하고, 그 제사가 끝난 이후에 자신의 부친에 대한 제사를 지낸다. 그렇기 때문에 '지자는 제사를 지내지 않으며, 제사를 지내게 되면 반드시 종자에게 아뢴다.'[2]라고 한 것이다."라고 했다. 또 말하길, "제사가 끝낸 뒤에야 감히 사적인 제사를 지낸다. 만약 건물을 달리해서 거주하

---

1) 『예기』「상복소기(喪服小記)」: 庶子不祭祖者, 明其宗也. / 『예기』「상복소기」: 庶子不祭禰者, 明其宗也.
2) 『예기』「곡례하(曲禮下)」: 支子不祭, 祭必告于宗子.

지 않는 경우라면, 예법상 자신의 정감을 펼칠 수 없는 점이 있으니, 비록 조부의 묘에 합사하여 함께 흠향을 드리더라도 부친의 혼령을 편안히 모실 수 있으며, 이른바 부득이한 경우에 해당한다."라고 했다.

「내칙」 43장

①飯: 黍 · 稷 · 稻 · 粱 · 白黍 · 黃粱, 稰穛.

번역 밥 종류로는 메기장 · 차기장 · 벼 · 조 · 백색 메기장 · 황색 조가 있으며, 이러한 것들은 곡식이 다 여물고 난 뒤에 수확한 것도 있고, 아직 다 익기 전에 수확한 것도 있다.

① ○飯黍稷[止]稰穛.

補註 疏曰: 案玉藻, 諸侯朔食四簋, 黍 · 稷 · 稻 · 粱. 此則據諸侯, 其天子則加以麥 · 苽爲六.

번역 소에서 말하길, 『예기』「옥조(玉藻)」편을 살펴보면, 제후가 삭식(朔食)을 할 때 4개의 궤(簋)를 차려내는데, 그때 담는 밥은 메기장 · 차기장 · 벼 · 조라고 했다. 따라서 이곳 기록은 제후에 대한 경우를 기준으로 한 것으로, 천자의 경우라면, 보리와 줄을 더하여 여섯 종류로 하게 된다.

補註 ○周禮 · 膳夫註: 苽, 古吳反, 彫胡也.

번역 ○『주례』「선부(膳夫)」편의 주에서 말하길, '苽'자는 '古(고)'자와 '吳(오)'자의 반절음이며, 조호라는 식물이다.

補註 ○類編曰: 白黍 · 黃粱, 非恒用之物, 或是參用於黍 · 稷本數之內. 註云六種, 未當.

번역 ○『유편』에서 말하길, 백서(白黍)나 황량(黃粱)은 항상 사용하는 사물이 아니니, 서(黍)나 직(稷) 등 본래 사용하는 수량 이내에서 함께 섞어서 사용했을 것이다. 따라서 주에서 여섯 종류라고 한 말은 합당하지 않다.

「내칙」 44~47장

참고─經文

①膳: 膷·臐·膮·醢·牛炙. 醢·牛胾·醢·牛膾. 羊炙·羊
胾·醢·豕炙. 醢·豕胾·芥醬·魚膾.

번역 음식으로는 소고깃국·양고깃국·돼지고깃국·구운 소고기를 차려내니, 이것
이 1열을 이룬다. 육장·저민 소고기·젓갈·소고기 육회를 차려내니, 이것이 2열
을 이룬다. 양고기 적·저민 양고기·젓갈·돼지고기 적을 차려내니, 이것이 3열을
이룬다. 젓갈·저민 돼지고기·개장(芥醬)·물고기 회를 차려내니, 이것이 4열을
이룬다.

① ○膳膷臐[止]魚膾.

補註 按: 十六豆四行排列之次, 詳見儀禮·公食大夫禮. 而公食禮又曰,
"上大夫庶羞二十, 加於下大夫以雉·兎·鶉·鴽."

번역 살펴보니, 16개의 두(豆)를 4열로 배열하는 순서는 『의례』「공사대부례
(公食大夫禮)」편에 상세히 나온다. 「공사대부례」편에서는 또한 "상대부의
서수(庶羞)는 20가지이니, 하대부의 것에서 꿩·토끼·메추라기·세가락메
추라기가 추가된다."[1]라고 했다.

補註 ○鄭註: 以公食大夫禮饌校之, 則膮·牛炙間不得有醢, 醢, 衍字也.
번역 ○정현의 주에서 말하길, 「공사대부례」편에서 차려내는 음식들을 통해
비교해보면, 효(膮)와 우적(牛炙) 사이에는 '해(醢)'가 있을 수 없으니, '해
(醢)'자는 연문으로 잘못 기록된 글자이다.

---

1) 『의례』「공사대부례(公食大夫禮)」: 上大夫庶羞二十, 加於下大夫以雉·兎·
鶉·鴽.

腳, 牛①臛. 臐, 羊臛. 膮, 豕臛. 皆香美之名也. 醢字衍, 當刪.
牛炙, 炙牛肉也. 此四物爲四豆, 共爲一行.

번역 '향(腳)'자는 소고깃국을 뜻한다. '훈(臐)'자는 양고깃국을 뜻한다. '효(膮)'
자는 돼지고깃국을 뜻한다. 이 모두는 향미로운 음식들을 뜻한다. '해(醢)'자는 연
문(衍文)으로 잘못 기록된 글자이니, 마땅히 삭제를 해야 한다. '우적(牛炙)'은 소
고기를 구운 것이다. 이 네 가지 음식들은 4개의 두(豆)에 차려내니, 이 모두는 1열
을 이룬다.

① ▼(月+霍).

補註 沙溪曰: 羹也.

번역 사계가 말하길, 국을 뜻한다.

「내칙」 48장

①雉·兎·鶉·鷃.

번역 음식으로는 꿩고기·토끼고기·메추라기고기·세가락 메추라기고기를 차려 내니, 이것이 5열을 이룬다.

① 雉兎鶉鷃.

補註 公食大夫禮: "上大夫庶羞二十, 加於下大夫, 以雉·兎·鶉·鷃." 鄭註: "鷃, 無母." 疏曰: "鷃無母者, 按爾雅·釋鳥, '鷃, 鴾母.' 郭氏曰: '鷃也, 靑州人呼曰鴾母.'"

번역 『의례』「공사대부례(公食大夫禮)」편에서 말하길, "상대부의 서수(庶羞)는 20가지이니, 하대부의 것에서 꿩·토끼·메추라기·세가락메추라기가 추가된다."[1]라고 했고, 정현의 주에서는 "여(鷃)는 무모(無母)라는 새이다."라고 했으며, 소에서는 "여(鷃)는 무모(無母)라는 새라고 했는데, 『이아』「석조(釋鳥)」편에서는 '여(鷃)는 모모(鴾母)라는 새이다.'[2]라고 했고, 곽씨는 '안(鷃)을 청주 사람들은 모모(鴾母)라고 부른다."라고 했다.

補註 ○字彙: 鷃, 鷃也. 鷃, 卽鶉鷃也. 鶉鷃, 鳥名. 鶉鷃有二種, 有丹有白.

번역 ○『자휘』에서 말하길, 안(鷃)은 여(鷃)라는 새이다. 여(鷃)는 요순(鶉鷃)이라는 새이다. 암순(鶉鷃)은 새 이름이다. 암순은 2종류가 있으니 붉은 색인 것이 있고 백색인 것이 있다.

---

1) 『의례』「공사대부례(公食大夫禮)」: 上大夫庶羞二十, 加於下大夫以雉·兎·鶉·鷃.
2) 『이아』「석조(釋鳥)」: 鷃, 鴾母.

補註 ○按: 以公食疏, 則鷁鶉是一物二名. 以字彙則鶝駕 · 鶉鷁, 亦同是一物, 而但四者皆是一物, 則今於食大夫之羞, 何有鶉而又有鷁也? 可疑. 月令補註, 又有所論, 當參考.

번역 ○살펴보니, 「공사대부례」편의 소에 따르면 암(鷁)과 순(鶉)은 동일한 사물의 별개 명칭이 된다. 『자휘』에 따르면 안여(鶝駕)와 순암(鶉鷁)은 또한 동일한 사물이 되는데, 그렇다면 이 네 가지는 모두 동일한 사물에 해당하지만, 현재 대부에게 식사를 대접하며 차려내는 음식에 어찌하여 순(鶉)이 있고 또 안(鷁)도 있단 말인가? 의문스러운 부분이다. 『예기』「월령(月令)」편의 보주에서도 논의한 바가 있으니 마땅히 참고해야 한다.

「내칙」 49장

참고—經文

①飮: 重醴, 稻醴淸糟, 黍醴淸糟, 梁醴淸糟, 或以酏爲醴, 黍酏·漿水·醷·濫.

번역 마실 것을 진설할 때에는 감주를 짝이 되도록 진설하니, 벼로 빚은 감주에는 맑은 것이 있으며 또 탁한 것이 있고, 메기장으로 빚은 감주에는 맑은 것이 있고 또 탁한 것이 있으며, 조로 빚은 감주에는 맑은 것이 있으며 또 탁한 것이 있다. 혹은 죽으로 감주를 빚기도 하며, 메기장으로 만든 죽·식초·매실로 만든 식초·남(濫) 등이 있다.

① ○飮重醴[止]醷濫.

補註 鄭註: "濫, 以諸和水也. 以周禮六飮校之, 則濫, 涼也. 紀·莒之間, 名諸爲濫." 疏曰: "諸者, 衆雜之辭, 謂以諸雜糗飯之屬和水也." 又曰: "漿人六飮, 一曰水, 則此經水也. 二曰漿, 則此經漿也. 三曰醴, 則此經醴也, 但用淸耳. 四曰涼, 則此經濫也. 五曰醫, 則此經或以酏爲醴也. 六曰酏, 則此經黍酏也. 六飮之外, 此經有醷, 鄭司農之意, 醫與醷爲一物, 鄭知醷爲梅漿者, 見下文云: '調之以醯醷'及'若醷醢', 則醷是醢之類也. 又云: '獸用梅', 故知梅漿也."

번역 정현의 주에서 말하길, "남(濫)은 여러 가지 것들을 물에 섞는 것이다. 『주례』에 기록된 육음(六飮)과 비교해보면, 남(濫)은 양(涼)이 된다. 기(紀)와 거(莒) 지역에서는 제(諸)를 남(濫)이라고 부른다."라고 했다. 소에서 말하길, "'제(諸)'는 많고 여러 개가 섞여 있을 때 쓰는 말이다. 여러 볶은 곡식과 밥을 물에 섞은 것을 뜻한다."라고 했다. 또 말하길, "『주례』「장인(漿人)」편을 살펴보면 육음(六飮)이 나오는데,[1] 첫 번째를 '수(水)'라고 부르니, 이

---

1) 『주례』「천관(天官)·장인(漿人)」: 漿人掌共王之六飮, 水·漿·醴·涼·醫·酏,

곳 경문에서 수(水)라고 한 것에 해당한다. 두 번째를 '장(漿)'이라고 부르니, 이곳 경문에서 장(漿)이라고 한 것에 해당한다. 세 번째를 '예(醴)'라고 부르니, 이곳 경문에서 예(醴)라고 한 것에 해당하지만, 맑은 것을 사용할 따름이다. 네 번째를 '양(涼)'이라고 부르니, 이곳 경문에서 남(濫)이라고 한 것에 해당한다. 다섯 번째를 '의(醫)'라고 부르니, 이곳 경문에서 '어떤 것은 죽으로 감주를 빚는다.'라고 한 것에 해당한다. 여섯 번째를 '이(酏)'라고 부르니, 이곳 경문에서 서이(黍酏)라고 한 것에 해당한다. 여섯 가지 마실 것 외에도 이곳 경문에는 별도로 '의(醷)'라는 것이 기록되어 있다. 정사농의 주장대로라면, 의(醫)와 의(醷)는 동일한 사물이 되며, 정현이 의(醷)가 매실로 담근 장(漿)이 됨을 알 수 있었던 것은 아래문장에서 '혜(醯)와 해(醢)로써 맛의 조화를 맞춘다.'[2]라고 했고, '혜의(醯醷)와 같은 것'[3]이라고 했으니, 의(醷)는 곧 혜(醯)의 부류가 된다. 또한 '고기에는 매(梅)를 사용한다.'[4]라고 했기 때문에, 매장(梅漿)이 된다는 사실을 알 수 있다."라고 했다.

補註 ○按: 漿人六飮, 水·漿·醴·涼·醫·酏. 疏曰: "酒正辨四飮, 無水涼者, 水則臨時取用, 涼則至用乃和, 不須預辨故也." 以此觀之, 漿與水爲各物無疑, 而陳註不明釋. 諺讀亦連之, 恐誤.

번역 ○살펴보니, 「장인」편에 나오는 육음(六飮)은 수(水)·장(漿)·예(醴)·양(涼)·의(醫)·이(酏)이다. 소에서는 "『주례』「주정(酒正)」편에서는 네 가지 마실 것을 변별한다고 했는데,[5] 여기에는 수(水)와 양(涼)이 나

入于酒府.

2) 『예기』「내칙(內則)」: 炮, 取豚若將, 刲之刳之, …… 使其湯毋滅鼎, 三日三夜毋絶火, 而后調之以醯醢.

3) 『예기』「내칙(內則)」: 漬, 取牛肉, 必新殺者, 薄切之, 必絶其理, 湛諸美酒, 期朝而食之, 以醢若醯醷.

4) 『예기』「내칙(內則)」: 膾, 春用蔥. 秋用芥, 豚春用韭. 秋用蓼, 脂用蔥, 膏用薤, 三牲用藙, 和用醯, 獸用梅.

5) 『주례』「천관(天官)·주정(酒正)」: 辨四飮之物, 一曰淸, 二曰醫, 三曰漿, 四曰酏.

오지 않으니, 수(水)는 그 때에 임해서 사용하는 것이고, 양(涼)은 사용하여 맛의 조화를 이루는 것이니, 미리 변별할 필요가 없기 때문이다."라고 했다. 이를 통해 살펴보면 장(漿)과 수(水)가 별개의 사물임은 의심할 것이 없는데, 진호의 주에서는 명확하게 풀이하지 않았다. 『언독』에서는 또한 연결해서 풀이했으니, 아마도 잘못된 해석인 것 같다.

「내칙」50장

①酒: 淸·白.

번역 술로는 청주(淸酒)와 백주(白酒) 등이 있다.

① ○酒淸白.

補註 鄭註: 酒, 目諸酒也.

번역 정현의 주에서 말하길, '주(酒)'자는 여러 술들의 항목이 된다.

淸, ①淸酒也. ②祭祀之酒, ①事酒·昔酒俱白, 故以白名之. 有
事而飮者謂之事酒, 無事而飮者名昔酒.

번역 '청(淸)'자는 청주(淸酒)[1]를 뜻한다. 제사를 지낼 때 사용하는 주(酒) 중 사
주(事酒)[2]와 석주(昔酒)[3]는 모두 백색이다. 그렇기 때문에 '백(白)'이라고 부르는

---

1) 청주(淸酒)는 삼주(三酒) 중 하나이다. 제사에서 사용하는 술이며, 삼주 중 가장
   맑은 술에 해당하므로 '청주'라고 부른다. '청주'는 중산(中山) 지역에서 겨울에 술을
   담가서 여름쯤 다 익은 술을 뜻한다.
2) 사주(事酒)는 삼주(三酒) 중 하나이다. 정사농(鄭司農)의 주장에 따르면 어떤 사안
   이 있어서 마시게 되는 술을 뜻한다. 정현(鄭玄)의 주장에 따르면 일을 맡아본 자에
   게 따라주는 술을 뜻하며, 역주(醳酒)에 해당한다.
3) 석주(昔酒)는 삼주(三酒) 중 하나이다. 정사농(鄭司農)의 주장에 따르면 특별한
   일이 없을 때 마시는 술을 뜻한다. 정현(鄭玄)의 주장에 따르면 오래 숙성시킨 술로
   백주(白酒)와 같은 것이다.

것이다. 어떤 사안이 있어서 마시는 것을 '사주(事酒)'라고 부르고, 특별한 일이 없는데 마시는 것을 '석주(昔酒)'라고 부른다.

① 淸酒事酒昔酒.

補註 按: 此卽周禮三酒, 見郊特牲註.

번역 살펴보니, 이것은 『주례』에 나오는 삼주(三酒)에 해당하는 것으로, 『예기』「교특생(郊特牲)」편의 주에 나온다.

② 祭祀之酒.

補註 按: 淸酒, 雖祭祀所供, 而乃用以酬酢者, 人所飮故也. 五齊, 是獻神之酒也. 詳見周禮 · 天官 · 酒正.

번역 살펴보니, 청주(淸酒)는 비록 제사 때 공급되는 것이지만, 이 술을 사용하여 잔을 돌리는 것은 사람들이 마시는 것이기 때문이다. 오제(五齊)는 신에게 바치는 술이다. 자세한 내용은 『주례』「천관(天官) · 주정(酒正)」편에 나온다.

「내칙」51장

①羞: 糗餌・粉酏.

번역 변(籩)에 담아내는 음식으로는 경단과 인절미가 있다.

① 羞糗餌粉酏.

補註 鄭註: 羞, 目諸羞也.

번역 정현의 주에서 말하길, '수(羞)'자는 여러 음식들의 항목이 된다.

周禮"①羞籩之實, 糗餌粉餈." 此酏字當讀爲餈, 記者誤耳. 許
愼云: "餈, 稻餅也. 炊米擣之." 粉餈, 以豆爲粉, 糝餈上也. 糗,
炒乾米麥也. 擣之以爲餌. 蓋先屑爲粉, 然後②溲之, 餌之言堅
潔若玉珥也. 餈之言滋也.

번역 『주례』에서는 "변(籩)에 담아내는 음식으로는 구이(糗餌)와 분자(粉餈)가
있다."라고 했다. 이곳의 '이(酏)'자는 마땅히 '자(餈)'자로 풀이해야 하니, 『예기』
를 기록한 자가 글자를 잘못 기록한 것일 뿐이다. 허신은 "'자(餈)'는 쌀로 만든 떡
이다. 밥을 짓고서 찧어서 만든다."라고 했다. '분자(粉餈)'는 콩을 가루로 만들어
서, 떡 위에 묻힌 것이다. '구(糗)'는 말린 쌀과 보리를 볶은 것이다. 그것을 찧어서
경단으로 만든다. 무릇 먼저 빻아서 가루를 만들고, 그런 뒤에 반죽을 하는 것으로,
'이(餌)'는 단단하고 깨끗한 것이 마치 옥으로 만든 귀걸이와 같다는 뜻이다. '자
(餈)'자는 "윤기가 흐른다[滋]."라는 뜻이다.

① 羞籩[止]粉餈.

補註 天官·籩人文.

번역 『주례』「천관(天官)·변인(籩人)」편의 기록이다.[1]

② 溲之.

補註 字彙: 溲, 水調粉麪也.

번역 『자휘』에서 말하길, '수(溲)'는 물을 가루에 섞는다는 뜻이다.

---

1) 『주례』「천관(天官)·변인(籩人)」: 羞籩之實, 糗餌·粉餈.

참고—經文

①食②蝸醢, 而苽食雉羹, 麥食脯羹·雞羹, 折稌犬羹·兎羹, 和糝不蓼.

번역 쌀밥을 먹을 때에는 소라로 담근 젓갈을 곁들이고, 고미밥을 먹을 때에는 꿩국을 곁들이며, 보리밥을 먹을 때에는 포로 끓인 국·닭국을 곁들이고, 쌀을 찧어서 만든 밥에는 개고깃국·토끼고깃국을 곁들이되, 맛의 조화를 맞추고, 풀죽에는 요(蓼)라는 풀은 넣지 않는다.

① 食.

補註 鄭註: 目人君燕食所用也.

번역 정현의 주에서 말하길, 군주가 연사(燕食)¹⁾를 할 때 사용되는 것들의 항목이 된다.

補註 ○按: 上文飯下註云, 目諸飯之品, 膳下飲下亦然, 而於此獨闕之, 可欠.

번역 ○살펴보니, 앞 문장에 나온 밥[飯]에 대한 주에서는 여러 밥 종류들의 항목이 된다고 했고, 선(膳)과 음(飲)에 대해서도 이처럼 풀이했는데, 이상

---

1) 연사(燕食)는 군주를 포함한 모든 계층들이 일상적으로 먹는 오찬이나 만찬을 뜻한다. 『주례』「천관(天官)·선부(膳夫)」에는 "王燕食, 則奉膳贊祭."라는 기록이 있고, 이에 대한 정현의 주에서는 "燕食, 謂日中與夕食."라고 풀이했다. 한편 손이양(孫詒讓)의 『주례정의(周禮正義)』에서는 "王日三食, 日中與夕食, 饌具減殺, 別於禮食及朝食盛饌, 故謂之燕食."라고 풀이했다. 즉 군주는 하루에 세 차례 식사를 하는데, 오찬 및 만찬에는 반찬의 가짓수가 적기 때문에, 예사(禮食)나 조찬 때 차려내는 성찬(盛饌)과는 구별이 된다. 그렇기 때문에 '연사'라고 부른다. 또한 연회를 시행할 때, 사용하는 음식을 뜻하기도 한다.

하게도 이곳에서만 유독 그 품목들을 생략했다.

② 蝸醢[止]雉羹.

補註 疏曰: 謂以蝸爲醢, 以苽爲飯, 以雉爲羹. 三者味相宜.
번역 소에서 말하길, 소라로 젓갈을 담그고, 고(苽)로 밥을 지으며, 꿩고기로 국을 만든 것을 뜻한다. 이 세 가지 음식은 그 맛이 서로 어울린다.

補註 ○按: 蝸醢, 恐是凡食時皆用, 而苽食雉羹以下, 方說味之相宜也.
번역 ○살펴보니, 와해(蝸醢)라는 것은 아마도 밥을 먹을 때 모두 사용했을 것이며, 고사(苽食)와 치갱(雉羹)으로부터 그 이하의 내용은 맛이 서로 어울리는 것들을 설명하려고 한 것이다.

補註 ○韻會: 苽, 彫胡也, 亦作安胡. 枚乘云, "安胡之飯, 今所食菱苗米也, 亦作菰."
번역 ○『운회』에서 말하길, '고(苽)'는 조호(彫胡)라는 식물이며 또한 안호(安胡)라고도 기록한다. 매승[2]은 "안호로 지은 밥은 오늘날 먹는 교묘(菱苗)의 알곡으로 밥에 해당하는데, 이것은 또한 고(菰)로도 기록한다."라고 했다.

---

2) 매승(枚乘, ?~B.C. 140): 전한(前漢) 때의 문인이다. 자(字)는 숙(叔)이다.

「내칙」53장

참고—經文

濡豚, 包苦實蓼; 濡雞, 醢醬實蓼; 濡魚, ①卵醬實蓼; 濡鼈, 醢醬實蓼.

번역 돼지고기를 삶을 때에는 씀바귀로 겉을 싸고, 배 안에 요(蓼)라는 식물을 채워서 삶으며, 닭고기를 삶을 때에는 젓갈로 국물의 간을 맞추고, 배 안에 요(蓼)라는 식물을 채워서 삶고, 물고기를 삶을 때에는 물고기 알로 담근 젓갈로 국물의 간을 맞추고, 배 안에 요(蓼)라는 식물을 채워서 삶으며, 자라를 삶을 때에는 젓갈로 국물의 간을 맞추고, 배 안에 요(蓼)라는 식물을 채워서 삶는다.

① ○卵醬.

補註 按: 卵讀爲鯤者, 鄭註也. 疏曰, "知卵讀爲鯤者, 以鳥卵非爲醬之物, 故讀爲鯤, 鯤, 魚子也."

번역 살펴보니, '난(卵)'자를 곤(鯤)자로 풀이하는 것은 정현의 주에 나오는 주장이다. 소에서 말하길, "난(卵)자를 곤(鯤)자로 풀이해야 함을 알 수 있는 이유는 새의 알은 장으로 담그는 대상이 아니기 때문에 곤(鯤)자로 풀이한 것이다. '곤(鯤)'은 물고기의 알을 뜻한다."라고 했다.

補註 ○又按: 魯語, "魚禁鯤鮞", 韋昭曰, "魚未成子在胎也." 然則鯤, 乃今俗魚卵之名.

번역 ○또 살펴보니, 『국어』「노어(魯語)」편에서는 "물고기에 대해서는 알이나 치어를 잡지 못하게 금지한다."[1]라고 했고, 위소[2]는 "물고기 중 아직

---

1) 『국어』「노어상(魯語上)」: 且夫山不槎蘖, 澤不伐夭, 魚禁鯤鮞, 獸長麑麋, 鳥翼 鷇卵, 蟲舍蚔蝝, 蕃庶物也, 古之訓也.

2) 위소(韋昭, A.D.204~A.D.273): 삼국시대(三國時代) 때 오(吳)나라의 학자이다. 자

성숙하지 않은 것과 뱃속에 있는 알을 뜻한다."라고 했다. 그렇다면 '곤(鯤)'이라는 것은 오늘날 세속에서 어란(魚卵)을 부르는 명칭에 해당할 것이다.

補註 ○字彙: 卵, 又公魂切, 音鯤, 魚子也.
번역 ○『자휘』에서 말하길, '卵'자는 또한 '公(공)'자와 '魂(혼)'자의 반절음이니, 그 음은 '鯤(곤)'이고 물고기 알을 뜻한다.

(字)는 홍사(弘嗣)이다. 사마소(司馬昭)의 이름을 피휘하여, 요(曜)로 고쳤다. 저서로는 『국어주(國語注)』 등이 있다.

「내칙」 54장

참고-經文

股脩蚳醢, 脯羹兔醢, 麋膚魚醢, 魚膾芥醬, ①麋腥醢醬, ②桃
諸梅諸卵鹽.

번역 조미육포에는 왕개미 알로 담근 젓갈을 곁들이고, 포(脯)로 끓인 국에는 토끼
고기로 담근 육장을 곁들이며, 큰 사슴의 저민 고기에는 물고기로 담근 젓갈을 곁
들이고, 물기기 회에는 개장(芥醬)을 곁들이며, 큰 사슴의 생고기에는 젓갈과 장을
곁들이고, 복숭아 절임과 매실 절임에는 난염(卵鹽)을 곁들인다.

① ○麋腥醢醬.

補註 疏曰: 還以麋醢配之也.

번역 소에서 말하길, 다시금 큰 사슴고기로 담근 육장을 곁들인다는 의미이다.

② 桃諸梅諸卵鹽.

補註 按: 諺讀桃諸下句絶, 誤.

번역 살펴보니, 『언독』에서는 도저(桃諸) 뒤에서 구문을 끊었는데, 잘못된
해석이다.

참고-集說

①股脩, 見前. 蚳醢, 以蚳蜉子爲醢也. 謂食股脩者, 以蚳醢配
之; 食脯羹者, 以兔醢配之. 餘倣此. 麋, 鹿之大者. 膚, 切肉也.
麋腥, 生麋肉也. 諸, 菹也. 桃梅皆爲菹藏之, 欲藏必令稍乾, 故
②周禮謂之乾藤. 食之則和以卵鹽. 大鹽形似鳥卵, 故名卵鹽也.

번역 '단수(股脩)'에 대해서는 앞에 그 설명이 나온다. '지해(蚳醢)'는 왕개미의 알로 젓갈을 담근 것이다. 즉 단수를 먹을 때에는 지해를 함께 곁들여서 먹는다는 뜻이며, 포(脯)로 만든 국을 먹을 때에는 토끼고기로 담근 젓갈을 곁들인다는 의미이다. 나머지 음식들도 모두 이러한 의미이다. '미(麋)'는 사슴 중에서도 몸집이 큰 것이다. '부(膚)'는 고기를 잘게 썬 고기이다. '미성(麋腥)'은 생으로 된 미(麋)의 고기이다. '제(諸)'자는 채소 절임을 뜻한다. 복숭아와 매실은 모두 절임을 해서 보관하니, 보관을 하려고 하면, 반드시 좀 더 건조를 시켜야 하기 때문에, 『주례』에서는 이것을 '건료(乾蔡)'라고 부른 것이다. 이것을 먹을 때에는 난염(卵鹽)을 곁들여서 맛을 낸다. 대염(大鹽)의 모습은 마치 새의 알과 같기 때문에, '난염(卵鹽)'이라고도 부르는 것이다.

① 股脩見前.

補註 按: 此卽郊特牲諸侯爲賓章也. 其補註, 亦當參考.

번역 살펴보니, 이것은 『예기』「교특생(郊特牲)」편의 "제후가 빈객이 된다."는 장[1]에 해당한다. 그곳의 보주에 대해서도 마땅히 참고해야만 한다.

② 周禮謂之乾蔡.

補註 見天官·籩人.

번역 『주례』「천관(天官)·변인(籩人)」편에 나온다.[2]

補註 ○字彙: 蔡, 音老, 蜀志, "蜀名梅爲蔡."

번역 ○『자휘』에서 말하길, '蔡'자의 음은 '老(로)'이며, 「촉지」에서는 "촉 지역에서는 매(梅)를 료(蔡)라고 부른다."라고 했다.

---

1) 『예기』「교특생(郊特牲)」: 諸侯爲賓, 灌用鬱鬯, 灌用臭也. 大饗尙股脩而已矣.
2) 『주례』「천관(天官)·변인(籩人)」: 饋食之籩, 其實棗·栗·桃·乾蔡·榛實.

「내칙」 55장

참고―經文

凡①食齊視春時, 羹齊視夏時, 醬齊視秋時, 飲齊視冬時.

번역 무릇 밥을 차릴 때에는 봄철의 기운에 견주어 따뜻하게 내놓고, 국을 차릴 때에는 여름철의 기운에 견주어 뜨겁게 내놓으며, 장을 차릴 때에는 가을철의 기운에 견주어 서늘하게 내놓고, 음료를 차릴 때에는 겨울철의 기운에 견주어 시원하게 내놓는다.

① 食齊視春時.

補註 周禮疏曰: 齊, 齊和也. 視, 比也.

번역 『주례』의 소에서 말하길, '제(齊)'자는 맛을 조화롭게 한다는 뜻이다. '시(視)'자는 견준다는 뜻이다.

補註 ○按: 自此至魚宜苽, 亦見周禮·天官·食醫.

번역 ○살펴보니, 이 구문으로부터 "생선국에는 고미밥이 적합하다."[1]라고 한 구문까지는 또한 『주례』「천관(天官)·식의(食醫)」편에 나온다.[2]

---

1) 『예기』「내칙(內則)」 : 牛宜稌, 羊宜黍, 豕宜稷, 犬宜粱, 鴈宜麥, 魚宜苽.
2) 『주례』「천관(天官)·식의(食醫)」 : 凡食齊眡春時, 羹齊眡夏時, 醬齊眡秋時, 飲齊眡冬時. 凡和, 春多酸, 夏多苦, 秋多辛, 冬多鹹, 調以滑甘. 凡會膳食之宜, 牛宜稌, 羊宜黍, 豕宜稷, 犬宜粱, 鴈宜麥, 魚宜菰.

「내칙」 58장

①春宜羔豚, 膳膏薌; 夏宜腒鱐, 膳膏臊; 秋宜犢麛, 膳膏腥; 冬宜鮮羽, 膳膏羶.

번역 봄에는 새끼양고기와 돼지고기가 적합하고, 그것을 조리할 때에는 소의 지방을 이용하며, 여름에는 말린 꿩고기와 말린 물고기가 적합하고, 그것을 조리할 때에는 개의 지방을 이용하며, 가을에는 송아지 고기와 새끼 사슴고기가 적합하고, 그것을 조리할 때에는 닭의 지방을 이용하며, 겨울에는 살아있는 물고기와 기러기고기가 적합한데, 그것을 조리할 때에는 양의 지방을 이용한다.

① ○春宜羔豚[止]膏羶.

補註 按: 此章亦見天官·庖人. 但宜字作行.

번역 살펴보니, 이 문장 또한 『주례』「천관(天官)·포인(庖人)」편에 나오는데,[1] '의(宜)'자를 행(行)자로 기록했다.

牛膏薌, 犬膏臊, 雞膏腥, 羊膏羶. 如春時食羔豚, 則煎之以牛膏, 故云膳膏薌也. 餘倣此. 腒, 乾雉. 鱐, 乾魚. 麛, 鹿子. 鮮, 生魚. 羽, 鴈也. 舊說此膳所宜, 以①五行衰王相參, 乃方氏燥濕疾遲强弱之說, 今皆略之.

---

1) 『주례』「천관(天官)·포인(庖人)」: 凡用禽獻, 春行羔豚, 膳膏香; 夏行腒鱐, 膳膏臊; 秋行犢麛, 膳膏腥; 冬行鮮羽, 膳膏羶.

번역 소의 지방, 개의 지방, 닭의 지방, 양의 지방을 뜻한다. 이것들은 마치 봄철에 새끼양과 돼지를 먹는다면, 그것을 끓일 때, 소의 지방을 이용하는 것과 같다. 그렇기 때문에 "소의 지방으로 조리를 한다."라고 말한 것이다. 나머지도 모두 이러한 방식이다. '거(腒)'자는 말린 꿩고기를 뜻한다. '숙(鱐)'자는 말린 물고기를 뜻한다. '미(麋)'자는 새끼 사슴을 뜻한다. '선(鮮)'자는 살아있는 물고기를 뜻한다. '우(羽)'자는 기러기를 뜻한다. 옛 학설에서는 이러한 선(膳)들에 적합한 것은 오행(五行) 중 쇠약해지고 왕성해지는 것들이 서로 어울리는 것으로써 한다고 했는데, 이것은 곧 방씨가 마르고 축축하며, 빠르고 더디며, 강하고 약하다고 했던 주장에 해당하는 것으로, 현재 이곳에서는 그 주장들을 모두 생략한다.

① **五行衰王相參.**

補註 鄭註: "此八物, 四時肥美也. 爲其太盛, 煎以休廢之膏." 疏曰: "春爲木王. 牛中央土, 木克土, 木盛則土休廢, 用休廢之膏, 故用牛膏也. 犬屬金, 雞屬木, 羊屬火, 倣此."

번역 정현의 주에서 말하길, "이러한 여덟 가지 음식들은 각 계절마다 가장 살찌고 맛이 좋은 것들이다. 이것들은 먹는 것은 크고 융성하기 때문이며 끓일 때 기운을 쇠약하게 하는 동물의 지방을 이용한다."라고 했다. 소에서 말하길, "봄은 목(木)의 기운이 왕성하게 되는 계절이다. 소는 오방(五方)으로 분류하면 중앙에 해당하는 토(土)이고, 목(木)은 토(土)를 이기는데, 목(木)이 왕성해지면 토(土)가 쇠약해지므로, 쇠약해지는 기운에 해당하는 가축의 지방을 사용한다. 그렇기 때문에 소의 지방을 이용하는 것이다. 개는 금(金)에 속하고, 닭은 목(木)에 속하며, 양은 화(火)에 속하는데 모두 이와 같다."라고 했다.

補註 ○周禮註: 羔·豚, 物生而肥. 犢·麛, 物成而充. 腒·鱐, 暵熱而乾. 魚·鴈, 水涸而性定. 此八物, 得四時之氣尤盛, 爲人食之不勝, 是以用休廢之膏煎和膳之.

번역 ○『주례』의 주에서 말하길, 새끼양과 새끼돼지는 사물이 생겨날 때 살찐다. 송아지와 새끼사슴은 사물이 완성될 때 풍만하게 된다. 말린 꿩과 말린 물고기는 날씨가 더워지면 마르게 된다. 물고기와 기러기는 물이 마르면 본성이 안정된다. 이러한 여덟 가지 사물들은 사계절의 기운 중에서도 매우 융성한 것을 얻었으니, 사람이 그것을 먹게 되면 기운을 이겨낼 수 없다. 이러한 까닭으로 기운을 쇠약하게 하는 동물의 지방으로 끓이고 맛을 조화롭게 해서 음식으로 만드는 것이다.

참고-大全

嚴陵方氏曰: 羔豚①羊豚之小者, 方春品物之小, 故以小者爲宜. 腒鱐者, 雉魚之乾者, 方夏物有餒敗之患, 故以乾者爲宜也. 秋則物成, 而可嘗之時, 故雖犢與麛, 皆得以嘗之矣. 冬則物衆而可進之時, 故雖飛與潛者, 皆得以進之矣.

번역 엄릉방씨가 말하길, 새끼양·새끼돼지는 양과 돼지 중에서도 작은 것인데, 봄철에는 만물의 크기가 작기 때문에, 작은 것을 적합한 것으로 삼는 것이다. '거(腒)'와 '숙(鱐)'은 꿩과 물고기를 말린 것인데, 여름철에는 만물에 부패하고 변질될 우려가 있기 때문에, 말린 것을 적합한 것으로 삼는 것이다. 가을은 만물이 완성되어, 맛을 볼 수 있는 계절이 된다. 그렇기 때문에 비록 송아지나 새끼 사슴이라고 하더라도, 이 모두에 대해서 맛을 볼 수 있는 것이다. 겨울은 수확한 사물이 많아져서 진상을 할 수 있는 계절이 된다. 그렇기 때문에 비록 날아다니는 짐승이나 물속에 사는 짐승이라고 하더라도, 이 모두에 대해서 진상할 수 있는 것이다.

① 羊豚之小者.

補註 豚, 當作豕.
번역 '돈(豚)'자는 마땅히 시(豕)자로 기록해야 한다.

「내칙」 59장

疏曰: 麋·鹿·田豕·麕皆有軒者, 言此等非但爲脯, 又可腥
食. 腥食之時, 皆以①藿葉起之而不細切, 故云皆有軒. 不云牛
者, 牛惟可細切爲膾, 不宜大切爲軒. 雉·兔皆有芼者, 爲雉
羹·兔羹, 皆有芼菜以和之.

번역 소에서 말하길, 큰사슴·사슴·멧돼지·노루 중에는 헌(軒)으로 사용하는 것
도 있다고 했는데, 이 말은 이러한 등등의 음식들은 단지 포(脯)로만 만들어서 사용
하는 것뿐만 아니라, 생고기로도 먹을 수가 있다는 뜻이다. 생고기로 먹을 때에는
모두 콩잎처럼 크게 자르며, 잘게 저미지 않는다. 그렇기 때문에 "모두 크게 자른
생고기가 있다."라고 말한 것이다. '우(牛)'를 언급하지 않았는데, 소는 오직 잘게
저미서 육회로만 먹으니, 크게 자르는 헌(軒)의 방식에는 합당하지 않기 때문이다.
꿩과 토끼에 모두 모(芼)가 포함된다는 것은 꿩고깃국과 토끼고깃국을 만들 때에는
모두 모채(芼菜)를 섞어서, 맛을 낸다는 뜻이다.

① ○藿葉起之.

補註 沙溪曰: 以藿葉之狀起之也. 藿葉, 大豆葉.

번역 사계가 말하길, 곽엽(藿葉)의 모양처럼 뜬다는 뜻이다. '곽엽(藿葉)'은
대두의 잎을 뜻한다.

鄭氏曰: ①軒, 讀爲憲. 憲, 謂藿葉切也.

번역 정현이 말하길, '헌(軒)'자는 헌(憲)자로 풀이하니, '헌(憲)'자는 콩잎처럼 크
게 자른다는 뜻이다.

① 軒讀爲憲.

補註 字彙: 軒, 曉見切, 音憲. 切肉大, 如藿葉.

번역 『자휘』에서 말하길, '軒'자는 '曉(효)'자와 '見(견)'자의 반절음이니, 그 음은 '憲(헌)'으로, 고기를 크게 잘라 마치 콩잎처럼 되는 것이다.

補註 ○徐志修曰: 軒與憲, 古文多通用. 樂記致左憲右之憲, 讀作軒.

번역 ○서지수가 말하길, 헌(軒)자와 헌(憲)자는 고문에서는 대체로 통용해서 사용했다. 『예기』「악기(樂記)」편에서 "우측 무릎을 대고 좌측 발을 세운다."[1]라고 했을 때의 '헌(憲)'자도 헌(軒)자로 풀이한다.

---

1) 『예기』「악기(樂記)」: "武坐致右憲左, 何也?" 對曰, "非武坐也."

「내칙」60장

참고-經文

爵·鷃·蜩·范·芝·栭·菱·棋·棗·栗·榛·柿·瓜·桃·李·梅·杏·①楂·梨·薑·桂.

번역 군주의 연사(燕食)에서 추가적으로 차리는 음식들로는 참새·세가락메추라기·매미·벌·버섯·작은 밤·마름·호깨나무 열매·대추·밤·개암나무 열매·감·복숭아·자두·매실·살구·사(楂)·배·생강·월계수 등이 있다.

① 楂梨.

補註 按: 楂, 通解作柤. 字書, 柤, 音詐, 平聲, 與櫨同. 今作楂者, 從俗, 而誤.

번역 살펴보니, '사(楂)'자를 『통해』에서는 사(柤)자로 기록했다. 『자서』에서는 '柤'자는 그 음이 '詐(사)'이며, 평성으로 읽으면 '櫨(사)'와 같다고 했다. 오늘날 '사(楂)'자로 기록하는 것은 세속본에 따른 것이지만 잘못된 기록이다.

참고-集說

鄭氏曰: 自牛脩至此①三十一物, 皆②人君燕食所加庶脩也. 周禮天子羞用百有二十品, 記者不能次錄.

번역 정현이 말하길, '우수(牛脩)'라는 것부터 이곳에 기록된 음식까지는 모두 31종류의 음식이 되는데, 이 모두는 군주가 연사(燕食)를 할 때, 추가적으로 차려내는 음식들에 해당한다. 『주례』에서 천자는 반찬으로 120종류의 음식이 들어간다고 했는데, 『예기』를 기록한 자는 차례대로 기록하지 못한 것이다.

① 三十一物.

補註 疏曰: 庾蔚云, "無花葉而生者曰芝栭." 庾又云, "鄭旣云凡三十一物, 則芝栭應是一物." 賀氏云, "栭, 軟栗, 芝, 木椹也." 以芝栭爲二物, 與鄭不同.

번역 소에서 말하길, 유울은 "꽃과 잎사귀가 없이 자라는 것을 '지이(芝栭)'라고 부른다."라고 했다. 유울은 또한 "정현은 이미 총 31종류라고 했으니, '지이(芝栭)'는 마땅히 한 가지 음식이 된다."라고 했다. 하창은 "'이(栭)'는 연조(軟棗)라는 것이며, 지(芝)는 목심(木椹)에 해당한다."라고 하여, 지(芝)와 이(栭)를 두 가지 음식으로 여겼으니 정현의 주장과는 다르다.

補註 ○按: 陳註旣以芝栭爲二物, 則當爲三十二物. 或曰栭栗雖有大小, 不當分爲二物.

번역 ○살펴보니, 진호의 주에서는 이미 지(芝)와 이(栭)를 두 가지 음식으로 여기고 있으니, 마땅히 32가지가 되어야 한다. 혹자는 이(栭)와 율(栗)은 비록 크기에 차이가 있지만 두 가지 음식으로 나눌 수 없다고도 말한다.

② 人君燕食所加庶羞.

補註 疏曰: 以下文云, "大夫燕食, 有膾無脯", 周禮正羞, 唯有棗·栗·榛桃, 故知所加庶羞也.

번역 소에서 말하길, 아래문장에서는 "대부가 연사(燕食)를 하며 음식을 먹을 때에는 회(膾)는 포함되지만 포(脯)는 없다."라고 했다. 『주례』에서는 정식으로 차려내는 음식에 오직 조(棗)·율(栗)·진도(榛桃)만 있다고 했다. 그렇기 때문에 여기에 기록된 음식들이 추가적으로 차려내는 음식에 해당한다는 사실을 알 수 있다.

「내칙」 62장

嚴陵方氏曰: 葱以氣達爲怱, 芥以味辛爲介, 春物方生, 故宜食
①牲之忽者, 秋物方成, 故宜食①牲之介者, 故膾用二物以和
之. 韭性溫而生能久, 蓼味辛而氣能散, 溫而生, 固春所宜也,
辛而散, 固秋所宜也, 故豚用二物以和之. 三牲肉軆之大者, 氣
之所聚不能無毒, 故用藙之辛以散其毒焉. 凡物未始無毒, 三
牲必散之者, 以肉體特大故也. 芥蓼之味, 非不辛, 然必用藙
者, 能殺蟲故也. 和用醯, 謂三牲也. 荀子曰: "醯酸而蛇聚." 書
曰: "若作和羹, 爾惟鹽梅." 蓋醯與梅皆酸也, 和之以此, 收其味
而已, 然牲用醯獸用梅者, 亦各以其類而已.

번역 엄릉방씨가 말하길, 총(葱: 파)은 기운을 소통시켜서 총(忽: 빠르게 하다.)하
게 하고, 개(芥: 겨자)는 매운 맛을 통해서 개(介: 깔끔하다.)하게 하며, 봄에는 만
물이 이제 막 생겨나게 되므로, 그 성질이 빠른 것을 먹는 게 합당하고, 가을에는
만물이 이제 막 완성되므로, 그 성질이 깔끔한 것을 먹는 게 합당하다. 그렇기 때문
에 회를 먹을 때, 이 두 재료를 이용해서 맛을 조화롭게 하는 것이다. 구(韭: 부추)
는 성질이 온순하며, 생장하길 오래도록 할 수 있고, 요(蓼: 여뀌)는 매운 맛을 내
며, 기를 흩어지게 할 수 있는데, 온순하고 생장하는 것은 진실로 봄에 합당한 것이
고, 맵고 흩어지게 하는 것은 진실로 가을에 합당하다. 그렇기 때문에 돼지고기를
먹을 때에는 이 두 가지 재료를 이용해서 맛을 조화롭게 하는 것이다. 세 가지 희생
물은 고기 덩어리 중에서도 매우 큰 것인데, 기운이 집결된 것에는 독성이 없을 수
가 없다. 그렇기 때문에 의(藙: 수유)의 매운 맛을 이용해서, 그 독성을 흩어지게
하는 것이다. 무릇 만물에는 처음부터 독성이 없는 것이 없지만, 세 가지 희생물에
대해서 반드시 그 독성을 흩어지게 만드는 것은 그 고깃덩어리가 특히 크기 때문이
다. 개(芥)와 요(蓼)의 맛도 맵지 않은 것이 아니지만, 반드시 의(藙)를 이용하는
것은 그것이 독충을 죽일 수 있기 때문이다. 맛을 조화롭게 낼 때 젓갈을 이용한다
는 것은 세 가지 희생물에 대한 경우이다. 『순자(荀子)』에서는 "젓갈이 신맛을 내
면, 파리가 모여든다."[1]라고 했고, 『서』에서는 "국에 간을 맞추려거든 그대는 소금

과 매실이 되어라."[2]라고 했다. 무릇 젓갈과 매실은 모두 신맛을 내는데, 이 재료를 이용해서 간을 맞추는 것은 잡미를 거둬들이기 때문이다. 그런데 희생물에는 젓갈을 사용하고, 뭍짐승 고기에는 매실을 이용한다는 것은 또한 각각 해당하는 부류에 따르기 때문이다.

① ○牲之忽[又]牲之介.

補註 兩牲, 唐本作性.

번역 2개의 '생(牲)'자를 『당본』에서는 성(性)자로 기록했다.

---

1) 『순자(荀子)』「권학(勸學)」: 成蔭, 而衆鳥息焉. 醯酸, 而蚋聚焉. 故言有招禍也, 行有招辱也, 君子愼其所立乎!

2) 『서』「상서(商書)·열명하(說命下)」: 爾惟訓于朕志, 若作酒醴, 爾惟麴糵, 若作和羹, 爾惟鹽梅.

「내칙」 63장

참고–經文

鶉羹・雞羹・鴽, 釀之蓼. ①魴鱮烝・雛燒・雉, 薌無蓼.

번역 메추라기 국・닭국・세가락메추라기 찜에는 요(蓼)라는 식물을 섞어서 맛을 낸다. 방어와 연어의 찜・새끼 새 구이・꿩 요리는 향초를 섞어서 맛을 내되 요(蓼)는 섞지 않는다.

① 魴鱮烝.

補註 陸曰: 魴鱮烝絶句, 一讀魴鱮烝雛爲句.

번역 육덕명이 말하길, '방서증(魴鱮烝)'에서 구문을 끊는데, '방서증추(魴鱮烝雛)'에서 구문을 끊기도 한다.

補註 ○按: 下一說恐長. 然若從本註, 則魴鱮烝下, 及雛燒下, 竝當著果吐, 諺讀誤.

번역 ○살펴보니, 뒤에 나온 주장이 더 낫다. 그러나 본래의 주에 따른다면 '방서증(魴鱮烝)' 뒤와 '추소(雛燒)' 뒤에 모두 과(果)토를 붙여야만 하니, 『언독』의 토는 잘못되었다.

「내칙」 64장

참고—經文

①不食雛鼈. 狼去腸, 狗去腎, 狸去正脊, 兎去尻, 狐去首, 豚去腦, 魚去乙, 鼈去醜.

번역 새끼 자라는 먹지 않는다. 이리를 먹을 때에는 창자를 제거하고 먹고, 개를 먹을 때에는 콩팥을 제거하고 먹으며, 살쾡이를 먹을 때에는 등뼈를 제거하고 먹고, 토끼를 먹을 때에는 꽁무니를 제거하고 먹으며, 여우를 먹을 때에는 머리를 제거하고 먹고, 돼지를 먹을 때에는 뇌를 제거하고 먹으며, 물고기를 먹을 때에는 아가미에 있는 을(乙)자 모양의 뼈를 제거하고 먹고, 자라를 먹을 때에는 항문을 제거하고 먹는다.

① ○不食雛鼈章.

補註 按: 鼈下當著是五吐, 諺讀未當.

번역 살펴보니, 별(鼈)자 뒤에는 마땅히 이외[是五]토를 붙여야만 하니, 『언독』의 토는 합당하지 않다.

補註 ○楊梧曰: 狗去腎, 以其熱歟. 兎尻有九孔, 狐死正丘首, 人殺而取之, 則殺氣聚于首, 豕俯聚精在腦, 食之昏人精神.

번역 ○양오가 말하길, 개에서 콩팥을 제거하는 것은 그것이 뜨거운 기운을 갖고 있기 때문일 것이다. 토끼의 꽁무니에는 9개의 구멍이 있고, 살쾡이는 죽을 때 머리를 자신이 살던 산 방향으로 두는데 사람이 죽여서 그것을 잡게 되면 살기가 머리에 모이게 되며, 돼지는 머리를 숙이고 있어 뇌로 정기가 모이게 되는데 그것을 먹게 되면 사람의 정신을 혼미하게 만든다.

「내칙」 65장

참고-集說

脫者, 剝除其筋膜. 作者, 搖動之以觀其①鮮鮾. ②一說, 作, 猶
斲也, 謂削其鱗. ③棗則拭治而使之新潔. 撰, 猶選也. 栗多蟲
蝕, 宜選擇之. 桃多毛, 拭治令青滑如膽. 攢之者, 攢治其④蟲
處也. 此皆治擇之名.

번역 '탈(脫)'이라는 것은 힘줄과 껍질을 벗겨내고 제거한다는 뜻이다. '작(作)'이
라는 것은 움직이게 하여, 그것이 신선한지 또는 오래되었는지를 확인한다는 뜻이
다. 일설에는 '작(作)'자를 '착(斲)'자와 같다고 했으니, 비늘을 제거한다는 뜻이다.
대추의 경우 닦아내서 신선하고 청결하게 만든다. '찬(撰)'자는 '선(選)'자와 같다.
밤은 벌레가 먹은 것들이 많으니, 마땅히 가려내야 한다. 복숭아는 솜털이 많으니,
닦아내고 솜털을 정리하여 쓸개처럼 푸르고 매끄럽게 만들어야 한다. '찬(攢)'을
한다는 말은 벌레가 먹은 부위를 도려낸다는 뜻이다. 이것들은 모두 다듬고 선별한
다는 명칭들이다.

① ○鮮鮾.

補註 字彙: 鮾, 與餒同, 魚敗也.
번역 『자휘』에서 말하길, '뇌(鮾)'자는 뇌(餒)자와 같으니 물고기가 부패한
것이다.

② 一說作猶斲也.

補註 按: 疏有此二義, 而通解只載下一說, 當以此爲正.
번역 살펴보니, 소에서는 이것에 대한 두 가지 주장을 수록하였는데, 『통해』
에서는 단지 뒤에 나온 일설만을 수록하고 있으니, 마땅히 이것을 정론으로
삼아야 한다.

③ 棗則拭治.

補註 按: 拭治上疏有"易有塵埃"一句.
번역 살펴보니, '식치(拭治)'라는 글자 앞에 소에서는 "먼지가 눌러앉기 쉽다[易有塵埃]."라는 한 구문을 더 수록하고 있다.

④ 蠹.

補註 與蠹同.
번역 '두(蠹)'자는 두(蠹)자와 같다.

「내칙」 66장

참고─經文

①牛夜鳴, 則庮; 羊泠毛而毳, 羶; 狗赤股而躁, 臊; 鳥麷色而沙鳴, 鬱; ②豕望視而交睫, 腥; ③馬黑脊而般臂, 漏.

번역 소가 밤에 운다면, 그 고기에서는 썩은 나무 냄새가 나고, 양의 털이 가늘고 끝이 구부러져 있다면, 그 고기에서는 누린내가 나며, 개의 정강이에 털이 없어서, 그 속살이 훤히 드러나며, 방정맞게 움직인다면, 그 고기에서는 누린내가 나고, 새의 털색이 변하여 윤기가 없고, 서글프게 운다면, 그 고기에서는 썩은 냄새가 나며, 돼지가 눈을 치켜뜨고, 속눈썹이 길어서 서로 교차했다면, 그 고기에는 쌀알처럼 흰 반점들이 나타나고, 말의 척추가 검고 앞쪽 정강이에 얼룩무늬가 있다면, 그 고기에서는 땅강아지 냄새가 난다. 따라서 이러한 것들은 먹어서는 안 된다.

① 牛夜鳴則庮.

補註 周禮註: 鄭司農云, "庮, 朽木臭也."
번역 『주례』의 정현 주에서 말하길, 정사농은 "유(庮)는 썩은 나무 냄새를 뜻한다."라고 했다.

補註 ○字彙: 庮, 久屋朽木也.
번역 ○『자휘』에서 말하길, 유(庮)는 오래된 지붕의 썩은 나무이다.

② 豕望視而交睫腥.

補註 按: 腥字之義, 恐如上羶字, 不必改作星.
번역 살펴보니, '성(腥)'자의 뜻은 아마도 앞에 나온 전(羶)자와 같을 것이니, 성(星)자로 반드시 고칠 필요는 없다.

③ 馬黑脊而般臂漏.

補註 按: 漏字, 亦可如字讀, 當以淡無味之義看.

번역 살펴보니, '누(漏)'자 또한 글자대로 풀이하는 것이 괜찮으니, 너무 싱거워서 맛이 없다는 뜻으로 보아야만 한다.

補註 ○按: 此章亦見周禮·天官·內饔, 曰: "辨腥臊羶香之不可食者." 牛夜鳴以下, 竝同. 但鬱作貍, 望作盲, 漏作蔞. 註: "腥臊羶香可食者, 而是別其不可食." 疏曰: "云腥臊羶香可食者, 卽上庖人職所云: '膳膏香, 膳膏臊, 膳膏腥, 膳膏羶'之類也. 云是別不可食者, 卽此也."

번역 ○살펴보니, 이 문장은 또한 『주례』「천관(天官)·내옹(內饔)」편에도 나오니, "성(腥)·조(臊)·전(羶)·향(香) 중 먹을 수 없는 것들은 변별한다."라고 했고, "소가 밤에 운다."라고 한 말로부터 그 이하의 구문이 모두 동일하게 수록되어 있다.[1] 다만 울(鬱)자를 이(貍)자로 기록하고 망(望)자를 맹(盲)자로 기록하며 누(漏)자를 누(蔞)자로 기록했다. 주에서는 "성(腥)·조(臊)·전(羶)·향(香)은 본래 먹을 수 있는 것들이지만, 이것은 그 중에서도 먹을 수 없는 것을 구별하는 것이다."라고 했고, 소에서는 "성(腥)·조(臊)·전(羶)·향(香)은 본래 먹을 수 있는 것들이라고 했는데, 앞의 「포인(庖人)」편의 직무기록에서 '소의 지방으로 조리하고, 개의 지방으로 조리하며, 돼지의 지방으로 조리하고, 양의 지방으로 조리한다.'라고 했던 부류에 해당한다.[2] 먹을 수 없는 것을 변별한다고 했는데, 그 음식들은 바로 이곳에서 기술하는 것들이다."라고 했다.

補註 ○又按: 鄭註讀羊之羶·犬之臊, 皆如字, 而唯讀腥爲星者, 蓋庖人 註以膏腥爲雞, 故嫌其有違也. 然鄭司農則以膏腥爲豕, 與此正合. 設令

---

1) 『주례』「천관(天官)·내옹(內饔)」: 辨腥臊羶香之不可食者. 牛夜鳴則庮; 羊泠毛而毳, 羶; 犬赤股而躁, 臊; 鳥皫色而沙鳴, 貍; 豕盲眂而交睫, 腥; 馬黑脊而般臂, 蔞.
2) 『주례』「천관(天官)·포인(庖人)」: 凡用禽獻, 春行羔豚, 膳膏香; 夏行腒鱐, 膳膏臊; 秋行犢麑, 膳膏腥; 冬行鮮羽, 膳膏羶.

膏腥之腥, 果是雞, 凡物之腥者, 不必雞而已, 亦何可深拘乎? 腥如字讀,
恐爲是. 漏之讀爲螻, 蓋據周禮, 而周禮註又曰: "依禮記, 一音漏, 謂內
病也."

번역 ○또 살펴보니, 정현의 주에서는 양의 전(羶)자와 개의 조(臊)자를 모
두 글자대로 풀이했는데, 유독 성(腥)자만은 성(星)자로 풀이했다. 그 이유
는 아마도 「포인」편의 주에서 고성(膏腥)을 닭의 지방으로 풀이해서 어긋나
는 점이 있을까 염려했기 때문일 것이다. 그런데 정사농은 고성(膏腥)을 돼
지의 지방으로 풀이하여 이곳의 내용과 합치된다. 가령 고성(膏腥)의 성(腥)
자를 닭으로 본다 하더라도 사물 중 성(腥)에 해당하는 것을 닭으로 볼 필요
는 없는데, 어찌 천착을 할 수 있겠는가? 따라서 성(腥)자를 글자대로 풀이
하는 것이 아마도 옳은 해석인 것 같다. 누(漏)자를 누(螻)자로 풀이하는 것
은 아마도 『주례』에 근거한 것 같은데, 『주례』의 주에서는 또한 "『예기』에
따르면 다른 음은 누(漏)이니 안으로 곪았다는 뜻이다."라고 했다.

「내칙」 67장

①雛尾不盈握, 弗食. 舒鴈翠·鵠鴞胖·舒鳧翠·雞肝·鴈腎·鴇奧·鹿胃.

번역 몸집이 작은 새의 꼬리가 한 줌도 안 되면, 먹지 않는다. 거위의 꼬리·고니와 부엉이의 옆구리·오리의 꼬리·닭의 간·기러기의 콩팥·너새의 지라·사슴의 위는 먹지 않는다.

① ○雛尾不盈握.

補註 疏曰: 雛, 謂小鳥. 尾盈一握, 然後可食. 若其過小, 不堪食也.

번역 소에서 말하길, '추(雛)'자는 몸집이 작은 새를 뜻한다. 꼬리가 한 줌을 채운 뒤에야 먹을 수 있다. 만약 그 몸집이 지나치게 작다면 먹을 수 없다.

舒鴈, 鵝也. 翠, 尾肉也. 胖, 脅側薄肉也. 舒鳧, 鴨也. 鴇, 似鴈而大, 無後指. 奧, ①脾肶也, ②藏之深奧處也. 此九物亦不可食.

번역 '서안(舒鴈)'은 거위[鵝]를 뜻한다. '취(翠)'자는 꼬리 고기를 뜻한다. '반(胖)'은 갈비 측면에 붙어 있는 엷은 살을 뜻한다. '서부(舒鳧)'는 오리[鴨]를 뜻한다. '보(鴇)'는 기러기와 유사하지만 몸집이 큰 것으로, 뒷발가락이 없는 것이다. '오(奧)'자는 지라 주머니를 뜻하는데, 장기 중 가장 깊숙한 곳에 있다. 이러한 아홉 가지 부위들 또한 먹어서는 안 된다.

① 脾肶.

補註 字彙: 肶, 音皮. 說文, "牛百葉, 俗呼牛肚."
번역 『자휘』에서 말하길, '肶'자의 음은 '皮(피)'이다. 『설문』에서는 "소의 천엽을 세속에서는 우두(牛肚)라고 부른다."라고 했다.

補註 ○沙溪曰: 百葉, 卽今所謂千葉也.
번역 ○사계가 말하길, '백엽(百葉)'은 오늘날 천엽이라고 부르는 것이다.

② 藏之深奧處.

補註 按: 藏, 臟也.
번역 살펴보니, '장(藏)'자는 장기[臟]를 뜻한다.

「내칙」68장

①肉腥細者爲膾, 大者爲軒. 或曰: "麋鹿魚爲菹, 麕爲辟雞, 野
豕爲軒, 兎爲宛脾. 切葱若薤, 實諸醯以柔之."

번역 생고기를 가늘게 저민 것은 회(膾)가 되며, 크게 자른 것은 헌(軒)이 된다.
혹은 "큰 사슴고기 · 사슴고기 · 물고기로는 절임을 만들고, 노루로는 벽계(辟雞)를
만들며, 멧돼지로는 헌(軒)을 만들고, 토끼로는 완비(宛脾)를 만든다. 염교나 파를
썰어서, 젓갈에 담가서 부드럽게 만든다."라고 했다.

① 肉腥細者爲膾章.

補註 鄭註: 軒 · 辟雞 · 宛脾, 皆菹類也.
번역 정현의 주에서 말하길, 헌(軒) · 벽계(辟雞) · 완비(宛脾)는 모두 절임
을 하는 종류들이다.

補註 ○按: 此章與少儀文略同, 而少儀稍備.
번역 ○살펴보니, 이 문장은 『예기』「소의(少儀)」편의 기록[1]과 대략적으로
동일한데, 「소의」편의 문장이 보다 상세하다.

---

1) 『예기』「소의(少義)」: 牛與羊魚之腥, 聶而切之爲膾. 麋鹿爲菹, 野豕爲軒, 皆聶
   而不切. 麕爲辟雞, 兎爲宛脾, 皆聶而切之, 切葱若薤實之醯以柔之.

「내칙」 69장

참고─經文

羹食, 自諸侯以下至於庶人, ①無等. 大夫無秩膳, 大夫七十而
有閣.

번역 국과 밥은 평상시에 먹는 것들이니, 제후로부터 서인에 이르기까지 신분에 따
른 차등이 없다. 대부에게는 항상 차리게 되는 요리가 없고, 대부의 나이가 70이
되어서야, 음식물을 올려두는 각(閣)을 두게 된다.

① ○無等.

補註 按: 此下當著爲旀吐, 諺吐誤.

번역 살펴보니, 이곳 구문 뒤에는 마땅히 하며[爲旀]토를 붙여야 하니, 『언
독』의 토는 잘못되었다.

「내칙」70장

참고-經文

天子之閣, ①左達五, 右達五. 公侯伯於房中五, 大夫於閣三, 士於坫一.

번역 천자가 설치하는 각(閣)은 좌측 협실(夾室)에 5개를 설치하고, 우측 협실에 5개를 설치한다. 공작·후작·백작의 경우에는 방(房) 안에 5개의 각(閣)을 설치하고, 대부는 협실에 각(閣)을 설치하되 3개를 설치하며, 사는 각(閣) 대신 흙으로 쌓은 받침을 1개 설치한다.

① ○左達五右達五.

補註 鄭註: 達, 夾室.

번역 정현의 주에서 말하길, '달(達)'자는 협실(夾室)을 뜻한다.

「내칙」71장

凡養老, 有虞氏以燕禮, 夏后氏以饗禮, 殷人以食禮, 周人脩而
兼用之. 凡五十養於鄕; 六十養於國; 七十養於學, 達於諸侯;
八十拜君命, 一坐再至, 瞽亦如之; 九十者使人受. 五十異粻,
六十宿肉, 七十貳膳, 八十常珍, 九十飮食不違寢, 膳飮從於遊
可也. 六十歲制, 七十時制, 八十月制, 九十日脩, 惟絞·紟·
衾·冒, 死而後制. 五十始衰, 六十非肉不飽, 七十非帛不煖, 八
十非人不煖, 九十雖得人不煖矣. 五十杖於家, 六十杖於鄕, 七
十杖於國, 八十杖於朝, 九十者天子欲有問焉, 則就其室, 以珍
從. 七十不俟朝, 八十月告存, 九十日有秩. 五十不從力政, 六
十不與服戎, 七十不與賓客之事, 八十齊喪之事弗及也. 五十
而爵, 六十不親學, 七十致政. 凡自七十以上, 惟衰麻爲喪. 凡
三王養老皆引年. 八十者一子不從政, ①九十者其家不從政, 瞽
亦如之. ②凡父母在, 子雖老不坐. 有虞氏養國老於上庠, 養庶
老於下庠; 夏后氏養國老於東序, 養庶老於西序; 殷人養國老於
右學, 養庶老於左學; 周人養國老於東膠, 養庶老於虞庠. 虞庠
在國之西郊. 有虞氏皇而祭, 深衣而養老; 夏后氏收而祭, 燕衣
而養老; 殷人冔而祭, 縞衣而養老; 周人冕而祭, 玄衣而養老.

번역 무릇 노인을 봉양할 때, 유우씨(有虞氏) 때에는 연례(燕禮)로써 시행했었고,
하후씨(夏后氏) 때에는 향례(饗禮)로써 시행했으며, 은(殷)나라 때에는 사례(食
禮)로써 시행했었고, 주(周)나라 때에는 이러한 제도들을 정비하여, 함께 사용을
했다. 나이가 50세가 된 사람들은 향(鄕)에서 봉양을 받고, 60세가 된 사람들은 국
(國)에서 봉양을 받으며, 70세가 된 사람들은 학(學)에서 봉양을 받으니, 이러한
제도의 시행은 천자로부터 제후까지 통용된다. 또 나이가 80세가 된 자는 군주의
명(命)을 받을 때, 절을 하며 한쪽 다리만 꿇고 머리만 두 번 땅에 닿게 절한다.

장님도 또한 이와 같이 한다. 나이가 90세가 된 자는 사람을 시켜서 대신 명(命)을 받게 한다. 나이가 50세가 된 자에게 바치는 양식은 젊은이들과 달리 좋은 것으로 하며, 나이가 60세가 된 자에게는 항상 격일로 고기를 먹게 하고, 나이가 70세가 된 자에게는 맛좋은 음식을 두 가지 이상 준비하며, 나이가 80세가 된 자에게는 항상 맛좋고 귀한 음식이 있어야 하고, 나이가 90세가 된 자에게는 마시고 먹는 것들이 그가 거처하는 곳에서 떨어져서는 안 되며, 맛좋은 음식과 마실 것들을 가지고 그가 가는 곳마다 따라다니는 것이 좋다. 나이가 60세가 되면 관(棺)을 미리 제작해서 준비해 두고, 70세가 되면 부장하게 될 의복과 기물(器物)들 중 비교적 얻기 힘든 것들을 미리 제작해서 준비해 두며, 80세가 되면 부장하게 될 의복과 기물 들 중 비교적 얻기 쉬운 것들을 미리 제작해서 준비해 두고, 90세가 되면 미리 준비해 둔 것들을 날마다 손질하며, 오직 염(斂)할 때 시신을 묶는 끈인 교(絞), 홑이불인 금(紟), 이불인 금(衾), 시신을 전체적으로 감싸는 모(冒)는 그가 죽은 뒤에야 제작한다. 나이가 50세가 되면 비로소 쇠약해지기 시작하며, 60세가 되면 고기로 만든 음식이 아니라면, 배가 부르지 않게 되고, 70세가 되면 비단으로 된 옷이 아니라면, 따뜻해지지 않게 되며, 80세가 되면 다른 사람의 체온이 아니라면, 따뜻해지지 않게 되고, 90세가 되면 비록 다른 사람의 체온을 얻게 되더라도 따뜻해지지 않게 된다. 나이가 50세가 되면 그의 집안에서 지팡이를 짚을 수 있고, 60세가 되면 향(鄕) 안에서 지팡이를 짚을 수 있으며, 70세가 되면 국(國) 안에서 지팡이를 짚을 수 있고, 80세가 되면 조정에서도 지팡이를 짚을 수 있으며, 나이가 90세가 된 자에게, 천자가 자문하고자 한다면, 천자가 그의 집에 직접 찾아가서 하되, 맛좋고 귀한 음식물을 가지고 간다. 나이가 70세가 된 자는 군주를 알현할 때, 조정의 일이 끝날 때까지 기다리지 않고, 군주가 읍(揖)을 하면 곧 물러나오며, 80세가 된 자에게는 군주는 사람을 시켜 달마다 맛좋은 음식을 가지고 가서 안부를 묻고, 90세가 된 자에게는 군주는 사람을 시켜 날마다 항상 맛좋은 음식을 보내, 항상 맛좋은 음식들을 먹게끔 한다. 나이가 50세가 되면, 힘으로써 복역해야 하는 정사에는 나아가지 않고, 60세가 되면, 병역의 일에는 참여하지 않으며, 70세가 되면, 국가에서 시행하는 행사 중 빈객을 접대하는 일에는 참여하지 않고, 80세가 되면, 재계를 하여 상(喪)을 지내는 일이 그에게는 해당하지 않게 된다. 나이가 50세가 되면, 작위(爵位)를 받고, 60세가 되면, 직접 제자의 예(禮)를 갖춰 배우는 것을 하지 않으며, 70세가 되면, 정사(政事)에서 물러난다. 무릇 70세로부터 그 이상에 해당하는 자들은 오직 최마복(衰麻服)만을 입고서 상례(喪禮)를 지낸다. 무릇 하(夏)·은(殷)·주(周) 삼대(三代)의 삼왕(三王)이 노인을 봉양할 때에는 모두 인년(引年)으로 하였다. 나이가 80세가 된 자에겐, 자식 한 명을 부역에 종사하지 않게 하고, 90세가 된 자에겐, 그 집안 전체를 부역에 종사하지 않게 한다. 장님에 대해서도 또한 이처럼 한다. 무릇 부모가 모두 생존해 계시다면, 그 자식은 비록 노년에 이르렀다고 하더라도, 자리에 앉지 않는다. 유우씨 때에는 태학(太學)인 상상(上庠)에서 국로(國老)를 봉양했고, 소학(小學)인 하상(下庠)에서 서로(庶老)를 봉양했다. 하후씨 때에는 태학인 동서(東序)에서 국로를 봉양했고, 소학인 서서(西序)에서 서로를 봉양했다. 은나라 때에는 태학인 우학(右學)에서 국로를 봉양했고, 소학인 좌학(左學)에서 서로를 봉양했다. 주나라 때에는 태학인 동교(東膠)에서 국로를 봉양했고, 소학인 우상(虞庠)에서 서로를 봉양했다. 우상(虞庠)은 수도의 서교(西郊)에 위치했다. 유우씨 때 천자는 황(皇)이라는 면류관을 쓰고 제사를 지냈으며, 심의(深衣)를 입고서 노인을 봉양했다. 하후씨 때 천자는 수(收)라는 면류관을 쓰고 제사를 지냈으며, 연의(燕衣)를 입고서 노인을 봉양했다. 은나라 때 천자는 후(冔)라는 면류관을 쓰고 제사를 지냈으며, 호의(縞衣)를 입고서 노인을 봉양했다. 주나라 때 천자는 면류관을 쓰고 제사를 지냈으며, 현의(玄衣)를 입고서 노인을 봉양했다.

① ○九十者[止]瞽亦如之.

補註 王制: 九十者, 廢疾非人不養者, 一人不從政.

번역 『예기』「왕제(王制)」편에서 말하길, 90세가 된 자 중에 매우 위독한 병에 걸려 남이 봉양해주지 않으면 안 되는 자들의 경우, 그 집안의 한 사람에게는 부역에 종사하지 않게 한다.[1]

② 凡父母在[止]不坐.

補註 陽村曰: "凡父母在, 子雖老不坐"一句, 王制所無, 是雖常禮, 亦主養老而言. 六十養於國, 而有八十九十之親, 亦與是宴, 則六十之子, 不敢與其親並坐也.

---

[1] 『예기』「왕제(王制)」: 八十者一子不從政, 九十者其家不從政. 廢疾非人不養者, 一人不從政. 父母之喪, 三年不從政, 齊衰大功之喪, 三月不從政. 將徙於諸侯, 三月不從政, 自諸侯來徙家, 期不從政. / 「왕제」편의 본문의 경우 구십자(九十者)와 폐질비인불양자(廢疾非人不養者)는 다른 경우인데, 이곳에서는 같은 경우로 보고 있다.

번역 양촌이 말하길, "무릇 부모가 모두 생존해 계시다면, 그 자식은 비록 노년에 이르렀다고 하더라도 자리에 앉지 않는다."라는 구문은 『예기』「왕제(王制)」편에는 없는 기록인데, 이것은 비록 일반적인 예법에 해당하더라도 노인을 봉양한다는 것을 위주로 말한 것이다. 60세가 된 자는 국(國)에서 봉양을 받는데, 80세나 90세에 해당하는 부모가 또한 그 잔치에 참여하게 된다면, 60세에 해당하는 아들은 감히 자신의 부모와 나란히 앉아 있을 수 없다.

補註 ○類編曰: 此坐字, 只以安坐爲義.
번역 ○『유편』에서 말하길, 이곳의 '좌(坐)'자는 단지 편안하게 앉는다는 뜻일 뿐이다.

「내칙」 72장

曾子曰: "①孝子之養老也. ②樂其心, 不違其志, 樂其耳目, ③安其寢處, 以其飮食忠養之, 孝子之身終. 終身也者, 非終父母之身, 終其身也. 是故父母之所愛亦愛之, 父母之所敬亦敬之. 至於犬馬盡然, 而況於人乎!"

번역 증자가 말하길, "자식이 나이든 부모를 봉양할 때에는 부모의 마음을 즐겁게 해드리며, 부모의 뜻을 위배하지 않고, 부모의 귀와 눈을 즐겁게 해드리며, 부모가 주무시는 잠자리를 편안하게 해드리고, 음식으로써 충심을 다하여 봉양을 하니, 자식이 죽을 때까지 이처럼 시행한다. 그 몸이 죽는다고 했는데, 이것은 부모가 돌아가신 것을 뜻하는 말이 아니며, 자식이 죽을 때를 뜻한다. 이러한 까닭으로 부모가 사랑하는 대상에 대해서는 자식 또한 사랑을 하고, 부모가 공경하던 대상에 대해서는 자식 또한 공경을 한다. 부모가 아끼던 개나 말에 대해서도 이처럼 그 마음을 다하게 되는데, 하물며 사람에게 있어서는 어떠하겠는가!"라고 했다.

① ○孝子之養老也.

補註 按: 石梁以此養字爲上聲, 下文忠養之養爲去聲者. 考字書, 育養上聲, 供養去聲故也.

번역 살펴보니, 석량왕씨는 이곳의 '양(養)'자를 상성으로 보았고 뒤에 나오는 '충양(忠養)'의 양(養)자를 거성으로 보았다. 『자서』를 살펴보면 양육한다고 했을 때에는 상성이 되고, 공양한다고 했을 때에는 거성이 되기 때문이다.

② 樂其心不違其志.

補註 沙溪曰: 吳氏云, "樂其心, 順適其心也." 此說似長.

번역 사계가 말하길, 오씨는 "'낙기심(樂其心)'은 그 마음에 따르며 맞춘다는 뜻이다."라고 했는데, 이 주장이 더 나은 것 같다.

補註 ○楊梧曰: 樂其心, 不違其志, 不過一正一反. 樂其耳目以下, 正其實也. 舊訓喻父母於道, 似不合.

번역 ○양오가 말하길, "부모의 마음을 즐겁게 해드리며, 부모의 뜻을 위배하지 않는다."라고 했는데, 한 번은 정하고 한 번은 반하는 것에 불과하다. "부모의 귀와 눈을 즐겁게 해드린다."라고 한 구문으로부터 그 이하의 내용은 바로 그 실질에 해당한다. 옛 해석에서는 부모를 도에 따라 깨우친다고 풀이했는데, 아마도 부합하지 않는 것 같다.

補註 ○按, 疏亦以安樂其親之心爲解. 陳註未可曉.

번역 ○살펴보니, 소에서도 부모의 마음을 편안하고 즐겁게 해드린다는 의미로 풀이했다. 진호의 주에 대해서는 이해할 수 없다.

③ 安其寢處.

補註 寢, 當作寢.

번역 '침(寢)'자는 마땅히 침(寢)자로 기록해야 한다.

樂其心, ①喻父母於道也. 不違其志, 能養志也. 飲食忠養以上, 是終父母之身; 愛所愛, 敬所敬, 則終孝子之身也.

번역 "그 마음을 즐겁게 한다."는 말은 도(道)를 통해서 부모를 깨우친다는 뜻이다. "그 뜻을 어기지 않는다."는 말은 부모의 뜻을 잘 보필한다는 의미이다. '음식충양(飲食忠養)'이라는 구문부터 그 이상의 내용은 부모가 돌아가실 때까지 시행하는 것이며, 사랑하던 대상을 사랑하고, 공경하던 대상을 공경한다는 것은 곧 자식 본인이 죽을 때까지 시행하는 것이다.

① 喩父母於道.

補註 祭義文.

번역 『예기』「제의(祭義)」편의 기록이다.[1]

---

1) 『예기』「제의(祭義)」: 曾子曰, "孝有三. 大孝尊親, 其次弗辱, 其下能養." 公明儀
問於曾子曰, "夫子可以爲孝乎?" 曾子曰, "是何言與? 是何言與? 君子之所謂孝
者, 先意承志, 諭父母於道. 參直養者也, 安能爲孝乎?"

「내칙」73장

凡養老, 五帝憲, ①三王有乞言. 五帝憲, 養氣體而不乞言, 有善則記之爲惇史. 三王亦憲, 旣養老而后乞言, 亦微其禮, 皆有惇史.

번역 무릇 노인을 봉양함에 있어서, 오제(五帝) 때에는 그들의 덕행(德行)을 본받는 것을 위주로 했고, 삼왕(三王) 때에는 그들에게 말씀을 구하는 의식이 포함되었다. 오제 때에는 노인들의 덕행을 본받는 것을 위주로 했으므로, 그들의 기운과 신체를 봉양했으나, 말씀을 구하지는 않았고, 선한 일을 했던 자가 있다면, 그것을 기록하여, 후세의 교훈으로 정하는 돈사(惇史)로 삼았다. 삼왕 때에도 또한 노인들의 덕행을 본받았는데, 노인을 봉양하는 의식이 끝나면, 그 이후에 말씀을 구하는 절차를 시행했었고, 또한 이전보다는 그 예법을 간소하게 하였다. 그러나 모두에게 있어서 돈사(惇史)를 기록하는 것이 있었다.

① 三王有乞言.

補註 按: 有音又者, 雖本於註疏, 而如字讀, 固好.

번역 살펴보니, '유(有)'자에 대해서 그 음이 '又(우)'라고 하는 것은 비록 주와 소의 주장에 근거한 것이지만, 글자대로 풀이하는 것이 진실로 옳다.

憲, 法也. 養老之禮, 五帝之世, 主於法其德行而已. 至三王之世, 則又有乞言之禮焉. 惇史, 所以記其惇厚之德也. 三王亦未嘗不法其德行, 然於乞言之際, ①其禮微略, 不誠切以求之, 故云微其禮. 然亦皆有惇史焉.

번역 '헌(憲)'자는 "본받다[法]."는 뜻이다. 노인을 봉양하는 예(禮)에 있어서, 오제(五帝) 시대에는 그 덕행을 본받는 것을 위주로 했을 따름이다. 삼왕(三王) 시대에 이르게 되면, 또한 말씀을 구하는 예(禮)가 생겼다. '돈사(惇史)'는 도탑고 후덕한 덕을 기록한 것이다. 삼왕 때에도 일찍이 그 덕행을 본받지 않은 적이 없었지만, 말씀을 구할 때에는 그 예(禮)를 다소 간소하게 했으니, 간절하게 구했던 것은 아니다. 그렇기 때문에 "그 예(禮)를 은미하게 하다."라고 말한 것이다. 그러나 이때에도 또한 모두 돈사(惇史)가 포함되었다.

① **其禮微略[止]以求.**

補註 按: 疏曰, "其乞言之禮, 皆依違求之, 而不偪切", 蓋解微字之義也. 陳註雖本於此, 而語有病.

번역 살펴보니, 소에서는 "말씀을 구하는 예는 또한 식순에 의거해서 구했던 것이니, 간절하게 구했던 것은 아니었다."라고 했는데, 아마도 미(微)자의 의미를 풀이한 것 같다. 진호의 주는 비록 이 기록에 근거했지만 말에 있어서 병폐가 있다.

補註 ○陽村曰: 三王有乞言, 而亦微其禮, 不敢强而求之, 敬老而不欲煩之也.

번역 ○양촌이 말하길, 삼왕 때에는 말씀을 구하는 예가 생겨났지만 그 예를 은미하게 시행했으며 억지로 구하지 못했으니, 노인을 공경하여 번거롭게 만들고자 하지 않았기 때문이다.

「내칙」74장

①淳熬: 煎醢加于陸稻上, 沃之以膏, 曰淳熬.

번역 여덟 가지 진미 중 첫 번째 요리인 순오(淳熬)에 대해 설명하자면, 젓갈을 달여서 쌀밥 위에 붓고, 다시 기름을 부어서 완성한다. 그렇기 때문에 이러한 뜻에서 '순오(淳熬)'라고 부르는 것이다.

① 淳熬章.

補註 疏曰: 此論養老須飲食.

번역 소에서 말하길, 이것은 노인을 봉양할 때 갖춰야 하는 음식에 대해 논의하고 있다.

補註 ○按: 通解以此以下九條, 置之五學養老禮之末.

번역 ○살펴보니, 『통해』에서는 이곳 문장으로부터 그 이하의 9개 조목을 오학(五學)[1)]에서 노인을 봉양하는 예법 말미에 배치하였다.

---

1) 오학(五學)은 다섯 개의 학교이다. 동학(東學), 서학(西學), 남학(南學), 북학(北學), 대학(大學)을 병칭하는 말이다.

「내칙」 75장

①淳母: 煎醢加于黍食上, 沃之以膏, 曰淳母.

번역 여덟 가지 진미 중 두 번째 요리인 순무(淳母)에 대해 설명하자면, 젓갈을 달여서 메기장으로 지은 밥 위에 붓고, 다시 기름을 부어서 완성한다. 그렇기 때문에 이러한 뜻에서 '순무(淳母)'라고 부르는 것이다.

① ○淳母[1].

補註 類編曰: 五穀以黍爲長, 故謂之淳母.

번역 『유편』에서 말하길, 오곡 중에서는 서(黍)를 가장 상등으로 여기기 때문에 순모(淳母)라고 부른다.

補註 ○徐志修曰: 類編說, 恐不如舊說.

번역 ○서지수가 말하길, 『유편』의 주장은 아마도 옛 학설과는 다른 것 같다.

---

1) '모(母)'자에 대하여. 『예기집설대전』 판본에는 '무(毋)'자로 기록되어 있다.

참고-經文

炮: 取豚若將, 刲之刳之, 實棗於其腹中, 編萑以苴之, ①塗之
以謹塗. 炮之, 塗皆乾, 擘之, 濯手以摩之, 去其皽, 爲稻粉, 糔
溲之以爲酏, 以付豚, 煎諸膏, 膏必滅之. 鉅鑊湯, 以②小鼎薌
脯於其中, 使其湯毋滅鼎, 三日三夜毋絶火, 而后調之以醯醢.

번역 여덟 가지 진미 중 세 번째와 네 번째 요리에 해당하며, 진흙에 싸서 굽는 포
돈(炮豚)과 포장(炮牂)에 대해 설명하자면, 돼지와 숫양을 가져다가 도축을 하여,
안의 내장을 제거하고, 그 배 안에 대추를 채우며, 추(萑)라는 풀을 엮어서 감싸고,
진흙을 바른다. 그것을 구워서, 진흙이 모두 마르게 되면, 겉면의 진흙을 제거하고,
손을 씻은 뒤에 문질러서 표피를 벗겨내고, 쌀가루를 만들어서, 물을 부어 반죽해서
쌀죽을 만들고, 이것을 돼지고기에 입히고, 기름에 넣어서 졸이는데, 기름은 반드시
돼지고기가 잠기도록 충분히 붓는다. 큰 솥을 준비하여 그 안에 물을 붓고, 작은
솥 안에는 향미를 가미한 포(脯)를 넣는데, 작은 솥을 큰 솥 안에 넣는다. 그리고
물이 작은 솥 안으로 들어가지 않도록 하고, 3일 밤낮을 은근한 불로 달이며, 그런
뒤에 젓갈이나 장을 이용해서 간을 맞춘다.

① ○塗之以謹塗.

補註 鄭註: "謹, 當爲墐." 疏曰: "以此墐塗, 而泥塗之也."
번역 정현의 주에서 말하길, "'근(謹)'자는 마땅히 근(墐)자가 되어야 한다."
라고 했다. 소에서 말하길, "이러한 근도(墐塗)를 이용해서 겉을 바른다."라
고 했다.

② 小鼎薌脯.

補註 徐志修曰: 上云煎諸膏, 此云薌脯, 恐是用牛膏也.
번역 서지수가 말하길, 앞에서는 지방에 졸인다고 했고, 이곳에서는 향포(薌

脯)라고 했는데, 아마도 소의 지방을 이용하는 것 같다.

此珍主於塗而燒之, 故以炮名. 牂, 牡羊也. 刲之刳之, 殺而去
其五藏也. 萑, 蘆葦之類. 苴, 裹也. 謹, 讀爲墐, 說文粘土也.
擘之者, 擘去乾塗也. 濯手以摩之去其皽, 謂擘泥手不淨, 又兼
肉熟, 故必濯其手, 然後摩去其皽膜也. 糔, 與前章滫瀡之滫
同, 以稻米爲粉, 滫溲之爲粥. 若豚則以此粥敷其外, ①若羊則
解折其肉, 以此粥和之, 而俱煎以膏. 滅, 沒也. 謂所用膏, 沒此
豚與羊也. 鉅鑊湯, 以大鑊盛湯也. 脯, 解析之薄如脯也. 薌脯,
香美此脯也. ②脯在小鼎內, 而小鼎則置在鑊湯內, 湯不可沒
鼎, 沒鼎則水入壞脯也. 毋絶火, 微熱而已, 不熾之也. 至食則
又以醯與醢調和之. 此八珍之三·四也.

번역 여기에서 말하는 진미들은 주로 진흙에 싸서 굽는 것이 중심이 된다. 그렇기 때문에 '포(炮)'자를 붙여서 부르는 것이다. '장(牂)'자는 수컷 양을 뜻한다. '규지 고지(刲之刳之)'라는 말은 도축을 하고서 오장(五臟)을 제거한다는 뜻이다. '추 (萑)'는 노위(蘆葦) 등의 풀을 뜻한다. '저(苴)'자는 "싸다[裹]."는 뜻이다. '근 (謹)'자는 '근(墐)'자로 풀이하니, 『설문』에서는 점토(粘土)라고 했다. '벽지(擘 之)'라는 말은 말라붙은 진흙을 제거한다는 뜻이다. 손을 씻고 문질러서 그 표피를 제거하니, 진흙을 제거하면, 손이 더럽게 되고, 또한 고기가 익어서 뜨겁기 때문에, 반드시 손을 씻은 뒤에, 문질러서 표피를 벗겨낸다는 의미이다. '수(糔)'자는 앞장 에 수수(滫瀡)라고 했을 때의 '수(滫)'자와 동일하니,1) 쌀 알갱이를 빻아서 가루로 만들고, 뜨물로 반죽하여 죽으로 만든 것이다. 만약 돼지고기인 경우라면, 이러한 죽을 이용해서 그 겉면을 입히고, 양고기인 경우라면, 고기를 잘게 잘라 이러한 죽

---

1) 『예기』「내칙(內則)」: 棗·栗飴蜜以甘之, 堇·荁·枌·楡免薧, 滫瀡以滑之, 脂 膏以膏之. 父母舅姑必嘗之而後退.

을 섞어서, 기름을 이용해서 함께 달인다. '멸(滅)'자는 "잠기다[沒]."는 뜻이다. 즉 기름을 이용하여, 이러한 돼지고기와 양고기를 잠기도록 붓는다는 뜻이다. '거확탕(鉅鑊湯)'이라는 말은 큰 솥에 물을 담는다는 뜻이다. '포(脯)'자는 포(脯)처럼 얇게 썰었다는 뜻이다. '향포(薌脯)'는 이러한 포(脯)에 향미를 더한다는 뜻이다. 포(脯)는 작은 솥 안에 담겨 있고, 작은 솥은 큰 솥에 담긴 물 위에 놓이게 되며, 물이 작은 솥을 잠기게 해서는 안 되니, 작은 솥이 물에 잠긴다면, 물이 들어와서 포(脯)의 맛을 망치기 때문이다. '무절화(毋絶火)'는 약한 불로 계속 데울 따름이며, 활활 타도록 하지 않는다는 뜻이다. 식사를 할 때가 되면, 또한 젓갈과 장을 이용해서 간을 맞춘다. 이것들은 여덟 가지 진미 중 세 번째와 네 번째에 해당하는 요리이다.

① 若羊則解析[止]和之.

補註 按: 經文無此意, 而蓋出於鄭註. 鄭註曰: "謂之脯者, 旣去皽, 則解析其肉, 使薄如爲脯然, 唯豚全耳." 鄭此註, 雖釋脯字, 而因此可知豚則以粥敷其外, 羊則解析和粥也.

번역 살펴보니, 경문에는 이러한 뜻이 나타나지 않는데, 아마도 정현의 주에서 도출한 것 같다. 정현의 주에서는 "그 고기를 '포(脯)'라고 부르는 이유는 표면에 붙은 막을 제거했다면, 그 고기를 썰어서 마치 포(脯)를 만들 듯이 얇게 썰기 때문이니, 오직 돼지고기의 경우에만 고기 전체를 넣을 따름이다."라고 했다. 정현의 이러한 주는 비록 '포(脯)'자의 뜻을 풀이한 것이지만, 이를 통해서 돼지고기인 경우 죽을 이용해서 겉면을 입히고, 양고기인 경우 고기를 잘게 잘라서 죽을 섞는다는 사실을 알 수 있다.

② 脯在小鼎內.

補註 疏曰: 小鼎盛膏, 以膏煎豚牂.

번역 소에서 말하길, 작은 솥에 기름을 담고, 기름을 이용해서 돼지고기와 양고기를 끓인다.

「내칙」77장

참고-經文

擣珍: 取牛·羊·麋·鹿·麕之肉必脄, 每物與牛若一, 捶反側
之, ①去其餌, 熟出之, 去其皽, 柔其肉.

번역 여덟 가지 진미 중 다섯 번째 요리인 도진(擣珍)에 대해 설명하자면, 소고
기·양고기·큰 사슴고기·사슴고기·노루고기 중 등심 부위만을 취하여 사용하
되, 각각의 고기들은 소고기 양과 균등하게 섞고, 이리저리 두드려서, 힘줄처럼 질
긴 부위를 제거하고, 다 익으면 꺼내서, 겉면에 있는 얇은 표피를 제거하고, 젓갈
등을 이용해서 고기를 부드럽게 만든다.

① 去其餌.

補註 鄭註: 餌, 筋腱也.
번역 정현의 주에서 말하길, '이(餌)'자는 힘줄을 뜻한다.

補註 ○陸云: 腱, 筋之大者.
번역 ○육덕명이 말하길, 건(腱)은 힘줄 중에서도 굵은 것이다.

「내칙」 78장

漬: 取牛肉必新殺者, 薄切之, 必絶其理, 湛諸美酒, ①期朝而食之以醢若醯醷.

번역 여덟 가지 진미 중 여섯 번째 요리인 지(漬)에 대해 설명하자면, 소고기를 이용하되, 반드시 새로 잡은 신선한 고기를 사용하며, 얇게 자르되, 반드시 그 결에 따라서 횡으로 자르며, 자른 고기는 감미로운 술에 담그고, 하루가 지난 뒤에 먹되, 젓갈이나 매실장 등을 곁들인다.

① ○期朝而食之.

補註 按: 此下當著乎代吐.

번역 살펴보니, 이곳 구문 뒤에는 마땅히 호대[乎代]토를 붙여야 한다.

참고—經文

①**爲熬**: 捶之去其皺, 編萑布牛肉焉. 屑桂與薑, 以灑諸上而鹽之, 乾而食之. 施羊亦如之. 施麋·施鹿·施麕皆如牛羊. 欲濡肉, 則釋而煎之以醢; 欲乾肉, 則捶而食之.

번역 여덟 가지 진미 중 일곱 번째 요리인 오(熬)의 조리법에 대해 설명하자면, 고기를 두들겨서 표피의 엷은 막을 제거하고, 추(萑)를 엮은 것 위에 소고기를 펴둔다. 계피와 생강을 가루로 만들어서, 고기 위에 뿌리고, 소금물로 적시고, 마르면 먹는다. 양고기를 가지고 만들 때에도 또한 이처럼 한다. 큰 사슴고기를 가지고 만들고, 사슴고기를 가지고 만들며, 노루고기를 가지고 만들 때에도 모두 소고기나 양고기를 이용할 때처럼 한다. 축축한 고기를 만들고자 한다면, 불려서 젓갈에 끓이고, 마른 고기를 만들고자 한다면, 두들겨서 부드럽게 한 다음에 먹는다.

① ○**爲熬**.

補註 鄭註: 熬, 火上爲之也, 今之火脯似矣.

번역 정현의 주에서 말하길, '오(熬)'자는 불 위에서 조리를 한다는 뜻이니, 오늘날의 화포(火脯)와 유사한 것이다.

補註 ○按: 觀此, 則似是火上作脯也.

번역 ○살펴보니, 이것을 본다면 아마도 불 위에 올려두고 포를 만드는 것 같다.

補註 ○徐志修曰: 無乃指釋而煎之者耶.

번역 ○서지수가 말하길, 펼치고 조려서 만드는 음식이 아니겠는가?

「내칙」81장

肝膋: 取狗肝一, 幪之以其膋, 濡炙之①擧燋, 其膋不蓼.

번역 여덟 가지 진미 중 여덟 번째 요리인 간료(肝膋)에 대해 설명하자면, 개의 간한 개를 가져다가 뱃가죽 안쪽의 지방을 이용해서 완전히 뒤덮고, 적신 것을 굽되 완전히 익혀서 바삭바삭하게 굽고, 간료를 먹을 때에는 요(蓼)를 곁들이지 않는다.

① ○擧燋其膋.

補註 鄭註: "膋, 腸間脂." 疏曰: "炙膋皆燋也."

번역 정현의 주에서 말하길, "'요(膋)'는 창자 사이에 낀 기름이다."라고 했다. 소에서 말하길, "요(膋)를 구울 때에는 완전히 굽는다는 뜻이다."라고 했다.

補註 ○按: 此謂使其膋皆燋也. 諺讀燋下膋下吐, 恐誤.

번역 ○살펴보니, 이것은 기름을 모두 완전히 굽는다는 뜻이다. 『언독』에서는 초(燋)자와 요(膋)자 뒤에 토를 붙였는데, 아마도 잘못된 것 같다.

擧, 皆也. 謂炙膋皆熟而焦, 食之不用蓼也. ①此八珍之八. 記者又不依次, 故間雜在糝食·酏食之間.

번역 '거(擧)'자는 모두[皆]라는 뜻이다. 요(膋)를 구울 때에는 모두 익혀서 바삭바삭하게 굽고, 먹을 때에는 요(蓼)를 곁들이지 않는다는 뜻이다. 이것은 여덟 가지 진미 중 여덟 번째에 해당하는 음식이다. 『예기』를 기록한 자는 이 문장에 대해서도 또한 순서에 의거하여 기록하지 않았다. 그렇기 때문에 '삼사(糝食)'와 '이사(酏食)' 사이에 뒤섞여 기록된 것이다.

① 此八珍之八.

補註 按: 陳註八珍之名, 本於鄭註. 然炮之一名, 而分豚牂爲兩物者, 終未可曉. 愚意, 炮但爲一物, 又以糝爲一物, 其餘並依舊說. 酏則糝之小變者, 故不在數與.

번역 살펴보니, 진호의 주에 나온 팔진(八珍)의 명칭은 정현의 주에서 근본한 것이다. 그런데 포(炮)라는 명칭에 대해서 돈(豚)과 장(牂)을 구분하여 포돈(炮豚)과 포장(炮牂)이라는 두 음식으로 본 것은 끝내 이해할 수 없다. 내가 생각하기에 포(炮)라는 것은 단지 한 가지 음식일 뿐이며, 또한 삼(糝)이라는 것도 하나의 음식이고, 나머지 것들은 모두 옛 주장에 따른다. 이(酏)라는 것은 삼(糝)과 작은 차이가 있기 때문에 그 수치에 포함시키지 않았을 것이다.

補註 ○後按: 通解呂希哲曰: "八珍, 據正文, 謂淳熬也·淳母也·炮也·擣珍也·漬也·熬也·糝也·肝膋也." 此與愚見合. 註疏說大誤.

번역 ○이후 살펴보니, 『통해』에서 여희철[1]은 "팔진(八珍)에 대해서 경문에 근거하면 순오(淳熬)·순모(淳母)·포(炮)·도진(擣珍)·지(漬)·오(熬)·삼(糝)·간료(肝膋)를 뜻한다."라고 했다. 이것은 나의 견해와 부합한다. 주와 소의 주장은 매우 잘못되었다.

補註 ○又按: 周禮·醢人, "羞豆之實, 酏食·糝食." 疏曰, "易·鼎卦九四, 鼎折足, 覆公餗. 鄭註云: '糝謂之餗. 震爲竹, 竹萌曰筍. 筍者, 餗之爲菜也, 是八珍之食.' 膳夫註, 八珍取肝膋, 不取糝. 易註, 糝又入八珍中也." 以此觀之, 鄭註之數八珍, 亦有前後之異也. 膳夫註, 則與禮記註同.

번역 ○또 살펴보니, 『주례』「해인(醢人)」편에서는 "수두(羞豆)에 담는 음식은 이사(酏食)와 삼사(糝食)이다."[2]라고 했다. 소에서는 "『역』「정괘(鼎

---

1) 여희철(呂希哲, A.D.1039~A.D.1116): 북송(北宋) 때의 학자이다. 자(字)는 원명(原明)이고 호(號)는 형양(滎陽)이다. 저서로는 『여씨잡기(呂氏雜記)』, 『영양공설(滎陽公說)』 등이 있다.

卦)」의 구사에서는 솥의 발이 부러져서 공에게 바칠 음식을 엎었다3)고 했고, 정현의 주에서는 '삼(糝)은 속(餗)이라고 한다. 진괘(震卦)는 대나무가 되는데,4) 대나무의 순을 순(筍)이라고 부른다. 순(筍)이라는 것은 그것을 끓여서 나물죽으로 만드는데, 이것은 팔진(八珍)의 사(食)에 해당한다.'라고 했다. 『주례』「선부(膳夫)」편의 주에서는 팔진(八珍)에 대해서 간료(肝膋)를 포함시키고 삼(糝)을 포함시키지 않았다. 그런데 『역』의 주에서는 삼(糝)을 재차 팔진(八珍) 안에 포함시켰다.''라고 했다. 이를 통해 살펴본다면 정현의 주에서 팔진(八珍)을 셈하는 것에도 전후의 차이가 있다. 「선부」편의 주에서 말한 내용은 이곳 『예기』의 주와 동일하다.

---

2) 『주례』「천관(天官)·해인(醢人)」: 羞豆之實, 酏食·糝食.

3) 『역』「정괘(鼎卦)」: <u>九四, 鼎折足, 覆公餗</u>, 其形渥, 凶.

4) 『역』「설괘전(說卦傳)」: 震爲雷, 爲龍, 爲玄黃, 爲敷, 爲大塗, 爲長子, 爲決躁, <u>爲蒼筤竹</u>, 爲萑葦, 其於馬也爲善鳴, 爲馵足, 爲作足, 爲的顙, 其於稼也爲反生, 其究爲健, 爲蕃鮮.

「내칙」83장

참고-集說

①鄭氏曰: 閻, 掌守中門之禁. 寺, 掌內人之禁令.

번역 정현이 말하길, '혼(閻)'은 중문(中門)[1]의 금령에 대해서 담당한다. '시(寺)'는 궁내(宮內) 사람들에 대한 금령을 담당한다.

① ○鄭氏曰[止]禁令.

補註 按: 此據周禮天官·閻人·寺人文.

번역 살펴보니, 이것은 『주례』「천관(天官)·혼인(閻人)」편[2] 및 「천관(天官)·시인(寺人)」편[3]의 기록에 근거한 것이다.

---

1) 중문(中門)은 내(內)와 외(外) 사이에 있는 문을 뜻한다. 궁(宮)에 있어서는 혼문(閻門)을 뜻하기도 한다. 또 천자(天子)의 궁성(宮城)에는 다섯 개의 문이 있었다고 전해지는데, 가장 밖에 있는 문부터 순차적으로 나열해보면, 고문(皐門), 치문(雉門), 고문(庫門), 응문(應門), 노문(路門)이다. 이러한 다섯 개의 문들 중 노문(路門)은 가장 안쪽에 있으므로, 내문(內門)로 여기고, 고문(皐門)은 가장 밖에 있으므로, 외문(外門)으로 여긴다. 따라서 나머지 치문(雉門), 고문(庫門), 응문(應門)은 내외(內外)의 사이에 있으므로, 이 세 개의 문을 '중문'으로 여기기도 한다. 『주례』「천관(天官)·혼인(閻人)」편에는 "掌守王宮之<u>中門</u>之禁."이라는 기록이 있는데, 이에 대한 손이양(孫詒讓)의 『정의(正義)』에서는 "此中門實不專屬雉門. 當兼庫·雉·應三門言之. 蓋五門以路門爲內門, 皐門爲外門, 餘三門處內外之間, 故通謂之中門."이라고 풀이했다. 한편 정중앙에 있는 문을 '중문'이라고도 부른다.
2) 『주례』「천관(天官)·혼인(閻人)」: 閻人掌守王宮之中門之禁.
3) 『주례』「천관(天官)·시인(寺人)」: 掌內人之禁令, 凡內人弔臨于外, 則帥而往, 立于其前而詔相之.

「내칙」 84장

男女不同椸枷, 不敢縣於夫之①楎椸, 不敢藏於夫之篋笥, 不
敢共湢浴. 夫不在, ②斂枕篋, 簟席襡, 器而藏之. ③少事長, 賤
事貴, 咸如之.

번역 남자와 여자는 옷걸이를 함께 사용하지 않으니, 부인은 감히 남편이 사용하는
옷걸이에 옷을 걸지 않고, 감히 남편이 사용하는 상자에 물건을 넣어두지 않으며,
감히 욕실을 함께 사용하지 않는다. 남편이 부재중이라면, 베개를 거두어 상자에
보관하고, 잠자리를 말아서 보관하니, 감싸는 기물을 이용해서 보관을 한다. 나이가
어린 자가 어른을 섬기고, 신분이 미천한 자가 존귀한 자를 섬길 때에도 모두 이처
럼 한다.

① 楎.

補註 鄭註: "杙也." 疏曰: "爾雅·釋宮云, '在墙者, 謂之楎.'"
번역 정현의 주에서 말하길, "세워두는 장대이다."라고 했다. 소에서 말하길,
"『이아』「석궁(釋宮)」편에서는 '담벽에 붙어 있는 것을 휘(楎)라고 부른다.[1]'"
라고 했다.

② 斂枕篋[止]藏之.

補註 小學註吳氏曰: 器者, 器重之謂, 斂枕於篋, 斂簟席於襡, 器重而藏之.
번역 『소학』의 주에서 오씨가 말하길, '기(器)'자는 중요하게 여긴다는 뜻이
니, 상자에 베개를 거두어 보관하고, 잠자리를 자루에 넣어서 보관하는 것은
중요하게 여겨서 보관하는 것이다.

---

1) 『이아』「석궁(釋宮)」: 樴謂之杙, <u>在牆者謂之楎</u>, 在地者謂之臬, 大者謂之栱, 長
   者謂之閣.

③ 少事長[止]如之.

補註 小學註吳氏曰: 不特妻事夫之禮. 凡少之事長・賤之事貴, 皆當如是.

번역 『소학』의 주에서 오씨가 말하길, 이것은 단지 아내가 남편을 섬기는 예일 뿐만 아니다. 젊은이가 어른을 섬기고 천한 자가 귀한 자를 섬길 때에도 모두 이처럼 해야 한다.

「내칙」85장

참고-經文

夫婦之禮, ①唯及七十同藏無間. 故妾雖老, 年未滿五十, 必與
五日之御. 將御者, 齊漱澣, 愼衣服, 櫛縰笄總, 角拂髦, 衿纓,
綦屨. 雖婢妾, 衣服飮食必後長者. ②妻不在, 妾御莫敢當夕.

번역 부부의 예(禮)에 있어서, 오직 70세가 되어야만 같은 숙소에 머무르며, 사이
를 두지 않는다. 그렇기 때문에 첩이 비록 늙었더라도, 나이가 아직 50세에 이르지
않았다면, 반드시 5일을 주기로 시중을 드는 일에 참여한다. 장차 시중을 들게 되는
여자는 재계를 하고 양치질과 손발을 씻으며, 의복을 신중히 차려 입고, 머리를 빗
어서 싸매며, 비녀와 총(總)을 덧대어 다팔머리를 만들고, 머리카락에 묻은 먼지를
털어내며, 향낭을 차고, 신발 끈을 결속한다. 비록 비첩(婢妾)의 신분이라고 하더라
도, 의복과 음식에 있어서는 반드시 연장자보다 뒤에 한다. 처가 부재한 경우, 첩은
시중을 들 때, 감히 처가 시중을 드는 밤에 대신 시중을 들지 않는다.

① ○唯及七十同藏無間.

補註 鄭註: "衰老無嫌." 疏曰: "間, 別也."
번역 정현의 주에서 말하길, "노쇠하여 남녀사이에 유별함이 없다는 혐의를
두지 않게 된다."라고 했다. 소에서 말하길, "'간(間)'자는 구별하다는 뜻이
다."라고 했다.

② 妻不在[止]當夕.

補註 鄭註: "辟女君之御日也." 疏曰: "此謂卿大夫以下, 故經云妻, 而註
云女君也. 大夫一妻二妾, 則三日御徧. 士一妻一妾, 則二日御徧. 妾恒
辟女君之御日, 非但不敢當女君之御日, 縱令自當御日, 猶不敢當夕而
往, 故詩·小星云: '肅肅宵征, 夙夜在公', 註鄭引此云, 凡妾御於君不當
夕, 是也."

번역 정현의 주에서 말하길, "정부인이 시중드는 날을 피하는 것이다."라고 했다. 소에서 말하길, "이 내용은 경과 대부 이하의 계층에 대한 내용이다. 그렇기 때문에 경문에서는 '처(妻)'라고 한 것이고, 정현의 주에서는 '여군(女君)'이라고 한 것이다. 대부의 경우에는 1명의 처(妻)와 2명의 첩(妾)을 두게 되니, 3일 동안 두루 시중을 들게 된다. 사의 경우에는 1명의 처(妻)와 1명의 첩(妾)을 두게 되니, 2일 동안 두루 시중을 들게 된다. 첩은 항상 정부인이 시중을 드는 날짜를 피해야 하니, 단지 정부인이 시중을 드는 날에 시중을 들 수 없을 뿐만 아니라, 자신이 부군에게 시중을 드는 날이라고 하더라도, 여전히 저녁때에는 감히 침소로 찾아갈 수 없는 것이다. 그렇기 때문에 『시』「소성(小星)」편에서는 '공경스럽게 밤길을 가며, 새벽과 늦은 밤 동안 군주가 계신 곳에 있도다.'[1]라고 했던 것이고, 이 문장에 대한 주에서는 이곳 문장을 인용하여, 모든 첩들은 부군에게 시중을 들 때, 저녁때 가지 않는다고 했던 것이다."라고 했다.

補註 ○小學註: 古者, 妻妾各有當御之夕, 當夕, 當妻之夕也.

번역 ○『소학』의 주에서 말하길, 고대에는 처와 첩은 각각 시중을 들어야 하는 저녁이 있었는데, '당석(當夕)'은 처가 시중을 들어야 하는 저녁을 뜻한다.

補註 ○沙溪曰: 詩·小星註, "衆妾進御於君, 不敢當夕, 見星而往, 見星而還", 與小學註不同.

번역 ○사계가 말하길, 『시』「소성(小星)」편에 대한 주에서는 "여러 첩들이 부군에게 나아가 시중을 들게 되면 감히 저녁에는 할 수 없으니, 별이 떴을 때 찾아가고 별이 떴을 때 되돌아간다."라고 하여, 『소학』의 주와는 차이를 보인다.

---

1) 『시』「소남(召南)·소성(小星)」: 嘒彼小星, 三五在東. <u>肅肅宵征, 夙夜在公</u>. 寔命不同.

補註 ○按: 此章所言, 言妾不敢當女君之御日也. 詩所言, 言妾雖自當己之御日, 猶不敢當夕而往也. 一說, 妻不在, 妾雖代御於君, 猶不敢如女君當夕而進, 與疏說及小星註合.

번역 ○살펴보니, 이 문장에서 언급한 내용은 첩은 감히 여군이 시중을 드는 날에 시중을 들 수 없다는 뜻이다. 『시』에서 언급한 내용은 첩은 비록 자기가 시중을 드는 날이라 하더라도 여전히 저녁에는 찾아갈 수 없다는 뜻이다. 일설에 처가 부재한 경우 첩이 비록 대신하여 부군의 시중을 들게 되더라도, 여전히 처가 저녁에 찾아가 시중을 드는 것처럼은 할 수 없다고 하니, 소의 주장 및 「소성(小星)」편의 주와 합치된다.

補註 ○徐志修曰: 諺讀御下著乎代吐, 與本註異, 與此下一說同.

번역 ○서지수가 말하길, 『언독』에서는 '어(御)'자 뒤에 호대[乎代]토를 붙여서 본래의 주와는 차이를 보이고, 이곳 하단에 나온 일설과 일치한다.

「내칙」 86장

妻將生子, 及月辰, 居側室. 夫使人日再問之, ①作而自問之.
妻不敢見, 使姆衣服而對. 至于子生, 夫復使人日再問之. ②夫
齊, 則不入側室之門.

번역 처(妻)가 장차 자식을 낳으려고 할 때, 산달의 초하루가 되면, 처를 측실(側室)로 옮겨서 거처하게 한다. 남편은 사람을 시켜서 매일 두 차례 안부를 묻고, 마음이 동하게 되면 직접 찾아가서 안부를 묻는다. 그러나 처는 감히 자신이 직접 만나보지 못하며, 여사(女師)를 시켜서, 의복을 차려입게 하고 응대하게 한다. 자식을 낳게 되면, 남편은 재차 사람을 시켜서 날마다 두 차례 안부를 묻는다. 남편이 재계를 하게 된다면, 측실의 문으로 들어가지 않는다.

① ○作而自問之.

補註 鄭註: 作, 有感動.

번역 정현의 주에서 말하길, '작(作)'자는 마음에 움직이는 것이 있다는 뜻이다.

補註 ○按, 此謂將産之候也. 陳註動作之時者, 未瑩.

번역 ○살펴보니, 이것은 자식을 출산하려고 하는 때를 뜻한다. 진호의 주에서는 마음이 동할 때라고 풀이했는데 명확하지 못하다.

② 夫齊[止]之問1).

補註 鄭註: 若始時使人問.

번역 정현의 주에서 말하길, 만약 최초 묻는 시기라면, 사람을 시켜서 안부

---

1) '문(問)'자에 대하여. 『예기집설대전』에는 '문(門)'자로 되어 있다.

를 묻게 된다.

補註 ○按: 妻作而夫自問之禮也. 若有齋潔之事, 則不自入側室之門, 但如初時使人日再問也.

번역 ○살펴보니, 아내에게 태동이 생겨 남편이 직접 안부를 묻는 예법에 해당한다. 만약 재계를 하여 청결히 할 일이 생긴다면 직접 측실의 문으로 들어가지 않고, 단지 최초 다른 사람을 시켜서 두 차례 안부를 물었던 것처럼만 한다.

「내칙」 88장

참고-經文

國君世子生, 告于君, 接以大牢, 宰掌具. 三日, 卜士負之, 吉者
宿齊, 朝服寢門外, 詩負之. 射人以①桑弧蓬矢六, 射天地四方,
保受乃負之. 宰醴負子, 賜之束帛. 卜士之妻·大夫之妾, ②使
食子.

번역 제후의 세자가 태어나면, 군주에게 그 사실을 아뢰고, 태뢰(太牢)를 갖춰서
접견의 의례를 시행하며, 재부(宰夫)가 음식 갖추는 일을 담당한다. 3일 째가 되면,
길한 사를 점쳐서, 그로 하여금 세자를 안고 있도록 하니, 길한 점괘가 나온 자는
집안에 머물며 재계를 하고, 조복(朝服)을 갖춰 입고서, 침문(寢門) 밖에서, 세자
를 받들어서 안는다. 활을 쏘는 자는 뽕나무로 만든 활과 쑥대로 만든 화살 여섯
대를 이용해서, 천지(天地)와 사방(四方)에 각각 1발씩 쏘게 되며, 그 일이 끝나면,
보모(保母)는 세자를 받아서 안는다. 재부가 세자를 안고 있었던 사에게 단술을 따
라서 예우를 하면, 그에게 속백(束帛)을 하사한다. 사의 처와 대부의 첩들 중 점을
쳐서, 길한 점괘가 나온 여자로 하여금 세자에게 모유를 먹여서 양육하도록 한다.

① ○桑弧蓬矢.

補註 鄭註: 本太古也.
번역 정현의 주에서 말하길, 태고 때의 예법에 근본한 것이다.

② 使食子.

補註 鄭註: 士妻大夫妾, 謂時自有子.
번역 정현의 주에서 말하길, 사의 처와 대부의 첩은 당시 아들을 낳은 여자
들을 가리킨다.

接以大牢者, 以大牢之禮接見其子也. 宰, 宰夫也. 掌具, 掌其
設禮之具也. 卜士負之者, 卜其吉者而使之抱子也. ①詩, 承也.
②儀禮言尸酢主人, 詩懷之, 亦承義. 射天地四方者, 期其有事
於遠大也. 保, 保母也. 受乃負之, 受之於士而抱之也. 蓋士之
負子, 特爲斯須之禮而已, 宰旣掌具, 故以醴禮負子之士, 仍賜
束帛以酬之. 食子, 謂乳養之也. 今按此言世子生接以大牢, 特
言其常禮如此耳. ③下文又言接子擇日, 則亦或在始生三日之
後也. ④鄭氏謂食其母, 使補虛强氣, 讀接爲捷, 而訓爲勝, 其
義迂. 方氏讀如本字, 今從之.

번역 '접이대뢰(接以大牢)'라는 말은 태뢰(太牢)의 예를 사용하여, 자식을 접견한
다는 뜻이다. '재(宰)'는 재부(宰夫)[1]를 뜻한다. '장구(掌具)'는 예법에 따라 음식
들을 갖추는 일을 담당한다는 뜻이다. '복사부지(卜士負之)'라는 말은 길한 자에
대해 점을 쳐서, 그로 하여금 자식을 안고 있도록 한다는 뜻이다. '시(詩)'자는 "받
들다[承]."는 뜻이다. 『의례』에서는 시동이 주인에게 술을 따라 권하면, 시(詩)하
여 가슴 위로 든다고 했는데, 이때의 '시(詩)'자도 받든다는 의미이다. 천지(天地)
와 사방(四方)을 향해서 활을 쏘는 이유는 원대한 대상에 대해 일삼음이 있음을
기약하기 위해서이다. '보(保)'는 보모(保母)를 뜻한다. '수내부지(受乃負之)'라는
말은 사에게서 받아서 안는다는 뜻이다. 무릇 사가 세자를 안는 것은 단지 이러한
의례를 치르기 위해서일 따름이며, 재부가 이미 예식에 맞는 음식 갖추는 일을 담
당하기 때문에, 단술을 따라서 세자를 안았던 사에게 예우를 하면, 곧 속백(束帛)
을 하사하여, 술을 권하게 된다. '사자(食子)'는 모유를 먹여서 양육한다는 뜻이다.
내가 살펴보니, 이곳에서는 세자가 태어났을 때 태뢰로써 접견을 한다고 했는데,
이것은 단지 일상적인 예법에 따라 이처럼 한다는 것을 뜻할 따름이다. 아래문장에
서는 또한 세자를 접견하며 날짜를 택하는 일에 대해서 언급했으니, 이 또한 아마
도 세자가 태어난 후 3일 이후에 시행하게 될 것이다. 정현은 이러한 음식을 그 모
친에게 먹여서, 허약해진 기력을 보완하여 군건하게 만든다고 했고, '접(接)'자를
'첩(捷)'자로 풀이하여, 그 뜻을 "빠르다."라고 하였는데, 그 의미가 우원하다. 방씨

---

1) 재부(宰夫)는 음식을 담당하거나 제사 때 희생물의 도살을 담당했던 하위 관리이다.

는 글자대로 풀이를 했는데, 나는 그에 따른다.

① 詩承也.

補註 按: 此本鄭註. 疏曰: "詩, 持也, 承也, 謂以手承下抱負之."
번역 살펴보니, 이것은 정현의 주에 근거한 것이다. 소에서는 "'시(詩)'자는 잡는다는 뜻이며, 받든다는 뜻이니, 손을 이용해서 그 밑을 받들고 안는다는 뜻이다."라고 했다.

② 儀禮[止]詩懷之.

補註 按: 此竝見特牲饋食·少牢饋食兩禮. 蓋主人進, 聽尸嘏, 受尸所賜黍食, 奉納之懷中也. 懷, 卽袂也. 本文詩懷之下, 有"實于左袂"四字.
번역 살펴보니, 이것은 『의례』「특생궤식례(特牲饋食禮)」편[2]과 「소뢰궤식례(少牢饋食禮)」편[3] 등 두 의례에 모두 나타난다. 주인이 나아가서 시동의 하(嘏)를 듣고, 시동이 하사한 서(黍)로 지은 밥을 받아서 그것을 받들어 소매에 넣는다. '회(懷)'는 소매를 뜻한다. 본문에는 '시회지(詩懷之)'라는 구문 뒤에 "좌측 소매에 넣는다[實于左袂]."라는 네 글자가 더 기록되어 있다.

③ 下文又言接子擇日.

補註 下文接子擇日, 鄭註: "雖三日之內, 尊卑必皆選其吉焉."
번역 아래문장에 나온 '접자택일(接子擇日)'에 대해 정현의 주에서는 "비록 3일 이내의 시기이지만, 신분의 차이에 상관없이 반드시 모든 계층은 길한

---

2) 『의례』「특생궤식례(特牲饋食禮)」: 主人左執角, 再拜稽首受, 復位, 詩懷之, 實于左袂, 掛于季指, 卒角, 拜. 尸答拜.
3) 『의례』「소뢰궤식례(少牢饋食禮)」: 主人坐奠爵, 興, 再拜稽首, 興, 受黍, 坐振祭, 嚌之, 詩懷之, 實于左袂, 掛于季指, 執爵以興, 坐卒爵, 執爵以興, 坐奠爵, 拜. 尸答拜. 執爵以興, 出. 宰夫以籩受嗇黍. 主人嘗之, 納諸內.

날을 선택하게 된다."라고 했다.

補註 ○楊梧曰: 三日之內, 或有所忌, 如子卯之類, 則當于三日之後卜日也.
번역 ○양오가 말하길, 3일 이내의 기간 중 간혹 꺼리는 날이 포함될 수 있으니, 예를 들어 은나라 주왕이 죽은 갑자(甲子)일이나 하나라 걸왕이 패망한 을묘(乙卯)일과 같은 부류가 포함된다면, 마땅히 3일 이후의 기간에 대해서 점을 쳐야 한다.

補註 ○通解曰: 此與上章不同, 或別記異聞也.
번역 ○『통해』에서 말하길, 이 내용은 앞 장의 내용과 차이를 보이니, 아마도 달리 들었던 내용을 별도로 기록한 것이다.

補註 ○按: 或謂上文只言接以大牢, 若其三日負子行射, 則非接子也, 更詳之.
번역 ○살펴보니, 혹자는 앞 문장에서는 단지 태뢰로 접견한다고 했고, 3일째에 자식을 안고 활쏘기를 시행한다고 한 것은 자식을 접견하는 일이 아니라고 했는데, 다시 상세히 살펴보아야 한다.

④ 鄭氏謂食其母.

補註 鄭註本文: "接, 讀爲捷, 勝也. 謂食其母, 使補虛强氣." 疏曰: "王肅杜預, 竝以爲接待夫人. 鄭必讀接爲捷, 謂補虛强氣者, 以婦人初産, 必因病虛羸, 三日之內必不能以禮相接, 應待負子之後. 今在前, 故知補虛强氣宜速也."
번역 정현의 주 본문에서는 "'접(接)'자는 첩(捷)자로 풀이하니, 빠르다는 뜻이다. 모친에게 음식을 먹도록 하여, 그녀로 하여금 허약해진 기운을 보강하여 굳건하게 만든다는 의미이다."라고 했다. 소에서 말하길, "왕숙과 두예는 모두 부인을 접견한다는 뜻으로 여겼다. 정현은 기어코 접(接)자를 첩(捷)자로 풀이하며, 허약해진 기운을 보강하여 굳건하게 만든다는 뜻이라고 했는데, 부인이 처음 출산을 했을 때, 반드시 그 몸은 병약해지고 초췌해져서, 출산 후 3일 이내에는 분명 예에 따라 서로 접견을 할 수 없으므로, 이처럼 시행하는 것은 자식을 안는 절차 이후에 해야 한다. 현재 이곳 기록에서는 그 앞에 이러한 의식을 시행하고 있다. 그렇기 때문에 허약해진 기운을 보강하여 굳건하게 만드는 것은 마땅히 신속히 해야 함을 알 수 있다."라고 했다.

「내칙」 89장

凡接子擇日, 冢子則大牢, 庶人特豚, 士特豕, 大夫少牢, 國君
世子大牢. 其非冢子, 則①皆降一等.

번역 무릇 자식을 접견하기 위해, 길한 날을 점쳐서 가리는데, 천자의 총자(冢子)
인 경우에는 태뢰를 사용하고, 서인의 총자라면 한 마리의 새끼돼지를 사용하며,
사의 총자라면 한 마리의 돼지를 사용하고, 대부의 총자라면 소뢰를 사용하며, 제후
의 세자라면 태뢰를 사용한다. 만약 총자가 아닌 경우라면, 모든 경우에 있어서 한
등급씩을 낮춘다.

① 皆降一等.

補註 鄭註: 天子·諸侯少牢, 大夫特豕, 士特豚, 庶人猶特豚也.
번역 정현의 주에서 말하길, 천자와 제후는 소뢰를 사용하고, 대부는 한 마
리의 돼지를 사용하며, 사는 한 마리의 새끼돼지를 사용하고, 서인은 더 이
상 낮추지 못하므로, 장자와 마찬가지로 한 마리의 새끼돼지를 사용한다.

山陰陸氏曰: 據士庶人特豚, 應云國君大牢, 今日國君世子大
牢, 爲其接以大牢同於王也. 是以盛言之, 盡其詞焉爾. 且言冢
子則大牢, 庶人特豚, 士特豕, ①大夫大牢, 國君世子大牢, 惟
國君而遠之, 使不偪上也. 又以著自庶人積隆至是窮矣. 蓋理
窮則同, 此皆言之法也.

번역 산음육씨가 말하길, 사와 서인이 한 마리의 돼지를 사용한다면, 마땅히 "제후

는 태뢰를 사용한다."라고 말해야 하는데, 이곳 문장에서는 "제후의 세자에 대해서는 태뢰를 사용한다."라고 하였다. 그 이유는 접견을 할 때 태뢰를 사용하는 것은 천자에 대한 경우와 동일하게 되기 때문이다. 이러한 까닭으로 융성함을 기준으로 표현하여, 그 말의 의미를 다 드러낸 것이다. 또 총자(冢子)의 경우에는 태뢰를 사용하고, 서인의 경우에는 한 마리의 새끼돼지를 사용하며, 사의 경우에는 한 마리의 돼지를 사용하고, 대부의 경우에는 소뢰를 사용하며, 제후의 세자인 경우에는 태뢰를 사용한다고 했는데, 제후에 대해서 끝에 언급한 것은 제후로 하여금 그 윗사람인 천자에 대해서 핍박하지 못하도록 하기 위해서이다. 또한 이를 통해 서인으로부터 점진적으로 융성해져서, 여기에 이르러서 다하게 됨을 나타낸 것이다. 무릇 이치상 다하게 된다는 측면에서는 동일하니, 이것은 모두 말을 기록하는 법도에 해당한다.

① 大夫大牢.

補註 下大, 必少之誤.

번역 뒤의 '대(大)'자는 분명 소(少)자의 오자이다.

「내칙」 90장

①異爲孺子室於宮中, 擇於諸母與②可者, 必求其寬裕·慈惠·溫良·恭敬·愼而寡言者, 使爲子師, 其次爲慈母, 其次爲保母, 皆居子室. 他人無事不往.

번역 군주의 자식이 태어나면, 궁(宮) 안에 아이를 위한 실(室)을 별도로 마련하고, 여러 첩(妾)이나 아이의 교육을 맡을 수 있는 여자들 중에서 훌륭한 자들을 간택하니, 간택을 할 때에는 반드시 관대하고 너그러우며, 자혜롭고, 온화하고 어질며, 공손하고 공경하며, 신중을 기하여 말이 적은 여자를 선택해서, 그녀를 자식의 사(師)로 삼고, 그 다음으로 훌륭한 여자를 자모(慈母)로 삼으며, 그 다음으로 훌륭한 여자를 보모(保母)로 삼고, 이들을 모두 자식이 있는 실(室)에 머물도록 한다. 다른 사람들은 특별한 일이 없다면, 이곳을 출입하지 않는다.

① **異爲孺子室於宮中.**

補註 鄭註: "特掃一處以處之." 疏曰: "此章雖據諸侯, 其實亦兼大夫士也. 但士不具三母耳."

번역 정현의 주에서 말하길, "다만 한 장소를 깨끗하게 청소하여 머물게 하는 것이다."라고 했다. 소에서 말하길, "이 문장의 내용은 비록 제후에 대한 경우를 기준으로 하고 있지만, 실제적으로는 대부와 사에 대한 경우까지도 포함하고 있다. 다만 사의 경우에는 앞서 언급한 세 종류의 여인들을 갖출 수 없을 따름이다."라고 했다.

② **可者.**

補註 鄭註: 可者, 傅御之屬.

번역 정현의 주에서 말하길, '가자(可者)'는 사부나 일처리를 도와주는 여자들을 뜻한다.

補註 ○通解曰: 列女傳可作阿, 即所謂阿保也. 後漢書有阿母, 詳此經文, 鄭作註時, 字猶未誤也.

번역 ○『통해』에서 말하길, 『열녀전』에서는 '가(可)'자를 아(阿)자로 기록했으니 이른바 아보(阿保)에 해당한다. 『후한서』에는 아모(阿母)라는 자가 등장하는데, 이곳 경문을 자세히 살펴보면 정현이 주를 작성했을 때에도 그 글자는 아직 잘못 기록되지 않은 상태였다.

「내칙」 91장

①三月之末, 擇日翦髮爲鬌, 男角女羈, 否則男左女右. 是日也,
妻以子見於父, 貴人則爲衣服, 由命士以下皆漱澣, 男女夙興,
沐浴衣服, 具視朔食. 夫入門升自阼階, 立於阼西鄕. 妻抱子出
自房, 當楣立東面.

번역 자식이 태어난 후 3개월의 말일이 되면, 날짜를 택하고, 머리카락을 잘라서
추(鬌)를 만들게 되니, 남자아이라면 각(角)의 머리모양으로 하고, 여자아이라면
기(羈)의 머리모양으로 하며, 이처럼 하지 않는다면, 남자아이는 좌측으로 머리카
락을 묶고, 여자아이라면 우측으로 머리카락을 묶는다. 이 날에 처는 자식을 안고서
아비에게 보이게 되니, 대부 이상의 계급이라면, 새로운 의복을 만들게 되고, 명사
(命士)로부터 그 이하의 계급이라면, 모두 세탁만 해서 사용하며, 남녀는 모두 일
찍 일어나서, 목욕을 하고 의복을 착용하며, 음식은 삭식(朔食)을 할 때에 견주어
서 갖춘다. 남편은 측실(側室)의 문으로 들어가서, 동쪽 계단을 통해 올라가서, 동
쪽 계단 위에 서서 서쪽을 바라본다. 아내는 자식을 안고 방(房)으로부터 나와서,
처마가 있는 곳에 당도하여 서고 동쪽을 바라본다.

① ○三月之末章.

補註 疏曰: 文雖據大夫·士, 天子·諸侯之子, 亦當然也.
번역 소에서 말하길, 이 기록은 비록 대부와 사 계층에 기준을 둔 내용이지
만, 천자와 제후의 자식에 대해서도 마땅히 이처럼 해야 한다.

鬌, 所存留不翦者也. ①夾窓兩旁當角之處, 留髮不翦者謂之
角. 留頂上縱橫各一, 相交通達者謂之羈. 嚴氏云: "夾窓曰角,

兩髻也. ②午達曰羈, 三髻也." 貴人, 大夫以上也. 由, 自也. 具
視朔食者, 所具之禮如朔食也. 朔食, 天子大牢, 諸侯少牢, 大
夫特豕, 士特豚也. 入門, 入側室之門也. 側室亦南向, 故有阼
階西階. 出自房, 自東房而出也.

번역 '추(髻)'는 남겨서 깎지 않는 머리카락을 뜻한다. 협창(夾窓)은 양쪽 측면에 있어서, 뿔이 있는 장소에 해당하는데, 그곳에 머리카락을 남기고 깎지 않은 것을 '각(角)'이라고 부른다. 정수리 위의 머리카락을 남기고 가로와 세로로 각각 한 쪽을 남겨서, 상호 교차하도록 하는 것을 '기(羈)'라고 부른다. 엄씨는 "협창(夾窓)의 방식으로 머리를 묶는 것을 '각(角)'이라고 부르니, 양쪽으로 상투를 튼 것이다. 오달(午達)의 방식으로 머리를 묶는 것을 '기(羈)'라고 부르니, 세 방향으로 상투를 튼 것이다."라고 했다. '귀인(貴人)'은 대부 이상의 계층을 뜻한다. '유(由)'자는 '~로부터[自]'라는 뜻이다. '구시삭식(具視朔食)'이라는 말은 음식을 갖추는 예를 삭식(朔食) 때처럼 한다는 뜻이다. 삭식의 경우, 천자는 태뢰를 사용하고, 제후는 소뢰를 사용하며, 대부는 한 마리의 돼지를 사용하고, 사는 한 마리의 새끼돼지를 사용한다. '입문(入門)'은 측실(側室)의 문으로 들어간다는 뜻이다. 측실 또한 남향으로 되어 있다. 그렇기 때문에 동쪽 계단과 서쪽 계단이 있는 것이다. '출자방(出自房)'이라는 말은 동쪽 방(房)으로부터 나온다는 뜻이다.

① 夾窓.

補註 窓, 當作囟, 下同.
번역 '창(窓)'자는 마땅히 신(囟)자로 기록해야 하며, 아래에 나오는 글자도 이와 같다.

補註 ○疏曰: 囟, 是首腦之上縫. 說文云, "十, 字象小兒之腦不合也."
번역 ○소에서 말하길, '신(囟)'은 뼈가 결합된 정수리 부분을 뜻한다. 『설문』에서는 "'십(十)'자는 그 자형이 어린아이의 정수리가 완전히 결합되지 않은 것을 상형한다."라고 했다.

補註 ○凶, 音信.

번역 ○'凶'자의 음은 '信(신)'이다.

② 午達曰羈.

補註 疏曰: 一從一橫曰午.

번역 소에서 말하길, 하나는 세로로 하고 다른 하나는 가로로 하는 것을 '오(午)'라고 부른다.

某, 妻姓某氏也. 時日, 是日也. 孺, 稚也. 欽, 敬; 帥, 循也. 言當
敬敎之, ①使循善道也. 咳而名之者, 說文"②咳, 小兒笑聲", 謂
父作咳聲笑容, 以示慈愛而名之也. 記有成, 謂當記識夫言, 敎
之成德也. 授師, 以子授子師也. 諸婦, 同族卑者之妻也. 諸母,
同族尊者之妻也. 後告諸母, 欲名成於尊也. 妻遂適寢, 復夫之
燕寢也.

번역 '모(某)'는 처(妻)의 성(姓)인 아무개 씨(氏)라고 말하는 것이다. '시일(時日)'은 오늘[是日]이라는 뜻이다. '유(孺)'자는 "어리다[稚]."는 뜻이다. '흠(欽)'자는 공경[敬]을 뜻하며, '솔(帥)'자는 "쫓다[循]."는 뜻이다. 즉 마땅히 공경스러운 태도로 가르쳐서, 아이로 하여금 선한 도리를 쫓게끔 하라는 의미이다. '해이명지(咳而名之)'라고 했는데, 『설문』에서는 "'해(咳)'자는 어린아이가 웃으면서 내는 소리이다."라고 했으니, 부친은 웃음소리 내고, 그 표정을 지어서, 자애로움을 나타내며, 아이에게 이름을 지어주는 것을 뜻한다. '기유성(記有成)'이라는 말은 마땅히 남편의 말을 기록하여, 아이를 가르쳐서 덕을 이루게끔 한다는 뜻이다. '수사(授師)'는 아이를 자사(子師)에게 건넨다는 뜻이다. '제부(諸婦)'는 동족 중 신분이 낮은 자들의 처를 뜻한다. '제모(諸母)'는 동족 중 신분이 높은 자들의 처를 뜻한다. 이후에 제모(諸母)에게 아뢰는 것은 그 이름을 존귀한 자를 통해서 완성하게끔 하고자 해서이다. "처가 마침내 침(寢)으로 간다."라고 했는데, 이것은 남편이 사용하는 연침(燕寢)으로 다시 돌아간다는 뜻이다.

① ○使循善道也.

補註 按: 陳註未當. 欽有帥, 恐是敬以導率也.

번역 살펴보니, 진호의 주는 합당하지 못하다. 경문에 나온 '흠유솔(欽有帥)'은 아마도 공경스럽게 잘 이끌고 통솔하라는 뜻인 것 같다.

② 咳小兒笑聲.

補註 疏曰: 咳, 謂以一手承子之咳也.

번역 소에서 말하길, '해(咳)'는 한 손으로 아이의 웃는 얼굴을 어루만진다는 뜻이다.

補註 ○按: 陳註與疏, 恐皆未當. 愚意, 只是聲咳之咳, 將欲名之, 先咳以警衆聽, 且若喩兒使知然也. 嘗聞天順新制早朝班定各官將奏事, 預咳一聲, 其施於尊卑, 雖若有間, 而大意則似近之.

번역 ○살펴보니, 진호의 주와 소의 설명은 모두 합당하지 않은 것 같다. 내가 생각하기에 이것은 단지 헛기침[聲咳]이라고 할 때의 '해(咳)'자에 해당하니, 이름을 지어주고자 하여 우선 헛기침을 하여 대중들이 주의를 집중하도록 하고, 또 마치 아이에게 그것을 이해시키는 것처럼 하는 것이다. 예전에 들기로 천순 연간 새로이 제정한 조례에서는 각 관부에서 보고를 하며 모든 계층에게 미리 한 차례 헛기침을 하였다고 했는데, 비록 사례의 간극이 있다고 하더라도 큰 의미에서는 이와 유사할 것이다.

「내칙」 93장

참고-經文

夫告宰名, 宰辯告諸男名, 書曰"某年某月某日某生"而藏之. 宰
告閭史, 閭史書爲二, 其一藏諸閭府, 其一獻諸州史. 州史獻諸
州伯, 州伯命藏諸州府. ①夫入食如養禮.

번역 아내가 연침(燕寢)으로 되돌아가면, 남편은 아전에게 아이의 이름을 알려주
고, 아전은 동성(同姓)의 친족들에게 아이의 이름을 두루 알리게 되며, 또한 그 이
름을 기록하며, "모년 모월 모일에 아무개가 태어났다."라고 하며, 그 문서를 보관
한다. 그런 뒤 아전은 재차 여(閭)의 관리인 여사(閭史)에게 아이의 이름을 알리고,
여사는 그 이름을 문서로 기록하되 2부를 만드는데, 그 중 1부는 여(閭)에 있는 보
관소에 보관하고, 나머지 1부는 상급 행정기관의 관리인 주사(州史)에게 바친다.
주사는 그 문서를 주(州)의 수장은 주백(州伯)에게 아뢰고, 주백은 명령을 내려서,
주(州)에 있는 보관소에 그 문서를 보관하도록 한다. 남편은 연침으로 들어가서 아
내와 함께 식사를 하게 되는데, 그때에는 아내가 처음으로 시부모에게 음식을 바쳤
을 때의 예법처럼 음식을 갖춘다.

① 夫入食如養禮.

補註 鄭註: 夫入, 已見子入室也.

번역 정현의 주에서 말하길, '부입(夫入)'은 이미 자식을 접견하는 일이 끝났
다면, 실(室)로 들어간다는 뜻이다.

참고-集說

疏曰: 此經所陳, 謂卿大夫以下, 故以名徧告同宗諸男. 諸男卑
者尚告, 則告諸父可知. ①若諸侯絶宗, 則不告也.

번역 소에서 말하길, 이곳 경문에서 진술한 내용들은 경과 대부로부터 그 이하의 계층에게 해당하는 예법이다. 그렇기 때문에 아이의 이름을 같은 종족의 남자들에게 두루 알리는 것이다. 제남(諸男)처럼 동족의 남자들 중 신분이 낮은 자에게도 오히려 이름을 알리게 된다면, 제부(諸父)처럼 신분이 높은 자에게도 알린다는 사실을 알 수 있다. 만약 제후(諸侯)와 종친 관계가 끊어진 상태라면, 알리지 않는다.

① **若諸侯絶宗則不告.**

補註 按: 疏本文, 諸侯下有旣字, 不告下有諸男二字.
번역 살펴보니, 소의 본문에는 '제후(諸侯)'라는 글자 뒤에 기(旣)자가 기록되어 있고, '불고(不告)'라는 글자 뒤에 제남(諸男)이라는 두 글자가 기록되어 있다.

「내칙」 94장

참고-經文

①世子生, 則君沐浴朝服, 夫人亦如之. 皆立于阼階西鄉, 世婦
抱子升自西階. 君名之, 乃降.

번역 제후의 세자가 태어난 경우라면, 군주는 목욕을 하고 조복(朝服)을 착용하며,
부인(夫人) 또한 이처럼 한다. 둘 모두는 동쪽 계단 위에 서서 서쪽을 바라보게 되
고, 세부(世婦)는 세자를 안고서 서쪽 계단을 통해서 올라간다. 군주가 세자의 이
름을 지어주게 되면, 곧 내려간다.

① 世子生章.

補註 按: 此亦指三月之末也, 故通解此章去生字, 而置諸"三月之末, 擇
日剪髮爲鬌, 男角, 女羈. 否則男左女右"之下.

번역 살펴보니, 이 또한 자식이 태어난 후 3개월의 말일에 대한 내용을 가리
킨다. 그렇기 때문에 『통해』에서는 이 문장에서 '생(生)'자를 제거하고, "자
식이 태어난 후 3개월의 말일이 되면, 날짜를 택하고, 머리카락을 잘라서 추
(鬌)를 만들게 되니, 남자아이라면 각(角)의 머리모양으로 하고, 여자아이라
면 기(羈)의 머리모양으로 하며, 이처럼 하지 않는다면, 남자아이는 좌측으
로 머리카락을 묶고, 여자아이라면 우측으로 머리카락을 묶는다."[1]라고 한
문장의 뒤에 수록하였다.

補註 ○通解曰: 今按, 人君見世子之時, 其名子入食之禮, 應亦略與大夫
士同, 但記文不具也.

---

1) 『예기』 「내칙(內則)」 : 三月之末, 擇日剪髮爲鬌, 男角女羈, 否則男左女右. 是日
也, 妻以子見於父, 貴人則爲衣服, 由命士以下皆漱澣, 男女夙興, 沐浴衣服, 具
視朔食. 夫入門升自阼階, 立於阼西鄉. 妻抱子出自房, 當楣立東面.

번역 ○『통해』에서 말하길, 현재 살펴보니 군주가 세자를 만나볼 때 자식에게 이름을 지어주고 들어가서 식사를 하는 예법은 마땅히 대부나 사 계층이 따르는 예법과 대략적으로 동일하게 치렀을 것이다. 다만 기문에서는 자세히 기술하지 않은 것일 뿐이다.

補註 ○疏曰: 前文卿大夫見適子之時, 旣有父執右手咳而名之, 及戒告之辭, 其文旣具, 故於世子略而不言. 其實世子亦執右手, 咳而名之, 及戒告也.

번역 ○소에서 말하길, 앞 문장에서 경과 대부가 적자(適子)를 만나볼 때, 이미 부친은 아이의 오른손을 잡고서 아이를 웃게 만들며 이름을 지어준다고 했고, 주의를 주는 말을 건넸는데, 그 문장을 이미 상세하게 기록해두었으므로, 세자를 접견하는 예를 기록할 때에는 문장을 생략하여 그 말을 기록하지 않은 것이다. 따라서 실제로는 세자를 접견할 때에도 또한 세자의 오른손을 잡고 세자를 웃게 만들며 이름을 지어주고, 주의를 주는 말을 건네게 된다.

참고-集說

諸侯朝服, 玄端素裳. 夫人亦如之者, 亦朝服也, ①當是展衣. 註云"褖衣者, 以見子畢卽待御於君, 故服進御之褖衣也." 人君見世子於路寢, 此升自西階, 是自外而入也. 凡生子, ②無問妻妾, 皆在側室.

번역 제후의 조복(朝服)은 검은색의 상의와 흰색의 하의이다. "부인(夫人) 또한 이처럼 한다."는 말은 부인도 또한 조복을 착용한다는 뜻인데, 마땅히 그 옷은 전의(展衣)2)가 된다. 정현의 주에서는 "단의(褖衣)를 착용하는 것은 자식을 접견하는

---

2) 전의(展衣)는 '단의(襢衣)'라고도 부른다. 흰색 비단으로 만든 옷이다. 본래 왕후(王

일이 끝나면, 군주를 시중들기 때문에, 시중을 들 때 착용하는 단의를 입는 것이다."라고 했다. 군주가 세자를 접견할 때에는 노침(路寢)에서 하니, 여기에서 "서쪽 계단을 통해서 올라간다."라고 한 말은 외부로부터 들어온 것을 뜻한다. 무릇 자식을 낳을 때에는 처(妻)와 첩(妾)을 불문하고, 모두 측실(側室)³⁾에 머물게 된다.

① 當是展衣註云褖衣.

補註 疏曰: 內司服註云, "展衣, 后以禮見王及賓客之服. 褖衣, 御于王之服. 諸侯夫人, 亦如之." 此旣在路寢, 是以禮見君, 合服展衣. 鄭云褖衣者, 此謂見子. 又見子訖, 當進御於君, 故服進御之服, 異於尋常, 以禮見君也.

번역 소에서 말하길, 『주례』「내사복(內司服)」편에 대한 주에서는 "전의(展衣)는 왕후가 예법에 따라 천자를 접견하거나 빈객을 접견할 때의 복장이다. 단의(褖衣)는 천자에게 시중을 들 때 착용하는 복장이다. 제후의 부인 또한 이처럼 착용한다."라고 했다. 이곳에서는 이미 노침에서 의식을 치른다고 했으니, 예법에 따라 군주를 알현하는 것이므로 전의(展衣)를 착용하는 것에 해당한다. 정현이 단의(褖衣)라고 했는데, 이것은 자식을 접견할 때를 뜻한다. 또 자식을 접견하는 일이 끝나면, 마땅히 군주의 침소로 들어가서 군주에 대한 시중을 들게 된다. 그렇기 때문에 시중을 들 때 착용하는 복장을 입는 것으로, 평상시와는 다르게 복장을 갖추고 예법에 따라 군주를 알현하는 것이다.

② 無問妻妾皆在側室.

補註 鄭註: "凡子生留就側室." 疏曰: "卿大夫妻將生子居側室, 此云世

后)가 입던 육복(六服)의 하나를 가리키나 대부(大夫)의 부인에게는 가장 격식을 갖춘 예복(禮服)이 된다. 일설에는 흰색이 아닌 붉은색 비단으로 만든 옷이라고도 한다. 『주례』「천관(天官)·내사복(內司服)」편에는 '전의'가 기록되어 있는데, 이에 대한 정현의 주에서는 "鄭司農云, 展衣, 白衣也."라고 풀이했다.

3) 측실(側室)은 연침(燕寢)의 측면에 붙어 있는 실(室)이다.

婦抱子升自西階, 不出自房而從外入, 是夫人將生子, 亦就側室也. 蓋內
寢, 是君之常居之處, 夫人不可於此生子故也."

번역 정현의 주에서 말하길, "무릇 자식을 낳을 때에는 모든 경우에 있어서
측실로 나아가 머문다."라고 했다. 소에서 말하길, "경과 대부의 처가 자식을
낳으려고 할 때에는 측실에 머물게 되는데, 이곳에서는 세부(世婦)가 세자
를 안고 서쪽 계단을 통해서 올라간다고 했으니, 이것은 방으로부터 나오지
않고 밖으로부터 들어온 것이다. 즉 부인이 자식을 낳으려고 할 때에도 측실
(側室)로 나아가게 된다. 내침(內寢)은 군주가 항상 머물게 되는 장소이니,
부인은 이곳에서 자식을 낳을 수 없기 때문이다.

「내칙」 95장

참고-經文

①適子庶子見於外寢, 撫其首, 咳而名之. ②禮帥初, ③無辭.

번역 세자의 동생과 첩의 자식들에 대해서는 외침(外寢)¹⁾에서 접견을 하고, 군주
는 아이의 머리를 쓰다듬고, 자상하게 웃으며 아이의 이름을 지어준다. 이러한 예법
은 최초 세자에게 이름을 지어줄 때의 예법대로 따르지만, 건네는 말은 없다.

① 適子庶子.

補註 通解曰: 今按, 下文方說公庶子, 此庶子字, 宜爲衍字. 或是適子之
次者, 名爲適子庶子也.

번역 『통해』에서 말하길, 현재 살펴보니 아래문장에서 제후의 서자에 대해
설명하려고 하므로²⁾ 이곳의 '서자(庶子)'라는 글자는 마땅히 연문에 해당할
것이다. 혹은 적자 다음 서열에 해당하여 '적자서자(適子庶子)'라고 불렸을
수도 있다.

② 禮帥初.

補註 疏曰: 謂禮儀, 與前文見世子同也.

번역 소에서 말하길, 예의(禮儀)를 뜻하니, 앞 문장에서 세자가 태어나서 접
견한다고 했을 때와 동일하게 한다는 의미이다.

---

1) 외침(外寢)은 정침(正寢)을 뜻한다. 천자의 경우 6개의 침(寢)을 두는데, 그 중 1개
의 침이 정침이 된다. 정침은 6개의 침 중 가장 바깥쪽에 있기 때문에, 정침을 '외침'
이라고 부르는 것이다.

2) 『예기』「내칙(內則)」: 公庶子生, 就側室. 三月之末, 其母沐浴朝服見於君, 擯者
以其子見. 君所有賜, 君名之, 衆子則使有司名之.

③ 無辭.

補註 鄭註: 辭, 謂欽有帥, 記有成也.

번역 정현의 주에서 말하길, '사(辭)'는 공경스럽게 선의 도에 따르고 기록하여 이룸이 있다는 뜻이다.

「내칙」 97장

참고-經文

妾將生子, 及月辰, 夫使人日一問之. 子生三月之末, 漱澣夙齊, 見於內寢, ①禮之如始入室. ②君已食, 徹焉, 使之特餕, 遂入御.

번역 첩이 자식을 낳으려고 할 때, 산달의 초하루가 되면, 남편은 사람을 시켜서, 날마다 한 차례 안부를 묻는다. 자식이 태어난 후 3개월째의 말일이 되면, 의복을 세탁하고, 일찍 일어나서 재계를 하여, 내침(內寢)에서 아들을 접견하고, 그때 따르는 의례는 첩이 처음 시집을 왔을 때처럼 한다. 남편이 식사를 마치면, 상을 치우고, 첩으로 하여금 홀로 남은 음식을 먹게 하고, 그 일이 끝나면, 들어가서 남편의 시중을 든다.

① ○禮之如始入室.

補註 鄭註: 禮, 謂已見子, 夫食而使獨餕也. 如始入室, 始來嫁時, 妾餕夫婦之餘, 今亦如之.

번역 정현의 주에서 말하길, '예(禮)'는 자식을 접견하는 일이 끝나면, 남편은 식사를 하고, 그녀로 하여금 홀로 남은 음식을 먹도록 하는 것이다. '여시입실(如始入室)'이라고 했는데, 처음 시집을 왔을 때, 첩은 남편과 정부인이 먹고 남긴 음식을 먹으니, 현재도 이처럼 한다는 뜻이다.

② 君已食.

補註 鄭註: 凡妾稱夫曰君.

번역 정현의 주에서 말하길, 무릇 첩(妾)들은 남편을 부를 때, '군(君)'이라고 지칭한다.

補註 ○按: 此言大夫士之妾生子之禮, 而諺讀已食下徹焉下吐, 皆因君字而誤也.

번역 ○살펴보니, 이것은 대부와 사 계층의 첩이 자식을 낳았을 때의 예법에 해당하는데, 『언독』에서는 '이식(已食)'과 '철언(徹焉)'이라는 구문 뒤에 토를 붙였다. 이것은 모두 군(君)이라는 글자로 인해 오인한 것이다.

「내칙」 98장

참고-經文

公庶子生, 就側室. 三月之末, 其母沐浴朝服見於君, 擯者以其子見. ①君所有賜, 君名之, 衆子則使有司名之.

번역 제후의 서자(庶子)가 태어날 때, 그 어미는 측실(側室)로 가게 된다. 자식이 태어난 후 3개월째 말미에, 그 어미는 목욕을 하고 조복(朝服)을 착용하고서, 군주를 알현하며, 의례를 돕는 자는 그녀의 자식을 데리고 알현한다. 군주에게 특별히 은총을 받은 경우라면, 군주가 직접 자식의 이름을 지어주지만, 나머지 서자들은 유사(有司)를 시켜서 이름을 짓게 한다.

① ○君所有賜君名之.

補註 按: 此賜字, 與喪大記, 君於大夫世婦, 大斂焉, 爲之賜, 則小斂焉之賜同.

번역 살펴보니, 이곳에 나온 '사(賜)'자는 『예기』「상대기(喪大記)」편에서 "군주는 대부와 내명부(內命婦)[1]에 대해서 그들이 죽었을 때, 대렴(大斂)[2] 때 찾아가서 조문하며 그 일들을 살피고, 그들에게 은혜를 베풀게 된다면, 소렴(小斂) 때 찾아가서 조문하며 그 일들을 살핀다."[3]라고 했을 때의 사(賜)자와 같은 뜻이다.

---

1) 내명부(內命婦)는 천자의 비(妃), 빈(嬪), 세부(世婦), 여어(女御) 등을 지칭하는 말이다. 『예기』「상대기(喪大記)」편에는 "夫人坐于西方, 內命婦姑姊妹子姓, 立于西方."이라는 용례가 있고, 『주례』「천관(天官)·내재(內宰)」편에는 "佐后使治外內命婦."라는 기록이 있는데, 이에 대한 정현의 주에는 "內命婦, 謂九嬪, 世婦, 女御."라고 풀이하였다.

2) 대렴(大斂)은 상례(喪禮) 절차 중 하나이다. 소렴(小斂)을 끝낸 뒤, 의복과 이불 등으로 재차 시신을 감싸 관에 안치하는 절차이다.

3) 『예기』「상대기(喪大記)」: 君於大夫·世婦, 大斂焉; 爲之賜, 則小斂焉. 於外命婦, 旣加蓋而君至. 於士, 旣殯而往; 爲之賜, 大斂焉.

疏曰: 前文已云適子庶子見, 異於世子, 今更重出者, 以前①庶
適連文, 故此特言庶子之禮.

번역 소에서 말하길, 앞 문장에서는 이미 적자(適子)와 서자(庶子)를 접견할 때, 세자(世子)와는 다르게 한다고 했는데, 현재 이곳 문장에 재차 중복해서 나온 것은 앞에서는 서자(庶子)와 적자(適子)가 연이어져서 설명되었기 때문에, 이곳에서는 특별히 서자(庶子)에 대한 예만을 언급한 것이다.

① 庶適連文.

補註 按: 疏此下有"恐事事皆同適子"七字.
번역 살펴보니, 소의 본문에는 이 구문 뒤에 "아마도 해당 사안들을 모두 적자(適子)와 동일하게 처리할 것을 염려했다."라는 7글자가 기록되어 있다.

補註 ○又按: 此疏, 與上適子庶子章補註・朱子說差異, 當以朱訓爲正.
번역 ○또 살펴보니, 이곳의 소는 앞에 나온 적자서자(適子庶子)장의 보주 및 주자의 주장과 조금 차이를 보이는데, 마땅히 주자의 주장을 정론으로 삼아야 한다.

①山陰陸氏曰: 庶子言就側室, 則世子不就側室, 其母沐浴朝
服, 則君不沐浴朝服.

번역 산음육씨가 말하길, 서자(庶子)에 대해서 측실(側室)로 나아간다고 했다면, 세자(世子)에 대해서는 측실로 나아가지 않는 것이고, 그의 모친이 목욕을 하고 조복(朝服)을 착용했다면, 군주는 목욕을 하거나 조복을 착용하는 일을 하지 않는 것이다.

① 山陰陸氏曰[止]朝服.

補註 按: 以上文世子生章註疏觀之, 世子之生亦在側室, 陸說, 誤也.

번역 살펴보니, 앞에 나온 세자생(世子生)장의 주와 소를 통해 살펴보면, 세자가 태어날 때에도 측실에서 태어나니, 육씨의 주장은 잘못되었다.

「내칙」 99장

庶人無側室者, 及月辰, ①夫出居群室. 其問之也, 與子見父之禮, 無以異也.

번역 서인(庶人) 중 측실(側室)이 없는 자가 자식을 낳을 때, 산달 초하루가 되면, 남편은 집을 벗어나 마을에 있는 여관에 머문다. 안부를 묻고, 자식이 부친을 뵙는 예 등은 신분에 따라 차등을 두지 않는다.

① 夫出居群室.

補註 疏曰: 以無側室, 妻在夫寢, 妻將生子, 故出辟之. 若有側室者, 則妻在側室.

번역 소에서 말하길, 측실(側室)이 없기 때문에, 처는 남편의 침(寢)에 머무는 것이고, 처가 장차 자식을 낳고자 하기 때문에, 남편이 집을 벗어나 자리를 피해주는 것이다. 만약 측실이 있는 경우라면, 처는 측실에 머물게 된다.

「내칙」 100장

①凡父在, 孫見於祖, 祖亦名之. 禮如子見父, 無辭.

번역 무릇 부친이 생존해 있을 때, 손자가 조부를 알현하게 될 때에는 조부도 또한 손자의 이름을 지어준다. 해당하는 예는 자식이 부친을 알현할 때와 동일하게 하되, 조부가 전하는 말은 없게 된다.

① ○凡父在[止]無辭.

補註 鄭註: 父在則無辭, 有適子者無適孫, 與見庶子同也. 父卒而有適孫, 則有辭, 與見冢子同. 父雖卒, 而庶孫猶無辭也.

번역 정현의 주에서 말하길, 부친에 생존해 있다면 조부는 전하는 말이 없게 되고, 적자(適子)가 생존해 있고 적손(嫡孫)이 없는 경우에는 서자(庶子)를 접견할 때와 동일하게 한다. 부친이 죽었고 적손(嫡孫)이 있다면, 조부가 전하는 말을 하게 되니, 총자(冢子)를 접견할 때와 동일하게 한다. 부친이 비록 죽었지만 서손(庶孫)인 경우라면, 여전히 조부가 전하는 말은 없게 된다.

「내칙」 103장

참고–經文

> 由命士以上及大夫之子, ①旬而見.

번역 명사(命士)로부터 그 이상의 계급 및 대부에게 있어서, 그 자식에 대해서는 10일마다 접견하게 된다.

① 〇旬而見.

補註 通解曰: 今按, 鄭讀旬爲勻, 疑失之. 旬如字, 謂十日也. 別記異聞, 或不待三月也.

번역 『통해』에서 말하길, 현재 살펴보니 정현은 순(旬)자를 균(勻)자로 풀이했는데, 아마도 잘못된 설명인 것 같다. '순(旬)'자는 글자대로 읽으니 10일을 뜻한다. 달리 들었던 내용을 별도로 기록한 것으로, 간혹 3개월까지 기다리지 않는 것이다.

補註 〇陽村曰: 按, 註前說牽强, 後說以旬如字者, 似得之. 然旣見之後時, 時而見者, 不必有定期. 竊意, 上文言三月而見者, 雖通乎上下而言, 亦是專主世子而言也. 大夫以下其禮稍簡, 至於庶人尤不能然矣, 故禮家於前通言三月而后見子之禮, 又恐其拘而難行, 故於此又以爲由命士以上及大夫之子旬而見, 則庶人亦不待旬者, 可知. 我國之俗男女之際, 其禮多出於箕子八條之敎. 今生子者, 無貴賤, 皆於七日而後見, 疑古禮亦若是歟.

번역 〇양촌이 말하길, 살펴보니, 주에 나온 앞의 설명은 견강부회이며, 뒤에 나온 설명은 순(旬)자를 글자대로 풀이했는데 아마도 맞는 말인 것 같다. 이미 접견을 한 이후의 시기에 때때로 만나보는 경우라면 정해진 기일을 둘 필요가 없다. 내가 생각하기에 앞에서 3개월이 지나서 접견을 한다는 것은 비록 상하 계층을 모두 통괄해서 말한 것이지만, 이것은 또한 전적으로 세자

에 대한 내용을 위주로 말한 것이다. 대부 이하의 계층에 대해서는 그 예법
이 다소 소략하며 서인에 이르러서는 더더욱 그처럼 갖출 수가 없다. 그렇기
때문에 예학자들은 앞에서 3개월 이후에 자식을 접견하는 예법을 통괄적으
로 말했지만, 그것에 구애되어 시행하기 어렵게 될까를 염려하였다. 그렇기
때문에 이곳에서 재차 명사로부터 그 이상 대부 계층에 있어서 자식을 접견
할 때에는 10일 이후에 만나본다고 했으니, 서인은 또한 10일까지도 기다리
지 않는다는 사실을 알 수 있다. 우리나라의 풍속에서 남녀사이에 시행되는
예법은 대부분 기자가 제정한 8가지 조목의 교화에서 도출된 것이다. 현재
자식을 낳으면 신분에 상관없이 모두들 7일이 지난 이후에 접견을 하는데,
아마도 고대의 예법 또한 이러했을 것이다.

「내칙」 104장

①冢子未食而見, 必執其右手. 適子庶子已食而見, 必循其首.

번역 천자나 제후의 경우, 총자(冢子)에 대해서는 음식을 먹기 이전에 접견을 하고, 반드시 아들의 오른손을 잡게 된다. 총자의 동생 및 첩의 자식에 대해서는 음식을 먹은 이후에 접견을 하고, 반드시 그 머리를 쓰다듬게 된다.

① ○冢子未食[止]循其首.

補註 疏曰: 循, 撫也. 知此是天子・諸侯者, 以上文"命士以上及大夫之子", 適庶均見, 此則有食前食後, 見之不同, 故知然也.

번역 소에서 말하길, '순(循)'자는 어루만진다는 뜻이다. 이 문장이 천자나 제후에 대한 내용임을 알 수 있는 이유는 앞 문장에서 '명사(命士) 이상 및 대부의 자식인 경우'라고 했고, 적자나 서자를 함께 알현시킨다고 했는데, 이곳에서는 음식을 먹기 이전과 먹은 이후 접견을 하는 시점에 차이가 있다. 그렇기 때문에 이러한 사실을 알 수 있다.

補註 ○通解曰: 此承上文記大夫禮, 而又別其冢適庶子之異同也. 冢子之禮, 仍與前章同, 唯適子庶子爲異.

번역 ○『통해』에서 말하길, 이것은 앞 문장의 뜻을 이어서 대부의 예법을 기록한 것이며, 또한 총자・적자・서자 사이에 나타나는 차이점과 같은 점을 구별한 것이다. 총자의 예법은 앞 문장에서 말한 것과 동일하니, 적자와 서자의 경우에만 차이가 있다.

「내칙」 105장

참고–經文

①子能食食, ②教以右手; 能言, ③男唯女兪. ④男鞶革, 女鞶
絲.

번역 자식이 제 스스로 밥을 먹을 수 있게 되면, 오른손으로 먹도록 가르치며, 말을
할 수 있다면, 남자아이는 유(唯)라고 대답하고, 여자아이는 유(兪)라고 대답하도
록 가르친다. 남자아이에게는 가죽으로 만든 작은 주머니를 채우고, 여자아이에게
는 비단으로 만든 작은 주머니를 채운다.

① ○子能食食.

補註 按: 諺讀上食字爲句, 誤.

번역 살펴보니, 『언독』에서는 앞의 '식(食)'자에서 구문을 끊었는데, 잘못된
해석이다.

② 教以右手.

補註 小學註: 右手, 取其便, 男女同也.

번역 『소학』의 주에서 말하길, 오른손을 사용하도록 하는 것은 편리에 따른
것이며, 남녀 모두 동일하다.

③ 男唯女兪.

補註 小學註: 唯, 應之速, 兪, 應之緩.

번역 『소학』의 주에서 말하길, '유(唯)'는 응답을 신속히 하는 소리이고, '유
(兪)'는 응답을 완만히 하는 소리이다.

④ 男鞶革女鞶絲.

補註 小學註: 亦剛柔之義.

번역 『소학』의 주에서 말하길, 이 또한 강유의 뜻에 따른 것이다.

補註 ○按: 註, "鞶, 小囊, 盛帨巾"者, 此出鄭註, 而服虔·杜預, 則皆以鞶爲大帶, 恐是.

번역 ○살펴보니, 주에서 "'반(鞶)'자는 작은 주머니로, 허리에 차는 수건을 담는 것이다."라고 했는데, 이것은 정현의 주에서 도출된 것이지만, 복건1)과 두예는 모두 반(鞶)을 큰 허리띠[大帶]로 여겼으니, 아마도 이 말이 옳은 것 같다.

補註 ○更按: 字書, "鞶, 大帶也, 繋, 小囊也." 然則大帶之鞶, 與小囊之繋, 自別. 鞶, 只當作大帶看. 仲父嘗曰, "大帶, 非小兒所宜, 作小囊看似勝", 恨不以字書仰質也.

번역 ○다시 생각해보니, 『자서』에서는 "반(鞶)은 큰 허리띠이며, 반(繋)은 작은 주머니이다."라고 했다. 그렇다면 큰 허리띠를 뜻하는 반(鞶)자와 작은 주머니를 뜻하는 반(繋)자는 저절로 구별된다. 따라서 반(鞶)이라는 것은 큰 허리띠로 보아야만 한다. 중부께서는 일찍이 "큰 허리띠는 어린아이가 찰만한 것이 아니니 작은 주머니로 보는 것이 나은 것 같다."라고 말씀하셨는데, 『자서』를 통해 질문을 드리지 못한 것이 한스럽다.

---

1) 복건(服虔, ?~?): 후한대(後漢代)의 유학자이다. 자(字)는 자신(子愼)이다. 초명은 중(重)이었으며, 기(祇)라고도 불렸다. 후에 이름을 건(虔)으로 고쳤다. 『춘추좌씨전(春秋左氏傳)』에 주석을 남겼지만, 산일되어 전해지지 않는다. 현재는 『좌전가복주집술(左傳賈服注輯述)』로 일집본이 편찬되었다.

「내칙」 107장

數日, 知朔望與六甲也. 外傅, 敎學之師也. 書, 謂①六書. 計,
謂①九數.

번역 '수일(數日)'은 초하루·보름 및 육갑(六甲)을 헤아리는 법을 알게끔 하는 것
이다. '외부(外傅)'는 교육을 담당하는 스승이다. '서(書)'는 육서(六書)[1]를 뜻한
다. '계(計)'는 구수(九數)[2]를 뜻한다.

① ○六書九數.

補註 周禮·地官·保氏, 六書九數, 註: "鄭司農云, '六書, 象形·會意·
轉註·處事·假借·諧聲也. 九數, 方田·粟米·差分·少廣·商功·均
輸·方程·贏不足·旁要. 今有重差·夕桀·句股也.'" 疏曰: "云六書象
形之等, 皆依許氏說文. 九數方田以下, 皆依九章筭術而言. 象形者, 日
月之類, 象以形體也. 會意者, 人言爲信, 止戈爲武之類, 會合人意也.
轉註者, 考老之類, 建類一首, 文義相受, 左右相註也. 處事者, 人在一
上爲上, 人在一下爲下, 各有其處, 事得其宜也. 假借者, 令長之類, 一

---

1) 육서(六書)는 한자의 구성과 형성에 대한 여섯 가지 이론으로, 상형(象形), 지사(指
事: =處事), 회의(會意), 형성(形聲: =諧聲), 전주(轉注), 가차(假借)를 뜻한다. 『주
례』「지관(地官)·보씨(保氏)」편에는 "五曰六書."라는 기록이 있는데, 이에 대한
정현의 주에서는 정사농(鄭司農)의 주장을 인용하여, "六書, 象形·會意·轉注·
處事·假借·諧聲也."라고 풀이했다.

2) 구수(九數)는 고대의 아홉 가지 계산 방법이다. 방전(方田), 속미(粟米), 차분(差
分), 소광(少廣), 상공(商功), 균수(均輸), 방정(方程), 영부족(贏不足), 방요(旁要)
를 뜻한다. 『주례』「지관(地官)·보씨(保氏)」편에는 "六曰九數."라는 기록이 있는
데, 이에 대한 정현의 주에서는 정중(鄭衆)의 주장을 인용하여, "九數, 方田·粟
米·差分·少廣·商功·均輸·方程·贏不足·旁要."라고 풀이했다.

字兩用也. 諧聲者, 江河之類, 皆以水爲形, 以工可爲聲. 但書有六體, 形聲實多, 若江河之類是左形右聲, 鳩鴿之類是右形左聲, 草藻之類是上形下聲, 婆娑之類是上聲下形, 圃國之類是外形內聲, 闢闐之類是外聲內形也. 今九章以句股替旁要, 則旁要, 句股之類也."

번역 『주례』「지관(地官)·보씨(保氏)」편에는 육서(六書)와 구수(九數)가 나오는데,[3] 정현의 주에서 말하길, "정사농은 '육서는 상형(象形)·회의(會意)·전주(轉註)·처사(處事)·가차(假借)·해성(諧聲)이다. 구수는 방전(方田)·속미(粟米)·차분(差分)·소광(少廣)·상공(商功)·균수(均輸)·방정(方程)·영부족(贏不足)·방요(旁要)이다. 오늘날에는 중차(重差)·석걸(夕桀)·구고(句股)가 있다.'"라고 했다. 소에서 말하길, "육서가 상형 등에 해당한다고 했는데, 이 모두는 허씨의『설문』에 따른 것이다. 구수가 방전으로부터 그 이하에 해당한다고 한 것은 모두『구장산술』에 따라 말한 것이다. '상형(象形)'은 일(日)자나 월(月)자의 부류로 형체를 자형으로 드러내는 것이다. '회의(會意)'는 인(人)자와 언(言)자를 합하여 신(信)자를 만들고 지(止)자와 과(戈)자를 합하여 무(武)자를 만든 부류와 같은 것이니, 사람의 뜻을 회합하여 만든 글자라는 의미이다. '전주(轉註)'는 고(考)자나 노(老)자의 부류로, 같은 부류로 묶으니, 문장의 의미가 서로 주고받으며 상호 의미를 풀이하게 된다. '처사(處事)'는 사람이 일(一) 위에 있어서 상(上)자가 되고 사람이 일(一) 밑에 있어서 하(下)자가 되는데, 각각 처함이 있고 사안이 합당함을 얻었다. '가차(假借)'는 영(令)자나 장(長)자의 부류이니, 하나의 글자를 두 가지 의미로 사용하는 것이다. '해성(諧聲)'은 강(江)자나 하(河)자의 부류로, 둘 모두 수(水)자는 형상을 나타내고 공(工)자와 가(可)자는 소리부가 된다. 다만 서에는 육서가 있다고 하더라도 형성은 실로 그 양이 많으니, 강(江)자와 하(河)자의 부류들은 좌측은 형상이 되고 우측은 소리가 되며, 구(鳩)자와 합(鴿)자의 부류들은 우측은 형상이 되고 좌측은

---

3) 『주례』「지관(地官)·보씨(保氏)」: 而養國子以道, 乃敎之六藝: 一曰五禮, 二曰六樂, 三曰五射, 四曰五馭, 五曰六書, 六曰九數; 乃敎之六儀: 一曰祭祀之容, 二曰賓客之容, 三曰朝廷之容, 四曰喪紀之容, 五曰軍旅之容, 六曰車馬之容.

소리가 되며, 초(草)자와 조(藻)자의 부류들은 상단은 형상이 되고 하단은
소리가 되며, 파(婆)자와 사(娑)자의 부류들은 상단은 소리가 되고 하단은
형상이 되며, 포(圃)자와 국(國)자의 부류들은 외면은 형상이 되고 내면은
소리가 되며, 환(闤)자와 궤(闠)자의 부류들은 외면은 소리가 되고 내면은
형상이 된다. 현재『구장산술』에서는 구고(句股)로 방요(旁要)를 대체했으
니, 방요는 구고의 부류이다."라고 했다.

補註 ○按: 九數亦皆有解義, 而今姑略而不載, 通解及小學註, 粟米作粟
布, 差分作衰分, 贏不足作盈朒, 旁要代以句股.

번역 ○살펴보니, 구수(九數)에 대해서도 모두 해당하는 의미를 풀이한 것
이 있지만, 현재 이곳에서는 생략하여 수록하지 않는데,『통해』와『소학』의
주에서는 속미(粟米)를 속포(粟布)로 기록했고, 차분(差分)을 쇠분(衰分)이
라고 기록했으며, 영부족(贏不足)을 영뉵(盈朒)으로 기록했고, 방요(旁要)
를 구고(句股)로 대체하였다.

「내칙」 108장

衣不帛襦袴. 禮帥初, 朝夕學幼儀, 請肄①簡諒.

번역 아이의 옷에 있어서, 비단으로 지은 속옷과 바지는 입히지 않는다. 아이가 예에 따라 행동을 할 때에는 최초 가르친 대로 시행하도록 하고, 아침저녁으로 아이가 따라야 하는 행동예절을 배우도록 하고, 육서(六書)의 편수와 언어의 진실됨에 대해서 익히기를 청한다.

① 簡諒.

補註 沙溪曰: 陸氏云簡而易, 從諒而易知, 恐是.

번역 사계가 말하길, 육씨는 간단하고 쉬워서 살펴보아 쉽게 파악할 수 있다고 했는데, 아마도 옳은 해석인 것 같다.

「내칙」109장

참고─經文

十有三年, 學樂, 誦詩, ①舞勺. 成童, ①舞象, 學射御.

번역 남자아이의 나이가 13세가 되면, 음악을 익히고, 시(詩)를 암송하며, 작(勺)이라는 춤을 추게 한다. 15세 이상이 된 남자아이들은 상(象)이라는 춤을 추고, 활쏘기와 수레를 모는 방법을 익힌다.

① ○舞勺[又]舞象.

補註 鄭註: 先學勺, 後學象, 文武之次也.

번역 정현의 주에서 말하길, 먼저 작(勺)을 익히고, 이후에 상(象)을 익히는 것은 문(文)과 무(武)에 따른 순서이다.

補註 ○按: 舞象詳見文王世子下管象註及補註, 當參考.

번역 ○살펴보니, '무상(舞象)'에 대해서는 『예기』「문왕세자(文王世子)」편에서 '하관상(下管象)'[1]이라고 한 말의 주 및 보주에서 상세히 설명하였으니, 마땅히 참고해야만 한다.

참고─集說

樂, 八音之器也. 詩, 樂歌之篇章也. 成童, 十五以上. 象, 說見文王世子. 射, 謂①五射. 御, 謂①五御也. ②六藝, 詳見小學書.

---

1) 『예기』「문왕세자(文王世子)」: 下管象, 舞大武, 大合衆以事, 達有神, 興有德也. 正君臣之位, 貴賤之等焉, 而上下之義行矣.

번역 '악(樂)'자는 팔음(八音)[2]의 악기를 뜻한다. '시(詩)'는 연주하고 노래할 때 사용하는 편과 장이다. '성동(成童)'은 15세 이상의 아이를 뜻한다. '상(象)'에 대해서는 그 설명이 『예기』「문왕세자(文王世子)」편에 나온다. '사(射)'는 오사(五射)[3]를 뜻한다. '어(御)'는 오어(五御)[4]를 뜻한다. 육예(六藝)에 대해서는 그 설명이 『소학』에 상세히 나온다.

---

2) 팔음(八音)은 여덟 가지의 악기들을 뜻한다. 여덟 종류의 악기에는 8종류의 서로 다른 재질이 사용되기 때문에, 붙여진 이름이다. 여기에서 여덟 가지 재질이란 통상적으로 쇠[金], 돌[石], 실[絲], 대나무[竹], 박[匏], 흙[土], 가죽[革], 나무[木]를 가리킨다. 『서』「우서(虞書)·순전(舜典)」편에는 "三載, 四海遏密八音."이란 기록이 있는데, 이에 대한 공안국(孔安國)의 전(傳)에서는 "八音, 金石絲竹匏土革木."이라고 풀이하였다. 또한 여덟 가지 재질에 따른 악기에 대해서 설명하자면, 금(金)에는 종(鐘)과 박(鏄)이 있고, 석(石)에는 경(磬)이 있으며, 토(土)에는 훈(塤)이 있고, 혁(革)에는 고(鼓)와 도(鼗)가 있으며, 사(絲)에는 금(琴)과 슬(瑟)이 있고, 목(木)에는 축(柷)과 어(敔)가 있으며, 포(匏)에는 생(笙)이 있고, 죽(竹)에는 관(管)과 소(簫)가 있다. 『주례』「춘관(春官)·대사(大師)」편에는 "皆播之以八音, 金石土革絲木匏竹."이라는 기록이 있는데, 이에 대한 정현의 주에서는 "金, 鐘鏄也. 石, 磬也. 土, 塤也. 革, 鼓鼗也. 絲, 琴瑟也. 木, 柷敔也. 匏, 笙也. 竹, 管簫也."라고 풀이하였다.

3) 오사(五射)는 사례(射禮)를 시행할 때 사용되는 다섯 가지 활 쏘는 예법을 뜻한다. 다섯 가지 활 쏘는 예법은 백시(白矢), 삼련(參連), 섬주(剡注), 양척(襄尺), 정의(井儀)이다. '백시'는 화살을 쏘아서 과녁을 꿰뚫는다는 뜻이다. 화살이 과녁을 꿰뚫게 되면, 화살 끝에 달려 있는 흰 깃털만 보인다는 의미에서 '백시'라고 부른다. '삼련'은 앞서 한 발의 화살을 쏘고, 뒤이어 3발의 화살을 연이어 쏜다는 뜻이다. '섬주'는 화살을 쏠 때 끝부분의 깃털이 위로 올라가고, 화살촉이 밑으로 내려간 형태로 화살이 날아가는 것을 뜻한다. '양척'은 신하가 군주와 함께 화살을 쏠 때, 군주가 화살을 쏘는 장소로부터 1척(尺) 정도 물러나서 쏘는 것을 뜻한다. '정의'는 4발의 화살을 쏘아서 과녁을 명중시킬 때, 정(井)자의 형태가 되도록 쏘는 것을 뜻한다. 『주례』「지관(地官)·보씨(保氏)」편에는 "養國子以道, 乃敎之六藝, 一曰五禮, 二曰六樂, 三曰五射, 四曰五馭, 五曰六書, 六曰九數."라는 기록이 있고, 이에 대한 정현의 주에서는 정사농(鄭司農)의 주장을 인용하여, "五射, 白矢·參連·剡注·襄尺·井儀也."라고 풀이했으며, 가공언(賈公彦)의 소(疏)에서는 "云白矢者, 矢在侯而貫侯過, 見其鏃白; 云參連者, 前放一矢, 後三矢連續而去也; 云剡注者, 謂羽頭高鏃低而去, 剡剡然; 云襄尺者, 臣與君射, 不與君並立, 襄君一尺而退; 云井儀者, 四矢貫侯, 如井之容儀也."라고 풀이했다.

① 五射五御.

補註 周禮·保氏註: 五射, 白矢·參連·剡注·襄尺·井儀也. 五御, 鳴和鸞·逐水曲·過君表·舞交衢·逐禽左也.

번역 『주례』「보씨(保氏)」편의 주에서 말하길, '오사(五射)'는 백시(白矢)·삼련(參連)·섬주(剡注)·양척(襄尺)·정의(井儀)이다. '오어(五御)'는 명화란(鳴和鸞)·축수곡(逐水曲)·과군표(過君表)·무교구(舞交衢)·축금좌(逐禽左)이다.

---

4) 오어(五馭)는 오어(五御)라고도 부르며, 수레를 몰 때 사용되는 다섯 가지 기술을 뜻한다. 다섯 가지 기술은 명화란(鳴和鸞), 축수곡(逐水曲), 과군표(過君表), 무교구(舞交衢), 축금좌(逐禽左)이다. '명화란'은 수레를 몰 때 방울 소리가 조화롭게 울린다는 뜻이다. '화(和)'와 '란(鸞)'은 모두 수레에 다는 일종의 방울인데, 수레를 편안하게 몰기 때문에 소리가 조화롭게 울린다는 뜻이다. '축수곡'은 물길 옆에 있는 도로를 따라 수레를 몬다는 뜻이다. 즉, 물길의 굴곡에 따른 굽이진 곳을 이동하면서도 수레가 물에 빠지지 않도록 운전을 잘 한다는 뜻이다. '과군표'는 군주가 있는 곳은 깃발 등으로 표시를 하는데, 그곳을 지나갈 때에는 수레를 몰지 않는다는 뜻이다. 일종의 군주에게 공경의 뜻을 표하는 방법이다. '무교구'는 교차로에서 수레끼리 교차하게 될 때, 서로에게 피해를 주지 않기 위해 춤추는 절도에 따라 서로 수레를 돌린다는 뜻이다. '축금좌'는 사냥할 때 수레를 모는 방법이다. 사냥을 할 때 존귀한 자는 좌측에 타서 활을 쏘게 되는데, 짐승을 잘 맞출 수 있도록 수레의 좌측 방향으로 짐승을 몬다는 뜻이다. 『주례』「지관(地官)·보씨(保氏)」편에는 "養國子以道, 乃敎之六藝, 一曰五禮, 二曰六樂, 三曰五射, 四曰<u>五馭</u>, 五曰六書, 六曰九數."라는 기록이 있고, 이에 대한 정현의 주에서는 정사농(鄭司農)의 주장을 인용하여, "五馭, 鳴和鸞·逐水曲·過君表·舞交衢·逐禽左."라고 풀이했으며, 가공언(賈公彦)의 소(疏)에서는 "云五馭者, 馭車有五種. 云鳴和鸞者, 和在式, 鸞在衡. 按韓詩云, '升車則馬動, 馬動則鸞鳴, 鸞鳴則和應.' 先鄭依此而言. 云逐水曲者, 無正文, 先鄭以意而言, 謂御車隨逐水勢之屈曲而不墜水也. 云過君表者, 謂若毛傳云, '褐纏旃以爲門, 裘纏質以爲樹, 間容握, 驅而入, 轚則不得入.' 穀梁亦云, '艾蘭以爲防, 置旃以爲轅門, 以葛覆質以爲槷, 流旁握, 御轚者不得入.' 是其過君表卽褐纏旃是也. 云舞交衢者, 衢, 道也, 謂御車在交道, 車旋應於舞節. 云逐禽左者, 謂御驅逆之車, 逆驅禽獸使左, 當人君以射之, 人君自左射. 故毛傳云, '故自左膘而射之, 達于右腢, 爲上殺.' 又禮記云, '佐車止, 則百姓田獵', 是也."라고 풀이했다.

② 六藝.

補註 按: 此指上文書計, 及此樂射御及下文禮也.

번역 살펴보니, 이것은 앞에서 말한 서(書)·계(計) 및 이곳에서 말한 악(樂)·사(射)·어(御), 아래문장에서 말하는 예(禮)를 가리킨다.

①朱子曰: 酌, 卽勺也. 內則曰, 十三舞勺, 卽以此詩爲節而舞也.

번역 주자가 말하길, '작(酌)'은 곧 작(勺)에 해당한다. 「내칙」편에서는 13세 때 작(勺)이라는 춤을 춘다고 했으니, 곧 이 시(詩)를 절도로 삼아서 춤을 추는 것이다.

① 朱子曰[止]舞也.

補註 按: 此說出詩·周頌·酌註.

번역 살펴보니, 이 설명은 『시』「주송(周頌)·작(酌)」편의 주에서 도출된 것이다.

「내칙」 110장

①二十而冠, 始學禮, 可以衣裘帛, ②舞大夏, 惇行孝弟, 博學
不敎, 內而不出.

번역 20세가 되면 관례(冠禮)를 치르고, 비로소 본격적인 예를 배우게 되며, 갖옷
과 비단옷을 입을 수 있게 되고, 대하(大夏)라는 춤을 익히며, 효제의 도리를 돈독
히 실천하고, 널리 배우되 남을 가르치지 않으며, 내면에 아름다운 미덕을 키우되
겉으로 뽐내지 않는다.

① 二十而冠.

補註 冠義鄭註: 男者陽類, 二十而冠, 以陰而成乎陽. 女者陰類, 十五而
笄, 以陽而成乎陰.

번역 『예기』「관의(冠義)」편에 대한 정현의 주에서 말하길, 남자는 양의 부
류에 해당하는데, 20세가 되어 관례를 치르는 것은 음으로 양을 완성시키고
자 해서이다. 여자는 음의 부류에 해당하는데, 15세가 되어 계례를 치르는
것은 양으로 음을 완성시키고자 해서이다.

② 舞大夏.

補註 周禮·大司樂註: 大夏, 禹樂也. 禹治水敷土, 言其德能大中國.

번역 『주례』「대사악(大司樂)」편의 주에서 말하길, '대하(大夏)'는 우임금에
대한 악무이다. 우임금은 치수사업을 하고 땅을 넓혔으니, 그 덕이 중국을
거대하게 만들 수 있음을 말한다.

「내칙」 111장

참고─經文

①三十而有室, 始理男事, ②博學無方, 孫友視志.

번역 30세가 되면 결혼을 하고, 비로소 남자가 해야 할 일들을 처리하게 되며, 널리 배우되 고정된 스승이 없고, 벗을 사귀며, 그가 숭상하는 뜻을 살펴서 자신의 뜻을 헤아린다.

① ○三十而有室.

補註 周禮·地官·媒氏: 掌萬民之判, 令男三十而娶, 女二十而嫁.

번역 『주례』「지관(地官)·매씨(媒氏)」편에서 말하길, 백성들 중 짝이 없는 자에 대해 담당하여, 남자로 하여금 30세에 장가를 들게 하고, 여자로 하여금 20세에 시집을 가게 한다.[1]

② ○博學[止]視志.

補註 小學註: 博學無常, 惟善是師, 遜友視志, 惟善是取.

번역 『소학』의 주에서 말하길, 널리 배움에는 일정한 대상이 없으니, 오직 선을 스승으로 삼고 벗에게 공손하게 대하며 뜻을 헤아려서 선만을 취할 따름이다.

---

1) 『주례』「지관(地官)·매씨(媒氏)」: <u>媒氏, 掌萬民之判</u>. 凡男女, 自成名以上, 皆書年月日名焉. <u>令男三十而娶, 女二十而嫁</u>.

室, 猶妻也. 男事, ①受田給政役也. 方, 猶常也. 學無常, 在志所慕則學之. 孫友, 順交朋友也. 視志, 視其志意所尚也.

번역 '실(室)'자는 처(妻)를 뜻한다. '남사(男事)'는 농경지를 받아서 경작을 하고, 요역에 나가는 것을 뜻한다. '방(方)'자는 일정함[常]을 뜻한다. 배움에 일정함이 없다는 것은 사모하는 자에 대해서 뜻을 두고 그의 덕행을 배운다는 뜻이다. '손우(孫友)'는 벗들과 교류하며 따른다는 뜻이다. '시지(視志)'는 그의 뜻이 숭상하는 바를 견주어 본다는 뜻이다.

① 受田給政役.

補註 周禮·地官·遂人: "掌邦之野, 辨其野之土, 以頒田里. 夫一廛, 田百畮, 萊五十畮, 餘夫亦如之." 註: "戶計一夫一婦而賦之田, 其一戶有數口者, 餘夫亦受此田也. 廛, 城邑之居也."

번역 『주례』「지관(地官)·수인(遂人)」편에서 말하길, "나라의 야(野)에 대한 일을 담당하여, 그곳의 토지를 변별해서 경작지와 집 지을 땅을 분배한다. 장정 1명은 성읍의 거주지 1전(廛)과 농경지 100무(畮)와 휴경지 50무를 받고 나머지 식솔들 또한 이와 같다."[2]라고 했고, 주에서는 "1명의 장정과 1명의 아내를 집집마다 계산하여 이와 같은 땅을 하사했는데, 하나의 가구에는 여러 식솔들이 있으니, 나머지 식솔들도 이와 같은 땅을 받았다. '전(廛)'은 성읍에 있는 거주지를 뜻한다."라고 했다.

補註 ○天官·小宰: "聽政役." 註: "鄭司農云, '政, 謂軍政也. 役, 謂發兵起役徒也.'"

번역 ○『주례』「천관(天官)·소재(小宰)」편에서 말하길, "정역(政役)을 처

---

2) 『주례』「지관(地官)·수인(遂人)」: 遂人, 掌邦之野. …… 辨其野之土, 上地·中地·下地, 以頒田里. 上地, 夫一廛, 田百畝, 萊五十畝, 餘夫亦如之; 中地, 夫一廛, 田百畝, 萊百畝, 餘夫亦如之; 下地, 夫一廛, 田百畝, 萊二百畝, 餘夫亦如是.

리한다."3)라고 했고, 주에서는 "정사농은 '정(政)은 군대에 대한 정무를 뜻한다. 역(役)은 병사와 부역자들을 일으킨다는 뜻이다.'"라고 했다.

3) 『주례』「천관(天官)·소재(小宰)」: 以官府之八成經邦治: 一曰聽政役以比居, 二曰聽師田以簡稽, 三曰聽閭里以版圖, 四曰聽稱責以傅別, 五曰聽祿位以禮命, 六曰聽取予以書契, 七曰聽賣買以質劑, 八曰聽出入以要會.

「내칙」112장

①四十始仕, 方物出謀發慮, 道合則服從, 不可則去. 五十②命爲大夫, 服官政. ③七十致事. 凡男拜, 尚左手.

번역 40세가 되면 비로소 벼슬살이를 하고, 그 사안에 대해서 잘 따지고, 계획을 내놓으며, 고려한 것을 제출하되, 군주와 도가 합치되면, 복종하여 따르고, 불가하다면 관직에서 떠난다. 50세가 되면 명을 받아서 대부가 되고, 관부의 정무에 복무한다. 70세가 되면 벼슬에서 물러난다. 무릇 남자가 절을 할 때에는 좌측 손을 위로 올린다.

① 四十始仕.

補註 曲禮: "四十强而仕." 鄭註: "古者, 四十始命之仕, 仕者, 爲士以事人."

번역 『예기』「곡례(曲禮)」편에서는 "40세가 되면, 지기(志氣)가 강성해졌기 때문에 강(强)이라 부르고, 하위관료에 임명한다."[1]라고 했다. 정현의 주에서는 "고대에는 40세가 되어야 비로소 명을 내려 벼슬살이를 하니, 사(仕)라는 것은 사의 신분이 되어 남을 섬긴다는 뜻이다."라고 했다.

② ○命爲大夫服官政.

補註 曲禮: "五十服官政." 鄭註: "服官政者, 爲大夫以長人, 與聞邦國之大事者也. 才可用, 則使之仕, 德成, 命爲大夫也."

번역 『예기』「곡례(曲禮)」편에서는 "50세가 되면 고위관료에 임명하여 국정에 참여하도록 한다."[2]라고 했다. 정현의 주에서는 "관정(官政)에 복무한다

---

1) 『예기』「곡례상(曲禮上)」: 人生十年曰幼, 學. 二十曰弱, 冠. 三十曰壯, 有室. 四十曰强, 而仕. 五十曰艾, 服官政. 六十曰耆, 指使. 七十曰老, 而傳. 八十九十曰耄, 七年曰悼, 悼與耄, 雖有罪, 不加刑焉. 百年曰期, 頤.

는 말은 대부가 되어 남들의 수장이 되고, 국가의 중대사를 처리하는 일에 참여한다는 뜻이다. 그 사람의 재주가 등용할만한 수준이라면 그를 사로 임명하여 벼슬살이를 시키는 것이고, 덕을 이루게 되면 곧 대부로 임명하는 것이다."라고 했다.

補註 ○按: 命, 卽再命三命之命. 周禮·大宗伯有九儀之命, 壹命受職, 再命受服, 三命受位. 註, "受下大夫之位", 據此, 則命爲大夫, 卽三命也.

번역 ○살펴보니, '명(命)'은 명의 등급을 뜻하는 2명이나 3명이라고 할 때의 명(命)에 해당한다. 『주례』「대종백(大宗伯)」편에는 구의(九儀)의 명이라는 것이 나오며, 1명에는 직무를 받고, 2명에는 의복을 받으며, 3명에는 지위를 받는다고 했다.[3] 주에서는 "하대부의 지위를 받는다는 뜻이다."라고 했다. 이를 근거해보면 명을 받아 대부가 된다는 것은 3명이 된다는 뜻이다.

③ 七十致事.

補註 鄭註: 致其事於君, 而告老.

번역 정현의 주에서 말하길, 맡았던 임무를 군주에게 되돌려주며, 노년을 이유로 대는 것이다.

補註 ○王制七十致政, 鄭註: "以其不能服職任之勞也."

번역 ○『예기』「왕제(王制)」편에서는 70세가 되면 정사에서 물러난다고 했고,[4] 정현의 주에서는 "직무의 노고를 감당할 수 없기 때문이다."라고 했다.

---

2) 『예기』「곡례상(曲禮上)」: 人生十年曰幼, 學. 二十曰弱, 冠. 三十曰壯, 有室. 四十曰强, 而仕. <u>五十曰艾, 服官政.</u> 六十曰耆, 指使. 七十曰老, 而傳. 八十九十曰耄, 七年曰悼, 悼與耄, 雖有罪, 不加刑焉. 百年曰期, 頤.

3) 『주례』「춘관(春官)·대종백(大宗伯)」: 以<u>九儀之命</u>正邦國之位. <u>壹命受職, 再命受服, 三命受位.</u> 四命受器. 五命賜則. 六命賜官. 七命賜國. 八命作牧. 九命作伯.

4) 『예기』「왕제(王制)」: 五十而爵, 六十不親學, <u>七十致政</u>, 唯衰麻爲喪.

女子十年不出, ①姆教婉娩聽從. 執麻枲, 治絲繭, ②織紝組紃,
③學女事④以共衣服. 觀於祭祀, ⑤納酒漿籩豆菹醢, ⑥禮相
助奠.

번역 여자아이의 경우 10세가 되면, 더 이상 안채에서 밖으로 나오지 않고, 여사(女師)는 말을 순하게 하고, 용모를 순박하게 하며, 잘 따르는 일들을 가르친다. 삼으로 견직물을 만드는 일을 하고, 누에에서 생사 뽑는 일을 하며, 견직물을 짜고, 여자가 익혀야 하는 일들을 배워서, 의복을 공급한다. 제사에 대한 일을 살펴보고, 술·장, 변(籩)과 두(豆)에 올리는 음식, 절임과 젓갈 등을 공급하고, 예법에 따라 도와서 음식 진설하는 것을 돕는다.

① ○姆教婉娩聽從.

補註 沙溪曰: 句讀以姆教作句, 非是. 姆字句, 教字連下讀爲是. 司馬溫公曰: "教以婉娩聽從及女功之大者."

번역 사계가 말하길, 구문을 '모교(姆教)'에서 끊어 해석하는 것은 잘못되었다. '모(姆)'자에서 구문을 끊어야 하며 교(教)자는 뒤의 구문과 연결해서 해석하는 것이 옳다. 사마온공[1]은 "말과 용모를 순박하게 하고 잘 따르는 일과 여자가 해야 할 일들 중 중요한 것들을 가르치는 것이다."라고 했다.

補註 ○按: 連下讀, 當至禮相助奠. 司馬公語, 卽居家雜儀也. 古註疏雖不明釋, 亦似如此解.

---

1) 사마광(司馬光, A.D.1019~A.D.1086) : =사마온공(司馬溫公)·속수선생(涑水先生). 북송 때의 학자이다. 자(字)는 군실(君實)이고 호(號)는 우부(迂夫)·우수(迂叟)이며 시호(諡號)는 문정(文正)이다. 저서로는 『자치통감(資治通鑑)』 등이 있다.

번역 ○살펴보니, 아래문장과 연결해서 해석한다면 마땅히 "예법에 따라 도와서 음식 진설하는 것을 돕는다."라는 것까지 연결되어야 한다. 사마공의 말은 집안에 거처할 때 시행하는 잡다한 의례에 해당한다. 옛 주와 소에서는 비록 명확하게 설명하지 않았지만 아마도 이와 같은 풀이와 같았을 것이다.

② 織紝組紃.

補註 疏曰: 紝爲繒帛, 故左傳杜註: "紝謂繒帛也." 組·紃俱爲條也. 皇氏云: "組, 綬也." 然則薄闊爲組, 似繩者爲紃.

번역 소에서 말하길, '임(紝)'은 명주와 비단이 된다. 그렇기 때문에 『좌전』에 대한 두예의 주에서는 "'임(紝)'은 명주와 비단이다."라고 한 것이다. 따라서 '조(組)'와 '순(紃)'은 모두 끈[條]이 된다. 황간은 "조(組)는 끈[綬]을 뜻한다."라고 했다. 그런데 얇고 넓은 것은 '조(組)'가 되고, 먹줄[繩]과 유사한 것은 '순(紃)'이 된다.

補註 ○按: 疏意以織了紝·組·紃三物爲解, 而字書紝, 織也. 且通解載此疏說, 而截去紝訓, 則其不見取可知. 今當以織紝了組·紃之義看.

번역 ○살펴보니, 소의 의도는 임(紝)·조(組)·순(紃)이라는 세 사물을 직조하는 것으로 풀이를 했는데, 『자서』에서는 임(紝)자를 직조한다는 뜻이라고 했다. 또 『통해』에서는 이곳의 소 주장을 수록하면서 임(紝)자의 풀이를 제거하였으니, 그 풀이를 채택하지 않았음을 알 수 있다. 따라서 조(組)·순(紃)을 직조한다는 뜻으로 보아야만 한다.

補註 ○又按: 組·紃之訓, 不但疏說如此. 詩·簡兮, 執轡如組, 朱子註: "組, 織絲爲之." 說文, 組, 綬屬, 其非織義爲明, 而陳註云組亦織也, 以織了紝組了紃爲訓, 亦誤.

번역 ○또 살펴보니, 조(組)와 순(紃)에 대한 풀이는 소의 주장만 이와 같은 것이 아니다. 『시』「간혜(簡兮)」편에서는 "고삐 잡기를 끈처럼 하는구나."[2]라고 했고, 주자의 주에서는 "조(組)는 실을 직조해서 만든다."라고 했다. 『설

문』에서는 조(組)는 끈 등속이라고 했으니, 직조한다는 뜻이 아님이 분명하
다. 그런데도 진호의 주에서는 조(組)자 또한 직조한다는 뜻으로 보아서, 임
(紝)을 직조하고 순(紃)을 직조한다고 풀이했으니, 이 또한 잘못된 해석이다.

③ **學女事**.

補註 按: 麻枲·絲繭·織紝·組紃, 皆是女事之大者, 故於此特言學女
事, 以總結之.

번역 살펴보니, 마시(麻枲)·사견(絲繭)·직임(織紝)·조순(組紃)은 모두
여자가 하는 일 중에서도 중대한 것이다. 그렇기 때문에 이곳에서 특별히 여
자가 익혀야 하는 일들을 배운다고 언급하여 총괄적으로 결론을 맺은 것이다.

④ **以共衣服**.

補註 共, 與供通.

번역 '공(共)'자는 공급한다는 뜻이다.

⑤ **納酒漿**.

補註 通解曰: 納, 謂奉以入之.

번역 『통해』에서 말하길, '납(納)'자는 그것을 받들어 안으로 들인다는 뜻이다.

補註 ○疏曰: 一納之文, 包六事.

번역 ○소에서 말하길, 하나의 납(納)이라는 글자는 여섯 가지 일들을 포괄
한다.

---

2) 『시』「패풍(邶風)·간혜(簡兮)」: 有力如虎, <u>執轡如組</u>. 左手執籥, 右手秉翟. 赫如
渥赭, 公言錫爵.

⑥ 禮相助奠.

補註 小學註: 以禮相長者, 而助其奠.

번역 『소학』의 주에서 말하길, 예법에 따라 어른을 돕고 진설하는 일을 돕는다는 뜻이다.

참고-經文

> 十有五年而笄, 二十而嫁. 有故, 二十三年而嫁. 聘則爲妻, ①
> 奔則爲妾. 凡女拜, 尙右手.

번역 여자아이의 나이가 15세가 되어 혼인이 결정되면 비녀를 꼽고, 20세가 되면 시집을 간다. 부모의 상과 같은 변고가 발생하면, 23세에 시집을 간다. 정식 예를 갖춰서 남편이 찾아온 경우에는 처가 되고, 여자가 직접 그 집에 가게 되면 첩이 된다. 무릇 여자가 절을 할 때에는 우측 손을 위로 올린다.

① ○奔則爲妾.

補註 鄭註: 聞彼有禮, 走而往焉, 以得接見於君子.
번역 정현의 주에서 말하길, 상대방이 예를 갖췄다는 소식을 듣고서, 달려가서 찾아간다면, 이를 통해 군자를 접견할 수 있다.

補註 ○小學栗谷註: 奔, 非失禮, 只是分卑耳.
번역 ○『소학』의 율곡 주에서 말하길, 분(奔)이라는 것은 실례를 범한 것이 아니니, 단지 신분이 낮은 것일 뿐이다.

補註 ○芝峯曰: 周禮, 仲春媒氏會男女, 奔者不禁, 恐失時也. 然則奔, 與淫奔之義不同.
번역 ○지봉이 말하길, 『주례』에서는 중춘에 매씨(媒氏)가 남녀가 혼사를 치르도록 하며, 분(奔)을 하는 경우도 금지하지 않는다고 했으니,[1] 적령기를 놓치게 될까 염려했기 때문이다. 그렇다면 분(奔)이라는 말은 음란하게 달려가 내통한다는 뜻과는 다른 것이다.

---

1) 『주례』「지관(地官)·매씨(媒氏)」: 中春之月, 令會男女. 於是時也, 奔者不禁.

補註 ○按: 聘·奔之義, 小註方說儘好.

번역 ○살펴보니, 빙(聘)과 분(奔)자의 뜻에 있어서는 소주에 나온 방씨의 주장이 매우 좋다.

참고-大全 嚴陵方氏曰: 三五而圓者月也, 故女子之年, 至是數而笄. 笄者, 婦人首飾, 蓋成人之服也. 夫男子冠, 則有成人之禮, 女子笄, 則當許嫁之時. 然嫁止於二十, 娶必止於三十者, 陰以少爲美, 陽以壯爲强故也. 然經亦擧其大略耳, 故王氏謂女子非二十而後可嫁, 以爲二十而不嫁則非禮. 男子三十而娶, 四十强而仕, 推此可知. 聘, 言由彼而問此, 奔, 言自此而趨彼. 拜尙右手, 尊陰道也.

번역 엄릉방씨가 말하길, 3곱하기 5, 즉 15일을 주기로 둥글게 되는 것은 달이다. 그렇기 때문에 여자의 나이가 이 시점에 도달하면 비녀를 꼽는 것이다. 비녀는 부인들이 머리에 하는 장식이니, 무릇 성인(成人)의 복식이 된다. 무릇 남자가 관(冠)을 쓴다면, 성인(成人)으로써 따라야 하는 예(禮)가 포함되니, 여자가 비녀를 꼽는 것은 마땅히 혼인이 성사되었을 때 해야 한다. 그런데 시집을 가는 것을 20세로 제한을 두고, 장가를 가는 것을 반드시 30세로 제한을 둔 것은 음(陰)은 적은 것을 아름다움으로 삼고, 양(陽)은 굳셈을 강함으로 삼기 때문이다. 그러나 경문에서는 또한 대략적인 기준을 제시한 것일 뿐이다. 그렇기 때문에 왕씨(王氏)는 여자는 20세가 지난 이후에는 시집을 갈 수 없다고 했으니, 20세가 되어서도 시집을 가지 않는 것을 비례(非禮)라고 여긴 것이다. 남자가 30세에 장가를 가고, 40세에 굳건해져서 벼슬살이를 한다는 것도 이것을 유추해보면 알 수 있다. '빙(聘)'은 저기로부터 이곳으로 문의를 하는 것을 뜻하고, '분(奔)'은 이곳으로부터 저곳으로 달려가는 것을 뜻한다. 절을 할 때 오른손을 위로 하는 것은 음(陰)의 도리를 존귀하게 여기기 때문이다.

禮記補註卷之十三

『예기보주』 13권

「옥조(玉藻)」 제13편

補註 陸曰: 鄭云, "記天子服冕之事. 冕之旒以藻紃, 貫玉爲飾, 因以名之."

번역 육덕명이 말하길, 정현은 "천자의 복장과 면류관에 대한 사안을 기록하고 있기 때문이다. 면류관에 다는 류(旒)는 조순(藻紃)을 이용해서 만들고, 옥을 꿰어 장식으로 삼게 되는데, 이로 인해 편명으로 정한 것이다."라고 했다.

「옥조」 1장

天子玉藻, 十有二旒, 前後①邃延, 龍卷以祭.

번역 천자의 면류관에 다는 옥 장식은 12줄로 하고, 앞뒤로 각각 12개씩을 길게 늘어트리며, 그 위에는 겉감은 검은색이고 속감은 분홍색으로 된 상관을 얹고, 곤룡포를 착용하고서, 종묘에서 제사를 지낸다.

① 邃延.

補註 延, 與綖同.

번역 '연(延)'자는 면류관의 싸개를 뜻하는 연(綖)자와 같다.

「옥조」 2장

①玄端而②朝日於東門之外, ③聽朔於南門之外.

번역 천자는 현면(玄冕)을 착용하고서 국성(國城)의 동문 밖에서 조일(朝日)을 하고, 남문 밖에서 청삭(聽朔)[1]을 한다.

① ○玄端.

補註 按: 端, 雖依小註方說如字讀, 亦不害於服玄端而加冕也. 下諸侯玄端同.

번역 살펴보니, '단(端)'자에 대해서, 비록 소주에 나온 방씨의 주장에 따라 글자대로 해석하더라도, 현단복을 착용하고 면류관을 쓴다는 것이 뜻을 저해하지 않는다. 아래문장에 나오는 제후의 현단의 경우도 동일하다.

참고-大全 嚴陵方氏曰: 經有曰玄冕, 有曰玄冠, 有曰玄端, 何也? 蓋玄端者, 祭服·燕服之總名, 衣玄衣而加玄冕, 則爲祭服, 衣玄衣而加玄冠, 則爲燕服. 或冠冕通謂之端. 玄端而朝日, 則是玄冕者也. 玄端而居, 則是加玄冠者也. 聽朔, 亦玄冕者, 敬朔事如祭故也. 日生於東, 故朝日於東門之外, 日月合於朔, 陰陽交於南, 故聽朔於南門之外, 卽明堂是也. 必曰門之外者, 亦猶迎氣之於郊與.

번역 엄릉방씨가 말하길, 경문에는 '현면(玄冕)'이라고 기록한 곳도 있고, '현

---

1) 청삭(聽朔)은 천자나 제후가 매월 초하루에 시행했던 고삭(告朔)의 의례를 뜻한다. 해당 월에 시행해야 할 정사(政事)는 바로 초하루부터 시행되므로, 정무를 처리하기 이전에, 고삭의 의식을 시행하고, 그 이후에야 정사를 펼쳤다. 현단복(玄端服) 및 피변복(皮弁服)을 착용하고 치렀으며, 남문(南門) 밖이나, 태묘(太廟)에서 시행하였다. 『예기』「옥조(玉藻)」편에는 "玄端而朝日於東門之外, 聽朔於南門之外."라는 기록과 "諸侯玄端以祭, 裨冕以朝, 皮弁以聽朔於大廟."라는 기록이 있다.

관(玄冠)'이라고 기록한 곳도 있으며, 또 '현단(玄端)'이라고 기록한 곳도 있는데, 이것은 어째서인가? 무릇 '현단(玄端)'이라는 것은 제복(祭服)과 연복(燕服)을 총칭하는 말이니, 검은색의 옷을 착용하고, 현면(玄冕)을 쓰게 되면, 이것은 제사 복장이 되고, 검은색의 옷을 착용하고, 현관(玄冠)을 쓰게 되면, 이것은 연회 때의 복장이 된다. 혹은 관(冠)과 면(冕)은 통칭하여, '단(端)'이라고 부른다. 현단(玄端)을 착용하고 조일(朝日)을 한다면, 이것은 현면(玄冕)에 해당하는 것이다. 현단(玄端)을 착용하고 머문다고 한다면, 이것은 현관(玄冠)을 착용하는 것이다. 청삭(聽朔)에서도 현면(玄冕)을 착용하는 것은 초하루에 시행하는 일들을 마치 제사를 치르는 것처럼 공경하기 때문이다. 해는 동쪽에서 생겨난다. 그렇기 때문에 동문(東門) 밖에서 조일을 하는 것이다. 해와 달은 초하루에 서로 합치되고, 음양(陰陽)은 남쪽에서 교차한다. 그렇기 때문에 청삭은 남문 밖에서 시행하는 것이니, 그 장소는 곧 명당(明堂)2)에 해당한다. 기어코 '문지외(門之外)'라고 기록한 것은 또한 교(郊)에서 해당 기운을 맞이하는 의식과 같았기 때문일 것이다.

② **朝日**.

補註 見禮器.
번역 『예기』「예기(禮器)」편에 나온다.

③ **聽朔**.

補註 周禮·春官·大史: "頒告朔于邦國." 疏曰: "此經及論語稱告朔, 玉

---

2) 명당(明堂)은 일반적으로 고대 제왕이 정교(政敎)를 베풀던 장소를 지칭하는 용어로 사용되었다. 이곳에서는 조회(朝會), 제사(祭祀), 경상(慶賞), 선사(選士), 양로(養老), 교학(敎學) 등의 국가 주요 업무가 시행되었다. 『맹자』「양혜왕하(梁惠王下)」편에는 "夫明堂者, 王者之堂也."라는 용례가 있고, 『옥태신영(玉台新詠)』「목난사(木蘭辭)」편에도 "歸來見天子, 天子坐明堂."이라는 용례가 있다. '명당'의 규모나 제도는 시대마다 다르다. 또한 '명당'이라는 건물군 중에서 남쪽의 실(室)을 가리키는 용어로도 사용되었다.

藻謂之聽朔, 春秋謂之視朔. 視者, 人君入廟視之. 告者, 使有司讀祝以言之. 聽者, 聽治一月政令. 所從言之異耳."

번역 『주례』「춘관(春官)·대사(大史)」편에서는 "제후국에 다음해 달력을 반포하여 고삭(告朔)3)을 하게 한다."4)라고 했고, 소에서는 "이곳 경문과 『논어』5)에서는 '고삭(告朔)'이라고 지칭했고, 「옥조」편에서는 '청삭(聽朔)' 이라고 했으며, 『춘추』에서는 '시삭(視朔)'6)이라고 했다. '시(視)'자는 군주가 묘로 들어가서 그것을 살펴본다는 뜻이다. '고(告)'자는 유사로 하여금 축문을 읽어서 그 내용을 말하도록 한다는 뜻이다. '청(聽)'자는 1개월 동안 시행해야 할 정령을 듣고 처리한다는 뜻이다. 각각 따르는 바에 따라 말하여 용어에 차이가 생긴 것일 뿐이다."라고 했다.

참고―集說

疏曰: 知端當爲冕者, 皮弁尊, 次則諸侯之朝服, 又其次玄端. 諸侯皮弁聽朔, 朝服視朝, 是視朝之服卑於聽朔. 今天子皮弁視朝, 若玄端聽朔, 則是聽朔之服卑於視朝. 且聽朔大, 視朝小, 故知端爲冕, 謂玄冕也. 是①冕服之下者.

---

3) 고삭(告朔)은 '곡삭'이라고도 읽는다. 천자가 계동(季冬) 때 다음 해의 달력을 내려준 것을 뜻한다. 천자가 제후에게 달력인 삭(朔)을 반포하게 되면, 제후는 그것을 조묘(祖廟)에 보관하였다가 삭일(朔日)에 이르러 묘(廟)에서 고(告)제사를 지내고, 그것을 꺼내서 시행하게 되는데, 이러한 의식 자체를 '고삭'으로 부르기도 했다. 따라서 '고삭'은 매월 초하루마다 지내는 제사를 범칭하는 용어로도 사용된다. 『주례』「춘관(春官)·대사(大史)」편에는 "頒告朔于邦國."이라는 기록이 있고, 이에 대한 정현의 주에서는 "天子頒朔于諸侯, 諸侯藏之祖廟, 至朔朝于廟, 告而受行之."라고 풀이했다.

4) 『주례』「춘관(春官)·대사(大史)」: 頒告朔于邦國.

5) 『논어』「팔일(八佾)」: 子貢欲去告朔之餼羊. 子曰, "賜也! 爾愛其羊, 我愛其禮."

6) 『춘추』「문공(文公)」 16년 : 夏, 五月, 公四不視朔.

번역 소에서 말하길, '단(端)'자가 마땅히 '면(冕)'자가 되어야 함을 알 수 있는 이유는 피변(皮弁)은 존귀한 복식이고, 그 다음으로 존귀한 것은 제후가 착용하는 조복(朝服)이며, 또 그 다음은 현단(玄端)이다. 제후는 피변(皮弁)을 착용하고 청삭(聽朔)을 했고, 조복(朝服)을 착용하고 조정에 참관했으니, 이것은 조정에 참관할 때의 복장이 청삭을 할 때 착용하는 복장보다 낮다는 사실을 나타낸다. 현재 천자가 피변(皮弁)을 착용하고 조정에 참관한다고 했는데, 만약 현단(玄端)을 착용하고 청삭을 했다면, 이것은 청삭을 할 때의 복장이 조정에 참관할 때의 복장보다 낮은 꼴이 된다. 또한 청삭은 중대한 일이고, 조정에 참관하는 것은 상대적으로 덜 중요한 일이다. 그렇기 때문에 '단(端)'자가 '면(冕)'자가 되어야 한다는 사실을 알수 있으니, 이것은 현면(玄冕)을 뜻한다. 이 복장은 면복(冕服) 중에서도 가장 하위에 속하는 복장이다.

① 冕服之下者.

補註 沙溪曰: 冕服有五, 袞冕·驚冕·毳冕·絺冕·玄冕.
번역 사계가 말하길, 면복(冕服)에는 다섯 종류가 있으니, 곤면(袞冕)·별면(驚冕)·취면(毳冕)·치면(絺冕)·현면(玄冕)이다.

「옥조」3장

鄭氏曰: 天子廟及路寢, 皆如明堂制. ①明堂在國之陽, ②每月
就其時之堂而聽朔焉. 卒事③反宿路寢. 閏月, 非常月也. 聽其
朔於明堂門中, 還處路寢門終月.

번역 정현이 말하길, 천자의 묘(廟) 및 노침(路寢)은 모두 명당(明堂)을 만드는 제
도처럼 만든다. 명당은 국성(國城) 중 양(陽)의 방위에 해당하는 곳에 있고, 매월
그 계절에 해당하는 당(堂)으로 나아가서 청삭(聽朔)을 한다. 그 일이 끝나면, 되
돌아와서 노침에서 묵는다. 윤월(閏月)은 일상적인 달이 아니다. 명당의 문 중앙에
서 초하루에 해야 할 일들을 듣고, 다시 노침의 문으로 되돌아와서, 종월(終月)을
한다.

① ○明堂在國之陽.

補註 疏曰: 明堂在國之陽, 丙巳之地, 三里之外, 七里之內.

번역 소에서 말하길, 명당(明堂)은 국성(國城) 중 양(陽)에 해당하는 방위에
있다고 했으니, 병사(丙巳) 방위에 해당하는 땅으로, 3리 밖과 7리 안쪽에
위치한다.

② 每月就其時之堂.

補註 疏曰: 月令孟春居靑陽左个, 仲春居靑陽太廟, 季春居靑陽右个. 以
下所居, 各有其處, 是也.

번역 소에서 말하길, 『예기』「월령(月令)」편에서는 맹춘의 달에 천자는 청양
(靑陽)1)의 좌개(左个)2)에 머문다3)고 했고, 중춘의 달에는 청양의 중앙에

---

1) 청양(靑陽)은 명당(明堂)에 있는 건물이다. '명당'에는 다섯 개의 실(室)이 있었는
데, 좌측면의 동쪽에 위치한 '실'을 '청양'이라고 불렀다. 제왕이 제사(祭祀)나 정사

있는 태묘(太廟)에 머문다[4]고 했으며, 계춘의 달에는 청양의 우개(右个)에 머문다[5]고 했다. 그 이외에도 각 달마다 거처하는 곳은 각각 해당하는 장소가 있으니, 이것이 바로 매월마다 해당하는 계절의 당으로 나아간다는 뜻이다.

③ 反宿路寢.

補註 按: 鄭註此下有"亦如之"三字. 疏曰: "路寢旣與明堂同制, 故知亦如明堂每月異所也. 反居路寢, 在視朝之一日. 其餘日卽在燕寢, 視朝則恒在路門外也."

번역 살펴보니, 정현의 주에서는 이 구문 뒤에 "이때에도 또한 이처럼 한다[亦如之]."라는 세 글자가 기록되어 있다. 소에서 말하길, "노침(路寢)은 이미 명당(明堂)과 동일한 제도에 따라서 만든 건물이다. 그렇기 때문에 명당에서처럼 매월마다 각기 다른 장소에 머물게 됨을 알 수 있다. 되돌아가서

(政事)를 처리하던 곳이다. 『자치통감(資治通鑑)』「제무제영명십년(齊武帝永明十年)」편에는 "己未, 魏主宗祀顯祖於明堂以配上帝, 遂登靈臺以觀雲物, 降居靑陽左个, 布政事."라는 기록이 있는데, 이에 대한 호삼생(胡三省)의 주에서는 정현의 주를 인용하여, "靑陽左个, 大寢東堂北偏."이라고 풀이하였다. 또한 '청양'은 '명당' 자체를 지칭하는 용어로도 사용되었다.

2) 좌개(左个)는 실(室)의 좌측에 붙어 있는 편실(偏室)을 뜻한다. 『의례』「향사례(鄕射禮)」편에는 "左个之西北三步東面設薦俎."라는 용례가 있다. 왕인지(王引之)는 『경의술문(經義述聞)』「통설상(通說上)」편에서 "案鄭訓个爲偏, 則其字當與介同."이라고 했다. 즉 정현이 개(个)자의 뜻을 편(偏)으로 하였으니, '좌개'의 '개'자는 개(介: =끼이다, 편실(偏室))와 같은 것이다. 그리고 『여씨춘추(呂氏春秋)』「맹하기(孟夏紀)」편에는 "天子居明堂左个."라는 기록이 있는데, 이에 대한 고유(高誘)의 주에서는 "明堂, 南鄕堂. 左个, 東頭室."이라고 풀이하였다.

3) 『예기』「월령(月令)」: 天子, 居靑陽左个.

4) 『예기』「월령(月令)」: 天子, 居靑陽太廟, 乘鸞路, 駕倉龍, 載靑旂, 衣靑衣, 服倉玉, 食麥與羊, 其器, 疏以達.

5) 『예기』「월령(月令)」: 天子, 居靑陽右个, 乘鸞路, 駕倉龍, 載靑旂, 衣靑衣, 服倉玉, 食麥與羊, 其器, 疏以達.

노침에 머문다는 것은 시조(視朝)를 하는 하루에만 해당하고, 그 나머지 날들은 연침(燕寢)에 머물게 되니, 조정에 참관할 때에는 항상 노문(路門) 밖에서 하는 것이다."라고 했다.

疏曰: ①樂太史云, 終月, 謂②終竟一月所聽之事於一月中耳. 尋常則居燕寢也. 皇氏云: 明堂有四門, 卽路寢亦有四門. 閏月各居其時當方之門, 義或然也.

번역 소에서 말하길, 『주례』「대사(大史)」편을 살펴보면, '종월(終月)'은 그 달에 처리해야 할 일들을 그 달 중에 끝낸다는 뜻일 뿐이다. 평상시에는 연침(燕寢)에 거처한다. 황간은 명당(明堂)에는 4개의 문이 있으니, 노침(路寢)에도 또한 4개의 문이 있다. 윤달에는 각각 해당 계절에 맞는 방위의 문에 위치한다고 했는데, 그 의미가 혹여 그러하기도 할 것 같다.

① 樂太史云.

補註 樂, 恐案之誤.
번역 '악(樂)'자는 아마도 안(案)자의 오자인 것 같다.

補註 ○太史, 周禮 · 春官之屬.
번역 ○'태사(太史)'는 『주례』「춘관(春官)」에 소속된 관리이다.

補註 ○太史本文: "閏月, 詔王居門終月." 註: "門, 路寢門也. 鄭司農云, '月令十二月各有所居之位, 惟閏月無所居, 居于門, 故於文王在門謂之閏.'"
번역 ○『주례』「춘관(春官) · 태사(太史)」편에서는 "윤달에는 천자에게 아뢰어 문에 거처하며 종월(終月)을 하도록 한다."6)라고 했고, 주에서는 "'문 (門)'은 노침의 문을 뜻한다. 정사농은 '『예기』「월령(月令)」편에는 12개월마 다 각각 머무는 장소가 나타나는데, 오직 윤달에 대해서만 거처하는 장소의 기록이 없다. 문에 거처하기 때문에 그 자형에 있어서 왕(王)자가 문(門)자 안에 있어 윤(閏)이라고 하는 것이다."라고 했다.

補註 ○按: 疏本文, 太史云下終月之上有"閏月詔王居門"六字, 蓋先引 太史閏月詔王居門終月之文, 而謂字以下, 乃釋其義也. 陳註誤加刪略, 有若太史解終月之義者, 然可欠.
번역 ○살펴보니, 소의 본문에는 "「대사」편에서 말했다."라는 구문 뒤와 '종 월(終月)'이라는 말 앞에 "윤달에는 천자에게 아뢰어 문에 거처하며 종월(終 月)을 하도록 한다[閏月詔王居門]."라는 여섯 글자가 기록되어 있는데, 먼 저 「태사」편에서 윤달에 천자에게 아뢰어 문에 거처하며 종월을 하도록 한 다는 말을 인용하였으니, '위(謂)'자로부터 그 이하의 기록은 곧 그 의미를 풀이한 것이다. 진호의 주에서는 이것을 잘못 편집하여 마치 「태사」편이 종 월의 의미를 풀이한 뜻인 것처럼 기록하였으니, 잘못된 것이다.

補註 ○又按: 沙溪曰, "樂太史, 或云樂史字子正撰寰宇記者." 恐沙溪未 之考也.
번역 ○또 살펴보니, 사계는 "악태사(樂太史)에 대해 혹자는 악사로 자는 자정이고 『환우기』를 찬한 사람이다."라고 했는데, 아마도 사계가 자세히 살 피지 못한 것 같다.

② 終竟一月[止]燕寢也.

補註 按: 竊詳疏意, 恐人以終月爲終月常居門中, 故解之, 以終此一月之 內有所聽之事, 則皆在門中, 若非聽事, 則居燕寢也.

---

6) 『주례』「춘관(春官)·대사(大史)」: 閏月, 詔王居門終月.

번역 살펴보니, 소의 뜻을 상세히 살펴보면 아마도 사람들이 종월(終月)을 한 달 동안 항상 문에 머문다고 오해할 것을 염려하여, 그 달 안에 처리해야 할 일이 있다면 모두 문에 머물며 하고, 일을 처리하는 경우가 아니라면 연침에 머문다고 풀이한 것이다.

「옥조」 4장

참고–經文

皮弁以日視朝, 遂以食; 日中而餕, 奏而食. ①日少牢, 朔月大牢. ②五飲: 上水, 漿·酒·醴·酏.

번역 천자는 피변복(皮弁服)을 착용하고, 매일 아침마다 조회에 참관하고, 그 일이 끝나면 아침식사를 한다. 그리고 점심에는 아침에 먹고 남은 음식들을 먹는데, 음악을 연주하며 식사를 한다. 천자의 식사에서는 날마다 소뢰(少牢)를 사용하고, 매월 초하루에는 태뢰(太牢)를 사용한다. 다섯 가지 마실 것들은 물을 가장 상등으로 치고, 나머지는 장·술·단술·쌀죽이다.

① 日少牢.

補註 疏曰: 趙商問, "膳夫云王日一舉, 鼎十有二物皆有俎. 有三牲備, 而玉藻云日少牢, 請問其說." 鄭答云, "禮記, 後人所集, 據時而言."

번역 소에서 말하길, 조상이 질문을 하며, "『주례』「선부(膳夫)」편에서는 천자는 날마다 한 차례 성찬을 드니, 정(鼎)이 12개 진설되고, 그 음식들은 모두 도마에 담긴다고 하여, 세 가지 희생물을 갖춘다고 했습니다. 그런데 「옥조」편에서는 천자가 식사를 할 때, 날마다 소뢰(少牢)를 사용한다고 하니, 이처럼 차이가 나는 이유에 대해서 청하여 묻습니다."라고 했다. 정현은 답변을 하며, "『예기』는 후세 사람들이 그 기록들을 모아둔 것이며, 당시의 예법에 근거해서 기록한 것이다."라고 했다.

② 五飲.

補註 疏曰: 周禮六飲, 此云五飲, 亦非周法也.

번역 소에서 말하길, 『주례』에는 육음(六飲)이 나오는데, 여기에서는 오음(五飲)이라고 했으니, 이 또한 주나라 때의 예법이 아니다.

補註 ○按: 天官·漿人六飲, 水·漿·醴·涼·醫·酏, 若酒則別有酒正三酒, 與此經異.

번역 ○살펴보니, 『주례』「천관(天官)·장인(漿人)」편에는 육음(六飲)이 나오는데 물·장·단술·찬 죽·감주·쌀죽이라고 했다.[1] 술의 경우에는 별도로 주정(酒正)이 담당하는 삼주(三酒)가 나오니,[2] 이곳 경문과 차이를 보인다.

---

1) 『주례』「천관(天官)·장인(漿人)」: 漿人掌共王之六飲, 水·漿·醴·涼·醫·酏, 入于酒府.

2) 『주례』「천관(天官)·주정(酒正)」: 辨三酒之物, 一曰事酒, 二曰昔酒, 三曰淸酒.

「옥조」 5장

참고-經文

卒食, 玄端而居, ①動則左史書之, 言則右史書之, 御瞽幾聲之
上下. 年不順成, 則天子素服, 乘素車, 食無樂.

번역 천자는 식사를 끝내면, 현단복(玄端服)을 착용하고 머물며, 천자의 행동에 대
해서는 좌사(左史)가 기록을 하고, 말에 대해서는 우사(右史)가 기록하며, 시중을
드는 악공은 음악 소리의 높낮이를 살펴서, 정령의 득실을 살핀다. 그 해에 곡식이
잘 여물지 않았다면, 천자는 소복(素服)을 착용하고, 소거(素車)를 타며, 식사를
할 때 음악을 연주하지 않는다.

① ○動則[止]右史書之.

補註 按: 鄭註以春秋當左史所書, 尙書當右史所書.

번역 살펴보니, 정현의 주에서는 『춘추』는 좌사가 기록한 문서이고, 『상서』
는 우사가 기록한 문서라고 여겼다.

「옥조」6장

諸侯①玄端以祭, ②裨冕以朝, 皮弁以聽朔於大廟, 朝服以日
視朝於③內朝.

번역 제후는 현면(玄冕)을 착용하고 제사를 지내며, 비면(裨冕)을 착용하고 천자
에게 조회를 가며, 피변복(皮弁服)을 착용하고 태묘에서 청삭(聽朔)을 하며, 조복
(朝服)을 착용하고 날마다 내조(內朝)에서 조정에 참관한다.

① ○玄端以祭.

補註 疏曰: 知端當爲冕者, 以玄端賤於皮弁, 下文"皮弁聽朔於太廟", 不
應玄端以祭先君故也.

번역 소에서 말하길, 단(端)자가 면(冕)자가 되어야 함을 알 수 있는 이유는
현단(玄端)은 피변(皮弁)보다 등급이 낮은 복장이고, 아래문장에서 "피변
(皮弁)을 착용하고 태묘에서 청삭(聽朔)을 한다."라고 했으니, 현단(玄端)
을 착용하고는 선대 군주에 대한 제사를 지낼 수 없기 때문이다.

② 裨冕.

補註 疏曰: 覲禮, "侯氏裨冕", 註, "裨之言埤也. 天子六服, 大裘爲上, 其
餘爲埤, 是以總云裨冕."

번역 소에서 말하길, 『의례』「근례(覲禮)」편에서는 "제후들은 비면(裨冕)을
착용한다."[1]라고 했고, 정현의 주에서는 "비(裨)자는 낮다는 의미이다. 천자
가 착용하는 육복(六服) 중 대구(大裘)는 가장 상등의 복장이고, 나머지는

---

1) 『의례』「근례(覲禮)」: 侯氏裨冕, 釋幣于禰, 乘墨車, 載龍旂弧韣, 乃朝, 以瑞玉
有繅.

비(裨)로 삼으니, 이러한 까닭으로 그 복장들을 총칭하여, 비면(裨冕)이라고
부른다."라고 했다.

③ 內朝.

補註 鄭註: "內朝, 路寢門外之朝也." 疏曰: "以下文云, '君日出而視之,
退適路寢', 故知路寢門外之朝也. 此云內朝, 對中門外之朝爲內也. 文
王世子謂之外朝, 對路寢庭之朝爲外也."

번역 정현의 주에서 말하길, "노침(路寢)의 문밖에 있는 조정을 뜻한다."라
고 했다. 소에서 말하길, "아래문장에서 '군주는 해가 떠오르면 조정에 참관
하고, 물러나서 노침으로 간다.'라고 했다. 그렇기 때문에 이 공간이 노침의
문밖에 있는 조정임을 알 수 있다. 이곳에서 '내조(內朝)'라고 말한 것은 중
문 밖에 있는 조정과 대비하면 안쪽이 되기 때문이다. 『예기』「문왕세자(文
王世子)」편에서 이곳을 '외조(外朝)'라고 부른 것은 노침의 마당에 있는 조
정과 대비하면 바깥쪽이 되기 때문이다."라고 했다.

補註 ○按: 路寢門外之朝, 卽方氏所謂治朝, 而此篇內朝及文王世子外
朝, 鄭皆以路門外之朝爲解者, 果有所據. 且對內朝則爲外朝, 對外朝則
爲內朝, 以其居中故也.

번역 ○살펴보니, 노침의 문밖에 있는 조정은 방씨가 말한 '치조(治朝)'에 해
당하고, 「옥조」편에서 말한 내조 및 「문왕세자」편에서 말한 외조에 대해 정
현은 모두 노문 밖에 있는 조정으로 풀이를 했는데, 근거가 있는 말이다. 또
내조와 대비하면 외조가 되고 외조와 대비하면 내조가 되는 이유는 이것이
3개의 조정 중 중간에 있기 때문이다.

補註 ○又按: 陳註泛引方說, 有若此內朝爲路門內燕朝者, 然誤矣.

번역 ○또 살펴보니, 진호의 주에서는 방씨의 주장을 범범하게 인용을 했는
데, 이곳에서 말한 내조가 노문 안쪽에 있는 연조가 된다고 여긴 것 같으니,
잘못된 설명이다.

裨冕, 公衰, 侯伯鷩, 子男毳也. 朝, 見天子也. 諸侯以玄冠緇衣
素裳爲朝服, 凡在朝, 君臣上下同服, 但士服則謂之玄端, ①袂
廣二尺二寸故也. 大夫以上皆②侈袂三尺三寸.

번역 '비면(裨冕)'에 해당하는 복장은 공작은 곤면(袞冕)이고, 후작·백작은 별면
(鷩冕)이며, 자작·남작은 취면(毳冕)이다. '조(朝)'자는 천자를 알현한다는 뜻이
다. 제후는 현관(玄冠)과 검은색의 상의, 흰색의 하의를 조복(朝服)으로 삼고, 무
릇 조정에 있어서는 군신 및 상하 계층이 모두 복식을 동일하게 한다. 다만 사의
복장에 대해서, 그것을 '현단(玄端)'이라고 부르는 것은 소매의 너비가 2척 2촌이
기 때문이다. 대부 이상의 계급은 모두 소매를 넓혀서 3척 3촌으로 만든다.

① 袂廣二尺二寸故也.

補註 沙溪曰: "端, 方正之意. 幅廣與袂廣, 皆二尺二寸, 故以端名." 又
曰: "玄端, 本是士服, 而諸侯服亦謂玄端, 蓋上下通用爾."
번역 사계가 말하길, "단(端)자는 방정하다는 뜻이다. 폭의 너비와 소매의
너비가 모두 2척 2촌이다. 그렇기 때문에 단(端)자를 붙여서 부르는 것이
다."라고 했다. 또 말하길, "현단(玄端)은 본래 사의 복장인데, 제후가 착용
하는 복장 또한 현단(玄端)이라고 부르니, 상하 계층이 두루 사용했기 때문
이다."라고 했다.

② 侈袂.

補註 雜記: "弁絰其衰侈袂." 註: "侈, 大也."
번역 『예기』「잡기(雜記)」편에서는 "무릇 변질(弁絰)을 착용할 때에는 그
복장에 있어서 소매의 크기를 크게 만든다."[2]라고 했고, 주에서는 "치(侈)'자
는 크게 한다는 뜻이다."라고 했다.

---

2) 『예기』「잡기하(雜記下)」: 凡弁絰其衰侈袂.

「옥조」8장

又朝服以食, 特牲三俎祭肺; ①夕深衣, 祭牢肉. 朔月少牢, 五俎②四簋. 子卯稷食菜羹. 夫人與君同庖.

번역 또한 조복(朝服)을 착용하고서 아침식사를 하며, 식사를 할 때에는 특생(特牲)을 사용하여 3개의 도마를 차리고, 희생물의 폐(肺)로 음식에 대한 제사를 지내며, 저녁식사 때에는 심의(深衣)를 착용하고, 특생으로 마련했던 고기로 제사를 지낸다. 매월 초하루에는 소뢰(少牢)를 사용하고, 5개의 도마와 4개의 궤(簋)를 마련한다. 갑자일(甲子日)이나 을묘일(乙卯日)에는 메기장 밥을 먹고 채소국만 먹는다. 부인(夫人)은 군주와 부엌을 함께 쓴다.

① 夕深衣祭牢肉.

補註 鄭註: "天子言日中, 諸侯言夕, 天子言餕, 諸侯言祭牢肉, 互相挾."
疏曰: "天子言日中, 諸侯亦當有日中, 諸侯言夕, 則天子亦有夕, 天子言餕, 則諸侯亦餕, 諸侯言祭牢肉, 則天子亦祭牢肉. 以諸侯之夕挾天子日中, 故云互相挾也."

번역 정현의 주에서 말하길, "천자에 대해서는 점심식사를 언급했고, 제후에 대해서는 저녁식사를 언급했으며, 천자에 대해서는 남은 음식을 언급했고, 제후에 대해서는 뇌육(牢肉)으로 제사를 지낸다고 언급했는데, 상호 보완이 되도록 기록한 것이다."라고 했다. 소에서 말하길, "천자에 대해서는 점심식사를 언급했으니, 제후 또한 마땅히 점심식사를 하게 되는 것이며, 제후에 대해서 저녁식사를 언급했다면, 천자 또한 저녁식사를 하게 되는 것이고, 천자에 대해서 남은 음식을 먹는다고 했다면, 제후 또한 남은 음식을 먹는 것이며, 제후에 대해서 뇌육(牢肉)으로 제사를 지낸다고 했다면, 천자 또한 뇌육으로 제사를 지내는 것이다. 제후의 저녁식사로 천자의 점심식사를 연관시켰기 때문에 상호 보완이 되도록 기록했다고 말했다."라고 했다.

② 四簋.

補註 疏曰: 四簋, 黍·稷·稻·粱. 二簋, 稻·粱各一.

번역 소에서 말하길, 4개의 궤(簋)에는 메기장·차기장·쌀·조로 지은 밥을 담는다. 2개의 궤에는 쌀과 조로 지은 밥을 각각 1개씩 담는다.

三俎, 特豕·魚·腊也. 周人祭肺. 夕, 夕食也. 牢肉, 卽特牲之餘也. 五俎, 加羊與其腸胃也. 簋, 盛黍稷之器. 常食二簋, 月朔則四簋也. ①子卯說見檀弓. 夫人不特殺, 故云與君同庖也.

번역 세 가지 도마에 오르는 음식은 한 마리 돼지고기와 물고기 및 석(腊)이다. 주나라 때에는 희생물의 폐(肺)로 음식에 대한 제사를 지냈다.[1] '석(夕)'자는 저녁식사를 뜻한다. '뇌육(牢肉)'은 곧 특생(特牲)의 고기를 뜻한다. '오조(五俎)'에는 추가적으로 양고기와 창자 및 위를 올리는 것이다. '궤(簋)'는 서직(黍稷)을 담는 그릇이다. 일상적인 식사 때에는 2개의 궤(簋)를 차리는데, 매월 초하루가 되면, 4개의 궤(簋)를 차린다. '자묘(子卯)'에 대해서는 그 설명이 『예기』 「단궁(檀弓)」편에 나온다. 부인(夫人)에게는 한 마리의 희생물을 도축해서 바치지 않는다. 그렇기 때문에 "군주와 부엌을 함께 쓴다."라고 말한 것이다.

① 子卯說見檀弓.

補註 按: 此指下篇, 智悼子卒章.

번역 살펴보니, 이것은 『예기』 「단궁하(檀弓下)」편의 지도자졸(智悼子卒) 장을 가리킨다.[2]

---

1) 『예기』 「명당위(明堂位)」 : 有虞氏祭首, 夏后氏祭心, 殷祭肝, 周祭肺.

2) 『예기』 「단궁하(檀弓下)」 : 知悼子卒, 未葬. 平公飮酒, 師曠·李調侍, 鼓鐘. 杜蕢自外來, 聞鐘聲, 曰: "安在?" 曰: "在寢." 杜蕢入寢, 歷階而升, 酌曰: "曠飮斯!"

又酌曰: "調飮斯!" 又酌, 堂上北面坐飮之, 降, 趨而出. 平公呼而進之, 曰: "蕢!
曩者爾心或開予, 是以不與爾言. 爾飮曠, 何也?" 曰: "子 · 卯不樂, 知悼子在堂,
斯其爲子 · 卯也大矣. 曠也, 太師也, 不以詔, 是以飮之也."

「옥조」9장

참고—經文

君無故不殺牛, 大夫無故不殺羊, 士無故不殺犬豕. 君子遠庖
厨, 凡有血氣之類, ①弗身踐也. 至于八月不雨, 君不擧.

번역 제후는 특별한 일이 없으면 소를 도축하지 않고, 제후에게 소속된 대부는 특
별한 일이 없으면 양을 도축하지 않으며, 사는 특별한 일이 없으면 개와 돼지를 도
축하지 않는다. 군자는 부엌을 멀리하니, 무릇 혈기를 가지고 있는 부류들에 대해
서, 직접 도축하지 않는다. 8월이 되었는데도 비가 내리지 않는다면, 군주는 성찬을
들지 않는다.

① 弗身踐也.

補註 鄭註: 踐, 當爲剪, 猶殺也.
번역 정현의 주에서 말하길, '천(踐)'자는 전(剪)자가 되어야 하니, 도축한다
는 뜻과 같다.

補註 ○淺見錄載黃氏日抄曰: 謂雖若螻蟻之微, 猶不忍踐之, 此以小明
大, 血氣之類, 不身踐, 況無故而殺乎?
번역 ○『예기천견록』에서 황씨의 『일초』를 수록하여 말하길, 비록 땅강아
지나 개미와 같은 미물이라 하더라도 차마 밟지 못한다는 뜻이니, 이것은 작
은 것을 통해 큰 것을 나타낸 것이다. 혈기를 가진 부류들은 그 몸을 밟지
않는데, 하물며 아무런 이유도 없이 살생을 할 수 있겠는가?

補註 ○按: 此說可備一義, 而當從舊說.
번역 ○살펴보니, 이 주장은 나름대로의 의미가 있지만 옛 학설에 따라야만
한다.

天子膳用①六牲, 則無故亦殺牛, 此言國君也. 天子之大夫有
故得殺牛, 此無故不殺羊, 謂諸侯之大夫也. 故, 謂祭祀及賓客
饗食之禮也. ②祭禮有射牲之文, 此言弗身踐, 亦謂尋常也. 八
月, 今之六月. ③殺牲盛饌曰擧.

번역 천자가 먹는 요리를 만들 때에는 여섯 가지 희생물[1]을 사용하니, 특별한 일이 없다면, 또한 소를 도축하지 않는다는 말은 제후에 대한 내용이다. 천자에게 소속된 대부는 특별한 일이 있으면, 소를 도축할 수 있다. 그런데 이곳에서는 특별한 일이 없으면 양을 도축할 수 없다고 했으니, 이것은 제후에게 소속된 대부에 대한 내용이다. '고(故)'자는 제사 및 빈객에게 향사(饗食)를 하는 예를 뜻한다. 제례(祭禮)에서는 희생물에 화살을 쏜다는 기록이 있는데, 이곳에서는 직접 도축하지 않는다고 했다. 따라서 이 내용 또한 일상에 대한 내용이다. '팔월(八月)'은 오늘날의 6월에 해당한다. 희생물을 도축하여, 성찬을 드는 것을 '거(擧)'라고 부른다.

① 六牲.

補註 沙溪曰: 六牲, 牛・羊・豕・馬・雞・狗.

번역 사계가 말하길, 육생(六牲)은 소・양・돼지・말・닭・개를 뜻한다.

② 祭禮有射牲之文.

補註 周禮・夏官・司弓矢之職: "凡祭祀共射牲之弓矢." 又射人: "祭祀, 則贊射牲." 註: "殺牲, 非尊者所親, 唯射爲可. 楚語云, '郊禘之事, 天子必自射其牲.'"

번역 『주례』「하관(夏官)・사궁시(司弓矢)」편의 직무기록에서는 "제사를 지

---

1) 육생(六牲)은 여섯 가지 가축이다. 말[馬], 소[牛], 양(羊), 돼지[豕], 개[犬], 닭[雞]을 뜻한다. 『주례』「천관(天官)・선부(膳夫)」편에는 "凡王之饋, 食用六穀, 膳用六牲."이라는 기록이 있고, 이에 대한 정현의 주에서는 "六牲, 馬牛羊豕犬雞也."라고 풀이했다.

내게 되면 희생물을 쏘는 활과 화살을 공급한다."[2]라고 했다. 또「사인(射人)」편에서는 "제사를 지내게 되면 희생물에 활 쏘는 일을 돕는다."[3]라고 했고, 주에서는 "희생물을 죽이는 일은 존귀한 자가 직접 하는 일이 아니지만 오직 활을 쏘는 일에서는 가능하다. 『국어』「초어(楚語)」편에서는 '교제사나 체제사의 경우라면 천자는 반드시 직접 희생물에 활을 쏜다.'[4]"라고 했다.

補註 ○特牲饋食禮: "視側殺." 疏曰: "諸侯降天子, 故宗廟亦親殺. 大夫士不敢與君同, 故視之而不親殺之."

번역 ○『의례』「특생궤식례(特牲饋食禮)」편에서는 "한 마리의 희생물 도축하는 것을 살핀다."[5]라고 했고, 소에서는 "제후는 천자보다 낮추기 때문에 종묘의 제사에서도 직접 도축을 한다. 대부와 사는 감히 군주와 동일하게 할 수 없다. 그렇기 때문에 살피기만 하고 직접 도축하지는 않는다.

③ 殺牲盛饌曰擧.

補註 按: 檀弓國亡大縣邑章, 註: "盛饌而以樂侑食曰擧", 當參看.

번역 살펴보니, 『예기』「단궁(檀弓)」편의 망국대현읍(國亡大縣邑)장의 주에서는 "성찬을 차려서 음악으로 식사를 권유하는 것을 '거(擧)'라고 부른다."라고 했으니, 참고해야만 한다.

---

2)『주례』「하관(夏官)·사궁시(司弓矢)」: 凡祭祀, 共射牲之弓矢.

3)『주례』「하관(夏官)·사인(射人)」: <u>祭祀, 則贊射牲</u>, 相孤卿大夫之法儀.

4)『국어』「초어하(楚語下)」: <u>天子禘郊之事, 必自射其牲</u>, 王后必自舂其粢, 諸侯宗廟之事, 必自射牛·刲羊·擊豕, 夫人必自舂其盛.

5)『의례』「특생궤식례(特牲饋食禮)」: 夙興, 主人服如初, 立于門外東方, 南面, <u>視側殺</u>.

「옥조」 10장

衣布, 身著布衣也. 士以竹爲笏而以象飾其本. 搢, 插也. 君插士之笏也. 關, 謂門關. 梁, 謂澤梁. 不租, 不收租稅也. 列, 當作迾, 遮遏之義. 周禮①山虞掌其厲禁, 鄭云: "遮列守之", 是也. 凶年雖不收山澤之賦, 猶必遮迾其非時采取者. 造, 新有製作也. 此皆爲歲之凶, 故上之人節損以寬貸其下也.

번역 '의포(衣布)'는 몸에 포(布)로 만든 옷을 착용한다는 뜻이다. 사는 대나무로 홀(笏)을 만드는데, 상아를 이용해서, 홀의 몸체를 장식하는 것이다. '진(搢)'자는 "꽂는다[插]."는 뜻이다. 즉 사가 차는 홀(笏)을 군주가 꽂는다는 뜻이다. '관(關)'자는 관문을 뜻한다. '양(梁)'자는 연못을 뜻한다. '부조(不租)'는 세금을 거두지 않는다는 뜻이다. '열(列)'자는 마땅히 '열(迾)'자가 되어야 하니, 가로막는다는 뜻이다. 『주례』에서는 산우(山虞)라는 관리가 금령 등에 대해서 담당한다고 했고, 정현은 "막고 차단하여 지킨다는 뜻이다."라고 했다. 흉년에는 산림과 천택에서 세금을 거두지 않지만, 여전히 적정 시기가 아닌데도 들어가서 채집하는 자들을 막아야만 한다. '조(造)'자는 새롭게 제작해서 만든다는 뜻이다. 이러한 내용들은 모두 그 해에 흉년이 들었기 때문이니, 상위에 속한 사람은 절검을 하여, 그의 아랫사람들에게 관대하게 대하는 것이다.

① ○山虞掌其厲禁.

補註 山虞, 地官之屬.

번역 '산우(山虞)'은 『주례』「지관(地官)」에 속한 관리이다.

補註 ○山虞本文: "掌山澤之政令, 物爲之厲而爲之守禁." 註: "鄭司農云, '厲, 遮列守之也.'"

번역 ○『주례』「산우(山虞)」편의 본문에서는 "산림과 천택에 대한 정령을 담당하니, 만물이 번성할 때에는 그것을 위해 여(厲)를 하고 그것을 위해 지키는 자들에게 금령을 내린다."[1]라고 했고, 주에서는 "정사농은 '여(厲)는 막고 차단하여 지킨다는 뜻이다.'"라고 했다.

---

1) 『주례』 「지관(地官)・산우(山虞)」: 山虞, 掌山林之政令, 物爲之厲而爲之守禁.

「옥조」 11장

①周禮龜人所掌, 有天地四方六者之異, 各以方色與體辨之, 隨所卜之事, 各有宜用, 所謂卜人定龜也. 史定墨者, 凡卜必以墨畫龜, 以求吉兆, 乃②鑽之以觀其所坼. 若從墨而坼大謂之兆廣, 若裂其旁岐細出則謂之璺坼, 亦謂之兆璺. 韻書, 璺, 音問, 器破而未離之名也. 體者, 兆象之形體. 定, 謂決定其吉凶也.

번역 『주례』의 구인(龜人)이 담당하는 거북껍질에는 천지(天地) 및 사방(四方)에 따른 서로 다른 여섯 종류의 거북껍질이 있어서, 각각 그 방위의 색깔과 몸체로 변별을 한다고 하니, 거북점을 쳐야 하는 사안에 따라서, 각각 합당한 것을 사용하는 것으로, 이것이 바로 "복인(卜人)은 거북껍질을 정돈한다."라고 한 말에 해당한다. "사(史)는 묵(墨)을 정돈한다."라고 했는데, 무릇 거북점을 칠 때에는 반드시 거북껍질에 먹을 이용해 표식을 하여, 길(吉)한 징조를 구하고, 곧 구멍을 내고 불로 지져서, 갈라진 상태를 관찰한다. 만약 먹에 따라서 크게 갈라졌다면, 그것을 '조광(兆廣)'이라고 부르며, 측면으로 터져서, 가늘게 갈라져 나온다면, 그것을 '문탁(璺坼)'이라고 부르고, 또한 '조문(兆璺)'이라고도 부른다. 『운서(韻書)』에서는 '문(璺)'자의 음은 '문(問)'이며, 어떤 기물이 깨졌는데, 완전히 떨어지지 않았을 때 쓰는 명칭이라고 했다. '체(體)'자는 조집의 형태를 뜻한다. '정(定)'자는 길흉(吉凶)을 판정한다는 뜻이다.

① ○周禮·龜人.

補註 龜人, 春官之屬.
번역 '구인(龜人)'은 『주례』「춘관(春官)」에 소속된 관리이다.

補註 ○龜人之職: "掌六龜之屬. 天龜曰靈屬, 地龜曰繹屬, 東龜曰果屬, 西龜曰靁屬, 南龜曰獵屬, 北龜曰若屬, 各以其方之色與其體辨之." 註: "屬, 言非一也. 色, 謂天龜玄, 地龜黃, 東龜靑, 西龜白, 南龜赤, 北龜

黑. 龜俯者靈, 仰者繹, 前弇果, 後弇獵, 左倪雷, 右倪若, 是其體也. 果,
杜子春讀爲蠃." [前弇前長也, 後弇後長也. 左倪頭向左睥睨, 右倪頭向
右睥睨.]

번역 ○『주례』「구인(龜人)」편의 직무기록에서는 "육구(六龜)의 부류들을
담당한다. 천구를 영속(靈屬)이라 부르고, 지구를 역속(繹屬)이라 부르며,
동구를 과속(果屬)이라 부르고, 서구를 뇌속(雷屬)이라 부르며, 남구를 엽속
(獵屬)이라 부르고, 북구를 약속(若屬)이라 부르는데, 각각 해당 방위의 색
깔과 몸체로 변별한다."[1]라고 했고, 주에서는 "속(屬)은 하나가 아니라는 뜻
이다. 색깔은 천구는 현색이고, 지구는 황색이며, 동구는 청색이고, 서구는
백색이며, 남구는 적색이고, 북구는 흑색인 것을 뜻한다. 껍질의 경우 구부러
져 있는 것은 영(靈)이 되고, 치켜든 것은 역(繹)이 되며, 앞이 덮여진 것은
과(果)가 되고, 뒤가 덮여진 것은 엽(獵)이 되며, 좌측으로 기운 것은 뇌(雷)
가 되고, 우측으로 기운 것은 약(若)이 되니, 이것이 그 몸체에 대한 것이다.
과(果)를 두자춘[2]은 벌거벗었다는 뜻의 나(蠃)자로 풀이했다."라고 했다. [앞
이 덮여 있다는 것은 앞이 길다는 뜻이며, 뒤가 덮여 있다는 것은 뒤가 길다
는 뜻이다. 좌측으로 기울었다는 것은 머리가 좌측으로 치우쳐 있다는 뜻이
며, 우측으로 기울었다는 것은 머리가 우측으로 치우쳐 있다는 뜻이다.]

補註 ○疏曰: 定之者, 其所當用, 謂卜祭天用靈, 祭地用繹, 春用果, 秋
用雷之屬也.

번역 ○소에서 말하길, '정(定)'한다는 말은 사용해야 할 것에 대해 확정한다
는 뜻이니, 하늘에 대한 제사를 위해 거북점을 칠 때에는 영(靈)을 사용하고,
땅에 대한 제사에서는 역(繹)을 사용하며, 봄에는 과(果)를 사용하고, 가을

---

1) 『주례』「춘관(春官)·구인(龜人)」: 龜人; 掌六龜之屬, 各有名物. 天龜曰靈屬, 地
龜曰繹屬, 東龜曰果屬, 西龜曰雷屬, 南龜曰獵屬, 北龜曰若屬. 各以其方之色與
其體辨之.
2) 두자춘(杜子春, B.C.30?~A.D.58?) : 후한(後漢) 때의 학자이다. 유흠(劉歆)에게서
수학하였다. 정중(鄭衆)과 가규(賈逵)에게 학문을 전수하였다.

에는 뇌(雷)를 사용하는 등속을 뜻한다.

② 乃鑽之以觀其所析.

補註 周禮·春官·占人: "凡卜筮, 君占體, 大夫占色, 史占墨, 卜人占拆." 註: "體, 兆象也. 體有吉凶, 色有善惡, 墨有大小, 拆有微明. 凡卜象吉, 色善, 墨大, 拆明, 則逢吉."

번역 『주례』「춘관(春官)·점인(占人)」편에서는 "복서에 있어서 군주는 체(體)에 대해서 점을 치고, 대부는 색(色)에 대해서 점을 치며, 사는 묵(墨)에 대해서 점을 치고, 복인은 탁(拆)에 대해서 점을 친다."[3]라고 했고, 주에서는 "'체(體)'는 갈라진 형상을 뜻한다. 체에는 길흉의 차이가 나타나고, 색에는 선악의 차이가 나타나며, 묵에는 크고 작은 차이가 나타나고, 탁에는 은미하고 밝은 차이가 나타난다. 거북점에 있어서는 체가 길하고 색이 선하며 묵이 크고 탁이 밝게 나와야만 매우 길하게 된다."라고 했다.

참고-集說

疏曰: ①尊者視大, 卑者視小.

번역 소에서 말하길, 존귀한 자는 큰 것을 살펴보고, 미천한 자는 작은 것을 살펴본다.

① 尊者視大卑者視小.

補註 按: 尊卑, 指君史卜人.

번역 살펴보니, '존비(尊卑)'라는 말은 군주·사·복인을 가리킨다.

---

3) 『주례』「춘관(春官)·점인(占人)」: 凡卜筮, 君占體, 大夫占色, 史占墨, 卜人占坼.

「옥조」12장

君羔幭①虎犆; ②大夫齊車, 鹿幭豹犆, 朝車·士齊車, 鹿幭豹犆.

번역 군주의 제거(齊車)에는 새끼양의 가죽으로 식(軾)의 덮개를 만들고, 가장자리에는 호랑이 가죽을 댄다. 대부의 제거에는 사슴의 가죽으로 식의 덮개를 만들고, 가장자리에는 표범의 가죽을 댄다. 대부의 조거(朝車)1)와 사의 제거에는 사슴가죽으로 식의 덮개를 만들고, 가장자리에는 표범의 가죽을 댄다.

① 虎犆.

補註 鄭註: 犆, 讀如直道而行之直, 謂緣也.

번역 정현의 주에서 말하길, '직(犆)'자는 직도이행(直道而行)2)이라고 했을 때의 직(直)자로 풀이하니, 가장자리를 뜻한다.

② 大夫齊車鹿幭豹犆.

補註 陸音: 齊, 側皆反.

번역 육덕명의 『음의』에서 말하길, '齊'자는 '側(측)'자와 '皆(개)'자의 반절음이다.

補註 ○按: 此鹿幭豹犆, 通解作豹幭豹犆, 與朝車及士之齊車有別. 但通解載鄭註臣之朝車與齊車同飾之說, 豹幭之豹, 恐傳寫之誤.

---

1) 조거(朝車)는 고대에 군주와 신하가 조회를 하거나 연회를 할 때, 출입하며 타는 수레를 뜻한다.

2) 『예기』「잡기하(雜記下)」: 免喪之外行於道路, 見似目瞿, 聞名心瞿, 弔死而問疾, 顔色戚容必有以異於人也. 如此而后, 可以服三年之喪, 其餘則直道而行之是也.

번역 ○살펴보니, 이곳에서 '녹멱표직(鹿幦豹犆)'이라고 한 말을 『통해』에 서는 표멱표직(豹幦豹犆)으로 기록하여, 조거 및 사의 제거와 차이를 두었 다. 다만 『통해』에서는 신하의 조거와 제거는 장식이 같다는 정현의 주장을 수록하고 있으니, '표멱(豹幦)'에서의 표(豹)자는 아마도 전사하는 과정에 발 생한 오자인 것 같다.

「옥조」 14장

참고–經文

①日五盥, ②沐稷而靧粱, 櫛用樿櫛, 髮晞用象櫛, ③進禨進羞,
工乃升歌.

번역 날마다 다섯 차례 손을 씻고, 머리를 감을 때에는 차기장 씻은 물을 이용하며,
세면을 할 때에는 조 씻은 물을 이용한다. 젖은 머리를 빗을 때에는 백목(白木)으
로 만든 빗을 이용하고, 마른 머리를 빗을 때에는 상아로 만든 빗을 이용하며, 머리
를 감은 뒤 마시는 술과 음식을 진설하면, 악공(樂工)은 곧 당으로 올라가서 노래
를 부른다.

① ○日五盥.

補註 按: 盥, 洗手也. 諺讀盥下著爲也吐, 誤. 當作爲古.

번역 살펴보니, '관(盥)'자는 손을 씻는다는 뜻이다. 『언독』에서는 관(盥)자
뒤에 하야(爲也)토를 붙였는데, 잘못되었다. 마땅히 하고(爲古)토를 붙여야
한다.

② 沐稷而靧粱.

補註 疏曰: 此大夫禮耳. 人君則沐靧皆粱也.

번역 소에서 말하길, 이것은 대부의 예법일 따름이다. 군주의 경우라면 머리
를 감고 얼굴을 씻을 때 모두 조 씻은 물을 사용한다.

③ 進禨.

補註 按: 禨, 與少儀飮酒者禨者醮者之禨同.

번역 살펴보니, '기(禨)'자는 『예기』「소의(少儀)」편에서 '술을 마실 경우, 그
것이 목욕을 한 후에 마시는 것이거나 관례(冠禮)를 치른 뒤에 마시는 것이
라면'[1]이라고 했을 때의 기(禨)와 같다.

盥, 洗手也. 沐稷, 以淅稷之水洗髮也. 䜌粱, 以淅粱之水洗面也. 櫛櫛, 白木梳也. 晞, 乾也. 象櫛, 象齒梳也. 髮濕則滑, 故用木梳; ①乾則澁, 故用象櫛也. 沐而飮酒曰禨. 羞, 則籩豆之實也. 工乃升堂以琴瑟而歌焉. 旣充之以和平之味, 又感之以和平之音, 皆爲新沐氣虛, 致其養也.

번역 '관(盥)'자는 손을 씻는다는 뜻이다. '목직(沐稷)'은 차기장을 씻은 물로 머리를 감는다는 뜻이다. '회량(䜌粱)'은 조를 씻은 물로 얼굴을 씻는다는 뜻이다. '전즐(櫛櫛)'은 백목(白木)으로 만든 빗이다. '희(晞)'자는 "마르다[乾]."는 뜻이다. '상즐(象櫛)'은 상아로 만든 빗이다. 머리카락이 젖으면 매끈하기 때문에, 나무로 만든 빗을 이용하는 것이며, 머리카락이 마르면 푸석거리기 때문에, 상아로 만든 빗을 이용하는 것이다. 머리를 감고서 술을 마시는 것을 '기(禨)'라고 부른다. '수(羞)'는 변(籩)과 두(豆)에 담아낸 음식이다. 악공(樂工)은 곧 당에 올라가서, 금슬(琴瑟)을 타며 노래를 부른다. 이미 화평한 맛으로 배를 채웠는데, 또한 화평한 소리로 감상을 하니, 이 모두는 새로이 머리를 감아서 기운이 비게 되었으므로, 봉양의 도리를 지극히 하는 것이다.

① 乾則澁.

補註 按: 此乾字指已沐而乾也. 疏曰: "沐已燥則髮澁", 其義尤明. 陽村反疑此乾字指未沐時言, 誤矣.

번역 살펴보니, 여기에 나온 '간(乾)'자는 머리를 감고 나서 말랐다는 뜻을 가리킨다. 소에서는 "머리를 감는 일이 끝나고 머리카락이 마르게 되면, 머리가 푸석푸석하다."라고 했으니, 그 뜻이 더욱 명확하다. 양촌은 반대로 이곳의 간(乾)자가 아직 머리를 감기 이전을 가리킨다고 말했는데, 잘못된 해석이다.

---

1) 『예기』「소의(少儀)」: 飮酒者, 禨者·醮者, 有折俎不坐, 未步爵不嘗羞.

「옥조」 15장

참고-經文

浴用二巾, 上絺下綌. 出杅①履蒯席, 連用湯, 履蒲席, 衣布晞身, 乃屨②進飲.

번역 목욕을 할 때에는 두 가지 수건을 사용하니, 상체는 치(絺)를 이용해서 닦고, 하체는 격(綌)을 이용해서 닦는다. 목욕통에서 나와 괴석(蒯席)을 밟고 서서, 뜨거운 물을 이용해서 발을 씻고, 그런 뒤에는 포석(蒲席)을 밟고 서서 포(布)를 걸쳐서 몸을 말리며, 그런 뒤에는 신발을 신고 나아가서 술을 마신다.

① 履蒯席.

補註 鄭註: 蒯席澁, 便於洗也.

번역 정현의 주에서 말하길, 괴석(蒯席)은 껄끄러우니, 발을 씻는데 편리하다.

補註 ○音註: 蒯音, 快之快. 今本誤作快.

번역 ○『음주』에서 말하길, '蒯'자의 음은 쾌지(快之)라고 할 때의 '快'자와 같다. 『금본』에서는 앙(快)자로 잘못 기록하였다.

② 進飲.

補註 楊梧曰: 沐, 兼言味音, 而浴只言進飲者, 上已見. 飲中該之也.

번역 양오가 말하길, '목(沐)'에 대해 설명할 때에는 음식을 맛보고 음악을 듣는다는 내용을 함께 언급했는데, '욕(浴)'에 대해 설명할 때에는 단지 진음(進飲)이라고만 말했다. 그 이유는 그 사안이 앞에 이미 나타나기 때문이다. 따라서 음(飲)자에 두 의미가 모두 포함되어 있는 것이다.

「옥조」16장

將適公所, 宿齊戒, 居外寢, 沐浴. 史進象笏, ①書思對命.

번역 대부가 군주가 계신 장소로 가게 되면, 하루 전에 재계를 하고, 외침(外寢)에 머물며, 목욕을 한다. 대부에게 소속된 사(史)는 상아로 만든 홀(笏)을 바치니, 이 것을 통해서 생각한 것, 대답할 것, 명령한 것 등에 대해서 기록을 한다.

① ○書思對命.

補註 類編曰: 謂書其所思於笏, 以對君之命也.

번역 『유편』에서 말하길, 군주의 명령에 대답하기 위해 생각한 바를 홀에 기록한다는 뜻이다.

補註 ○按: 此說可備一義.

번역 ○살펴보니, 이 설명은 나름의 일리가 있다.

「옥조」 17장

旣服, 習容觀玉聲乃出, ①揖私朝煇如也, ②登車則有光矣.

번역 대부가 조복(朝服)을 차려입으면, 군주 앞에서 시행해야 하는 용모 및 위엄스러운 행동거지와 패옥(佩玉)의 소리 등에 대해서 연습을 하고 나가며, 자기 집의 사조(私朝)[1]에서 가신(家臣)과 읍(揖)을 하는데, 용모와 단정함이 훌륭하게 나타나며, 수레에 타게 되면, 더욱 훌륭하게 나타난다.

① ○揖私朝.

補註 鄭註: "私朝, 自大夫家之朝也. 揖其臣乃行." 疏曰: "大夫行出至己之私朝, 揖其屬臣."

번역 정현의 주에서 말하길, "'사조(私朝)'는 대부의 가(家)에 있는 조정을 뜻한다. 그의 신하에게 읍(揖)을 하고 곧 행차를 하는 것이다."라고 했다. 소에서 말하길, "대부가 행차를 하여 밖으로 나가서, 자기의 사조(私朝)에 도달하게 되면, 그의 휘하에 있는 신하에게 읍(揖)을 한다."라고 했다.

補註 ○按: 陳註文勢未瑩.

번역 ○살펴보니, 진호의 주는 문장의 흐름이 명확하지 못하다.

② 登車則有光矣.

補註 語類曰: "君子登車有光"一句, 養出好意思來.

번역 『어류』에서 말하길, "군자가 수레에 타면 광채가 난다."라는 구문은 함양을 잘하여 나타나는 것이다.

---

1) 사조(私朝)는 가조(家朝)와 같은 말이다. 대부(大夫)가 자신의 가(家)에 갖추고 있는 조정으로, 이곳에서 업무를 집행한다. 국가의 공적인 업무를 처리하는 군주의 조정과 대비가 되므로, '사조'라고 부르는 것이다. 대부는 통치 단위가 가(家)이므로, 대부가 가지고 있는 조정을 '가조'라고 부르는 것이다.

「옥조」 18장

搢, 插也. ①珽, 亦笏也. 卽玉人所謂大圭長三尺者是也. 以其
挺然無所詘, 故謂之珽. 蓋以端方正直之道示天下也.

번역 '진(搢)'자는 "꽂는다[揷]."는 뜻이다. '정(珽)' 또한 홀(笏)을 뜻한다. 즉 『주
례』「옥인(玉人)」편에서 말한 대규(大圭)는 그 길이를 3척(尺)으로 만든다고 한
것1)에 해당한다. 곧게 뻗어 있고 둥글게 된 것이 없기 때문에, '정(珽)'이라고 부르
는 것이다. 단정하고 방정하며 정직한 도로써 천하에 드러내는 것이다.

① ○珽亦笏[止]是也.

補註 楊梧曰: 看來笏·圭自是二物. 詳辨在笏度節.

번역 양오가 말하길, 보아하니 홀(笏)과 규(圭)는 별개의 사물이다. 상세한
변설은 홀도(笏度)2)에 대한 문장에 있다.

---

1) 『주례』「동관고공기(冬官考工記)·옥인(玉人)」: <u>大圭長三尺</u>, 杼上, 終葵首, 天子
服之.
2) 『예기』「옥조(玉藻)」: 笏度二尺有六寸, 其中博三寸, 其殺六分而去一.

①諸侯荼, 前詘後直, 讓於天子也.

번역 제후는 서(荼)를 꼽으니, 전면은 둥글게 하고, 후면은 곧게 한다. 이처럼 하는 이유는 천자에 대해서 겸양을 하기 때문이다.

① 諸侯荼前詘後直.

補註 按: 荼通作璪. 字書, 美玉也, 笏也. 然則荼字與天子之珽相對, 乃 笏名, 陳註之釋荼字, 蓋言其名笏之義, 而殊未瑩.

번역 살펴보니, '서(荼)'자는 서(璪)자와 통용해서 쓴다. 『자서』에서는 아름다운 옥이며 홀이라고 했다. 그렇다면 서(荼)자는 천자의 정(珽)과 상대되는 것으로 곧 홀의 이름이다. 그런데 진호의 주에서는 서(荼)를 풀이하며 홀의 명칭을 붙인 의미를 설명하였으니, 자못 명확하지 못하다.

補註 ○又按: 鄭註, "是以謂笏爲荼", 又上文"年不順成君衣布搢本", 鄭 註, "搢本, 去珽荼而佩士笏也." 又下文見於天子章, 註, "執命圭而搢 荼." 以此觀之, 謂荼爲笏, 益明矣.

번역 ○또 살펴보니, 정현의 주에서는 "이러한 뜻에서 홀(笏)을 '서(荼)'라고 하는 것이다."라고 했고, 또 앞 문장에서 "그 해에 곡식이 잘 여물지 않았다면, 군주는 포(布)로 된 옷을 입고 사(士)가 차는 홀(笏)을 꼽는다."[1]라고 했을 때, 정현의 주에서는 "'진본(搢本)'은 정서(珽荼)를 제거하고, 사의 홀(笏)을 찬다는 뜻이다."라고 했다. 또 아래에서 천자를 알현한다고 한 문장[2]에

---

1) 『예기』「옥조(玉藻)」: <u>年不順成, 君衣布搢本</u>, 關梁不租, 山澤列而不賦, 土功不 興, 大夫不得造車馬.

2) 『예기』「옥조(玉藻)」: 見於天子與射無說笏, 入太廟說笏, 非禮也. 小功不說笏,

대한 진호의 주에서는 "명규(命圭)를 들고 서(荼)를 꼽는다."라고 했다. 이를 통해 살펴보면 서(荼)가 홀(笏)이라는 것이 더욱 분명해진다.

當事免則說之. 旣搢必盥, 雖有執於朝, 弗有盥矣.

「옥조」 22장

참고─經文

①登席不由前爲躐席.

번역 자리에 오를 때, 앞으로 오르지 않으니, 자리를 밟게 되기 때문이다.

① ○登席不由前爲躐席.

補註 按: 疏說爲是, 陳註爲誤. 朱子之訓, 甚明, 見曲禮上補註.

번역 살펴보니, 소의 주장이 옳고 진호의 주가 잘못되었다. 주자의 풀이는 매우 분명하니, 자세한 내용은 『예기』「곡례상(曲禮上)」편의 보주에 나온다.

補註 ○又按: 不由前下當著隱吐.

번역 ○또 살펴보니, '불유전(不由前)'이라는 구문 뒤에는 마땅히 은[隱]토를 붙여야 한다.

補註 ○爲, 去聲.

번역 ○'위(爲)'자는 거성으로 읽는다.

「옥조」 24장

①讀書食, 則齊豆去席尺.

번역 독서를 하거나 음식을 먹게 되면, 자리 앞에 두(豆)와 책 등을 놓게 되니, 그 것들을 놓는 자리는 자리와 1척 정도 떨어지게 둔다.

① ○讀書食[止]席尺.

補註 鄭註: "讀書, 聲當聞尊者. 食, 爲汚席也." 疏曰: "讀書食則齊者, 讀書, 聲則當聞尊者. 食爲其汚席, 坐則近前與席畔齊也. 豆去席尺者, 解席所以近前之意. 以設豆去席一尺, 不得不前坐就豆也."

번역 정현의 주에서 말하길, "책을 읽을 때에는 그 소리가 존귀한 자에게까지 들려야 하기 때문이다. 식사를 할 때에는 자리를 더럽히기 때문이다."라고 했다. 소에서 말하길, "독서를 하거나 음식을 먹게 되면 제(齊)를 한다고 했는데, 독서를 할 경우 그 소리는 존귀한 자에게 들려야 하기 때문이다. 식 사를 하게 되면 자리를 더럽힐 수 있기 때문이니, 앉을 때에는 앞쪽과 가까이 하여 자리의 앞단과 나란히 앉아야 한다. 두(豆)는 자리와의 거리가 1척이라고 했는데, 이것은 자리를 앞과 가깝게 한다는 뜻을 풀이한 것이다. 두(豆)를 진설할 때 자리로부터 1척을 벌려서 진설하니, 앞쪽에 앉아서 두(豆)를 들지 않을 수 없기 때문이다."라고 했다.

補註 ○曲禮: "食坐盡前." 疏曰: "玉藻云: '讀書食則齊豆去席尺', 是也."
번역 ○『예기』「곡례(曲禮)」편에서 "음식이 차려진 자리에 앉을 때에는 바짝 당겨서 앉는다."[1]라고 했고, 소에서는 "「옥조」편에서 '독서를 하거나 음식을 먹게 되면, 자리의 앞단과 나란히 하며 두(豆)는 자리와 1척 정도 벌린

---

1) 『예기』「곡례상(曲禮上)」: 虛坐盡後, <u>食坐盡前</u>. 坐必安, 執爾顔. 長者不及, 毋儳言.

다.'라고 한 말이 이것을 가리킨다."라고 했다.

補註 ○按: 此謂讀書及食, 則皆坐與席畔齊也. 豆去席尺, 姑擧食一邊, 以明所以齊之意也. 石梁說未曉.

번역 ○살펴보니, 이것은 독서를 하거나 음식을 먹게 되면 모두 앉을 때 자리의 앞단과 나란히 한다는 뜻이다. 두(豆)를 자리와 1척 정도 벌린다는 것은 음식을 먹는 경우를 제시하여 나란히 하는 이유를 밝힌 것이다. 따라서 석량왕씨의 설명은 명확하지 못하다.

참고-集說 石梁王氏曰: 食則豆去席尺, 讀書則與豆齊, 亦去席尺, 是謂齊豆去席尺.

번역 석량왕씨가 말하길, 음식을 먹게 되면, 두(豆)를 자리와 1척(尺) 정도 벌려서 진설하고, 독서를 하게 된다면, 두를 진설한 곳과 동일한 장소에 책을 두니, 이때에도 또한 책과 자리의 거리를 1척 정도 벌린다. 이것이 바로 "두와 가지런히 하여, 자리의 거리를 1척 벌린다."는 뜻이다.

참고-大全

嚴陵方氏曰: 侍坐則必退席者, 不敢與尊者並故也. 雖不退席, 猶須引身而去君之黨, 以避之, 於其黨如此, 則於君可知矣. 登席不由前爲躐席者, 席以前爲正, 故登之不由前. 曲禮言趨隅者以此. 躐, 踐也. 獵者之所逐無所顧而踐焉, 故謂之躐. 先儒謂①失節而躐爲躐者以此. 夫趨席之隅, 非不踐也, 特由前而登, 乃失節爾, 故曰爲躐席. 徒坐不盡席尺, 徒坐卽曲禮所謂虛坐是也.

번역 엄릉방씨가 말하길, 모시고 앉게 된다면, 반드시 자리를 물리게 되는데, 그 이유는 감히 존귀한 자와 나란히 앉을 수가 없기 때문이다. 비록 자리를 물리지 않더라도, 여전히 몸을 피하여, 군주의 친족과 거리를 두어, 자리를 피하게 되는데, 그 친족에 대해서도 이처럼 한다면, 군주에 대해서 어떻게 해야 하는지도 알 수 있다. 자리에 오를 때 앞을 통해서 오르지 않으니, 엽석(躐席)이 되기 때문이라고 했는데, 자리에서는 전면을 올바른 곳으로 삼는다. 그렇기 때문에 자리에 오를 때에는 앞을 통해서 오르지 않는 것이다. 『예기』「곡례(曲禮)」편에서 "구석자리를 통해 신속히 오른다."[2]라고 한 것도 바로 이러한 이유 때문이다. '엽(躐)'자는 "밟다[踐]."는 뜻이다. 사냥꾼이 추적을 할 때, 주위를 돌아보지 않고 밟아나가는 것을 뜻한다. 그렇기 때문에 '엽(躐)'이라고 부르는 것이다. 선대 유학자들이 예의범절을 어기고 자리를 밟는 것을 '엽(躐)'이라고 했던 것도 바로 이러한 이유 때문이다. 무릇 자리로 나아갈 때 모퉁이로 가는 것은 자리를 밟지 않는 것이 아니지만, 다만 앞을 통해서 오르게 된다면, 예의범절을 어긴 것이 된다. 그렇기 때문에 "엽석(躐席)이 되기 때문이다."라고 말한 것이다. 도좌(徒坐)에는 자리 앞을 다 채우지 않고 1척(尺)을 벌린다고 했는데, '도좌(徒坐)'라는 것은 곧 「곡례」편에서 말한 '허좌(虛坐)'에 해당한다.[3]

① 失節而躐.

補註 躐, 恐踐之誤.
번역 엽(躐)자는 아마도 천(踐)자의 오자인 것 같다.

---

2) 『예기』「곡례상(曲禮上)」: 毋踐屨, 毋踖席, 摳衣趨隅, 必愼唯諾.
3) 『예기』「곡례상(曲禮上)」: 虛坐盡後, 食坐盡前. 坐必安, 執爾顔. 長者不及, 毋儳言.

「옥조」 25장

참고─經文

若賜之食而君客之, 則①命之祭然後祭, 先飯辯嘗羞, 飮而俟.

번역 만약 군주가 식사를 함께 하도록 은혜를 베풀고, 군주가 빈객에 대한 예법으로 대우를 한다면, 군주가 음식에 대한 제사를 지내라고 명령을 내린 뒤에야 제사를 지내며, 먼저 음식을 맛보니, 음식들에 대해서 두루 맛을 보며, 음료를 마셔서 입을 헹구고 난 뒤에 군주가 식사를 시작할 때까지 기다린다.

① 命之祭然後祭.

補註 按: 此祭, 祭先爲飮食者, 如論語"君祭先飯"及"疏食菜羹必祭"之祭.
번역 살펴보니, 이곳의 '제(祭)'자는 선대에 음식을 최초로 만들었던 자에 대해 제사를 지내는 것으로, 『논어』에서 "군주가 제사를 지내면 먼저 밥을 먹는다."[1]라고 한 말이나 "거친 밥이나 나물국이라도 반드시 제사를 지냈다."[2]라고 했을 때의 제(祭)와 같다.

참고─集說

客之, 以客禮待之也. 然必命之祭然後祭者, 不敢以客禮自居也. 先食而徧嘗諸味, 亦示臣爲君嘗食之禮也. 飮而俟者, ①禮食未餐以前, 啜飮以利滑喉中, 不令澁噎. 今君猶未餐, 故臣亦不敢餐而先嘗羞, 嘗羞畢而啜飮以俟君餐, 臣乃敢餐也.

---

1) 『논어』「향당(鄕黨)」: 君賜食, 必正席先嘗之. 君賜腥, 必熟而薦之. 君賜生, 必畜之. 侍食於君, 君祭, 先飯.
2) 『논어』「향당(鄕黨)」: 雖疏食菜羹, 瓜祭, 必齊如也.

번역 '객지(客之)'는 빈객에게 베푸는 예법에 따라 대우한다는 뜻이다. 그러나 반드시 음식에 대한 제사를 지내라고 명령을 내린 뒤에야 제사를 지내는 것은 감히 빈객에 대한 예법으로써 스스로 대처할 수 없기 때문이다. 먼저 음식을 먹으며, 여러 음식들을 두루 맛보는 것 또한 신하가 군주를 위해서 음식을 맛보는 예를 나타내기 위해서이다. '음이사(飮而俟)'라는 말은 예사(禮食)를 할 때, 아직 식사를 하기 이전에 음료를 마셔서 입안을 깔끔하게 하며, 껄끄럽거나 목이 메지 않도록 하는 것이다. 현재의 상황은 군주가 아직 식사를 하기 이전이다. 그렇기 때문에 신하 또한 감히 식사를 본격적으로 시작하지 못하고, 우선적으로 음식들의 맛을 보니, 음식 맛보는 일이 끝나면, 음료를 마시고, 군주가 식사를 시작할 때까지 기다린 뒤에야, 신하도 곧 식사를 할 수 있다.

① 禮食未飧以前啜飮.

補註 按: 飧, 以水澆飯也. 以前, 疏作必前, 通解作必先.

번역 살펴보니, '손(飧)'은 물을 밥에 마는 것이다. '이전(以前)'을 소에서는 필전(必前)으로 기록했고, 『통해』에서는 필선(必先)으로 기록했다.

참고-經文

若有嘗羞者, 則俟君之食然後食, ①飯飮而俟. 君命之羞, 羞近者, 命之品嘗之, 然後唯所欲. 凡嘗遠食, 必順近食.

번역 만약 음식을 맛보는 자가 따로 있다면, 군주가 식사를 시작할 때까지 기다린 뒤에야 식사를 하니, 먼저 음료를 마신 뒤에 기다린다. 군주가 음식에 대해서 맛을 보라고 명령을 내리면, 가까이에 있는 음식 한 종류만을 맛보고, 군주가 음식들에 대해서 두루 맛을 보라고 명령을 한 이후에는 자신이 먹고 싶은 것을 맛보게 된다. 그러나 모든 경우에 있어서 멀리 있는 음식을 맛보기 위해서는 반드시 가까이에 있는 음식부터 맛보기 시작한다.

① 飯飮而俟.

補註 鄭註: "飯飮, 利將食也." 疏曰: "飯飮者, 飮之也. 雖不嘗羞, 亦先飮, 飮則利喉以俟君也."

번역 정현의 주에서 말하길, "음료를 마시는 것은 음식을 먹을 때 수월하게 하기 위해서이다."라고 했다. 소에서 말하길, "'반음(飯飮)'이라는 말은 음료를 마신다는 뜻이다. 비록 음식들을 맛보지는 않지만, 또한 먼저 음료를 마시니, 음료를 마시는 것은 입을 헹구어서 군주가 식사하기를 기다리는 것이다."라고 했다.

補註 ○按: 音註, 以飯爲上聲者, 乃食之之意. 註疏似以飯飮爲食其飮之意, 而竊恐當以旣飯且飮爲解. 俟, 俟命之羞也.

번역 ○살펴보니, 『음주』에서는 반(飯)자를 상성으로 여겼으니, 먹는다는 뜻이 된다. 주와 소에서는 아마도 반음(飯飮)을 음료를 먹는다는 뜻으로 본 것 같은데, 내가 생각하기에 밥을 먹고 또 음료를 마신다는 뜻으로 풀이해야 할 것 같다. '사(俟)'는 음식을 먹으라는 명령을 기다린다는 뜻이다.

「옥조」 27장

참고-經文

①君未覆手, 不敢殽; 君旣食, 又飯殽. ②飯殽者, 三飯也. 君旣徹, 執飯與醬乃出授從者.

번역 군주가 식사를 마치며 손으로 입을 가리고 문지르지 않았다면, 감히 밥에 물을 말지 않는다. 군주가 식사를 마치면 또한 밥에 물을 말아서 먹는다. 밥에 물을 말아서 먹을 때에는 세 차례 물을 말게 된다. 군주가 식사를 끝내고 음식들을 치우게 되면, 직접 밥그릇과 장을 담았던 그릇을 들고, 밖으로 나가서 종자(從者)에게 건넨다.

① ○君未覆手.

補註 陸音: 覆, 芳服反.

번역 유덕명의 『음의』에서 말하길, '覆'자는 '芳(방)'자와 '服(복)'자의 반절음이다.

② 飯殽者三飯.

補註 鄭註: 臣勸君食, 如是可也.

번역 정현의 주에서 말하길, 신하는 군주가 식사를 하도록 권유를 하니, 이처럼 해야 한다.

補註 ○按: 以此觀之, 君旣食, 臣又飯殽者, 乃所以勸君加飯也. 陳註無此義, 殊未瑩.

번역 ○살펴보니, 이를 통해 보면 군주가 식사를 끝내면 신하는 또한 밥에 물을 말아서 더 먹기를 권하니, 이것은 군주에게 밥을 더 먹도록 권하는 방법이다. 진호의 주에는 이러한 뜻이 나타나지 않아서 의미가 명확하지 못하다.

覆手者, 謂食畢而覆手以循口之兩旁, 恐有殽粒汚著之也. 殽,
以飮澆飯也. 禮食竟, 更作三殽①以助飽實, 故君未覆手, 則臣
不敢殽, 明不敢先君而飽也. 旣, 猶畢也. 君畢食, 則臣更飯殽
也. 三飯並是殽, 謂三度殽也. 故曰飯殽者三飯也. 君食竟, 旣
徹饌, 臣乃自執己之飯與醬出授己之從者, 此食己所當得故
也. 此非客禮, 故得以己饌授從者, ②故公食大夫禮, 賓取粱與
醬降奠於階西, 不以出也. 若非君臣, 但是降等者, 則徹之以授
主人之相者. 故曲禮云: "徹飯齊以授相者"也.

번역 '부수(覆手)'라는 말은 식사가 끝나서 손으로 입을 가리고 입의 양쪽 주변을
문지르는 것이니, 고기의 살점이나 밥알 등 더러운 것들이 붙어 있을까를 염려하기
때문이다. '손(殽)'은 물을 밥에 만 것이다. 예법에 따르면, 식사가 끝날 때, 다시금
세 차례 손(殽)을 하여 포만감이 들도록 한다. 그렇기 때문에 군주가 아직 손으로
입을 가리지 않았다면, 신하는 감히 손(殽)을 하지 못하는 것이니, 감히 군주보다
먼저 포만하게 먹을 수 없음을 나타내기 위해서이다. '기(旣)'자는 "마치다[畢]."는
뜻이다. 군주가 식사를 마치면, 신하는 다시금 밥에 대해서 손(殽)을 한다. '삼반
(三飯)' 또한 손(殽)에 해당하니, 세 차례 손(殽)을 하는 것이다. 그렇기 때문에
밥에 대해서 손(殽)을 하는 것을 '삼반(三飯)'이라고 부른 것이다. 군주가 식사를
끝내고, 음식들을 치웠다면, 신하는 곧 자신이 먹었던 밥그릇과 장이 담긴 그릇을
직접 들고서 밖으로 나가 자신의 종자(從者)에게 건네니, 이 음식들은 자신이 얻은
것에 해당하기 때문이다. 이 내용 또한 빈객의 예법으로 대우하는 경우가 아니다.
그렇기 때문에 자신이 먹었던 음식을 종자에게 건넬 수 있는 것이다. 그래서 『의례』
「공사대부례(公食大夫禮)」편에서는 빈객이 조밥과 장을 가지고 내려가서 계단의
서쪽에 놓아둔다고 하였던 것이니, 이것을 가지고 밖으로 나갈 수 없기 때문이다.
만약 군주와 신하의 관계가 아니고, 단지 신분의 차등만 있는 경우라면, 음식을 치
워서 주인의 의례를 돕는 자에게 건넨다. 그렇기 때문에 『예기』「곡례(曲禮)」편에
서는 "밥그릇과 젓갈 등을 치우며 시중을 들던 자에게 건넨다."[1]라고 말한 것이다.

---

1) 『예기』「곡례상(曲禮上)」: 卒食, 客自前跪, 徹飯齊以授相者, 主人興辭於客, 然
   後客坐.

① **以助飽實**.

補註 按: 疏助上有勸字, 助下有令字.

번역 살펴보니, 소의 본문에는 조(助)자 앞에 권(勸)자가 기록되어 있고, 조(助)자 뒤에 영(令)자가 기록되어 있다.

② **故公食大夫禮**.

補註 疏此上曰: "若君與己禮食, 則但親徹之, 不敢授己之從者."

번역 소의 본문에서는 이 구문 앞에 "만약 군주가 자신과 함께 예사(禮食)를 하는 경우라면, 단지 직접 치우기만 하며, 감히 자신의 종자에게 줄 수 없다."라고 했다.

「옥조」 28장

①凡侑食不盡食, 食於人不飽, 唯水漿不祭, 若祭爲已僿卑.

번역 무릇 식사를 권유할 때에는 음식들을 모두 먹지 않고, 남에게서 식사를 대접받을 때에는 배가 부르도록 먹지 않으며, 오직 물과 장에 대해서만은 제사를 지내지 않으니, 만약 이것들로 제사를 지내게 된다면, 자신을 너무 낮추는 꼴이 된다.

① 凡侑食章.

補註 疏曰: 上文明侍君之食, 此一節因明凡人相敵爲食之禮.

번역 소에서 말하길, 앞에서는 군주를 모시고 식사하는 내용을 나타내고 있으므로, 이곳에서는 그에 따라 사람들 중 신분이 서로 대등한 자들이 식사를 하는 예에 대해서 나타내고 있다.

食而勸侑, 禮之勤也. 食之不盡與不飽, 禮之謙也. 公食大夫禮, 賓祭觶漿, 臣敬君之禮, 此言水漿不祭, 禮各有所施也. 水漿非盛饌之比, 若祭之則爲大僿卑矣. 已, 太也. ①僿, 厭也. 謂大厭降卑微, 如有所畏迫也.

번역 식사를 하며 음식을 더 먹으라고 권유를 하는 것은 예에 따라 힘쓰는 것이다. 식사를 하며 음식들을 다 먹지 않고, 배가 부르도록 먹지 않는 것은 예에 따라 겸양하는 것이다. 『의례』「공사대부례(公食大夫禮)」편에서는 빈객이 치(觶)와 장에 대해서 제사를 지낸다고 했는데, 신하가 군주를 공경하는 예에 해당하고, 이곳에서는 물과 장에 대해서는 제사를 지내지 않는다고 했는데, 예법에 따라 각각 합당하게 시행한 것이다. 물과 장은 성찬에 견줄 것이 아니다. 만약 그것으로 제사를 지낸다면, 너무 자신을 낮추는 꼴이 된다. '이(已)'자는 너무[太]라는 뜻이다. '엽(偞)'자는 "억누르다[厭]."는 뜻이다. 즉 너무 자신을 억눌러서 미천하게 낮추는 것이니, 마치 두려워하며 겁내는 것처럼 하는 것이다.

① ▼(亻+云/木)厭也[止]畏迫也.

補註 按: 此本出疏說. 厭, 字書, 音葉, 服也.

번역 살펴보니, 이것은 본래 소의 주장에서 도출한 것이다. '엽(厭)'자에 대해 『자서』에서는 그 음이 '엽(葉)'이며 굽힌다는 뜻이라고 했다.

嚴陵方氏曰: 侑食, 謂勸侑人食也. 雖勸人食之使足, 而己不敢自足也. 食於人不飽, 與共食不飽同義. 人食之有祭, 非特仁鬼神, 亦所以重其食, 水漿祭之, 則失於自偞卑矣. 偞, 卑薄也. 不祭水漿, 特於敵者設爾, 於尊者, 則又不得不祭焉. 此於首言侑食, 則①不圭尊者可知.

번역 엄릉방씨가 말하길, '유식(侑食)'은 상대방이 식사를 하도록 권유한다는 뜻이다. 비록 상대방에게 식사를 하도록 권유하여, 풍족하게 먹도록 하지만, 본인은 감히 제 스스로 풍족하게 먹을 수 없다. 남에게서 식사를 대접받을 때 배가 부르도록 먹지 않는 것도 "함께 식사를 할 때 배불리 먹지 않는다."[1]고 한 말과 같은 뜻이다. 사람이 식사를 하며 음식에 대한 제사를 지내는 것은 단지 귀신에게 인(仁)하게 대하기 위해서만이 아니니, 또한 그 음식을 중시하는 방법이 된다. 그런데 물과 장으로 제사를 지내게 된다면, 제 스스로 미천하게 처신하는 실례를 범하게 된다. '엽(偞)'자는 격이 낮고 천박하다는 뜻이다. 물과 장으로 제사를 지내지 않고, 단지 신분이 대등한 자에 대해서 진설해둘 따름인데, 존귀한 자에 대한 경우라면, 또한

---

1) 『예기』 「곡례상(曲禮上)」 : <u>共食不飽</u>, 共飯不澤手.

제사를 지내지 않을 수 없다. 이곳에서는 앞에서 식사를 권유한다고 말했으므로, 존귀한 자에 대한 경우를 위주로 말한 내용이 아님을 알 수 있다.

① 不圭尊者.

補註 圭, 唐本作主.
번역 '규(圭)'자를 『당본』에서는 주(主)자로 기록했다.

참고―經文

君若賜之爵, 則越席再拜稽首受. 登席祭之, 飮卒爵而俟君卒爵, 然後授虛爵. 君子之飮酒也, 受一爵而色酒如也, ①二爵而言言斯, 禮已三爵而油油以退. 退則坐取屨, 隱辟而后屨, ②坐左納右, 坐右納左.

번역 군주가 만약 술잔을 하사하게 되면, 자리를 넘어가서 재배를 하고 머리를 조아린 뒤에 술잔을 받는다. 자리에 올라와서는 받은 술잔을 조금 덜어내어 제사를 지내고, 그런 뒤에 술을 다 마셔서 술잔을 비우고, 군주가 술잔을 비울 때까지 기다리며, 그런 뒤에는 빈 잔을 다시 건넨다. 군자가 술을 마심에 있어서, 첫 번째 잔을 받을 때에는 얼굴빛을 예법에 맞게 엄숙하게 하며, 두 번째 잔을 받을 때에는 뜻과 기운이 조화롭고 기뻐하도록 하고, 예법에 따르면 세 번째 술잔을 받는 것에서 그치고, 유유히 물러난다. 물러나게 되면, 무릎을 꿇고서 신발을 들고, 사람들이 보지 못하는 곳으로 간 이후에 신발을 신는데, 좌측 무릎을 꿇고서 우측 신발을 신고, 우측 무릎을 꿇고서 좌측 신발을 신는다.

① 二爵而[止]油油以退.

補註 鄭註: "言言, 和敬皃. 斯, 猶耳." 疏曰: "耳, 助語辭. 禮已三爵而油油者, 言侍君小飮之禮, 唯止三爵, 顔色和說而敬. 春秋左傳曰: '臣侍君宴, 過三爵, 非禮也.'"

번역 정현의 주에서 말하길, "'언언(言言)'은 온화하고 공경스러운 모습을 뜻한다. '사(斯)'자는 어조사인 '이(耳)'자와 같다."라고 했다. 소에서 말하길, "'이(耳)'자는 어조사이다. 예법에 따르면 3번 술잔을 받는 것에서 그치고 유유(油油)하다고 했는데, 군주를 모시고 작은 연회를 할 때의 예법을 뜻하니, 오직 3잔의 술잔에서 그치며, 안색이 온화하고 기뻐하게 되어 공경스럽게 행동하게 된다. 그렇기 때문에 『춘추좌전』에서는 '신하가 군주를 모시고 연회를 함에, 3잔을 넘게 되면 비례이다.'[1]라고 말한 것이다."라고 했다.

補註 ○王肅曰: 二爵而言, 謂二爵, 可以語也. 言斯禮, 謂語必以禮也.

번역 ○왕숙이 말하길, '이작이언(二爵而言)'은 2번의 술잔을 받으면 어(語)를 할 수 있다는 뜻이다. '언사례(言斯禮)'는 어를 할 때에는 반드시 예법에 따른다는 뜻이다.

補註 ○類編曰: 已, 語辭, 言此乃禮也. 註云: "已, 止也", 未當. 舊註斯下句絶, 亦非.

번역 ○『유편』에서 말하길, '이(已)'자는 어조사이니, 이처럼 하면 예법에 맞다는 의미이다. 주에서는 "이(已)자는 그치다는 뜻이다."라고 했는데, 합당하지 못하다. 옛 주에서는 사(斯)자에서 구문을 끊었는데, 이 또한 잘못된 해석이다.

補註 ○按: 諸說皆未妥, 無已則姑從通解所載之鄭註爲可耶. 諺吐, 恐誤.

번역 ○살펴보니, 여러 주장들이 모두 완전히 타당한 것은 아니니, 『통해』에서 정현의 주를 수록하고 있으므로 그에 따르는 것이 좋을 것 같다. 『언독』의 풀이는 아마도 잘못된 것 같다.

② 坐左[止]納左.

補註 按: 此謂旣坐取屨, 故一足納屨時, 一足則坐屈, 蓋不欲箕股也. 註說槩得之, 而諺讀坐左坐右之下, 皆作於等吐, 誤矣. 曲禮: "俯而納屨", 疏引此曰: "雖不竝跪, 亦坐左納右, 坐右納左", 而朱子旣收入於通解, 恐當爲定訓.

번역 살펴보니, 이것은 무릎을 꿇고서 신을 신는 것이다. 그렇기 때문에 한쪽 발에 신발을 신길 때 다른 한쪽 발은 꿇게 되니, 정강이가 벌어지지 않게

---

1) 『춘추좌씨전』「선공(宣公) 2년」: 其右提彌明知之, 趨登, 曰, "臣侍君宴, 過三爵, 非禮也."

끔 하고자 해서이다. 주의 설명은 대체로 맞는데, 『언독』에서는 좌좌(坐左)나 좌우(坐右) 뒤에 모두 에[於] 등의 토를 달았으니 잘못되었다. 『예기』「곡례(曲禮)」편에서는 "몸을 숙이고서 신발을 착용한다."[2]라고 했고, 소에서는 이곳 문장을 인용하여 "비록 양쪽 무릎을 모두 꿇지는 않는다고 하지만, 신발을 신을 때에는 또한 왼쪽 무릎을 꿇고서 오른쪽 신발을 신고, 그 다음으로는 오른쪽 무릎을 꿇고서 왼쪽 신발을 신는다."라고 했고, 주자도 이미 그 내용을 『통해』에 수록하였으니, 아마도 이것이 바른 해석인 것 같다.

---

2) 『예기』「곡례상(曲禮上)」: 鄕長者而屨, 跪而遷屨, <u>俯而納屨</u>.

「옥조」 30장

참고-集說

尊尚玄酒, 不忘古也. 君坐必向尊, 示惠自君出, 而君專之也. 饗野人, 如蜡祭之飲是也. 禮不下庶人, 唯使之足於味而已, 故 ①一用酒也. 側, 旁側也, 謂設尊在賓主兩楹之間, 旁側夾之, 故云側尊. 梜禁, 見禮器.

번역 술동이에 있어서 현주(玄酒)를 숭상하는 것은 고대의 예법을 잊을 수 없기 때문이다. 군주가 앉을 때에는 반드시 술동이를 향해 앉으니, 그 은혜가 군주로부터 나왔고, 군주만이 술동이에 대해서 마음대로 할 수 있음을 드러내기 위해서이다. 야인(野人)에게 향연을 베푼다는 것은 마치 사제(蜡祭)에서 음주를 하는 경우와 같은 것이 여기에 해당한다. 예법은 서인(庶人)들에까지 적용되지 않으니,[1] 오직 그들로 하여금 그 맛을 충족시키기만 할 따름이다. 그렇기 때문에 일괄적으로 술만 사용하는 것이다. '측(側)'자는 측면을 뜻하니, 빈객과 주인이 있는 양쪽 기둥 사이에 술동이를 설치하여, 측면에서 감싸게 한다. 그렇기 때문에 '측준(側尊)'이라고 부르는 것이다. '어(梜)'와 '금(禁)'에 대해서는 『예기』「예기(禮器)」편에 그 설명이 나온다.

① ○一用酒也.

補註 疏曰: 唯酒而無水也.

번역 소에서 말하길, 술만 차리고 물은 차리지 않는 것이다.

---

1) 『예기』「곡례상(曲禮上)」: 國君撫式, 大夫下之. 大夫撫式, 士下之. 禮不下庶人.

①疏曰: 若一尊亦曰側尊, 故士冠禮云: 側尊一甒醴在服北. 註
云: "無偶曰側, 與此側別."

번역 소에서 말하길, 만약 하나의 술동이만을 사용하게 되면, 이것을 또한 '측준(側
尊)'이라고 부른다. 그렇기 때문에 『의례』 「사관례(士冠禮)」편에서는 "측준으로 1
개의 무(甒)에 단술을 담아서 의복의 북쪽에 놓아둔다."[2]라고 했던 것이고, 정현의
주에서는 "짝으로 설치되는 것이 없을 때에는 '측(側)'이라고 부르니, 여기에서 말
하는 측면의 술동이와는 구별된다."라고 한 것이다.

① 疏曰[止]與此側別.

補註 按: 疏意, 恐人解此側尊, 與士冠禮側尊同, 故明之也.
번역 살펴보니, 소의 의도는 사람들이 여기에 나온 측준(側尊)을 「사관례」
편에 나온 측준과 동일하게 풀이할 것을 염려했기 때문에, 그 사안을 밝힌
것이다.

馬氏曰: 面尊則不側, 側尊則不面. ①尊於房戶之間, 賓主共之
是也.

번역 마씨가 말하길, 술동이를 향하게 한다면, 측면에 놓아두는 것이 아니며, 측면
에 술동이를 놓아둔다면, 향하도록 놓아두는 것이 아니다. 방(房)과 호(戶) 사이에
술동이를 놓아둔 것은 빈객과 주인이 함께 사용하는 것이다.

---

2) 『의례』 「사관례(士冠禮)」: 側尊一甒醴在服北. 有篚實勺·觶·角柶. 脯醢. 南上.

① 尊於房戶[止]共之.

補註 鄉飮酒義文.

번역 『예기』「향음주의(鄕飮酒義)」편의 기록이다.[3]

嚴陵方氏曰: 設玄酒之尊, 必在衆尊之上, 禮運玄酒在室是矣. 面尊者, 尊面向君也. ①面尊則不面君, 面尊者, 專惠之道也. 臣側尊者, 辟君之嫌也. 臣之側尊, 用㮚禁, 則君之面尊, 用罍可知矣.

번역 엄릉방씨가 말하길, 현주(玄酒)의 술동이를 진설할 때에는 반드시 다른 술동이보다도 상위에 놓으니, 『예기』「예운(禮運)」편에서 "현주(玄酒)가 실(室)에 있다."[4]라고 한 말이 바로 이러한 사실을 나타낸다. '면준(面尊)'이라는 것은 술동이의 얼굴 쪽이 군주를 향해 있다는 뜻이다. 따라서 '면준(面尊)'은 군주를 바라본다는 뜻이 아닌데, '면준(面尊)'을 하는 것은 은혜를 베푸는 도리를 오로지 하기 위해서이다. 신하가 측준(側尊)을 설치하는 것은 군주와 동일하게 한다는 혐의를 피하기 위해서이다. 신하의 측준을 진설할 때에는 받침대로 어(㮚)나 금(禁)을 사용하니, 군주가 설치하는 면준에는 뇌(罍)를 사용한다는 사실을 알 수 있다.

---

3) 『예기』「향음주의(鄕飮酒義)」: 故聖人制之以道, 鄕人·士·君子尊於房戶之間, 賓主共之也. 尊有玄酒, 貴其質也. 羞出自東房, 主人共之也. 洗當東榮, 主人之所以自絜而以事賓也.

4) 『예기』「예운(禮運)」: 故玄酒在室, 醴醆在戶, 粢醍在堂, 澄酒在下, 陳其犧牲, 備其鼎俎, 列其琴瑟管磬鐘鼓, 脩其祝嘏, 以降上神與其先祖, 以正君臣, 以篤父子, 以睦兄弟, 以齊上下, 夫婦有所, 是謂承天之祜.

① 面尊則不面.

補註 上面, 恐側之誤.

번역 앞의 '면(面)'자는 아마도 측(側)자의 오자인 것 같다.

「옥조」31장

始冠, 緇布冠, 自諸侯下達. ①冠而敝之可也.

번역 관례(冠禮)를 치를 때 처음에는 치포관(緇布冠)을 씌워주니, 이것은 제후로부터 그 이하의 계층에게 모두 통용되는 예법이다. 다만 이 관은 현재 사용하지 않는 것이니, 관례를 치른 뒤에 폐지하여 사용하지 않는 것이 옳다.

① 冠而敝之.

補註 語類曰: 敝, 是不用也.

번역 『어류』에서 말하길, '폐(敝)'자는 사용하지 않는다는 뜻이다.

「옥조」 32장

참고-集說

天子始冠之冠則玄冠, 而以朱組爲纓. 諸侯雖是緇布冠, 却用
雜采之績爲纓緌, ①爲尊者飾耳, 非古制也. 齊冠, 齊戒時所服
者. 諸侯與士皆玄冠, 但其纓則有丹組·綦組之異. 朱, 色紅而
明. 丹, 赤色也. 綦, 帛之蒼白艾色者. 一說, 文也.

번역 천자의 경우, 관례(冠禮)를 치를 때 처음으로 씌워주는 관은 현관(玄冠)이고,
주색의 끈으로 갓끈[纓]을 만든다. 제후는 비록 치포관(緇布冠)을 처음으로 쓰게
되지만, 여러 채색을 섞어 만든 끈[績]으로 영유(纓緌)를 만드니, 존귀한 자를 위
해서 장식한 것일 뿐이며, 고대의 제도는 아니다. '제관(齊冠)'은 재계를 할 때 착
용하는 것이다. 제후와 사는 모두 현관(玄冠)을 착용하지만, 영(纓)에 있어서는 단
색(丹色)의 끈을 쓰고, 잡색이 섞인 끈을 사용하는 차이점이 있다. '주(朱)'는 그
색깔이 홍색을 띠며 선명한 것이다. '단(丹)'은 적색을 뜻한다. '기(綦)'는 비단 중
쑥처럼 푸르며 하얀 것을 뜻한다. 일설에는 무늬를 뜻한다고 한다.

① ○爲尊者飾[止]制也.

補註 疏曰: 郊特牲及士冠記, 皆云, "其緌也, 吾未之聞", 謂大夫·士也.
此云, "績緌, 諸侯之冠", 故鄭云, "有緌, 尊者飾耳."

번역 소에서 말하길, 『예기』「교특생(郊特牲)」편[1] 및 『의례』「사관례(士冠
禮)」편의 기문(記文)[2]을 살펴보면, 모두 "그 유(緌)에 대해서는 내가 들어
보지 못했다."라고 했으니, 이것은 대부와 사에 대한 경우이다. 이곳에서는
"궤유(績緌)를 단 것은 제후의 관이다."라고 했다. 그렇기 때문에 정현은 "유
(緌)가 있는 것은 존귀한 자의 장식일 뿐이다."라고 말한 것이다.

---

1) 『예기』「교특생(郊特牲)」: 冠義, 始冠之, 緇布之冠也. 大古冠布, 齊則緇之. 其緌
也, 孔子曰: "吾未之聞也, 冠而敝之可也."
2) 『의례』「사관례(士冠禮)」: 記. 冠義. 始冠, 緇布之冠也. 大古冠布, 齊則緇之. 其
緌也, 孔子曰, "吾未之聞也. 冠而敝之可也."

「옥조」 36장

居冠屬武, 自天子下達, ①有事然後緌.

번역 한가롭게 거처할 때의 관은 테두리와 연결만 시켜두니, 이처럼 하는 것은 천자로부터 그 이하의 모든 계층에게 통용되고, 특별한 일이 있은 뒤에야 갓끈[緌]을 단다.

① 有事然後緌.

補註 楊梧曰: 有事句別是禮冠, 禮冠, 冠武不連屬, 必用緌以固之, 非謂居冠至有事加緌也.

번역 양오가 말하길, 사안이 있다고 한 구문은 별도의 예관을 가리키는 것이니, 예관은 관과 테두리가 연결되어 있지 않아서 반드시 갓끈을 이용해서 고정시켜야만 한다. 따라서 이것은 거처할 때 관을 쓰고 있다가 어떠한 사안이 발생하여 갓끈을 단다는 뜻이 아니다.

補註 ○按: 鄭註, "燕無事者去飾", 語意似與楊說同.

번역 ○살펴보니, 정현의 주에서는 "한가롭게 지내며 특별한 일이 없는 경우에는 장식을 제거한다."라고 했으니, 그 말의 뜻이 양오의 주장과 동일한 것 같다.

①長中繼掩尺, ②袷二寸, ③袪尺二寸, ④緣廣寸半.

번역 장의(長衣)[1]와 중의(中衣)는 소매의 끝부분에 천을 덧대길 1척 정도 하고, 목 뒤의 옷깃은 2촌이며, 소매의 통은 1척 2촌으로 하고, 가선의 너비는 1.5촌으로 한다.

① ○長中繼掩尺.

補註 鄭註: 深衣, 則緣而已.

번역 정현의 주에서 말하길, 심의(深衣)의 경우에는 가선을 댈 따름이다.

補註 ○按: 諺讀掩下著吐, 尺下無吐, 誤矣.

번역 ○살펴보니, 『언독』에서는 엄(掩)자 뒤에 토를 붙였고, 척(尺)자 뒤에 는 토를 붙이지 않았으니, 잘못되었다.

補註 ○又按: 繼掩尺者, 謂深衣之袂左右, 只是一幅, 長中之袂, 則又以 半幅繼續其袂, 使掩覆裏衣者, 有一尺之加耳.

번역 ○또 살펴보니, '계엄척(繼掩尺)'이라는 말은 심의의 소매는 좌우로 단 지 1폭일 따름인데, 장의와 중의의 소매는 또한 반폭을 소매에 연결하여 안 에 입는 옷을 가리고 덮게 하니, 1척을 덧붙이게 될 따름이라는 뜻이다.

---

1) 장의(長衣)는 고대의 귀족들이 상중에 착용하는 순백색의 포로 된 옷이다. 『의례』「 빙례(聘禮)」편에는 "遭喪將命於大夫, 主人長衣練冠以受."라는 기록이 있는데, 이 에 대한 정현의 주에서는 "長衣, 純素布衣也."라고 풀이했다.

② 袷二寸.

補註 鄭註: 深衣曲領也.

번역 정현의 주에서 말하길, 심의는 굽은 옷깃으로 되어 있다.

③ 袪尺二寸.

補註 鄭註: 深衣袂口也.

번역 정현의 주에서 말하길, 심의의 소매 입구이다.

④ 緣廣寸半.

補註 疏曰: 謂深衣邊以緣飾之.

번역 소에서 말하길, 심의의 가장자리는 가선으로 장식을 한다는 뜻이다.

補註 ○按: 長中繼揜尺一句, 單承上文袂可以回肘而言其袂之稍長, 蓋上段及此段, 皆主深衣而言也. 楊梧曰: "袷袪緣, 深衣長中衣之所同也." 此說儘是.

번역 ○살펴보니, '장중계엄척(長中繼揜尺)'이라는 한 구문은 단지 앞 문장에서 "소매부분은 팔을 그 안에서 돌릴 수 있도록 넓게 만든다."[2]라고 한 말을 이어서 소매가 조금 더 길다고 말한 것이니, 앞의 단락과 이곳 단락은 모두 심의를 위주로 말했기 때문이다. 양오는 "겹(袷)·거(袪)·연(緣)의 경우 심의·장의·중의 모두 동일하다."라고 했는데, 이 주장이 참으로 옳다.

---

2) 『예기』「옥조(玉藻)」: 深衣三袪, 縫齊倍要, 衽當旁, <u>袂可以回肘.</u>

「옥조」 43장

①士不衣織, 無君者不貳采.

번역 사 계급은 신분이 미천하므로, 염색한 실로는 옷을 만들어 입지 않으며, 지위를 잃은 신하는 의복과 관(冠)의 색깔을 동일하게 맞춘다.

① ○士不衣織.

補註 鄭註: 織, 染絲織之. 士衣染繒也.

번역 정현의 주에서 말하길, '직(織)'은 생사를 염색해서 직조한다는 뜻이다. 사는 거친 명주에 염색을 한 옷감으로 옷을 만들어 입는다.

참고-經文

①<u>衣正色, 裳間色</u>. 非列采不入公門, 振絺綌不入公門, 表裘不入公門, 襲裘不入公門.

번역 상의는 정색(正色)으로 만들고, 하의는 간색(間色)으로 만든다. 신분에 따른 정식 복장이 아니라면, 공문(公門)으로 들어가지 않고, 갈포로 만든 홑옷을 입었다면, 공문으로 들어가지 않으며, 석의(裼衣)를 걸치지 않고, 갓옷만 입었다면, 공문으로 들어가지 않고, 습의(襲衣)로 재차 석의를 가렸다면, 공문으로 들어가지 않는다.

① ○衣正色裳間色.

補註 鄭註: "謂冕服, 玄上纁下." 疏曰: "玄是天色, 故爲正. 纁是地色, 赤[1]黃之雜, 故爲間色."

번역 정현의 주에서 말하길, "면복(冕服)에 대한 것으로, 상의는 현색으로 만들고, 하의는 분홍색으로 만든다."라고 했다. 소에서 말하길, "현색(玄色)은 하늘의 색깔이다. 그렇기 때문에 정색(正色)이 되는 것이다. 훈색(纁色)은 땅의 색깔이고, 적색과 황색이 섞인 것이다. 그렇기 때문에 간색(間色)이 되는 것이다."라고 했다.

참고-集說

正色者, 青·赤·黃·白·黑, 五方之正色也. 木青克土黃, 故綠色青黃, 爲東方之間色; 火赤克金白, 故紅色赤白, 爲南方之

---

1) '적(赤)'자에 대하여. '적'자는 본래 역(亦)자로 기록되어 있었는데, 『예기정의』에 따라 글자를 수정하였다.

間色; 金白克木青, 故碧色青白, 爲西方之間色; 水黑克火赤,
故紫色赤黑, 爲北方之間色; 土黃克水黑, 故駝黃之色黃黑, 爲
中央之間色也. 列采, 謂正服之色各有尊卑品列也. 非此則是
褻服. ①振, 讀爲袗, 禪也. 禪則見體. 裘上必有裼衣. 表裘, 是
無裼衣而裘在外也. 襲裘, 謂擁其襲衣而不露裼衣也. 表與襲
皆爲不敬, 故此四者, 皆不可以入公門也.

번역 '정색(正色)'이라는 것은 동쪽의 청색, 남쪽의 적색, 중앙의 황색, 서쪽의 백
색, 북쪽의 백색 등 오방(五方)에 해당하는 올바른 색상을 뜻한다. 목(木)에 해당
하는 청색은 토(土)에 해당하는 황색을 이긴다. 그렇기 때문에 녹색은 청색과 황색
이 합쳐진 것으로, 동쪽에 해당하는 간색(間色)이 된다. 화(火)에 해당하는 적색은
금(金)에 해당하는 백색을 이긴다. 그렇기 때문에 홍색은 적색과 백색이 합쳐진 것
으로, 남쪽에 해당하는 간색이 된다. 금(金)에 해당하는 백색은 목(木)에 해당하는
청색을 이긴다. 그렇기 때문에 푸른색은 청색과 백색이 합쳐진 것으로, 서쪽에 해당
하는 간색이 된다. 수(水)에 해당하는 흑색은 화(火)에 해당하는 적색을 이긴다.
그렇기 때문에 자주색은 적색과 흑색이 합쳐진 것으로, 북쪽에 해당하는 간색이 된
다. 토(土)에 해당하는 황색은 수(水)에 해당하는 흑색을 이긴다. 그렇기 때문에
유황색은 황색과 흑색이 합쳐진 것으로, 중앙에 해당하는 간색이 된다. '열채(列
采)'는 정복(正服)의 색깔은 각각 신분의 차이에 따른 종류가 정해져 있는 것을 뜻
한다. 이러한 복장이 아니라면, 그 옷은 개인이 편안히 거처할 때 착용하는 복장이
된다. '진(振)'자는 '진(袗)'자로 풀이하니, 홑옷[禪]을 뜻한다. 홑옷을 입게 되면,
신체가 비친다. 갓옷 위에는 반드시 석의(裼衣)를 입게 된다. '표구(表裘)'는 석의
가 없어서 갓옷을 외투로 입었다는 뜻이다. '습구(襲裘)'는 습의(襲衣)로 가리고,
석의(裼衣)를 드러내지 않았다는 뜻이다. 드러나고 가리는 것들은 모두 공경스럽
지 못한 자세가 된다. 그렇기 때문에 이러한 네 가지 복장 방식을 취한 자들은 모두
공문(公門)으로 들어갈 수 없는 것이다.

① 振讀爲袗禪也.

補註 按: 禪音丹, 單衣也.

번역 살펴보니, '禪'자의 음은 '丹(단)'이니, 홑겹의 옷을 뜻한다.

「옥조」 45장

纊, 新綿也. 縕, 舊絮也. ①衣之有著者, 用新綿則謂之繭, 用舊絮則謂之袍, 有表而無裏者謂之絅, 有表裏而無著者謂之褶.

번역 '광(纊)'은 새로 만든 솜을 뜻한다. '온(縕)'자는 오래된 솜을 뜻한다. 옷에 덧대는 것이 있을 때, 새로 만든 솜을 덧대게 된다면, 그 옷을 '견(繭)'이라고 부르고, 오래된 솜을 덧대게 된다면, 그 옷을 '포(袍)'라고 부르며, 겉감만 있고 안감이 없는 옷을 '경(絅)'이라고 부르고, 겉감과 안감이 있되 덧대는 것이 없는 옷을 '습(褶)'이라고 부른다.

① ○衣之有著.

補註 著, 去聲, 累見前.
번역 '저(著)'자는 거성으로 읽으니, 앞에 여러 차례 나온다.

「옥조」47장

①**孔子曰: "朝服而朝, 卒朔然後服之."**

번역 공자가 말하길, "조복(朝服)을 입고서 조정에 참관하지만, 반드시 청삭(聽朔)을 마친 뒤에야 조복을 착용해야 한다."라고 했다.

① **孔子曰朝服[止]服之.**

補註 鄭註: "謂諸侯與群臣也." 疏曰: "知非天子之朝服者, 以上文皆云不入公門, 下云唯君有黼裳, 君衣狐白裘, 皆據諸侯之禮, 故知此亦據諸侯也."

번역 정현의 주에서 말하길, "제후 및 뭇 신하들에 대한 내용이다."라고 했다. 소에서 말하길, "천자가 착용하는 조복(朝服)이 아니라는 사실을 알 수 있는 이유는 앞 문장에서 모두 '공문(公門)으로 들어가지 않는다.'라고 했고, 아래문장에서는 오직 제후만이 보구(黼裘)가 있다고 했으며,1) 제후는 여우 가죽으로 된 백색의 갓옷을 입는다고 했는데,2) 이 말들은 모두 제후에게 해당하는 예법에 기준을 둔 것이다. 그렇기 때문에 이 기록 또한 제후의 경우에 기준을 둔 것임을 알 수 있다."라고 했다.

補註 ○楊梧曰: 當時諸侯必有以朝服聽朔, 故夫子言之.

번역 ○양오가 말하길, 당시 제후들은 분명 조복을 입고 청삭을 하는 경우가 있었던 것이다. 그렇기 때문에 공자가 이를 언급한 것이다.

---

1) 『예기』「옥조(玉藻)」: 唯君有黼裘以誓省, 大裘非古也.
2) 『예기』「옥조(玉藻)」: 君衣狐白裘, 錦衣以裼之. 君之右虎裘, 厥左狼裘. 士不衣狐白.

補註 ○按: 下文小註方氏以此章爲天子之禮, 愚意通天子諸侯與群臣看似得.

번역 ○살펴보니, 아래 소주에서 방씨는 이 문장이 천자의 예법에 해당한다고 했다. 내가 생각하기에 천자 및 제후와 여러 신하들에게 두루 통용되는 것으로 보아야만 할 것 같다.

「옥조」48장

鄭氏曰: 謂①若衛文公者.

번역 정현이 말하길, 마치 위나라 문공과 같은 자를 뜻한다.

① ○若衛文公者.

補註 沙溪曰: 指大布衣大帛冠而言.

번역 사계가 말하길, 대포(大布)로 된 옷을 착용하고 대백(大帛)으로 된 관(冠)을 착용했다는 것[1]을 가리켜 말한 것이다.

---

[1] 『춘추좌씨전』「민공(閔公) 2년」: 衛文公大布之衣·大帛之冠, 務材·訓農, 通商·惠工, 敬孝·勸學, 授方·任能. 元年, 革車三十乘; 季年, 乃三百乘.

참고-集說

君, 國君也. 黼裘, 以黑羊皮雜狐白①爲黼文以作裘. 舊讀省爲獮, 方氏釋爲省耕省斂之義, 今從之. 大裘, 黑羔裘也, 天子郊服. 謂國君固可衣黼裘以誓軍旅·省耕斂, 今而僭服大裘, 則不可也. 但言非古, 則僭禮之失自見.

번역 '군(君)'자는 제후국의 군주를 뜻한다. '보구(黼裘)'는 검은 양의 가죽에 여우의 백색 가죽을 섞어서, 보(黼) 무늬를 새겨, 갓옷을 만든 것이다. 옛 학설에서는 '성(省)'자를 '선(獮)'자로 풀이했는데, 방각은 농사에 대해서 살펴보고 세금을 줄인다는 뜻으로 풀이를 했으니, 여기에서는 그 해석에 따른다. 대구(大裘)는 검은 양의 가죽으로 만든 갓옷이며, 천자가 교(郊)제사를 지낼 때 착용하는 복장이다. 즉 제후는 진실로 보구(黼裘)를 새긴 옷을 착용하여, 군대에 대한 맹세와 농사 및 세금에 대한 일을 감독할 수 있지만, 현재는 참람되게 대구(大裘)를 착용하였으니, 이것은 불가하다는 뜻이다. 다만 "고대의 예법이 아니다."라고 말했다면, 참례를 범한 잘못이 저절로 드러나게 된다.

① ○爲黼文.

補註 楊梧曰: 白與黑爲黼, 故以黑羊雜狐白爲黼文也.

번역 양오가 말하길, 백색과 흑색으로 보(黼)무늬를 만든다. 그렇기 때문에 검은색의 양가죽을 백색의 여우가죽에 섞어서 보무늬를 만드는 것이다.

「옥조」 50장

君衣狐白裘, 錦衣以裼之. 君之右虎裘, 厥左狼裘. ①士不衣狐
白.

번역 군주는 흰색의 여우 가죽옷을 착용하며, 그 때에는 비단옷을 입어서 석(裼)을
한다. 군주의 우측에 있는 호위무사는 호랑이 가죽옷을 착용하고, 좌측에 있는 호위
무사는 이리 가죽옷을 착용한다. 사는 흰색의 여우 가죽옷을 착용하지 않는다.

① 士不衣狐白.

補註 疏曰: 士不衣狐白, 則卿大夫得衣狐白. 其裼則不用錦.

번역 소에서 말하길, 사는 흰색의 여우 가죽옷을 입지 않는다고 하였다면,
경과 대부는 흰색의 여우 가죽옷을 입을 수 있다. 그러나 그들의 석의(裼衣)
에는 비단옷을 이용하지 않는다.

「옥조」 53장

羔裘豹飾, 緇衣以裼之; 狐裘, 黃衣以裼之. ①錦衣狐裘, 諸侯
之服也.

번역 검은 양의 가죽으로 만든 갓옷에는 표범의 가죽으로 소매를 달고, 치의(緇衣)
를 껴입어서 석(裼)을 하며, 여우가죽으로 만든 갓옷에는 황의(黃衣)를 껴입어서
석(裼)을 한다. 금의(錦衣)와 여우 가죽옷을 착용하는 것은 제후에게 해당하는 복
장이다.

① ○錦衣狐裘諸侯之服.

補註 楊梧曰: 此與上"君衣狐白裘, 錦衣以裼之", 正相叫應.

번역 양오가 말하길, 이것은 앞 문장에서 "군주는 흰색의 여우 가죽옷을 착
용하며, 그 때에는 비단옷을 입어서 석(裼)을 한다."라고 한 말과 상응한다.

延平周氏曰: 裘用狐青, 所以象其仁, 褒用豹, 所以象其義. 玄
綃衣, 所以象其道, 內衣狐青裘, 而外加玄綃衣, 有顯道神德行
之意. 麛裘青犴, 與此同. ①麛能愛而其色白, 犴善守而其色青.
麛裘, 所以象其義而能愛, 犴褒, 所以象其仁而善守. 絞, 蒼黃
之色. 蒼, 所以象天道, 黃, 所以象地道. 羔裘, 所以象其禮, 豹
飾, 所以象其義. 緇衣, 所以象其道之幽. 黃衣者, 坤道在上六
之時, ②息民之祭一歲之終也. 羔之色黑, 而衣用緇, 狐之色黃,
而衣用黃者, 欲其有純一之德也.

번역 연평주씨가 말하길, 갓옷에 푸른색의 여우 가죽을 사용하는 것은 그 인(仁)함을 형상하기 위함이고, 소매에 표범의 가죽을 사용하는 것은 그 의(義)로움을 형상하기 위함이다. 현초의(玄綃衣)는 그 도(道)를 형상하기 위함이고, 내의에 푸른색의 여우 가죽옷을 착용하고, 그 겉에 현초의를 껴입는 것은 도(道)를 밝혀서 귀신이 덕을 시행한다는 뜻이 포함되어 있다.[1] 새끼 사슴의 가죽으로 만든 갓옷에 청색의 들개가죽으로 소매를 단다는 것은 이 복장과 동일하다. 새끼사슴은 자애로우면서도 그 색깔이 백색이고, 들개는 잘 지키면서도 그 색깔이 청색이다. 새끼사슴의 가죽으로 만든 갓옷은 의(義)로우면서도 자애로울 수 있음을 형상하기 위해서이고, 들개 가죽으로 소매를 단 것은 인(仁)하면서도 잘 지키는 것을 형상하기 위해서이다. '교(絞)'는 푸르고 누런색을 뜻한다. 푸른색은 천도(天道)를 형상화하는 것이고, 누런색은 지도(地道)를 형상화하는 것이다. 검은 양의 가죽으로 만든 갓옷은 예(禮)를 형상하기 위한 것이고, 표범의 가죽으로 소매를 다는 것은 의(義)를 형상하기 위한 것이다. 치의(緇衣)는 도(道)의 그윽한 측면을 형상하는 것이다. 황의(黃衣)라는 것은 곤도(坤道)가 상륙(上六)에 있을 때, 백성들을 휴식시키며 제사를 지내서, 한 해를 마무리 짓는 것이다. 고(羔)의 색깔은 흑색이고, 겉에 껴입는 옷도 검은색을 사용하며, 호(狐)의 색깔은 황색이고, 겉에 껴입는 옷도 황색을 사용하는 것은 순일한 덕(德)을 갖추게끔 하고자 하기 때문이다.

① 麛能愛而其色白.

補註 按: 鄭註裼衣象裘色, 則與小絞衣蒼黃色相左, 未詳.

번역 살펴보니, 정현의 주에서 석의가 갓옷의 색깔을 본뜬다고 했다면, 소교의가 창황색이라는 것과 어긋나니, 잘 모르겠다.

② 息民之祭.

補註 按: 此指大蜡時, 黃衣黃冠而祭也. 見郊特牲.

번역 살펴보니, 이것은 대사(大蜡)[2]를 지내는 시기에 황색의 옷과 황색의

---

1) 『역』「계사상(繫辭上)」: 顯道神德行, 是故可與酬酢, 可與祐神矣.
2) 대사(大蜡)는 연말에 농업과 관련된 여러 신들에게 합동으로 제사를 지내서, 내년에

관을 쓰고 제사를 지낸다는 것을 가리킨다. 『예기』「교특생(郊特牲)」편에
나온다.3)

재해가 닥치지 않도록 기원을 하는 제사이다. '사(蜡)'자는 "찾는다[索]."는 뜻으로,
여러 귀신(鬼神)들을 찾아서 제사를 지내기 때문에, 이러한 제사를 '사'라고 부르는
것이다. 그리고 연말에는 성대하게 제사를 지냈으므로, 성대하다는 뜻에서 '대'자를
붙인 것이다. 『예기』「명당위(明堂位)」편에는 "是故夏礿・秋嘗・冬烝・春社・秋
省, 而遂大蜡, 天子之祭也."라는 기록이 있는데, 이에 대한 정현의 주에서는 "大蜡,
歲十二月索鬼神而祭之."라고 풀이했다.

3) 『예기』「교특생(郊特牲)」: 黃衣黃冠而祭, 息田夫也. 野夫黃冠. 黃冠, 草服也.

「옥조」 54장

犬羊之裘不裼, ①不文飾也, 不裼.

번역 개나 양의 가죽으로 만든 갓옷으로는 석(裼)을 하지 않으니, 문식을 꾸미지 않으므로, 석(裼)을 하지 않는다.

① 不文飾也不裼.

補註 按: 此句陳註若連上句爲義者, 故諺讀亦然, 而古經別作一段, 鄭註: "裼, 主於有文飾之事." 疏曰: "聘禮, 使臣行聘時, 主於敬, 故襲. 行享時, 主於文, 故裼." 以此觀之, 犬羊之裘不裼下當著爲旀吐, 不文飾也下當著厓隱吐.

번역 살펴보니, 이 구문에 대해 진호의 주에서는 앞 구문과 연결해서 의미를 풀이하고 있다. 그렇기 때문에 『언독』에서도 그처럼 풀이했는데, 옛 경문에서는 별도의 한 단락으로 삼았고, 정현의 주에서는 "석(裼)은 주로 문식을 꾸미는 사안에서 시행한다."라고 했으며, 소에서는 "『의례』「빙례(聘禮)」편에서는 사신이 빙문(聘問)을 시행할 때 공경함을 위주로 하기 때문에 습(襲)을 한다. 공납품을 바칠 때에는 문식을 위주로 하기 때문에 석(裼)을 한다."라고 했다. 이를 통해 살펴보면 "개나 양의 가죽으로 만든 옷은 석을 하지 않는다."는 구문 뒤에는 마땅히 하며[爲旀]토를 붙여야 하며, "문식을 꾸미지 않는다."는 구문 뒤에는 에는[厓隱]토를 붙여야 한다.

裘之裼也, 見美也. 弔則襲, 不盡飾也. ①君在則裼, 盡飾也.

번역 갓옷을 석(裼)하는 것은 아름다움을 드러내는 것이다. 조문을 할 때에는 습(襲)을 하니, 문식을 다 꾸미지 않는다. 군주가 계신 장소라면, 석(裼)을 하여 꾸밈을 다한다.

① ○君在則裼.

補註 鄭註: 臣於君所.

번역 정현의 주에서 말하길, 신하가 군주가 계신 장소에 있을 때를 뜻한다.

補註 ○按: 此君在, 非謂弔處也.

번역 ○살펴보니, 이곳에서 군주가 계시다고 한 것은 조문하는 장소를 뜻하는 것이 아니다.

此言裼襲之異宜. 見美, 謂裼衣上雖加他服, 猶必開露以見示裼衣之美. 弔喪襲裘, ①惟小斂後則然. 盡飾者, 盡其文飾之道以爲敬. 弔主於哀, 故敬不在美. 君在則當以盡飾爲敬也.

번역 이 내용은 석(裼)과 습(襲)을 할 때, 합당한 경우가 다르다는 사실을 나타내고 있다. '현미(見美)'라는 말은 석의(裼衣) 겉에 비록 다른 복장을 껴입더라도, 오히려 반드시 노출을 시켜서, 석의(裼衣)의 아름다움을 드러낸다는 뜻이다. 상사(喪事)에 조문을 할 때에는 갓옷을 습(襲)하는데, 오직 소렴(小斂)을 한 이후에만 이처럼 한다. '진식(盡飾)'이라는 것은 그 꾸밈의 도리를 다하여, 공경을 나타낸다는 뜻이다. 조문은 애통한 마음을 위주로 한다. 그렇기 때문에 공경함을 나타내는 것이 아름다운 꾸밈에 있지 않는 것이다. 군주가 계시다면, 마땅히 꾸밈을 다하여, 공경함을 나타내야 한다.

① 惟小斂後則然.

補註 疏曰: 弔襲, 謂主人旣小斂之後, 若未斂前, 則裼裘, 故檀弓子游裼裘而弔, 是也.

번역 소에서 말하길, 조문을 할 때 습(襲)을 한다는 것은 상주가 이미 소렴(小斂)을 한 이후의 경우를 의미하며, 만약 아직 소렴을 하기 이전이라면, 갓옷을 석(裼)하게 된다. 그렇기 때문에 『예기』「단궁(檀弓)」편에서는 "자유는 갓옷을 석(裼)하고 조문을 했다."[1]라고 한 것이다.

補註 ○按: 陳註未瑩.

번역 ○살펴보니, 진호의 주는 명확하지 않다.

---

1) 『예기』「단궁상(檀弓上)」: 曾子襲裘而弔, <u>子游裼裘而弔</u>. 曾子指子游而示人曰: "夫夫也, 爲習於禮者, 如之何其裼裘而弔也?" 主人旣小斂, 袒·括髮, 子游趨而出, 襲裘·帶·絰而入. 曾子曰: "我過矣! 我過矣! 夫夫是也."

充美, 猶云揜塞其華美也. 尸尊無所示敬, 故襲. ①執玉之禮,
有裼時, 有襲時, 執龜爲享禮, 庭實則裼, 以卜則襲. 此特主襲
而言耳, 非謂執玉龜無裼之禮也. 無事, 謂執玉執龜之禮已竟
也. 無事則裼, 亦謂在君之所, 非君所則否. 弗敢充者, 以見美
爲敬也.

번역 '충미(充美)'는 옷의 화려함과 아름다움을 가린다는 뜻이다. 시동은 존귀한
신분이 되니, 공경함을 드러내야 할 것이 없다. 그렇기 때문에 습(襲)을 하는 것이
다. 옥을 잡았을 때의 예법 중에는 석(裼)을 하는 때도 있고, 습(襲)을 하는 때도
있으며, 거북껍질을 잡았을 경우, 향례(享禮)를 시행하여, 마당에 그 물건을 진열할
때라면, 석(裼)을 하고, 거북껍질을 이용해서 거북점을 칠 때라면, 습(襲)을 한다.
이곳에서는 단지 습(襲)을 하는 경우를 위주로 언급한 것일 뿐이니, 옥과 거북껍질
을 잡았을 때, 석(裼)을 하는 예법이 없다는 뜻이 아니다. '무사(無事)'는 옥을 잡
고 거북껍질을 잡았을 때의 예법이 이미 끝난 시기를 뜻한다. 특별한 일이 없으면
석(裼)을 한다고 했으니, 이 또한 군주가 계신 장소에 있을 때를 뜻하는 것으로,
군주가 계신 장소가 아니라면, 이처럼 하지 않는다. 감히 가리지 않는다고 한 것은
아름다움을 드러내는 것을 공경함으로 삼기 때문이다.

① ○執玉[止]有襲時.

補註 按: 此見曲禮下註.
번역 살펴보니, 이 내용은 『예기』「곡례하(曲禮下)」편의 주에 나온다.

「옥조」57장

笏, 天子以球玉, 諸侯以象, ①大夫以魚須文竹, ②士竹本象可
也.

번역 홀(笏)에 있어서, 천자는 아름다운 옥으로 만들며, 제후는 상아로 만들고, 대
부는 대나무로 만들되 물고기의 수염으로 장식을 하며, 사는 대나무의 줄기를 이용
해서 만들되 상아로 장식을 해도 괜찮다.

① 大夫以魚須文竹.

補註 鄭註: "文, 猶飾也. 大夫士飾竹以爲笏, 不敢與君竝用純物也." 疏
曰: "盧氏云: '以魚須及文竹爲笏', 非鄭義也."

번역 정현의 주에서 말하길, "'문(文)'자는 장식한다는 뜻이다. 대부와 사는
대나무를 장식하여 홀(笏)을 만드니, 감히 군주처럼 순질의 재료를 이용할
수 없기 때문이다."라고 했다. 소에서 말하길, "노식은 '물고기의 수염 및 무
늬가 있는 대나무로 홀(笏)을 만든다.'라고 했는데, 이것은 정현이 뜻하는 바
가 아니다."라고 했다.

補註 ○按: 此云大夫魚須文竹, 而上文將適公所章所謂史進象笏, 未可
曉. 疏以史進象笏之象歸之誤. 或云有地大夫也.

번역 ○살펴보니, 이곳에서는 대부가 물고기 수염으로 장식한 대나무 홀을
사용한다고 했는데, 앞에서 군주가 계신 장소로 간다고 한 문장에서는 사
(史)는 상아로 만든 홀(笏)을 바친다고 했으니,[1] 이해할 수 없다. 소에서는
'사진상홀(史進象笏)'에서의 상(象)자를 잘못 들어간 글자라고 했다. 혹자는
채지를 소유한 대부의 경우라고도 했다.

---

1) 『예기』 「옥조(玉藻)」: 將適公所, 宿齊戒, 居外寢, 沐浴. 史進象笏, 書思對命.

② 士竹本象可也.

補註 按: 上文"年不順成, 君衣布搢本." 鄭註: "搢本, 去珽茶, 佩士笏也. 士以竹爲笏, 飾本以象." 疏亦依此解之, 而此章竹本象, 鄭不復釋者, 以已見上註故也. 但疏曰: "以竹爲本質, 以象牙飾其邊." 此與搢本章之疏有異. 小註陸氏則謂以竹本爲正, 而用象亦可, 此尤不然. 諸侯用象笏, 則士安得用純象乎? 終當以鄭註爲正.

번역 살펴보니, 앞에서는 "그 해에 곡식이 잘 여물지 않았다면, 군주는 포(布)로 된 옷을 입고 사가 차는 홀(笏)을 꼽는다."[2]라고 했고, 정현의 주에서는 "'진본(搢本)'은 정서(珽茶)를 제거하고, 사의 홀(笏)을 찬다는 뜻이다. 사는 대나무로 홀을 만드는데, 홀의 몸체를 장식할 때 상아를 이용한다."라고 했다. 소에서도 이에 따라 풀이를 했는데, 이곳 문장에서 '죽본상(竹本象)'이라고 한 말에 대해 정현이 재차 풀이하지 않은 것은 앞의 주에서 이미 설명했기 때문이다. 다만 소에서는 "대나무를 기본 틀로 삼고, 상아로 그 주변을 장식한다."라고 했다. 그런데 이것은 진본(搢本)이 나온 문장의 소와 차이가 난다. 소주에서 육씨는 "대나무의 줄기로 만든 것을 정규 홀로 삼는데, 간혹 상아를 사용하더라도 허용이 된다."라고 했지만, 이것은 더욱 이치에 맞지 않는다. 제후가 상아로 만든 홀을 사용한다면, 사가 어떻게 순전히 상아로만 만든 홀을 사용할 수 있겠는가? 따라서 정현의 주를 정론으로 삼아야 한다.

---

2) 『예기』「옥조(玉藻)」: <u>年不順成, 君衣布搢本</u>, 關梁不租, 山澤列而不賦, 土功不興, 大夫不得造車馬.

「옥조」 58장

方氏曰: 太廟之內, 惟君當事則說笏, 所以逸尊者也. 後世臣或說之, 則失之簡矣. 小功之喪, 悲哀殺矣, 事不可不記也, 故不說笏. 及當事而免之時, 則不可以不說. ①凡在廟搢笏必盥手者, 爲將執事也, 及有執事於朝, 則亦不再盥, 爲其已盥故也.

번역 방씨가 말하길, 태묘(太廟) 안에서는 오직 군주만 해당하는 일이 있을 때, 홀(笏)을 떼어두게 되니, 존귀한 자를 편안하게 모시기 위해서이다. 후세에는 신하들 중 간혹 홀(笏)을 떼어두는 자가 있었으니, 너무 간소하게 시행하는 데에서 잘못을 범한 것이다. 소공복(小功服)을 입고 치르는 상(喪)에서는 비통함과 애통함이 다른 상에 비해 줄어들게 되며, 그 사안은 기록하지 않을 수 없다. 그렇기 때문에 홀(笏)을 떼어두지 않는 것이다. 해당하는 일이 생겨서 문(免)을 할 때가 되면, 홀(笏)을 떼어두지 않을 수 없다. 무릇 묘(廟)에 위치하여 홀(笏)을 꼽게 되면, 반드시 손을 씻게 되는데, 이것은 장차 일을 맡아보기 위해서이며, 조정에서 일을 맡아볼 일이 생기게 되면, 또한 재차 손을 씻지 않으니, 이미 손을 씻었기 때문이다.

① ○凡在廟搢笏[止]故也.

補註 疏曰: 謂有執事於朝, 須預潔淨, 故旣搢笏於帶, 必盥洗其手於後. 雖有執事於朝, 更不須盥矣.

번역 소에서 말하길, 조정에서 맡아볼 일이 생기면 미리 청결하게 해야 한다. 그렇기 때문에 허리띠에 홀(笏)을 꼽게 되면, 반드시 그 뒤에는 손을 씻어야 한다는 의미이다. 비록 조정에서 처리해야 할 일이 있더라도, 다시금 청결하게 할 필요가 없으므로 손을 씻을 필요가 없다.

補註 ○按: 方說蓋本於此, 而但在廟之廟字, 與疏朝字違異. 且此兩句, 終有可疑.

번역 ○살펴보니, 방씨의 주장은 아마도 이 기록에 근거한 것 같지만, 재묘(在廟)라고 했을 때의 묘(廟)자는 소에 나온 조(朝)자와 어긋난다. 또 이 두 구문에는 의심스러운 부분이 있다.

「옥조」 60장

참고─經文

①笏度二尺有六寸, 其中博三寸, 其殺六分而去一.

번역 홀(笏)의 치수는 2척 6촌이며, 중앙의 폭은 3촌이고, 줄어드는 부분에서는 3촌을 6등분하여, 그 중 1만큼을 줄인 2.5촌의 너비가 된다.

① 笏度章.

補註 楊梧曰: 搢珽節, 註以笏爲圭, 强合爲一, 故其說難通, 不知圭有用事, 笏以記事, 其不同一也. 天子大圭以朝日, 搢而不執, 諸侯命圭朝覲宗遇會同于王, 及諸侯相見用之, 笏則常日視朝入廟習射所用, 其不同二也. 周禮·玉人云: "大圭長三尺", 雜記云: "公圭九寸, 侯·伯七寸", 此云: "二尺六寸", 其不同三也. 又玉人云: "天子杼上, 終葵首", 此云: "中博二寸, 殺六分之一", 其不同四也. 諸侯命圭以玉, 此云以象, 其不同五也. 況大圭天子服之, 非臣下所得用, 笏則自天子諸侯至大夫士皆有之, 其非大圭明矣. 若以大圭之制爲笏, 記言其殺六分去一, 又安知諸侯殺其上首, 大夫士殺其下首乎? 且笏之度二尺有六寸, 而其中博三寸不殺, 則是上下皆殺也. 其殺六分去一, 則上下皆二寸有半也. 何謂天子杼上, 終葵首, 諸侯不終葵首, 大夫士杼其下首乎? 圭笏明是兩搉, 讀者詳之.

번역 양오가 말하길, "정(珽)을 꼽는다."[1]라고 한 문장에 대해 주에서는 홀(笏)을 규(圭)라고 했으니, 억지로 끼워 맞춰서 동일한 사물로 여긴 것이다. 그렇기 때문에 그 설명이 들어맞지 않게 된 것인데, 이것은 규가 시행해야 할 일이 있을 때 사용하고, 홀이 어떤 사안을 기록하는 용도임을 모른 것이며, 두 사물이 다르다는 첫 번째 증거이다. 천자는 대규(大圭)를 이용해서

---

1) 『예기』「옥조(玉藻)」: 天子搢珽, 方正於天下也.

조일(朝日)을 하는데, 꼽기만 하며 손에 들지 않고, 제후는 명규(命圭)를 이
용해서 천자에 대해 조(朝)·근(覲)·종(宗)·우(遇)·회(會)·동(同)을 하
며, 제후들이 서로 만나볼 때 사용하고, 홀의 경우에는 평상시 조정에 참관
하거나 묘로 들어가서 활쏘기를 연습할 때 사용하니, 이것이 두 사물이 다르
다는 두 번째 증거이다. 『주례』「옥인(玉人)」편에서는 "대규는 길이가 3척이
다."[2]라고 했고, 『예기』「잡기(雜記)」편에서는 "공작의 규는 9촌이고, 후작
과 백작의 규는 7촌이다."[3]라고 했으며, 이곳에서는 "2척 6촌이다."라고 했
으니, 이것이 두 사물이 다르다는 세 번째 증거이다. 또 「옥인」편에서는 "천
자의 것은 윗면을 깎아서 쇠뭉치처럼 깎는다."[4]라고 했고, 이곳에서는 "중앙
의 폭은 3촌이고, 줄어드는 부분에서는 6등분하여, 그 중 1만큼을 줄인다."
라고 했으니, 이것이 두 사물이 다르다는 네 번째 증거이다. 제후의 명규는
옥으로 만드는데, 이곳에서는 상아로 만든다고 했으니, 이것이 두 사물이 다
르다는 다섯 번째 증거이다. 하물며 대규는 천자가 사용하는 것이니 신하가
사용할 수 있는 것이 아니며, 홀의 경우에는 천자나 제후로부터 대부와 사에
이르기까지 모두 가지고 있으니, 홀이 대규가 아니라는 사실이 분명하다. 만
약 대규를 만드는 제도로 홀을 만든다고 하면, 『예기』에서는 줄어드는 부분
에서 6등분을 하여 1만큼을 줄인다고 했는데, 또한 어찌 제후에 대해서는 윗
면을 깎아내고 대부와 사에 대해서는 아랫면을 깎아낸다는 사실을 알 수 있
는가? 또 홀의 치수는 2척 6촌이고 중앙의 너비가 3촌이며 깎아내지 않는다
면 윗면과 아랫면은 모두 깎아내는 것이다. 줄어드는 부분이 6등분을 하여
1만큼을 줄인다고 했다면, 윗면과 아랫면 모두 2.5촌이 된다. 그렇다면 어떻
게 천자의 것은 윗면을 깎아서 종규수(終葵首)로 하고, 제후는 종규수로 하
지 않으며, 대부와 사는 아랫면을 깎아낸다고 할 수 있는가? 따라서 규와 홀

---

2) 『주례』「동관고공기(冬官考工記)·옥인(玉人)」 : <u>大圭長三尺</u>, 杼上, 終葵首, 天子
　服之.

3) 『예기』「잡기하(雜記下)」 : 贊大行曰, "<u>圭, 公九寸, 侯伯七寸</u>, 子男五寸, 博三寸,
　厚半寸, 剡上左右各寸半, 玉也. 藻三采六等."

4) 『주례』「동관고공기(冬官考工記)·옥인(玉人)」 : 大圭長三尺, <u>杼上, 終葵首</u>, 天子
　服之.

은 각각의 사물이 됨이 분명하니, 독자들이 상세히 살펴주길 바란다.

補註 ○按: 周禮·玉人"鎮圭尺有二寸, 天子守之. 命圭九寸, 謂之桓圭, 公守之. 命圭七寸, 謂之信圭, 侯守之. 命圭七寸, 謂之躬圭, 伯守之." 又曰: "大圭長三尺, 天子服之." 疏曰: "言大圭者, 以其長, 故得大圭之稱. 言服之者, 以其搢於衣帶之間, 同於衣服, 故以服言之." 又典瑞"王搢大圭, 執鎮圭, 以朝日." 楊梧說, 蓋據此.

번역 ○살펴보니, 『주례』「옥인(玉人)」편에서는 "진규(鎮圭)⁵⁾는 1척 2촌이며, 천자가 수호한다. 명규(命圭) 중 9촌으로 된 것은 환규(桓圭)라고 부르며, 공작이 수호한다. 명규 중 7촌으로 된 것은 신규(信圭)라고 부르며, 후작이 수호한다. 명규 중 7촌으로 된 것은 궁규(躬圭)라고 부르니, 백작이 수호한다."⁶⁾라고 했고, 또 "대규는 길이가 3척이고 천자가 착용한다."라고 했으며, 소에서는 "'대규(大圭)'라고 말한 것은 그것이 길기 때문이다. 그래서 '대규(大圭)'라고 부를 수 있다. 착용한다고 말했는데, 옷과 허리띠 사이에 꼽게 되어 의복의 부류와 같기 때문에 복(服)이라고 말한 것이다."라고 했다. 또 『주례』「전서(典瑞)」편에서는 "천자는 대규를 꼽고 진규를 잡고서 조일을 한다."⁷⁾라고 했다. 양오의 주장은 아마도 이러한 기록들을 근거로 한 것 같다.

補註 ○又按: 鄭註, "殺, 猶杼也. 天子杼上終葵首, 諸侯不終葵首, 大夫士又杼其下首." 陳註本於鄭註, 楊梧說蓋辨此, 而但鄭所謂又杼其下首者, 似謂大夫士旣殺其上, 又杼其下, 非謂只殺其下也. 楊梧認此註爲大

---

5) 진규(鎮圭)는 천자가 각종 의식 행사를 치를 때 잡게 되는 옥(玉)으로 만든 규(圭)이다. 길이는 1척(尺) 2촌(寸)으로 만들며, '진(鎮)'자는 안정시킨다는 뜻이다. '진규'의 네 면에는 사방에 있는 주요 네 개의 산을 각각의 방향에 조각해 넣었다. 따라서 이러한 장식을 통해 천자가 사방을 평안하게 안정시킨다는 뜻을 나타내었다.

6) 주례」「동관고공기(冬官考工記)·옥인(玉人)」: 玉人之事, <u>鎮圭尺有二寸, 天子守之. 命圭九寸, 謂之桓圭, 公守之. 命圭七寸, 謂之信圭, 侯守之. 命圭七寸, 謂之躬圭, 伯守之.</u>

7) 『주례』「춘관(春官)·전서(典瑞)」: <u>王晉大圭, 執鎮圭</u>, 繅藉五采五就, <u>以朝日.</u>

夫士只殺其下者, 然恐不察也.

번역 ○또 살펴보니, 정현의 주에서는 "'쇄(殺)'자는 깎는다는 뜻이다. 천자는 윗면을 깎아서 종규수(終葵首)로 만들고, 제후는 종규수의 형태로 하지 않으며, 대부와 사는 또한 그 밑면을 깎는다."라고 했다. 진호의 주는 정현의 주에 근거한 것인데, 양오의 주장은 아마도 이것을 변별한 것이지만, 정현이 말한 "또한 밑면을 깎는다."는 것은 아마도 대부와 사는 이미 윗면을 깎아냈으므로, 재차 아랫면도 깎아낸다는 뜻인 것 같으니, 단지 아랫면만 깎아낸다는 뜻이 아니다. 양오는 이러한 주석에 대해서 대부와 사는 단지 아랫면만 깎아낸다는 뜻으로 이해했는데, 아마도 자세히 살피지 못한 것 같다.

참고-集說

中廣三寸, 天子‧諸侯‧大夫‧士之笏皆然. 天子‧諸侯則從中以上稍稍漸殺, 至上首止廣二寸半, 是六分三寸而去其一也. 其大夫‧士又從中殺至下亦廣二寸半, 故惟中間廣三寸也. ①玉人言大圭長三尺, 是兼終葵首言之.

번역 중앙의 너비는 3촌인데, 천자‧제후‧대부‧사의 홀(笏)이 모두 이러하다. 천자와 제후의 경우라면, 중앙으로부터 그 위로 갈수록 점점 좁아지게 되어, 윗머리에 이르게 되면, 그 너비는 단지 2.5촌에 그치게 되니, 이것은 3촌을 6등분하여, 그 중 하나를 줄인 것이다. 대부와 사의 경우에는 또한 중앙으로부터 그 밑으로 좁아져서, 밑면에 이르게 되면, 그 너비가 또한 2.5촌이 된다. 그렇기 때문에 오직 중간부분의 너비만 3촌이 된다. 『주례』「옥인(玉人)」편에서는 대규(大圭)의 길이는 3척이라고 했는데, 이것은 종규수(終葵首: 쇠뭉치처럼 깎는 것)까지도 포함해서 언급한 치수이다.

① 玉人言大圭[止]言之.

補註 周禮‧考工記‧玉人: "大圭長三尺, 杼上, 終葵首." 註: "王所搢大圭

也, 或謂之珽. 終葵, 椎也. 爲椎於其杼上, 明其無所屈也. 杼, 殺也. 相玉
書曰: '珽玉六寸.'" 疏曰: "齊人謂椎爲終葵, 故云終葵椎也. 云相玉書曰
'珽玉六寸'者, 謂於三尺圭上, 除六寸之下, 兩畔殺去之, 使已上爲椎頭.
言六寸者, 據上不殺者而言. 引相玉書者, 證大圭終葵六寸已下杼之也."
번역 『주례』「고공기(考工記)·옥인(玉人)」편에서는 "대규(大圭)는 길이가
3척이고 윗면을 깎아내며 종규수를 한다."라고 했고, 주에서는 "천자가 꼽게
되는 대규를 뜻하니, 정(珽)이라고도 부른다. 종규(終葵)는 쇠뭉치를 뜻한
다. 윗면을 깎아내어 쇠뭉치처럼 만드니, 굽히는 바가 없음을 드러내는 것이
다. 저(杼)는 깎아낸다는 뜻이다. 『상옥서』에서는 '정옥은 6촌이다.'"라고 했
으며, 소에서는 "제나라 사람들은 추(椎)를 종규(終葵)라고 불렀다. 그렇기
때문에 종규는 뭉치라고 했다. 『상옥서』에서는 정옥은 6촌이라고 했는데, 3
척으로 된 규 윗면에서 6촌을 제외한 그 밑의 부분은 양쪽으로 깎아내어 윗
면을 쇠뭉치처럼 만든다는 뜻이다. 6촌이라고 한 것은 윗면 중 깎아내지 않
은 부분을 기준으로 말한 것이다. 『상옥서』를 인용한 것은 대규의 종규는
6촌이고, 그 밑은 깎아낸다는 사실을 증명하기 위해서이다."라고 했다.

補註 ○按: 以此觀之, 終葵首乃六寸, 幷二尺六寸, 則其長爲三尺二寸.
陳註所謂兼終葵首言之者, 亦不合, 然則笏與圭爲二物明矣.
번역 ○살펴보니, 이를 통해 보면 종규수라는 것은 6촌이 되며, 2척 6촌과
합하면 그 길이는 3척 2촌이 된다. 진호의 주에서 종규수를 겸해서 말한 것
이라고 한 말은 또한 부합하지 않는다. 그렇다면 홀과 규는 별개의 사물이라
는 사실이 자명해진다.

補註 ○又按: 終葵首, 卽椎首也, 而沙溪曰: "葵首, 見周禮, 是笏頭之制
也." 恐以終葵首認爲終竟葵首之義, 而未之細檢也.
번역 ○또 살펴보니, '종규수(終葵首)'는 뭉치를 뜻하는데, 사계는 "규수는『
주례』에 나오는데, 홀의 머리부분을 제작하는 방식이다."라고 했다. 아마도
종규수(終葵首)라는 말을 규수(葵首)를 종결짓는다는 뜻으로 이해한 것 같
은데, 자세히 살피지 못한 것이다.

「옥조」61장

①天子素帶, 朱裏, 終辟.

번역 천자의 허리띠는 흰 비단으로 만드는데, 안쪽에는 적색의 비단으로 안감을 대고, 끝부분에는 가선을 두른다.

① 天子素帶朱裏終辟.

補註 按: 此八字, 舊在一命縕韍章之下, 鄭玄始正之.
번역 살펴보니, 이 8개의 글자는 옛 판본에 '일명온불(一命縕韍)'장[1] 뒤에 수록되어 있었는데, 정현이 처음으로 바로잡았다.

補註 ○又按: 下文士緇辟, 音皮, 則此辟字, 亦當音皮, 而不書音者, 以註中言之, 故歟. 然未免闕漏.
번역 ○또 살펴보니, 아래문장에서 '사치피(士緇辟)'[2]라고 했고, 그 음은 '皮(피)'라고 했으니, 이곳의 '辟'자도 그 음은 '皮(피)'가 되어야 한다. 그런데 음가를 기록하지 않은 것은 주에서 설명을 했기 때문일 것이다. 그것이 아니라면 누락이 된 것이다.

補註 ○又按: 天子·諸侯·大夫·士之帶辟, 皆有其色, 見下大夫大帶四寸章.
번역 ○또 살펴보니, 천자·제후·대부·사의 대피(帶辟)에는 모두 해당하는 색깔이 있으니, 아래 '대부대대사촌(大夫大帶四寸)'장에 나온다.

---

1) 『예기』「옥조(玉藻)」: 一命縕韍幽衡, 再命赤韍幽衡, 三命赤韍葱衡.
2) 『예기』「옥조(玉藻)」: 大夫大帶四寸, 雜帶, 君朱綠, 大夫玄華, <u>士緇辟</u>二寸, 再繚四寸.

「옥조」 64장

練, 繒也. 士以練爲帶, ①單用之而②緶緝其兩邊, 故謂之緯.
腰及兩耳皆不緣, 惟緣其紳, 故云下辟.

번역 '연(練)'자는 명주[繒]를 뜻한다. 사는 명주로 허리띠를 만드는데, 홑겹을 이용해서 만들며, 양쪽 가장자리를 꿰맨다. 그렇기 때문에 '율(緯)'이라고 부른다. 허리 밑 양쪽 귀퉁이에는 모두 가선을 두르지 않고, 오직 늘어뜨리는 끈에만 가선을 두른다. 그렇기 때문에 '하피(下辟)'라고 말한 것이다.

① ○單用之.

補註 鄭註: 諸侯不朱裏, 合素爲之. 大夫亦如之. 士以下皆襌, 不合.
번역 정현의 주에서 말하길, 제후는 적색을 안감으로 대지 않고, 안팎을 모두 소(素)로 만들게 된다. 대부 또한 이처럼 만든다. 사로부터 그 이하의 계층은 모두 홑겹으로 만들게 되며, 끈을 합하여 밧줄처럼 꼬지 않는다.

② 緶緝[止]之緯.

補註 字彙: 緶, 縫衣也. 以針線緶緝絹繒謂之緯.
번역 『자휘』에서 말하길, '편(緶)'자는 옷을 꿰맨다는 뜻이다. 바늘과 실로 비단을 꿰매는 것을 '율(緯)'이라고 부른다.

「옥조」66장

참고─經文

幷紐約①用組三寸, 長齊于帶. 紳長制, 士三尺, 有司二尺有五寸. 子游曰: "参分帶下, 紳居二焉." 紳·韠·結, 三齊.

번역 허리띠를 결속할 때에는 모두 조(組)를 이용해서 묶으니, 조(組)의 폭은 3촌이며, 그 길이는 허리띠의 길이와 같다. 허리띠 중 늘어뜨리는 부위인 신(紳)은 그 길이를 재단함에 있어서, 사로부터 그 이상의 계층은 모두 3척의 길이로 만들고, 유사(有司)는 특별히 2척 5촌으로 만든다. 자유는 "사람의 키는 8척인데, 허리로부터 발바닥까지는 4척 5촌이니, 허리띠로부터 그 아래의 길이를 3등분하면, 신(紳)은 그 중에서도 2만큼의 길이를 차지한다."라고 했다. 따라서 신(紳)·슬갑·묶는 끈은 그 길이가 모두 3척으로 동일하다.

① 用組三寸[止]三齊.

補註 按: 自三寸至三齊, 舊在王后褘衣夫人揄狄之下, 鄭玄始正之.
번역 살펴보니, '삼촌(三寸)'으로부터 '삼제(三齊)'까지는 옛 판본에 "왕후는 위의(褘衣)를 착용하고, 부인은 유적(揄狄)을 착용한다."[1]라고 한 구문 뒤에 기록되어 있었는데, 정현이 처음으로 바로잡았다.

참고─集說

①疏曰: 幷, 並也. 謂天子下至弟子, ②其所紐約之物, 並用組爲之.

---

1) 『예기』「옥조(玉藻)」: 王后褘衣, 夫人揄狄, 君命屈狄.

번역 소에서 말하길, '병(幷)'자는 모두[並]라는 뜻이다. 천자로부터 그 아래로 제자에 이르기까지, 그들이 허리띠를 묶을 때 사용하는 물건은 모두 끈[組]을 이용해서 매듭을 짓는다는 의미이다.

① 疏曰幷竝也.

補註 按: 此說爲是. 方氏訓以合幷者, 恐不然.

번역 살펴보니, 이 주장은 옳다. 방씨는 합한다는 뜻으로 풀이했는데, 아마도 잘못된 것 같다.

② 其所紐約之物.

補註 按: 疏曰, "紐謂帶之交結處, 約謂以物穿紐約結其帶也." 據此則其所紐約之物云者, 似以紐約連讀謂紐之約也. 然經文紐字句絕爲是, 謂已上諸帶竝紐, 而約則用組三寸也. 幷字雖以合幷爲訓, 亦當於紐下句絕. 約用組, 卽家禮用五采條之意.

번역 살펴보니, 소에서는 "'뉴(紐)'는 대(帶)를 교차하여 결속시킨 부분을 뜻하고, '약(約)'은 다른 사물로 뉴(紐)에 구멍을 내어서 대(帶)를 결속시키는 것을 뜻한다."라고 했다. 이 말에 근거해보면 '기소뉴약지물(其所紐約之物)'이라고 한 말은 뉴(紐)와 약(約)을 연결하여 뉴(紐)의 약(約)으로 풀이한 것 같다. 그런데 경문에서는 뉴(紐)자에서 구문을 끊었으니 이것이 옳으며, 앞에 제시한 여러 대(帶)와 뉴(紐)까지를 뜻하는 것이고, 약(約)에 대해서는 조(組) 3촌을 이용한다는 뜻이다. 병(幷)자를 비록 합한다는 뜻으로 풀이하더라도 뉴(紐)자 뒤에서 구문을 끊어야 한다. '약용조(約用組)'라는 것은 『가례』에서 다섯 가지 채색의 끈을 이용한다는 뜻에 해당한다.

方氏曰: 紐則帶之交結也. 合幷其紐, 用組以約, 則帶始束而不可解矣. ①三寸, 其廣也. 長齊于帶者, 言組之垂適與紳齊也.
紳之長制士三尺者, 自要而下爲稱也. 士如此, 亦擧卑以見尊
也. 有司欲便於趨走, 故特去五寸. 引子游之言, 言人長八尺,
自要而下四尺五寸, 分爲三分而紳居二, 故長三尺也. 韠, 蔽膝
也. 結, 卽組也. 紳韠結三者, 皆長三尺, 故曰三齊.

번역 방씨가 말하길, '뉴(紐)'는 허리띠가 교차하며 매듭이 지어지는 부분이다. 그
매듭들을 합할 때에는 조(組)를 이용해서 묶으니, 허리띠는 비로소 결속이 되어 풀
어질 수 없는 것이다. 3촌은 그 너비이다. 길이를 허리띠와 같게 한다는 말은 조
(組)의 늘어뜨린 부분이 신(紳)과 길이가 같다는 뜻이다. 신(紳)의 길이를 재단할
때, 사의 것은 3척으로 하니, 허리로부터 밑으로 내려서, 신분에 따라 합당하게끔
한 것이다. 사의 제도가 이와 같다면, 또한 이 내용은 미천한 신분의 것을 제시하여,
존귀한 자에 대한 것까지도 나타낸 것이다. 유사(有司)는 종종걸음으로 빨리 걷기
에 편리하고자 하기 때문에, 특별히 그 길이에서 5촌을 더 줄인 것이다. 자유의 말
을 인용하였는데, 이 말은 사람의 키는 8척이고, 허리로부터 발바닥까지는 그 길이
가 4척 5촌인데, 그 길이를 나눠서 3등분을 만들면, 신(紳)의 길이는 그 중에서도
2만큼을 차지한다는 뜻이다. 그렇기 때문에 그 길이는 3척이 된다. '필(韠)'은 무릎
을 가리는 슬갑이다. '결(結)'은 곧 조(組)이다. 신(紳)·필(韠)·결(結)이라는 세
기물은 모두 그 길이가 3척이다. 그렇기 때문에 "세 가지를 같게 한다."라고 말한
것이다.

① 三寸其廣也.

補註 沙溪曰: 此與家禮五采條廣三分, 不同.
번역 사계가 말하길, 이것은 『가례』에서 다섯 가지 채색의 끈은 그 너비가
3분이라고 한 것과 다르다.

「옥조」 67장

①大夫大帶四寸, ②雜帶, 君朱綠, 大夫玄華, 士緇辟二寸, 再
繚四寸.

번역 대부 이상이 차는 대대(大帶)는 그 폭이 4촌이고, 허리띠에 색을 섞어서 만드
니, 제후의 경우에는 윗면은 주색으로 만들고, 밑면은 녹색으로 만들며, 대부는 외
면은 현색으로 만들고 내면은 황색으로 만들며, 사는 모두 검은색으로 만드는데,
그 폭이 2촌이며, 두 번 허리를 두르게 되면, 그 때의 폭은 4촌이 된다.

① **大夫大帶章.**

補註 按: 此章, 舊在韠君朱章之下, 鄭玄始正之.

번역 살펴보니, 이 문장은 옛 판본에 '필군주(韠君朱)'장[1] 뒤에 수록되어 있
었는데, 정현이 처음으로 바로잡았다.

② **雜帶.**

補註 鄭註: 雜, 猶飾也, 卽上之辟也.

번역 정현의 주에서 말하길, '잡(雜)'자는 장식한다는 뜻이니, 앞에 나온 피
(辟)에 해당한다.

補註 ○按: 陳註曰"以雜色爲辟", 似與鄭註少異, 而一說雜服之帶云者,
尤恐不然. 於君大夫稱雜帶, 士稱辟, 一也.

---

1) 『예기』「옥조(玉藻)」: 韠, 君朱, 大夫素, 士爵韋. 圜殺直, 天子直, 諸侯前後方,
   大夫前方後挫角, 士前後正. 韠下廣二尺, 上廣一尺, 長三尺, 其頸五寸, 肩革帶
   博二寸.

번역 ○살펴보니, 진호의 주에서는 "잡색으로 피(韠)를 만든다."라고 하여 정현의 주와 조금 차이가 나는 것처럼 보이는데, "일설에 나머지 복장에 차는 허리띠를 뜻한다."고 한 말은 매우 잘못된 말인 것 같다. 군주와 대부에 대해서 잡대(雜帶)라고 한 것과 사에 대해서 피(韠)라고 한 것은 동일한 대상을 가리킨다.

四寸, 廣之度也. 雜帶, 謂以雜色爲韠緣也. 朱綠者, 上以朱, 下以綠. ①玄華者, 外以玄, 內以華. 華, 黃色也. 士帶之韠則內外皆緇, ②是謂緇帶. 大夫以上, 帶皆廣四寸, 士練帶惟廣二寸, 而再繞要一匝, 則亦是四寸矣. 一說, 大帶者, 正服之帶; 雜帶者, 雜服之帶.

번역 4촌(寸)은 너비의 치수를 뜻한다. '잡대(雜帶)'는 잡색으로 끝부분에 가선을 댄 것을 뜻한다. '주록(朱綠)'이라는 것은 윗면은 주색으로 만들고, 밑면은 녹색으로 만든다는 뜻이다. '현화(玄華)'라는 것은 외면은 현색으로 만들고, 내면은 화(華)로 만든다는 뜻이다. '화(華)'라는 것은 황색을 뜻한다. 사의 허리띠에 하는 가선의 경우, 내외를 모두 치(緇)로 만드니, 이것을 치대(緇帶)라고 부른다. 대부 이상의 계급은 허리띠를 모두 4촌의 폭으로 만드는데, 사가 차는 연대(練帶)의 경우에만 오직 그 폭이 2촌이고, 두 차례 허리를 둘러서 한 번 감게 되면, 이때의 폭 또한 4촌이 된다. 일설에는 '대대(大帶)'라는 것은 정복(正服)에 차는 허리띠를 뜻하며, '잡대(雜帶)'라는 것은 나머지 복장에 차는 허리띠를 뜻한다고도 주장한다.

① 玄華[止]內以華.

補註 按: 此本鄭註其不言上下而言內外者, 蓋大夫韠垂無上韠故也.

번역 살펴보니, 이것은 정현의 주에서 상하(上下)라고 말하지 않고 내외(內外)라고 말한 것에 근거한 것인데, 대부의 피수(韠垂)에 있어서는 윗부분의 피(紕)가 없기 때문일 것이다.

② 是謂緇帶.

補註 帶, 恐紕之誤.

번역 '대(帶)'자는 아마도 피(紕)자의 오자인 것 같다.

「옥조」 69장

참고-經文

①肆束及帶, 勤者有事則收之, 走則擁之.

번역 허리띠를 결속하고 남은 끈과 허리띠의 늘어뜨리는 부분의 경우, 수고스러운 일을 하는 자가 해당 사안을 처리하게 된다면, 그것들을 손으로 쥐게 되고, 혹여 달리게 된다면, 그것들을 품속으로 꼽아 넣는다.

① 肆束及帶章.

補註 按: 此章, 舊在童子之節章下, 鄭玄始正之.

번역 살펴보니, 이 문장은 옛 판본에 '동자지절(童子之節)'장[1] 뒤에 수록되어 있었는데, 정현이 처음으로 바로잡았다.

참고-集說

肆, 讀爲肄, 餘也. ①詩: "伐其餘肄." 謂約束帶之餘組及紳之垂者. 遇有勤勞之事, 則收斂而持於手. 若事迫而不容不走者, 則擁抱之於懷也.

번역 '사(肆)'자는 '이(肄)'자로 풀이하니, 나머지[餘]라는 뜻이다. 『시』에서는 "그 나머지 가지들을 벤다."[2]라고 했으니, 이 말은 띠의 나머지 끈 및 신(紳)의 늘어뜨린 부분을 결속한 것을 뜻한다. 때마침 수고스러운 일을 접하게 된다면, 그것을 거둬들여서, 손으로 쥐게 된다. 만약 사안이 급박하여, 달리지 않을 수 없는 경우라면,

---

1) 『예기』「옥조(玉藻)」: 童子之節也, 緇布衣錦緣, 錦紳幷紐, 錦束髮, 皆朱錦也.

2) 『시』「주남(周南)·여분(汝墳)」: 遵彼汝墳, 伐其條肄. 旣見君子, 不我遐棄.

품속으로 넣는다.

① 詩伐其餘肆.

補註 餘, 唐本作條.

번역 '여(餘)'자를 『당본』에서는 조(條)자로 기록했다.

참고—經文

①韠, 君朱, 大夫素, 士爵韋. ②圜殺直, 天子直, 諸侯前後方,
大夫前方後挫角, 士前後正. 韠下廣二尺, 上廣一尺, 長三尺,
其頸五寸, 肩革帶博二寸.

번역 슬갑의 경우, 군주는 주색으로 만들고, 대부는 소(素)로 만들며, 사는 작위(爵
韋)로 만든다. 슬갑은 둥글게도 만들고, 점점 그 폭이 줄어들게도 만들며, 직각으로
만들기도 하는데, 천자의 경우에는 직각으로 만들고, 제후는 전면과 후면은 직각으
로 만들되 다른 사물을 이용하여 치장을 곁들여서 만들며, 대부는 전면은 직각으로
만들고 후면은 모서리를 구부려서 원형으로 만들며, 사는 전면과 후면을 직각으로
만든다. 슬갑 후면의 너비는 2척이고, 전면의 너비는 1척이며, 그 길이는 3척이고,
중간 부분의 너비는 5촌이며, 양쪽 모서리와 혁대(革帶)의 너비는 2촌이다.

① 韠君朱章.

補註 按: 雜記下亦有韠制, 當參考.

번역 살펴보니, 『예기』「잡기하(雜記下)」편에도 슬갑에 대한 제도가 나오니,
마땅히 참고해야만 한다.

補註 ○楊梧曰: 自君朱至爵韋, 因分而異其色也, 自圜殺直至前後正, 因
分而異其形也, 自下廣二尺以下, 卽制之一定而上下皆同也. 末言革帶
者, 韠依于革帶, 故竝言之.

번역 ○양오가 말하길, 군주(君朱)로부터 작위(爵韋)까지는 신분에 따라 색
깔을 달리하는 것이며, 환쇄직(圜殺直)으로부터 전후정(前後正)까지는 신
분에 따라 형태를 달리하는 것이며, 하광이척(下廣二尺)으로부터 그 이하는
일정한 제도로 상하계층이 모두 동일하게 따르는 것이다. 말미에 혁대(革
帶)를 언급했는데, 슬갑은 혁대에 끼우기 때문에 함께 언급한 것이다.

② 圜殺直.

補註 疏曰: 大夫前方後挫角, 則圜也. 公侯前後方, 則殺也. 天子直, 則直也.

번역 소에서 말하길, 대부는 전면은 직각으로 만들고 후면은 모서리를 구부린다고 했으니, 원형으로 만든다는 뜻이 된다. 공작과 후작은 전면과 후면은 네모지게 만든다고 했으니, 깎아낸다는 뜻이다. 천자는 직각으로 만든다고 했으니, 직각으로 만든다는 뜻이다.

補註 ○按: 公侯上下各殺去五寸, 故疏云殺也.

번역 ○살펴보니, 공작과 후작의 것은 상면과 하면에 대해 각각 5촌씩 덜어내게 된다. 그렇기 때문에 소에서는 깎아낸다고 말했다.

韠象裳色. 天子・諸侯玄端服朱裳, 大夫素裳, 上士玄裳, 中士黃裳, 下士雜裳. 此言玄端服之韠. 若皮弁服, 則皆素韠也. 凡韠皆韋爲之, 故其字從韋. 又以著衣畢然後著之, 故名爲韠. 韠之言蔽也. 爵韋, 爵色之韋也, 在冕服則謂之韍, 字亦作芾也. 圜・殺・直, 三者之形制也. 天子之韠直, 謂四角無圜・無殺也. ①下爲前, 上爲後. 公侯上下各去五寸, 所去之處, 以物補飾之使方, 變於天子也. 大夫則圜其上角, 變於君也. ②正, 卽直與方之義. 士賤不嫌與君同也. 頸之廣五寸, ③在中, 故謂之頸. 肩, 兩角也. 肩與革帶皆廣二寸.

번역 슬갑[韠]은 하의의 색상을 따른다. 천자와 제후는 현단복(玄端服)에 주색의 하의를 착용하며, 대부는 소상(素裳)을 착용하고, 상사는 현상(玄裳)을 착용하며, 중사는 황상(黃裳)을 착용하고, 하사는 잡상(雜裳)을 착용한다. 이곳에서는 현단복의 슬갑에 대해서 언급한 것이다. 만약 피변복(皮弁服)을 착용한다면, 모두 소(素)

로 만든 습갑을 착용한다. 무릇 습갑은 모두 다룸가죽[韋]으로 만들게 된다. 그렇기 때문에 그 자형에 있어서 '위(韋)'자를 구성요소로 하는 것이다. 또한 의복을 착용하는 일이 끝난 뒤에 습갑을 착용하기 때문에, 습갑의 명칭을 '필(韠)'이라고 부르는 것이다. '필(韠)'자는 "가린다[蔽]."는 뜻이다. '작위(爵韋)'는 참새의 색깔을 띤 가죽이니, 면복(冕服)에 착용하는 것을 '불(韍)'이라고 부르며, 그 글자는 또한 '불(芾)'이라고도 기록한다. '환(圜)'·'쇄(殺)'·'직(直)'은 세 종류의 형태 제작방법을 뜻한다. 천자의 습갑을 직(直)으로 만든다는 것은 사각형으로 만들어서, 원형으로 굽혀진 부분이나 줄어드는 부분이 없다는 뜻이다. '하(下)'는 전면이 되고, '상(上)'은 후면이 된다. 공작과 후작은 상하에 대해 각각 5촌만큼을 줄이는데, 줄어든 부분은 다른 사물을 보충하여 장식을 해서, 네모지게 만드니, 천자에 대한 예법에서 변경을 시킨 것이다. 대부의 경우에는 앞면의 모서리를 원형으로 만드니, 제후에 대한 예법에서 변경을 시킨 것이다. '정(正)'자는 직각[直]과 사각[方]의 뜻이다. 사는 신분이 미천하여, 제후와 예법을 동일하게 따르더라도, 무람되다는 혐의를 받지 않는다. 목의 너비는 5촌이라고 했는데, 그것은 중간에 해당하기 때문에, 그 부위를 목[頸]이라고 한 것이다. '견(肩)'은 양쪽 모서리를 뜻한다. 견(肩)과 혁대(革帶)는 모두 그 너비가 2촌이다.

① 下爲前上爲後.

補註 按: 類編諸侯荼註, 斥陳氏. 韠註, 以下爲前以上爲後, 與笏註不同, 而此非陳氏之說, 皆出於鄭玄. 朱子曰: "鄭康成是箇好人. 考禮名數大有功, 事事都理會得." 然則此註亦必有所考據, 且韠笏前後之不同, 各有所以然之義, 韠則其服之也, 下出於前而上入於後, 故以下爲前以上爲後, 笏則其執之也, 頭出於前而下入於後, 故以上爲前以下爲後.

번역 살펴보니,『유편』에서는 제후에 대한 서(荼)에 대한 주에서 진호의 주장을 배척하였다. 필(韠)에 대한 주에서는 하(下)를 전(前)으로 삼고 상(上)을 후(後)로 삼아서 홀(笏)에 대한 주와 차이를 보이는데, 이것은 진호의 주장이 아니며, 모두 정현의 주장에서 도출된 것이다. 주자는 "정강성은 매우 훌륭한 사람이다. 예법과 명칭 및 도수에 대해 고찰하여 크게 공적을 세웠고 이를 통해 모든 사안이 이해될 수 있었다."라고 했다. 그렇다면 이곳 주에도 분명 상고하고 논거로 삼은 것이 있었던 것이다. 또 필(韠)과 홀(笏)에 있어서 전(前)과 후(後)가 동일하지 않은 것은 각각 그처럼 되는 나름의 뜻이 있기 때문인데, 필(韠)의 경우 그것을 착용하게 되면 하단부는 전면으로 나오고 상단부는 후면으로 들어간다. 그렇기 때문에 하단을 전면으로 삼고 상단을 후면으로 삼은 것이다. 홀(笏)의 경우 그것을 잡게 되면 머리 부분은 전면으로 나오고 하단부는 후면으로 들어간다. 그렇기 때문에 상단부를 전면으로 삼고 하단부를 후면으로 삼은 것이다.

② 正卽直與方之義.

補註 鄭註: 正, 直 · 方之間語也. 天子之士則直, 諸侯之士則方.
번역 정현의 주에서 말하길, '정(正)'은 직(直)과 방(方)의 중간에 해당하는 말이다. 천자에게 소속된 사는 직각으로 만들고, 제후에게 소속된 사는 네모지게 만든다.

③ 在中故謂之頸.

補註 鄭註: 頸中央, 肩兩角, 皆上接革帶以繫之.
번역 정현의 주에서 말하길, '경(頸)'은 중앙 부분을 뜻하며, '견(肩)'은 양쪽 모서리를 뜻하는데, 모두 위로 혁대(革帶)에 붙여서 결속한다.

詩疏曰: 古者佃漁而食, 因衣其皮, 先知蔽前, 後知蔽後. 後王易之以布帛, 而猶存其蔽前者, 重古道不忘本也. 士服爵弁, ① 以韎韐配之, 則服冕者, 以韍配之, 故知冕服謂之韍. 韍 · 韠, 皆是蔽膝, 其制同, 但以尊祭服, 故異其名耳.

번역 『시』의 소에서 말하길, 고대에는 사냥을 하고 물고기를 잡아서 음식을 충당했고, 그에 따라 그 가죽을 의복으로 만들어 입었는데, 먼저 앞을 가려야 할 것을 알

왔고, 이후에 뒤를 가려야 할 것을 알았다. 후대의 왕들은 이것을 포(布)와 비단으로 대체를 하였는데, 여전히 앞을 가렸던 것을 남겨두었으니, 고대의 도리를 중시하여, 근본을 잊지 않았기 때문이다. 사는 작변(爵弁)을 착용하며, 매겹(韎韐)을 짝하여 착용했으니, 면복(冕服)을 착용하는 경우에는 불(芾)을 짝하여 착용했다. 그렇기 때문에 면복을 '불(芾)'이라고도 불렀다는 사실을 알 수 있다. '불(芾)'자와 '필(韠)'자는 모두 무릎을 가리는 것을 뜻하는데, 그 제작방법은 동일하다. 다만 제복(祭服)을 존귀하게 여기기 때문에, 명칭을 달리했던 것일 뿐이다.

① 以韎韐配之.

補註 疏曰: 知此韠非祭服韠者, 若其祭服則君與大夫士無別, 同是赤色, 何得云大夫素, 士爵韋? 且祭服之韠, 大夫以上謂之韍, 士爵弁謂之韎韐, 不得稱韠也.

번역 소에서 말하길, 이곳에서 말하는 슬갑이 제복에 착용하는 슬갑이 아니라는 사실을 알 수 있는데, 만약 그 복장이 제복인 경우라면, 군주와 대부 및 사는 차이가 없으니, 모두 적색으로 맞추게 되는데, 어떻게 대부는 흰색으로 하고, 사는 작위로 한다고 말할 수 있겠는가? 또 제복에 착용하는 슬갑의 경우, 대부 이상의 계급에 대한 것은 '불(韍)'이라고 부르고, 사의 작변복(爵弁服)에 착용하는 슬갑은 '매겹(韎韐)'이라고 부르게 되니, '필(韠)'이라고 부를 수 없다.

「옥조」71장

①一命縕韍幽②衡, 再命赤韍幽衡, 三命赤韍葱衡.

번역 1명(命)의 등급을 가진 자는 적황색의 슬갑을 차고, 흑색의 패옥을 차며, 2명(命)의 등급을 가진 자는 적색의 슬갑을 차고, 흑색의 패옥을 차며, 3명(命)의 등급을 가진 자는 적색의 슬갑을 차고, 청색의 패옥을 찬다.

① 一命縕韍.

補註 鄭註: 此玄冕爵弁服之韠, 尊祭服異其名耳. 縕, 所謂韎也.

번역 정현의 주에서 말하길, 이것은 현면(玄冕) 및 작변복(爵弁服)을 착용할 때 두르는 슬갑을 가리키니, 제복(祭服)을 존귀하게 여겨서 그 명칭을 달리한 것일 뿐이다. '온(縕)'은 이른바 매(韎)라는 것에 해당한다.

② 衡.

補註 按: 衡, 詩作珩, 朱子註, "佩首橫玉也."

번역 살펴보니, '형(衡)'자를 『시』에서는 형(珩)자로 기록했고,[1] 주자의 주에서는 "패옥의 상단부 중 가로로 있는 옥을 뜻한다."라고 했다.

---

1) 『시』「소아(小雅)·채기(采芑)」: 薄言采芑, 于彼新田, 于此中鄕. 方叔涖止, 其車三千, 旂旐央央. 方叔率止, 約軝錯衡, 八鸞瑲瑲. 服其命服, 朱芾斯皇, 有瑲葱珩.

「옥조」 72~73장

①王后褘衣, 夫人揄狄, ②<u>君命屈狄</u>. 再命褘衣, 一命禮衣, 士
褖衣.

번역 왕후(王后)는 위의(褘衣)를 착용하고, 부인(夫人)은 유적(揄狄)을 착용하며,
여군(女君)은 명령을 받아야만 굴적(屈狄)을 착용할 수 있다. 2명(命)의 신하들 처
는 위의(褘衣)를 착용하고, 1명(命)의 신하들 처는 단의(禮衣)를 착용하며, 사의
처는 단의(褖衣)를 착용한다.

① ○王后褘衣[止]士褖衣.

補註 按: 屈音闕, 及下褘字讀爲鞠, 皆據周禮而知.

번역 살펴보니, '屈'자의 음은 '闕(궐)'이며, 뒤에 나오는 '위(褘)'자는 국(鞠)
자로 풀이하니, 이 모두는 『주례』에 근거해보면 이러한 사실을 알 수 있다.

補註 ○周禮 · 天官 · 內司服: "掌王后之六服, 褘[音翬]衣, 揄狄[音搖翟],
闕狄, 鞠衣, 展[同禮]衣, 緣[同褖音彖]衣." 註: "翟, 雉名, 伊 · 雒而南, 素
質, 五色皆備成章曰翬. 江 · 淮而南, 靑質, 五色皆備成章曰搖." 疏曰:
"此爾雅 · 釋鳥文. 搖, 本作鷂."

번역 ○『주례』「천관(天官) · 내사복(內司服)」편에서는 "왕후의 육복을 담
당하니, 휘[음은 翬(휘)이다]의 · 요적[음은 搖翟(요적)이다] · 궐적 · 국의 ·
전[전(禮)자와 같다]의 · 단椽자와 같은데 그 음은 彖(단)이다]의이다."[1]라고
했고, 주에서는 "적(翟)은 꿩 이름으로, 이수와 낙수 이남에서는 흰색 바탕에
다섯 가지 채색이 모두 갖춰져서 무늬를 이루면 휘(翬)라고 부른다. 강수와

---

1) 『주례』「천관(天官) · 내사복(內司服)」: <u>掌王后之六服, 褘衣, 揄狄, 闕狄, 鞠衣,
展衣, 緣衣, 素沙.</u>

회수 이남에서는 청색 바탕에 다섯 가지 채색이 모두 갖춰져서 무늬를 이루면 요(搖)라고 부른다."라고 했으며, 소에서는 "이것은 『이아』「석조(釋鳥)」편의 기록이다. '요(搖)'자는 본래 요(鷂)자로 기록한다."라고 했다.

補註 ○楊梧曰: 褘衣色玄, 揄狄色青, 屈狄色赤. 黃衣曰鞠, 白衣曰襢, 黑衣曰褖. 青不如玄之深, 赤不如青之雅. 鞠猶有文, 白則素矣, 黑則又質矣. 分愈尊制愈隆, 分漸卑文漸殺也.

번역 ○양오가 말하길, 휘의의 색은 현색이고, 요적의 색은 청색이며, 궐적의 색은 적색이다. 황색의 옷을 국(鞠)이라 부르고, 백색의 옷을 전(襢)이라 부르며, 흑색의 옷을 단(褖)이라 부른다. 청색은 현색의 심오함만 못하고, 적색은 청색의 단아함만 못한다. 국의에는 여전히 무늬가 있는 것인데, 백색의 옷은 소박한 것이 되고 흑색의 옷은 더욱 질박한 것에 해당한다. 신분이 존귀해질수록 복식제도도 융성해지고, 신분이 낮아질수록 무늬도 점진적으로 줄어들게 된다.

補註 ○按: 六服以天色爲上, 以春·夏·中央·秋·冬之色爲之序.

번역 ○살펴보니, 육복에 있어서 하늘의 색깔을 가장 상등의 복장으로 삼았고, 봄·여름·중앙·가을·겨울에 해당하는 색으로 그 순서를 정했다.

② *君命屈狄*.

補註 類編曰: 君命者, 公侯之卿三命. 此卽其妻, 言君之所命也. 諸侯夫人, 則命於天子, 子男之妻, 亦在其中, 註說恐誤.

번역 『유편』에서 말하길, '군명(君命)'은 공작과 후작에게 소속된 경으로 3명(命)인 자를 가리킨다. 이곳에서는 그의 처를 가리키니, 군주가 명(命)의 등급을 내린 자라는 뜻이다. 제후의 부인은 천자에게서 명(命)을 받게 되고, 자작과 남작의 처 또한 그 안에 포함되니, 주의 주장은 아마도 잘못된 것 같다.

此言后夫人以下六等之服. 褘衣色玄, 揄狄靑, 屈狄赤. 六服皆衣裳相連. 褘, 讀爲翬. 揄狄, 讀爲搖翟. 翬·翟, 皆雉也. 二衣皆刻繪爲雉形而五采畫之. 屈, 讀爲闕. 刻形而不畫, 故云闕也. 王后褘衣, 夫人揄狄, 皆本服也. 君命屈狄, ①謂女君子男之妻, 受王后之命, 得服屈狄也.

번역 이 내용은 왕후(王后)와 부인(夫人)으로부터 그 이하의 등급에서 착용하는 여섯 등급의 복장에 대한 것이다. 위의(褘衣)의 색깔은 검은색이고, 유적(揄狄)은 청색이며, 굴적(屈狄)은 적색이다. 육복(六服)은 모두 상의와 하의가 서로 연결되어 있다. '위(褘)'자는 '휘(翬)'자로 풀이한다. '유적(揄狄)'은 '요적(搖翟)'으로 풀이한다. '휘(翬)'자와 '적(翟)'자는 모두 꿩[雉]을 뜻한다. 두 의복은 모두 무늬를 새겨서 꿩의 형상을 만들고, 다섯 가지 채색으로 그림을 그린다. '굴(屈)'자는 '궐(闕)'자로 풀이한다. 모양을 새기되 그림은 그리지 않는다. 그렇기 때문에 '궐(闕)'자를 붙여서 부르는 것이다. 왕후는 위의(褘衣)를 착용하고, 부인은 유적(揄狄)을 착용한다는 것은 모두 본래의 복식을 뜻한다. '군명굴적(君命屈狄)'이라고 했는데, 여군(女君)은 자작과 남작의 처를 뜻하며, 왕후로부터 명령을 받으면, 굴적(屈狄)을 착용할 수 있다.

① 謂女君.

補註 鄭註: "君, 女君也." 疏曰: "禮, 君命其夫, 后命其婦, 子男之妻不得受天子之命, 故以爲女君."

번역 정현의 주에서 말하길, "'군(君)'자는 여군(女君)을 뜻한다."라고 했다. 소에서 말하길, "예법에 따르면, 군주는 남편들에게 명을 내리고, 왕후는 그들의 부인에게 명령을 내리니, 자작·남작의 처는 천자의 명령을 받을 수 없다. 그렇기 때문에 '군(君)'자가 여군(女君)을 뜻한다고 여긴 것이다."라고 했다.

「옥조」 73장

①再命褘衣, 一命禮衣, 士褖衣.

번역 2명(命)의 신하들 처는 위의(褘衣)를 착용하고, 1명(命)의 신하들 처는 단의 (禮衣)를 착용하며, 사(士)의 처는 단의(褖衣)를 착용한다.

① 再命褘衣.

補註 按: 類編以此褘字謂不必改作鞠, 其言曰: "領緣及繪繡, 若有差等, 不患無別"云, 此則大誤. 周禮六服等威甚明, 褘衣則王后及二王後與魯公之夫人乃得服之, 以祭其先王, 其餘雖上公夫人, 亦不得服, 寧有再命得服褘衣之理?

번역 살펴보니, 『유편』에서는 이곳의 위(褘)자를 반드시 국(鞠)자로 고칠 필요는 없다고 하며, "옷깃과 가선 및 그림과 수에 있어서 차등이 있다면 구별이 없다는 것을 걱정할 필요가 없다."라고 했는데, 이것은 매우 잘못된 설명이다. 『주례』에 나온 육복에는 신분에 따른 위의(威儀)가 매우 분명하니, 휘의(褘衣)는 왕후 및 두 왕조의 후손국 부인과 노나라 군주의 부인만이 착용할 수 있으며, 이 복장을 착용하고 선왕에 대한 제사를 지낸다. 그 나머지 계층 중 비록 상공의 부인이라 하더라도 이 복장을 착용할 수 없는데, 어떻게 2명(命)의 등급을 가진 자의 처가 휘의를 착용할 수 있는 이치가 있겠는가?

補註 ○楊梧曰: 一命再命, 與上韍章同. 註專主子男之臣者, 非.

번역 ○양오가 말하길, 일명(一命)과 재명(再命)이라는 것은 앞의 불(韍) 장[1]에 나온 것과 동일하다. 주에서는 자작과 남작에게 소속된 신하를 위주로 설명했는데, 잘못된 해석이다.

---

1) 『예기』 「옥조(玉藻)」: 一命縕韍幽衡, 再命赤韍幽衡, 三命赤韍蔥衡.

鞠衣黃, 禮衣白, 褖衣黑. 褖, 讀爲鞠. 鞠衣黃, 桑服也. 色①如
鞠塵, 象桑葉始生之色. 再命鞠衣者, 子男之卿再命, 其妻得服
鞠衣也. 一命禮衣者, 子男之大夫一命, 其妻得服禮衣也. 士褖
衣者, 子男之士不命, 其妻服褖衣也.

번역 국의(鞠衣)는 황색이고, 단의(禮衣)는 백색이며, 위의(褖衣)는 흑색이다. '위
(褖)'자는 '국(鞠)'자로 풀이한다. 국의는 황색으로 상복(桑服)을 뜻한다. 그 색깔
은 국진(鞠塵)과 같으니, 뽕나무 잎이 처음 솟아날 때의 색깔을 본뜬 것이다. '재명
국의(再命鞠衣)'라는 말은 자작과 남작에게 소속된 경(卿)은 2명(命)의 등급이고,
그의 처는 국의를 착용할 수 있다는 뜻이다. '일명단의(一命禮衣)'라는 말은 자작
과 남작에게 소속된 대부는 1명(命)의 등급이며, 그의 처는 단의(禮衣)를 착용할
수 있다는 뜻이다. '사단의(士褖衣)'라는 말은 자작과 남작에게 소속된 사는 명
(命)의 등급을 받지 못했으며, 그의 처는 단의(褖衣)를 착용할 수 있다는 뜻이다.

① 如鞠塵.

補註 周禮疏曰: 鞠塵者, 麴塵, 不爲麴字者, 古通用也.

번역 『주례』의 소에서 말하길, '국진(鞠塵)'은 누룩에서 생겨난 균을 뜻하는
데, '국(麴)'자로 기록하지 않은 것은 고대에는 국(鞠)자와 국(麴)자를 통용
해서 사용했기 때문이다.

「옥조」 75장

立而磬折, 則紳必垂; 身折則裳下之緝委地, 故足如踐之也. 頤, 頷也. 霤, 屋簷也. 身俯故頭臨前, 而頤之垂如屋霤然. 垂拱, 亦謂身俯則手之拱者下垂也. 視雖在下, 而①必側面向上以聽尊者之言, 故云視下而聽上也. 袷, 交領也. ②視則自帶至袷, 高下之則也. 凡立者尊右, 坐者尊左, 侍而君坐, 則臣在君之右, 是以聽向皆任左以向君.

번역 서서 경(磬)이 구부러져 있는 것처럼 허리를 굽힌다면, 신(紳)은 반드시 늘어지게 되며, 몸을 굽힌다면, 하의의 가장자리가 땅에 닿기 때문에, 발은 그것을 밟고 있는 형상처럼 된다. '이(頤)'는 턱[頷]을 뜻한다. '유(霤)'는 지붕의 처마를 뜻한다. 몸을 굽혔기 때문에 머리는 앞으로 숙여지고, 턱이 늘어진 모습은 지붕의 처마처럼 된다. '수공(垂拱)'은 또한 몸을 굽히게 된다면, 공수를 한 손이 밑으로 늘어뜨려진 것을 뜻한다. 시선은 비록 밑 부분에 있지만, 반드시 얼굴을 기울여서 위를 향하게 하여, 존귀한 자의 말을 듣는다. 그렇기 때문에 시선을 밑으로 하되 윗사람의 말을 듣는다고 말한 것이다. '겹(袷)'은 옷깃이 교차하는 부분이다. 시선의 경우에는 허리띠로부터 겹(袷) 사이에 두니, 시선의 높낮이를 맞추는 법칙이다. 무릇 서 있게 될 때 존귀한 자는 우측에 위치하고, 앉을 때 존귀한 자는 좌측에 위치하며, 시중을 들며 군주가 앉아 있는 경우라면, 신하는 군주의 우측에 위치한다. 이러한 까닭으로 군주를 향해 말씀을 듣게 될 경우에는 모두 좌측에 치중하여, 군주를 향하는 것이다.

① ○必側面向上.

補註 楊梧曰: 聽上, 只言其向上審聽, 此註側面二字未安.

번역 양오가 말하길, 경문의 '청상(聽上)'은 단지 윗사람을 향해 주의 깊게 듣는다는 뜻일 뿐이니, 이곳 주에서 '측면(側面)'이라고 한 말은 적절하지 못하다.

② 視則自帶至袷.

補註 疏曰: 視君之法, 高不過袷, 下不過帶.

번역 소에서 말하길, 군주를 바라볼 때의 법도에서는 위로는 겁(袷) 위로 올라갈 수 없고, 아래로는 대(帶) 밑으로 내려갈 수 없다.

「옥조」 76장

①凡君召以三節, 二節以走, 一節以趨, 在官不俟屨, 在外不俟車.

번역 무릇 군주가 신하를 부를 때에는 삼절(三節)로 부르게 된다. 이절(二節)로 부르게 되면 신하는 달려오게 되고, 일절(一節)로 부르게 되면 신하는 걸어오게 된다. 신하가 조정에 있을 때에는 신발을 제대로 갖춰 신을 때까지 기다리지 않고 신속히 가며, 외부에 있을 때에는 수레가 올 때까지 가다리지 않고 신속히 간다.

① 凡君召以三節.

補註 鄭註: 使使召臣, 急則持二, 緩則持一. 周禮曰: "鎭圭以徵守", 其餘未聞. 今漢使者擁節.

번역 정현의 주에서 말하길, 사신을 시켜 신하를 부를 때, 급한 경우라면 2개를 지니고 찾아가며, 상대적으로 느긋한 경우라면 1개를 지니고 찾아간다. 『주례』에서는 "진규(鎭圭)를 통해서 각 국가를 수호하고 있는 제후를 부른다."1)라고 했는데, 나머지 경우에 대해서는 들어보지 못했다. 현재 한나라에서는 사신이 절(節)을 가지고 간다.

疏曰: ①節以玉爲之, 所以明信輔於君命者也. 君使使召臣, 有二節時, 有一節時, 故合云三節也. 隨事緩急, 急則二節, 故走; 緩則一節, 故趨. 官, 謂朝廷治事處也. 外, 謂其室及官府也. 在官近, 故云屨; 在外遠, 故云車.

---

1) 『주례』「춘관(春官)・전서(典瑞)」: 珍圭以徵守, 以恤凶荒.

번역 소에서 말하길, 절(節)은 옥으로 만들게 되니, 신의를 밝혀서, 군주의 명령을 보필하는 것이다. 군주가 사신을 시켜서 신하를 부를 때에는 이절(二節)로 부를 때가 있고, 일절(一節)로 부를 때가 있다. 그렇기 때문에 둘을 합쳐서 '삼절(三節)'이라고 말한 것이다. 사안에 따라 완급이 있으니, 급박한 경우라면, 이절로 부르게 된다. 그렇기 때문에 달려가는 것이다. 다소 느슨한 사안이라면, 일절로 부르게 된다. 그렇기 때문에 종종걸음으로 걸어가는 것이다. '관(官)'은 조정에서 정무를 처리하는 장소를 뜻한다. '외(外)'는 그의 집 및 관부를 뜻한다. 관(官)처럼 근처에 있기 때문에, 신발을 언급한 것이고, 집이나 관부처럼 멀리 떨어진 곳에 있기 때문에, 수레를 언급한 것이다.

① 節以玉[止]君命者也.

補註 按: 明信下當句.

번역 살펴보니, '명신(明信)' 뒤에서 구문을 끊어야 한다.

補註 ○周禮·地官·掌節: "掌守邦節而辨其用, 以輔王命." 註: "邦節, 鎭圭·牙璋·穀圭·琬圭·琰圭也."

번역 ○『주례』「지관(地官)·장절(掌節)」편에서는 "방절(邦節)을 지키고 그 용도를 구분하여 천자의 명을 돕는 일을 담당한다."[2]라고 했고, 주에서는 "'방절(邦節)'은 진규(鎭圭)·아장(牙璋)·곡규(穀圭)·완규(琬圭)·염규(琰圭)이다."라고 했다.

---

2) 『주례』「지관(地官)·장절(掌節)」: 掌守邦節而辨其用, 以輔王命.

「옥조」 78장

참고—經文

士於君所言, ①大夫沒矣, 則稱謚若字, 名士. ②與大夫言, 名
士, 字大夫.

번역 사가 군주가 계신 곳에 위치하여 말을 할 때, 만약 가리키는 대상이 대부이고,
그가 이미 죽은 상태라면, 시호나 자(字)를 지칭하고, 사에 대해서는 이름으로 부른
다. 만약 대부와 함께 말을 하는 경우라면, 살아있는 사에 대해서는 이름으로 부르
고, 살아있는 대부에 대해서는 자(字)로 부른다.

① 大夫沒[止]若字.

補註 鄭註: 君所, 大夫存則亦名.

번역 정현의 주에서 말하길, 군주가 계신 장소에서, 대부가 생존해 있다면
또한 그를 이름으로 부른다.

② 與大夫[止]字大夫.

補註 疏曰: 若大夫·士卒, 則字士·謚大夫.

번역 소에서 말하길, 만약 대부와 사가 죽은 경우라면, 사에 대해서는 자(字)
로 부르고 대부에 대해서는 시호로 부른다.

補註 ○楊梧曰: 字大夫, 乃言及之大夫, 非與語之大夫也.

번역 ○양오가 말하길, 대부에 대해 자(字)로 부른다는 것은 말하는 도중에
언급되는 대부를 뜻하는 것이지, 함께 말을 하고 있는 대부를 뜻하는 것이
아니다.

「옥조」 79장

於大夫所, ①有公諱無私諱. 凡祭不諱, 廟中不諱, 敎學臨文不
諱.

번역 사가 대부가 있는 장소에 위치한다면, 선대 군주에 대한 피휘를 적용하여 말
을 하지만, 개인적으로 피휘하는 글자들 때문에 글자를 바꿔 쓰지 않는다. 신들에
대한 제사에서는 피휘를 적용하지 않고, 묘(廟) 안에서는 피휘를 하지 않으며, 가르
치고 배움에 있어서, 문자를 접해서는 피휘를 해서 읽지 않는다.

① ○有公諱無私諱.

補註 疏曰: 但諱公家, 不自私諱父母也. 崔氏云: "謂伯叔之諱耳. 若至
親則不得言", 庾云: "敬大夫, 故不重敬."

번역 소에서 말하길, 국가에서 피휘하는 글자만 피휘하고 개인적으로 자신
의 부모에 대해 피휘하는 글자는 피휘하지 않는다는 뜻이다. 최씨는 "백부나
숙부 등의 피휘를 뜻할 따름이다. 만약 지극히 가까운 가족이라면, 그 글자
를 입에 담을 수 없다."라고 했고, 유씨는 "대부를 공경하기 때문에 공경함을
중복시키지 않는 것이다."라고 했다.

補註 ○楊梧曰: 公諱, 註云本國先君之諱, 恐兼本國及大夫之先君說.

번역 ○양오가 말하길, '공휘(公諱)'에 대해 주에서는 본국의 선대 군주에
대한 피휘라고 했는데, 아마도 본국과 대부의 선군까지도 포함해서 말한
것 같다.

「옥조」81장

①趨以采齊, 行以肆夏, 周還中規, 折還中矩, 進則揖之, 退則揚之, 然後玉鏘鳴也. 故君子在車, 則聞鸞和之聲, 行則鳴佩玉, 是以非辟之心無自入也.

번역 종종걸음으로 갈 때에는 채제(采齊)의 악곡으로 절도를 맞추고, 빠른 걸음으로 갈 때에는 사하(肆夏)의 악곡으로 절도를 맞추며, 몸을 돌릴 때에는 둥근 자에 맞추듯 원형이 되도록 하고, 좌우로 꺾을 때에는 직각 자에 맞추듯 곧게 하며, 앞으로 나아가게 되면 읍을 하듯이 몸을 숙이고, 물러나게 되면 몸을 펴게 되니, 이처럼 한 뒤에라야 패옥의 소리가 청아하게 울린다. 그렇기 때문에 군자는 수레에 타게 되면, 수레에 달려 있는 방울 소리를 들으며 몸가짐을 가다듬고, 걸어갈 때에는 패옥의 소리를 울리게 하여 절도를 맞추니, 이러한 까닭으로 그릇되고 삿된 마음이 침입할 틈이 없게 된다.

① ○趨以采齊行以肆夏.

補註 周禮·春官·樂師: "敎樂儀, 行以肆夏, 趨以采薺, 車亦如之, 環拜以鍾鼓爲節." 註: "鄭司農云, '肆夏·采薺, 皆樂名. 或曰皆逸詩. 謂人君行步, 以肆夏爲節. 趨疾於步, 則以采薺爲節.' 玄謂, 行者謂於大寢之中, 趨謂於朝廷. 爾雅堂上謂之行, 門外謂之趨. 然則王出旣服, 至堂而肆夏作, 出路門而采薺作. 其反, 入至應門路門亦如之. 此謂步迎賓客. 王如有車出之事, 登車於大寢西階之前, 反降於阼階之前. 尙書傳曰, '天子將出, 撞黃鍾之鍾, 右五鍾皆應. 入則撞蕤賓之鍾, 左五鍾皆應, 大師於是奏樂.'"

번역 『주례』「춘관(春官)·악사(樂師)」편에서는 "음악과 그에 따른 예의를 가르치니, 사하에 따라 행(行)을 하고 채제에 따라 추(趨)를 하는데, 수레를 움직일 때에도 이처럼 하며, 몸을 돌려 마주보며 절을 할 때에는 종과 북소리로 절도를 삼는다."[1]라고 했고, 주에서는 "정사농은 '사하와 채제는 모두 악곡의 명칭이다. 혹자는 둘 모두 일실된 『시』라고 말한다. 군주가 걸어갈 때에는 사하로 절도를 맞추고, 빠른 걸음으로 갈 때에는 채제로 절도를 맞춘다는 뜻이다.'라고 했다. 내가 생각하기에 행(行)이라는 것은 대침 안에서 이동하는 것을 뜻하며, 추(趨)라는 것은 조정에서 이동하는 것을 뜻한다. 『이아』에서는 당상에서 이동하는 것을 행(行)이라고 했고, 문밖에서 이동하는 것을 추(趨)라고 했다.2) 그렇다면 천자가 밖으로 나와 복장을 갖추고 당에 이르게 되면 사하를 연주하고, 노문 밖으로 나가면 채제를 연주하는 것이다. 되돌아올 때 들어와 응문과 노문에 도달하게 되면 또한 이처럼 연주한다. 이 것은 도보로 이동하여 빈객을 맞이하는 경우를 뜻한다. 천자가 만약 수레를 타고 밖으로 나가는 일이 있다면, 대침의 서쪽 계단 앞에서 수레에 타게 되고, 되돌아와서는 동쪽 계단 앞에서 내리게 된다. 『상서전』에서는 '천자가 출타를 하게 되면 황종음을 내는 종을 치고 우측의 5개 종이 모두 그에 호응하여 연주된다. 들어오게 되면 유빈음을 내는 종을 치고 좌측의 5개 종이 모두 그에 호응하여 연주된다. 대사는 이 시기에 음악을 연주한다.'"라고 했다.

補註 ○大戴禮論天子之禮曰: 行以采茨, 趨以肆夏, 步環中規, 折還中規, 進則揖之, 退則揚之, 然後玉鏘鳴也.

번역 ○『대대례기』에서 천자의 예법을 논하며, 행(行)에는 채자로 절도를 맞추고, 추(趨)에는 사하로 절도를 맞추며, 몸을 돌릴 때에는 둥근 자에 맞추고, 좌우로 꺾을 때에는 둥근 자에 맞추며, 나아가게 되면 몸을 숙이고 물러나게 되면 몸을 펴니, 그런 뒤에야 옥의 소리가 청아하게 울린다.3)

---

1) 『주례』「춘관(春官)·악사(樂師)」: 敎樂儀, 行以肆夏, 趨以采薺, 車亦如之, 環拜以鍾鼓爲節.

2) 『이아』「석궁(釋宮)」: 室中謂之時, <u>堂上謂之行</u>, 堂下謂之步, <u>門外謂之趨</u>, 中庭謂之走, 大路謂之奔.

3) 『대대례기』「보부(保傅)」: 上車以和鸞爲節, 下車以佩玉爲度; 上有雙衡, 下有雙璜·衝牙·玭珠以納其間, 琚瑀以雜之. <u>行以采茨, 趨以肆夏, 步環中矩, 進則揖之, 退則揚之, 然后玉鏘鳴也.</u>

補註 ○按: 以周禮·大戴禮觀之, 則此古之君子一段, 專主人君而言. 賈誼疏所謂"三代之禮, 天子行以鸞和, 步中采齊, 趨中肆夏, 所以明有度也"者, 亦此也. 但鄭註曰: "君子, 士已上." 朱子編入於小學, 豈以其爲敬身之要道故歟?

번역 ○살펴보니, 『주례』와 『대대례기』를 통해 보면, '고지군자(古之君子)'로 시작되는 한 단락은 전적으로 군주에 대한 경우를 위주로 말한 것이다. 가의의 소에서 "삼대 때의 예법에서 천자는 행(行)에는 방울 소리에 절도를 맞추고, 보(步)에는 채제에 절도를 맞추며, 추(趨)에는 사하에 절도를 맞추는데, 이것은 법도가 있음을 드러내고자 해서이다."라고 한 말도 바로 이러한 뜻을 나타낸다. 다만 정현의 주에서는 "군자(君子)는 사 이상의 계층을 뜻한다."라고 했고, 주자도 『소학』에 편입시켰으니, 몸가짐을 공경스럽게 하는 핵심 도리라고 여겼기 때문이 아니겠는가?

補註 ○又按: 采齊之齊, 鄭讀爲楚薺之薺, 而薺通作茨, 故音慈.

번역 ○또 살펴보니, '采齊'의 齊자를 정현은 '楚薺'의 薺자로 풀이했는데, '薺'자는 茨자와 통용해서 썼다. 그러므로 그 음은 '慈(자)'가 된다.

補註 ○又按: 大戴禮賈誼疏, 趨行所中, 與周禮·禮記互換.

번역 ○또 살펴보니, 『대대례기』에 대한 가의의 소에서 추(趨)와 행(行)에 절도를 맞춘다고 한 것은 『주례』 및 『예기』의 기록과 호환된다.

「옥조」82장

君在不佩玉, ①左結佩, 右設佩; 居則設佩, 朝則結佩.

번역 세자의 경우, 군주가 계신 장소라면, 패옥의 소리를 내지 않도록 하니, 좌측
에 차는 패옥은 그 끈을 짧게 묶어서 소리가 울리지 않도록 하고, 우측에는 어른을
섬길 때 필요한 물건들을 찬다. 한가롭게 거처하는 경우라면, 일상적인 경우처럼
패옥을 차고, 조정에 있는 경우라면, 패옥을 짧게 결속하여 소리가 나지 않도록
한다.

① ○左結佩右設佩.

補註 鄭註: 去德佩而設事佩, 辟德而示卽事.

번역 정현의 주에서 말하길, 덕을 비견하는 패옥을 제거하고 섬길 때 사용하
는 물건을 차니, 덕을 나타내지 않고 섬긴다는 사실을 드러내기 때문이다.

補註 ○類編曰: "右設佩, 謂設佩玉也." 左結佩, 從陳註. 朝則結佩, 亦謂
右設而左結也. 陳氏以右設佩爲觿燧之屬, 左結佩爲佩玉, 同文異義, 恐
未然.

번역 ○『유편』에서는 "우설패(右設佩)는 패옥을 찬다는 뜻이다."라고 했
고, '좌결패(左結佩)'에 대해서는 진호의 주에 따랐다. '조즉결패(朝則結
佩)'에 대해서도 우측에는 차고 좌측은 결속한다고 했다. 진호는 우설패(右
設佩)를 송곳이나 부싯돌 등속으로 여겼고, 좌결패(左結佩)는 패옥에 대한
것으로 여겼으니, 문장은 같지만 의미가 다른데, 아마도 그렇지 않았을 것
이다.

君在, ①謂世子在君所也. 不佩玉, 非去之也, 但結蹙其在佩之
綬, 不使玉之有聲. 玉以比德, 示不敢表其有如玉之德耳. 右設
佩者, 佩謂事佩觿燧之屬, 設之於右, 示有服役以奉事於上也.
居則設佩, 謂退而燕居, 則佩玉如常也. 朝則結佩, 申言上意,
此皆謂世子也.

번역 '군재(君在)'는 세자가 군주가 계신 장소에 있다는 뜻이다. 패옥을 차지 않는
다는 말은 제거를 한다는 뜻이 아니며, 단지 패옥에 있는 끈을 짧게 결속하여, 옥이
소리를 내지 못하도록 하는 것이다. 옥은 덕에 비견되니, 옥과 버금가는 덕을 갖추
고 있다는 사실을 감히 드러내지 않는다는 뜻을 나타낼 따름이다. 우측에 설패(設
佩)를 한다고 했는데, 패(佩)는 어른을 섬길 때 허리에 차는 송곳이나 부싯돌 등의
부류이니, 그것들을 우측에 차서, 일에 종사하여 윗사람을 받들게 됨을 나타낸다.
'거즉설패(居則設佩)'라는 말은 물러나서 한가롭게 거처할 때라면, 일상적인 경우
처럼 패옥을 찬다는 뜻이다. "조정에서라면 패옥을 결속한다."는 말은 앞에 나온 뜻
을 거듭 말한 것으로, 이 내용들은 모두 세자에 대한 예법을 뜻한다.

① 謂世子在君所.

補註 疏曰: 知謂世子者, 以臣之對君, 恒佩玉, 故下云君子無故玉不去
身, 前云然後玉鏘鳴也, 是臣之朝君, 備儀盡飾, 當佩玉, 故知世子也.
번역 소에서 말하길, 세자의 경우를 뜻한다는 사실을 알 수 있는 것은 신하
가 군주를 대하게 되면 항상 패옥을 차기 때문이다. 그래서 아래문장에서는
"군자는 특별한 일이 없으면 패옥을 몸에서 떼지 않는다."[1]라고 한 것이고,
앞에서는 "그렇게 한 뒤에야 패옥의 소리가 청아하게 울린다."[2]라고 한 것이

---

1) 『예기』「옥조(玉藻)」: 凡帶必有佩玉, 唯喪否. 佩玉有衝牙, <u>君子無故, 玉不去身,</u>
君子於玉比德焉.
2) 『예기』「옥조(玉藻)」: 趨以采齊, 行以肆夏, 周還中規, 折還中矩, 進則揖之, 退則
揚之, <u>然後玉鏘鳴也.</u> 故君子在車, 則聞鸞和之聲, 行則鳴佩玉, 是以非辟之心無
自入也.

니, 이 말은 신하가 집을 나서서 군주에게 조회를 하게 되면, 의례를 갖추고 장식을 다하게 되므로, 마땅히 패옥을 차게 됨을 나타낸다. 그렇기 때문에 세자에 대한 경우임을 알 수 있다.

「옥조」 86장

참고-經文

公侯佩山玄玉, 而朱組綬. 大夫佩水蒼玉, 而①純組綬. 世子佩
瑜玉, 而綦組綬. 士佩瓀玟, 而縕組綬.

번역 공작과 후작은 산의 검푸른색을 내는 패옥을 차고, 주색의 끈으로 꿰는 줄을
만든다. 대부는 물의 검푸른색을 내는 패옥을 차고, 순색의 끈으로 꿰는 줄을 만든
다. 세자는 아름다운 패옥을 차고, 무늬가 뒤섞인 끈으로 꿰는 줄을 만든다. 사는
옥돌을 패옥으로 차고, 적황색의 끈으로 꿰는 줄을 만든다.

① 純組綬.

補註 鄭註: 純, 當爲緇. 古文緇, 或作絲旁才.

번역 정현의 주에서 말하길, '순(純)'자는 마땅히 치(緇)자가 되어야 한다. 고
문의 치(緇)자는 사(絲)자에 재(才)자가 붙은 글자로 기록하기도 한다.

참고-經文

①**孔子佩象環五寸, 而綦組綬.**

번역 공자는 한가롭게 거처할 때, 상아를 5촌(寸)의 너비로 만든 둥근 옥을 차고, 무늬가 뒤섞인 끈으로 꿰는 줄을 만들었다.

① ○**孔子佩象環.**

補註 類編曰: 孔子佩玉以象環, 貫其佩, 非謂去珩璜琚瑀之制. 陳說及小註楊說, 恐未然.

번역 『유편』에서 말하길, 공자는 패옥을 차며 상환(象環)을 사용했다는 것은 패옥에 그것을 꿰었다는 뜻이니, 형(珩)·황(璜)·거(琚)·우(瑀) 등의 옥으로 만든 패옥 자체를 제거했다는 뜻이 아니다. 따라서 진호의 주장이나 소주에 나온 양씨의 주장은 아마도 잘못된 것 같다.

補註 ○按: 陳註全用疏說, 而似若只佩一環. 愚意, 此謂以象環連綴作佩五寸, 似指連綴之長, 然可疑.

번역 ○살펴보니, 진호의 주는 전적으로 소의 주장에 따르고 있는데, 하나의 고리로 된 패옥을 찬다는 뜻으로 여긴 것 같다. 내가 생각하기에, 이 문장은 상환(象環)을 패옥에 연결하여 패옥을 5촌으로 만들었다는 뜻으로, 연결한 길이를 가리키는 것 같으나 의문스러운 점이 있다.

補註 ○徐志修曰: 鄭註環取可循而無窮, 疏說蓋本鄭意, 而似未然. 類編之意, 以爲孔子亦佩玉, 而但不用蠙珠以象環貫之云, 此於五寸不通, 或以象牙作上衡云爾歟. 此章終難强解, 或是佩玉之外復佩象環而取義, 猶鄭註之意耶.

번역 ○서지수가 말하길, 정현의 주에서는 '환(環)'은 순환을 하여 끝이 없다는 뜻에서 그 의미를 취하였다고 했고, 소의 주장은 아마도 정현의 설명에 근거를 둔 것 같지만 아마도 잘못된 설명인 것 같다. 『유편』의 주장은 공자 또한 패옥을 찼는데, 진주 등을 사용하지 않고 상환으로 꿰었다고 한 것이다. 그러나 이 말은 오촌(五寸)이라고 한 말과는 맞지 않는데, 아마도 상아로 상단의 가로로 된 부분을 만들었다는 뜻일 것이다. 이 문장은 끝내 이해하기 어려워 억지로 풀이를 하게 되었는데, 패옥 이외에 다시 상환이라는 것을 차서 그 의미에 따른 것이라고 한다면 정현의 주장과 같아질 것이다.

「옥조」 88장

童子之節也, 緇布衣錦緣, ①錦紳幷紐, ②錦束髮, 皆朱錦也.

번역 어린아이들의 예절에 있어서는 치포(緇布)로 만든 옷에, 비단으로 가선을 댄 것을 입고, 허리띠의 늘어뜨리는 부분과 허리띠는 비단으로 만들며, 비단을 이용해서 머리를 묶으니, 비단은 모두 적색의 비단을 이용한다.

① ○錦紳幷紐.

補註 疏曰: 用錦爲紳, 並約帶之紐, 皆用錦也.
번역 소에서 말하길, 비단을 이용해서 허리띠와 허리띠를 묶는 끈을 만드니, 이 모두에 대해서 비단을 사용한다는 뜻이다.

② 錦束髮.

補註 疏曰: 以錦爲總而束髮也.
번역 소에서 말하길, 비단으로 머리를 묶는 총(總)을 만들어서 머리카락을 결속한다는 뜻이다.

「옥조」 89장

참고-經文

童子不裘不帛, 不屨絇, 無緦服, ①聽事不麻. 無事則②立主人
之北, 南面. 見先生, 從人而入.

번역 어린아이는 갓옷을 입지 않고, 비단옷을 입지 않으며, 신발에 신코장식을 하
지 않고, 시마복(緦麻服)을 착용하지 않으며, 상주의 심부름을 할 때에는 질(経)을
두르지 않는다. 상사에 있어서 특별한 일이 없다면, 상주의 북쪽에 서서, 남쪽을 바
라본다. 선생님을 찾아뵐 때에는 다른 사람을 따라서 들어간다.

① ○聽事不麻.

補註 按: 少儀"適有喪者曰比, 童子曰聽事", 謂來聽喪事之使令也. 禮朋
友麻, 弔服麻, 子游弔襲裘帶経, 童子雖來聽人之喪事, 而異於成人, 故
不麻也. 陳註連無緦服爲義, 誤矣.

번역 살펴보니, 『예기』「소의(少儀)」편에서는 "상을 당한 자에게 찾아가서
만나보고자 할 때에는 '아무개는 명령을 전달하는 자를 돕고자 합니다.'라고
말하고, 어린아이인 경우라면 '아무개는 명령을 전달하는 자의 지시를 따르
고자 합니다.'라고 말한다."[1]라고 했으니, 찾아와서 상사의 심부름을 따른다
는 의미이다. 예법에 따르면 벗에 대해서는 마(麻)를 착용하고,[2] 조문하는
복장에는 마(麻)를 착용한다고 하여 자유가 조문을 하며 갓옷을 가리고, 대
(帶)와 질(経)을 착용했다고 했는데,[3] 어린아이는 비록 찾아와서 상사에 대
한 심부름을 하는 것이지만, 성인과는 차이가 있기 때문에 마(麻)를 하지 않

---

1) 『예기』「소의(少儀)」: 適有喪者曰: "比", 童子曰: "聽事".
2) 『의례』「상복(喪服)」: 朋友, 麻.
3) 『예기』「단궁상(檀弓上)」: 曾子襲裘而弔, 子游裼裘而弔. 曾子指子游而示人曰:
"夫夫也, 爲習於禮者, 如之何其裼裘而弔也?" 主人旣小斂, 袒·括髮, 子游趨而
出, 襲裘·帶·経而入. 曾子曰: "我過矣! 我過矣! 夫夫是也."

는 것이다. 진호의 주에서는 시마복이 없다는 것과 연결해서 풀이를 했는데, 잘못된 해석이다.

② 立主入之北南面.

補註 按: 此古註疏亦不明言, 而恐謂主人阼階下西向, 故童子立主人之右傍, 而面南向主人歟.

번역 살펴보니, 이 구문에 대해서는 옛 주와 소에서도 명확하게 설명하지 않았는데, 아마도 상주는 동쪽 계단 아래에서 서쪽을 바라보고 있기 때문에, 어린아이는 주인의 우측에 서서 남쪽을 바라보아 상주를 향한다는 뜻일 것이다.

不屨絢, ①未習行戒也. 無緦服, 謂父在時, 己雖有緦親之喪, 不爲之著緦服, 但往聽主人使令之事. 不麻, 謂免而深衣不加絰也. 問喪云, 童子不緦, 唯當室緦. 當室, 爲父後者也. 童子未能習禮, 且緦輕, 故父在不緦, 父沒則本服不可違矣. 從人而見先生, 不敢以卑小煩長者爲禮也.

번역 신발에 신코장식을 하지 않는 것은 움직일 때 주의해야 할 것을 아직 익히지 않았기 때문이다. 시마복(緦麻服)이 없다는 말은 부친이 생존해 계실 때, 본인에게 비록 시마복을 입어야 하는 친족의 상(喪)이 있더라도, 그를 위해서 시마복을 착용하지 않고, 단지 그 집에 찾아가서 주인이 시키는 일에 대해서 따른다는 뜻이다. '불마(不麻)'는 문(免)을 하고 심의(深衣)를 착용하지만, 질(絰)은 두르지 않는다는 뜻이다. 『예기』「문상(問喪)」편에서는 어린아이는 시마복을 착용하지 않으며, 오직 당실(當室)⁴⁾만이 시마복을 착용한다고 했다.⁵⁾ '당실(當室)'은 부친의 후계자

---

4) 당실(當室)은 부친을 대신하여, 가사(家事)일을 돌본다는 뜻이다. 고대에는 대부분 장자(長子)가 이 일을 담당해서, 적장자(嫡長子)를 가리키기는 용어로도 사용하였다.

가 된 자를 뜻한다. 어린아이는 아직 예법을 능숙하게 익히지 못했고, 또 시마복은 상복 중에서도 수위가 낮은 것이다. 그렇기 때문에 부친이 생존해 계신다면 시마복을 착용하지 않는 것인데, 부친이 돌아가신 경우라면, 본래의 복식 규정을 어길 수 없다. 다른 사람을 따라서 선생님을 찾아뵙는 것은 신분이 미천한 자가 감히 연장자를 번거롭게 만들지 않는 것이 예법이기 때문이다.

① 未習行戒.

補註 沙溪曰: 履之有絢, 欲令行者, 視此以拘著此心, 故謂之行戒. 童子則未能習此, 故不屨絢. 愚伏曰: "周禮·屨人註, 絢謂拘, 著鳥屨頭爲行戒. 狀如刀衣鼻, 在屨頭. 言絢者, 取自拘持, 使低目不妄顧視." 朱子曰, "履之有絢, 所以爲行戒也. 尊之有禁, 所以爲酒戒也." 其義尤明.

번역 사계가 말하길, 신발에 신코장식이 있는 것은 걸어가려고 할 때 이것을 보고 마음을 다잡게 하고자 해서이다. 그렇기 때문에 '행계(行戒)'라고 말한 것이다. 어린아이는 아직 이러한 것들을 익힐 수 없기 때문에 신발에 신코장식을 하지 않는 것이다. 우복은 "『주례』「구인(屨人)」편의 주에서는 구(絢)자는 단속한다는 뜻이니, 신발의 앞머리에 달아서 행계(行戒)로 삼는다. 그 모양은 칼집의 코처럼 생겼는데, 신발의 앞머리에 있다고 했다. 구(絢)라고 말한 것은 스스로를 단속하고 다잡고자 하는 뜻을 취한 것이니, 시선을 낮춰 망령스럽게 둘러보지 않게끔 하는 것이다."라고 했다. 주자는 "신발이 신코장식[絢]이 있는 것은 행동할 때의 주의지침으로 삼기 위해서이며, 술동이에 받침[禁]이 있는 것은 술을 경계하기 위해서이다."라고 했는데, 그 뜻이 더욱 명확하다.

補註 ○按: 絢說, 又詳見內則補註.

번역 ○살펴보니, 구(絢)에 대한 설명은 『예기』「내칙(內則)」편의 보주에도 상세히 나온다.

---

5) 『예기』「문상(問喪)」: 或問曰, "免者以何爲也?" 曰, "不冠者之所服也, 禮曰, "童子不緦, 唯當室緦." 緦者其免也, 當室則免而杖矣."

「옥조」 90장

참고-經文

①侍食於先生異爵者, 後祭先飯. 客祭, 主人辭曰: "不足祭也."
②客飱, 主人辭以疏. 主人自置其醬, 則客自徹之.

번역 나이나 작위가 높은 자를 모시고 식사를 할 경우, 그들보다 뒤에 음식에 대한 제사를 지내고, 그들보다 먼저 음식을 맛본다. 빈객이 음식에 대한 제사를 지내려고 하면, 주인은 사양을 하며, "제사를 지내기에는 부족한 음식들입니다."라고 말한다. 빈객이 권유를 하면, 주인은 사양을 하며 보잘것없는 음식들이라고 말한다. 주인이 직접 장(醬)을 진설하면, 빈객은 식사를 끝낸 뒤 직접 장을 치운다.

① **侍食於先生異爵者.**

補註 按: 諺讀先生下及異爵者下吐, 皆誤.

번역 살펴보니, 『언독』에서는 '선생(先生)'의 뒤와 '이작자(異爵者)'자의 뒤에 토를 붙였는데, 모두 잘못되었다.

② **客飱.**

補註 按: 飱, 以水澆飯也, 見上文.

번역 살펴보니, '손(飱)'은 물을 밥에 만다는 뜻으로, 앞 문장에 나온다.

「옥조」 91장

一室之人①非賓客, 一人徹. ②壹食之人一人徹. 凡燕食, ③婦人不徹.

번역 함께 거처하며 같은 일을 하는 자들이 모여서 식사를 할 때에는 빈객과 주인의 구분이 없게 되므로, 나이 어린 자 1명이 상을 치운다. 같은 일을 하게 되어 함께 모여 식사를 할 때에도 나이 어린 자 1명이 상을 치운다. 무릇 연사(燕食)를 할 때에는 부인이 그 상을 치우지 않는다.

① ○非賓客一人徹.

補註 鄭註: 賓客, 則各徹其饌.

번역 정현의 주에서 말하길, 빈객인 경우라면 각자 그 음식들을 치운다.

② 壹食.

補註 鄭註: 壹, 猶聚也.

번역 정현의 주에서 말하길, '일(壹)'자는 모이다는 뜻이다.

③ 婦人不徹.

補註 楊梧曰: 凡淫泆之禍, 多起于燕私, 故燕食婦人不徹, 辨男女以遠嫌.

번역 양오가 말하길, 음란하고 음탕한 화근은 대부분 사사롭게 연회를 하는 일에서 그 발단이 생겨난다. 그렇기 때문에 연사에서 부인이 상을 치우지 않는 것은 남녀를 구별하여 혐의를 멀리하기 위해서이다.

「옥조」 92장

食棗桃李①弗致于核. ②瓜祭上環食中棄所操.

번역 대추·복숭아·오얏을 먹을 때에는 씨를 버리지 않는다. 오이를 먹을 때에는 상단의 둥근 단면을 떼어내어 제사를 지내고, 중간부분을 먹으며, 손으로 잡았던 부분은 버린다.

① ○弗致于核.

補註 鄭註: "恭也." 疏曰: "謂其懷核不置於地."

번역 정현의 주에서 말하길, "공손하게 행동하기 때문이다."라고 했다. 소에서 말하길, "씨가 있는 과실의 경우, 땅에 그 씨를 버리지 않는다는 뜻이다."라고 했다.

補註 ○楊梧曰: 一云但食其肉, 而不極于核鑿矣.

번역 ○양오가 말하길, 한편에서는 과육만 먹으며 씨가 있는 곳까지 파먹지 않는다는 뜻이라고 한다.

補註 ○類編曰: 毋或極其核而轢齧, 爲其容止之不雅也. 致, 極至之謂. 觀于字, 可見文理.

번역 ○『유편』에서 말하길, 씨가 있는 곳까지 파먹으며 이빨로 꽉 깨물지 말아야 하니, 행동거지가 단아하지 못하기 때문이다. '치(致)'자는 끝까지 다 한다는 뜻이다. '우(于)'자가 기록된 것을 보면 문리를 확인할 수 있다.

② 瓜祭[止]棄所操.

補註 疏曰: 食瓜, 亦祭先也. 上環是寊間, 下環脫華處也.

번역 소에서 말하길, 오이를 먹을 때에도 최초 음식을 만들었던 자에게 제사를 지낸다. 상단의 둥근 단면은 꼭지가 달렸던 부분이며, 하단의 둥근 단면은 속살이 빠진 부분이다.

補註 ○通解曰: 蔕頭所切一環, 以其所生之本, 味最甘美. 又先斷不汚, 故以爲祭. 中者, 中環也, 亦甘且潔, 故以奉尊者. 所操, 下環也. 爲手所持處, 以其味薄不潔, 故棄之不食也.

번역 ○『통해』에서 말하길, 꼭지가 달린 부분을 잘라 둥글게 하는 것은 오이가 생장하게 된 근본이니 가장 맛이 좋기 때문이다. 또 먼저 잘라내어 더럽혀지지 않았기 때문에 이것으로 제사를 지낸다. '중(中)'은 중간의 둥근 부분이며, 이 또한 맛이 있고 청결하다. 그렇기 때문에 존귀한 자에게 바치는 것이다. '소조(所操)'는 아래의 둥근 부분이다. 손으로 잡는 곳이니, 맛이 없고 청결하지도 못하기 때문에 버리며 먹지 않는다.

補註 ○按: 以奉尊者, 經文未見, 此意可疑.

번역 ○살펴보니, 존귀한 자에게 바친다는 것은 경문에 나타나지 않으니, 이러한 설명은 의심스럽다.

「옥조」 94장

①有慶, 非君賜不賀.

번역 경사스러운 일이 있더라도, 군주가 하사를 해준 것이 아니라면 축하를 하지 않는다.

① ○有慶非君賜不賀.

補註 楊梧曰: 冠昏之類, 但榮一家, 非一國所共慶, 則近于諂也.
번역 양오가 말하길, 관례나 혼례의 부류들은 한 집안에서나 영화로운 일이며 온 국가가 함께 경사로 여길 것이 아니니, 축하를 한다면 아첨에 가깝다.

「옥조」 96장

①孔子食於季氏, 不辭, 不食肉而飱.

번역 공자가 계씨의 초대를 받아 함께 식사를 함에, 사양도 하지 않고, 고기도 먹지 않은 채 물에 밥을 말았다.

① ○孔子食於季氏章.

補註 家語·曲禮篇: 孔子食於季氏, 食祭, 主人不辭不食[饗也], 亦不飲而飱. 子夏問曰: "禮也?" 孔子曰: "非禮也, 從主人. 吾食於少施氏也飽, 少施食我以禮, 吾食祭, 作而辭曰: '疏食不足祭也.' 吾飱, 作而辭曰: '疏食不敢以傷吾子之性.' 主人不以禮, 客不敢盡禮, 主人盡禮, 則客不敢不盡禮也."

번역 『공자가어』「곡례(曲禮)」편에서 말하길, 공자는 계씨의 초대를 받아 식사를 했는데, 음식에 대한 제사를 지내려고 하자 주인이 사양을 하지 않았고 음식을 예법에 따라 대접하지도 않아서[대접한다는 뜻이다.] 공자 또한 음식들을 제대로 먹지 않고 밥에 물을 말았다. 자하가 묻기를 "그처럼 하는 것이 예법입니까?"라고 하자 공자는 "비례이지만 주인의 행동에 따른 것이다. 나는 이전에 소시씨의 집에서 식사 대접을 받았는데 배불리 먹을 수가 있었다. 소시씨는 나에게 예법에 따라 식사를 대접했고, 내가 음식에 대한 제사를 지내려고 하자 그는 자리에서 일어나 사양을 하며, '보잘것없는 음식들이니 제사를 지내기에는 부족합니다.'라고 말했다. 그리고 내가 식사를 끝내고 밥에 물을 말자 그는 자리에서 일어나서 사양을 하며, '보잘것없는 음식이니 억지로 드셔서 그대가 탈이 나도록 할 수 없습니다.'라고 말했다. 주인이 예법에 따라 대접을 하지 않는다면 빈객도 감히 예법을 지킬 수 없는 것이고, 주인이 예법에 따른다면 빈객도 감히 예법에 따르지 않을 수 없다."라고 했다.[1]

補註 ○按: 食於少施事, 見雜記下.

번역 ○살펴보니, 소시씨에게서 식사를 대접받은 사안은 『예기』「잡기하(雜記下)」편에 나온다.[2]

---

1) 『공자가어』「곡례자하문(曲禮子夏問)」: 孔子食於季氏, 食祭, 主人不辭不食, 亦不飮而餐, 子夏問曰, "禮也?" 孔子曰, "非禮也, 從主人也. 吾食於少施氏而飽, 少施氏食我以禮, 吾食祭, 作而辭曰, '疏食不足祭也.' 吾餐而作辭曰, '疏食不敢以傷吾子之性.' 主人不以禮, 客不敢盡禮, 主人盡禮, 則客不敢不盡禮也.

2) 『예기』「잡기하(雜記下)」: 孔子曰, "吾食於少施氏而飽, 少施氏食我以禮. 吾祭, 作而辭曰, '疏食不足祭也.' 吾飧, 作而辭曰, '疏食也, 不敢以傷吾子.'"

「옥조」 97장

참고-集說

君賜及門旣拜受矣, 明日又乘服詣君所而拜謝其賜. ①所謂再拜, 敬之至也. 二賜字句絶, 本朱子說.

번역 군주가 하사를 한 물건이 자신의 집 대문에 당도하면, 그때 이미 절을 하며 물건을 받게 되고, 다음날에는 또한 수레나 말은 그것을 타고, 의복은 착용을 하여, 군주가 계신 장소로 가서, 하사를 해준 것에 대해서 절을 하며 감사를 표한다. 이른 바 '재배(再拜)'라는 것은 공경함을 지극히 나타낸 것이다. 2개의 '사(賜)'자에서 구문을 끊으니, 이것은 주자의 주장에 따른 것이다.

① ○所謂再拜.

補註 按: 此再拜, 與下文"酒肉之賜, 不再拜"之再拜, 同.

번역 살펴보니, 여기에서 말한 '재배(再拜)'는 아래문장에서 "하사품 중 술과 고기에 대해서는 자신의 집에서만 절을 하고 받으며, 다음날 재차 찾아가서 절하는 절차를 시행하지 않는다."[1]라고 했을 때의 재배(再拜)와 같은 뜻이다.

---

1) 『예기』「옥조(玉藻)」: 酒肉之賜, 弗再拜.

「옥조」 98장

①君未有命, 弗敢卽乘服也.

번역 천자에게 하사품을 받았다고 하더라도, 자신의 군주가 그것을 사용해도 좋다는 명령을 내린 적이 없다면, 감히 하사받은 수레나 말을 타지 않고, 하사받은 의복을 착용하지 않는다.

① 君未有命[止]乘服.

補註 按: 陳註本於鄭註.

번역 살펴보니, 진호의 주는 정현의 주에 근거한 것이다.

補註 ○小學註: 謂非經賜, 雖有車馬衣服, 不敢輒乘服. 若後世, 三品雖應服紫, 五品雖應服緋, 必君賜而後服.

번역 ○『소학』의 주에서 말하길, 하사의 절차를 거치지 않았다면 비록 수레와 말 및 의복이 있더라도 감히 자기마음대로 그것을 타거나 입을 수 없다는 뜻이다. 후세에 3품의 관리는 비록 자주색의 옷을 입어야 하고 5품의 관리는 비록 붉은색의 옷을 입어야 하지만, 반드시 군주가 하사를 할 때까지 기다린 이후에야 착용했던 것과 같다.

補註 ○陽村曰: 或謂君雖有車服之賜, 而未有乘服之命, 則不敢乘服. 此句承上文君賜車馬而言, 則諸侯之臣受賜於天子之意, 無緣入於其間也.

번역 ○양촌이 말하길, 혹은 군주가 수레나 의복을 하사했더라도 그것을 타거나 착용하라는 명령을 아직 내리지 않았다면 감히 타거나 착용할 수 없다는 뜻이라고 한다. 그런데 이 구문은 앞에서 군주가 수레와 말을 하사한다고 했던 구문¹⁾을 이어서 말한 것이니, 제후의 신하가 천자로부터 하사를 받는다는 뜻은 그 사이에 끼어들 여지가 없다.

補註 ○類編曰: 或云君有賜於卿士, 必有命書. 此言車服雖在門, 必待命書而乘服也.

번역 ○『유편』에서 말하길, 혹자는 군주가 경과 대부 등에게 하사를 할 때에는 반드시 명령을 기록한 문서가 있게 된다. 따라서 이 말은 수레와 의복이 자신의 집에 있더라도 반드시 명령을 기록한 문서가 올 때까지 기다린 뒤에야 그것을 타거나 착용해야 한다는 뜻이라고 말한다.

補註 ○按: 諸說皆未甚穩, 而小學註稍長.

번역 ○살펴보니, 여러 주장들이 모두 완벽하지 않지만,『소학』의 주가 보다 나은 것 같다.

참고―集說

此謂諸侯之卿大夫爲使臣而受天子之賜, 歸而獻諸其君, 君命之乘服乃得乘服, 故君未有命, 不敢卽乘服也. ①左傳: "杜洩將以路葬, 南遺謂季孫曰: '叔孫未乘路, 葬焉用之?' 季孫使杜洩舍路, 不可. 曰: '夫子受命於朝而聘于王, 王思舊勳而賜之路. 復命而致之君, 君不敢逆王命而復賜之.'"

번역 이 내용은 제후에게 소속된 경이나 대부가 사신이 되었을 때, 천자로부터 하사를 받아서, 본국으로 되돌아와 자신의 군주에게 헌상을 하고, 군주가 그 물건에 대해서 타거나 착용하라고 명령을 내려야만, 타거나 착용할 수 있다는 뜻이다. 그렇기 때문에 군주가 아직 명령을 내리지 않았다면, 감히 곧바로 타거나 착용하지 않는 것이다. 『좌전』에서는 "두설(杜洩)은 대로(大路)를 이용하여 장례를 치르고자 하였는데, 남유(南遺)는 계손(季孫)에게, '숙손(叔孫)은 대로를 탄 적이 없는데, 장례를 치름에 어찌 대로를 사용할 수 있습니까?'라고 했다. 계손은 두설로 하여금 대로를 사용하지 말도록 했는데, 두설은 불가하다고 하며, '숙손은 조정으로부터

---

1)『예기』「옥조(玉藻)」: 君賜車馬, 乘以拜賜; 衣服, 服以拜賜.

명령을 받아서 천자를 빙문하였는데, 천자께서 예전의 훈공을 생각하시어 대로를 하사하셨습니다. 숙손이 되돌아와서 보고를 하고, 받았던 수레를 군주께 바쳤는데, 군주께서는 감히 천자의 명령을 거역하지 못하시고 재차 하사를 했습니다.'"라고 했다.

① 左傳杜洩[止]復賜之.

補註 按: 此見昭四年. 將以路葬, 謂葬叔孫也.

번역 살펴보니, 이 사안은 소공 4년 기록에 나온다.[2] 대로를 이용해서 장례를 치르고자 했다는 것은 숙손의 장례를 치르고자 했다는 뜻이다.

---

2) 『춘추좌씨전』「소공(昭公 4년」: 杜洩將以路葬, 且盡卿禮. 南遺謂季孫曰, "叔孫未乘路, 葬焉用之? 且冢卿無路, 介卿以葬, 不亦左乎?" 季孫曰, "然." 使杜洩舍路, 不可, 曰, "夫子受命於朝而聘於王, 王思舊勳而賜之路, 復命而致之君, 君不敢逆王命而復賜之, 使三官書之. 吾子爲司徒, 實書名; 夫子爲司馬, 與工正書服; 孟孫爲司空以書勳. 今死而弗以, 是棄君命也. 書在公府而弗以, 是廢三官也. 若命服, 生弗敢服, 死又不以, 將焉用之?" 乃使以葬.

「옥조」 102장

참고-經文

①凡獻於君, 大夫使宰, 士親, 皆再拜稽首送之. 膳於君有葷桃
茢, 於大夫去茢, 於士去葷, 皆造於膳宰.

번역 무릇 군주에게 헌상품을 바치게 된다면, 대부의 경우에는 본인이 직접 전달하
지 않고 가신(家臣)의 우두머리인 재(宰)를 시키고, 사는 신분이 미천하므로 자신
이 직접 바치게 되는데, 모든 경우에 있어서 재배를 하고 머리를 조아린 뒤에 하급
관리에게 전달하게 된다. 군주에게 맛있는 음식을 바치게 된다면, 훈(葷)·도
(桃)·열(茢)이라는 사물을 이용해서 상서롭지 못한 것들을 방지하는데, 신분에 따
른 차등도 존재하니, 대부에게 음식을 바칠 경우에는 열(茢)을 제거하고, 사에게
음식을 바칠 경우에는 훈(葷)까지도 제거하며, 모든 경우에 있어서 주군에게 직접
전달하는 것이 아니라 음식을 담당하는 선재(膳宰)에게 전달한다.

① **凡獻於君大夫使宰.**

補註 按: 此及下文大夫不親拜, 大夫拜賜而退, 三節, 與郊特牲大夫有獻
不親, 君有賜, 不面拜, 爲君之答已也, 同義.

번역 살펴보니, 이곳 문장과 아래문장에서 "대부는 직접 찾아가서 절을 하며
물건을 바치지 않는다."[1]라고 한 것과 "대부가 하사품을 받게 되면, 그 다음
날 공문(公門)으로 찾아가서 하사를 해준 것에 대해 절을 하고 물러난다."[2]
라고 한 3절은 『예기』「교특생(郊特牲)」편에서 "대부는 헌상할 것이 있더라
도 직접 군주에게 건네지 않으며, 군주가 하사를 해준 것이 있더라도, 대부
는 직접 군주를 바라보며 절을 하지 않으니, 군주가 번거롭게 자신을 향해
답배를 해야 하기 때문이다."[3]라고 한 것과 의미가 같다.

---

1) 『예기』「옥조(玉藻)」: <u>大夫不親拜</u>, 爲君之答己也.
2) 『예기』「옥조(玉藻)」: <u>大夫拜賜而退</u>. 士待諾而退, 又拜. 弗答拜.
3) 『예기』「교특생(郊特牲)」: 大夫有獻弗親, 君有賜不面拜, 爲君之答己也.

「옥조」 105장

大夫親賜士, 士拜受, 又拜於其室. 衣服, 弗服以拜. ①敵者不
在, 拜於其室.

번역 대부는 직접 사에게 하사품을 전달하고, 사는 절을 하며 그 물건을 받고, 또
그 다음날 그 집에 찾아가서 절을 하며 감사를 표하게 된다. 의복을 하사받은 경우
에는 그 의복을 착용하고 절을 하지 않는다. 신분이 대등한 경우, 물건을 받는 자가
부재중이라면, 물건을 받은 자는 이후 물건을 준 자의 집에 찾아가서 절을 한다.

① ○敵者不在拜於其室.

補註 鄭註: 謂來賜時不見也, 見則不復往也.

번역 정현의 주에서 말하길, 찾아가서 물건을 주었을 때 그를 직접 보지 못
했다는 뜻이니, 직접 보게 되면 다시 상대방 집에 찾아가지 않는다.

「옥조」 106장

참고-集說

不敢以聞者, 不敢直言獻於尊者, 如云①致馬資於有司, 及贈
從者之類也.

번역 '불감이문(不敢以聞)'이라는 말은 존귀한 자에게 직접 헌상품에 대해서 말을
하지 않는 것으로, 마치 "유사(有司)에게 수레나 말 등을 사용할 때 필요한 재화를
바칩니다."라고 말하고, "이러한 물건을 종자에게 보냅니다."라는 등의 말처럼 하는
것이다.

① 〇致馬資於有司[又]贈從者.

補註 竝少儀文.

번역 모두 『예기』「소의(少儀)」편의 기록이다.[1]

---

[1] 『예기』「소의(少儀)」: 君將適他, 臣如致金玉貨貝於君, 則曰致馬資於有司. 敵
者, 曰贈從者.

「옥조」109장

①禮不盛, 服不充, 故大裘不裼, 乘路車不式.

번역 의례가 융성하지 않은 경우라면, 의복에 대해서는 화려함을 모두 가리지 않는다. 그렇기 때문에 대구(大裘)를 착용하여 하늘에 대한 제사를 지낼 때에는 석(裼)을 하지 않으며, 노거(路車)에 탔을 때에는 수레의 식(式)을 잡고 공경을 표하는 절차를 하지 않는다.

① 禮不盛服不充.

補註 按: 鄭註"禮盛者服充", 諺讀以不盛服爲句, 誤矣.

번역 살펴보니, 정현의 주에서는 "의례가 융성한 경우 의복을 가린다."라고 했으니, 『언독』에서 '불성복(不盛服)'으로 구문을 끊은 것은 잘못되었다.

前章言不充其服, ①與此充字義殊. 此謂禮之盛者, 則以充美爲敬. 大裘·路車, 皆祭天所用. 不裼而襲, 是欲掩塞其華美也. 不式, 敬天之心不可他用也.

번역 앞장에서는 "그 의복을 갖출 수 없다."[1]라고 했는데, 이곳에 기록된 '충(充)'자와는 의미가 다르다. 이곳에서는 의례 중에서도 융성한 경우라면, 아름다움을 가리는 것을 공경스러움으로 삼는다는 뜻이다. 대구(大裘)와 노거(路車)는 모두 하늘에 대한 제사를 지내며 사용하는 것들이다. 석(裼)을 하지 않고 습(襲)을 하는

---

1) 『예기』 「옥조(玉藻)」 : 曰: "國家未道, 則不充其服焉."

것은 화려함과 아름다움을 가리고자 하기 때문이다. 식(式)을 잡으며 예를 표하지 않는 것은 하늘을 공경하는 마음으로 인해, 다른 것에 신경을 쓸 수 없기 때문이다.

① 與此充字義殊.

補註 按: 與此義殊云者, 指"國家未道, 則不充其服焉"之充字也. 若"服之襲也, 充美也."之充字, 與此正同.

번역 살펴보니, 이곳의 의미와 조금 다르다고 했는데, 이것은 "국가에서 선왕의 도리를 시행하지 못한다면, 선왕이 만든 복장을 갖출 수 없다."라고 했을 때의 충(充)자를 가리켜서 한 말이다. "의복을 습(襲)하는 것은 아름다움을 가리는 것이다."²⁾라고 했을 때의 충(充)자는 이곳의 충(充)자와 의미가 같다.

補註 ○又按: 沙溪曰, "未見義殊", 恐認以充美之充, 而有是語也.

번역 ○또 살펴보니, 사계는 "의미의 차이점을 확인할 수 없다."라고 했는데, 아마도 아름다움을 가린다고 할 때의 충(充)자로 이해하여 이러한 말을 했던 것 같다.

---

2) 『예기』「옥조(玉藻)」: 服之襲也, 充美也. 是故尸襲, 執玉龜襲. 無事則裼, 弗敢充也.

참고-經文

父沒而不能讀父之書, 手澤存焉爾. 母沒而①杯圈不能飲焉, 口
澤之氣存焉爾.

번역 부친이 돌아가시면 부친이 읽으시던 책은 차마 읽을 수가 없으니, 부친의 손
때가 남아있기 때문이다. 모친이 돌아가시면 모친이 사용하시던 술잔 등을 이용해
서 술이나 음료를 마실 수가 없으니, 입이 닿았던 부분에 모친의 기운이 남아있기
때문이다.

① 杯圈.

補註 按: 孟子‧告子杯棬, 與此同, 故陳註杯圈之訓, 與告子朱子註同.

번역 살펴보니, 『맹자』 「고자(告子)」편에서 배권(杯棬)[1]이라고 한 것은 이
곳에 나온 것과 동일하다. 그렇기 때문에 진호의 주에서 배권(杯圈)에 대해
풀이한 것은 「고자」편의 주자 주와 동일하다.

---

1) 『맹자』 「고자상(告子上)」: 告子曰, "性猶杞柳也, 義猶桮棬也, 以人性爲仁義, 猶
以杞柳爲桮棬."

「옥조」 113장

참고-集說

此言兩君相見之時. 入門, 入大門也. 介, 副也. 闑, 門中央所豎
短木也. 棖者, 門之兩旁長木, 所謂楔也. 君入當棖闑之中, 主
君在闑東, 賓在闑西. ①主君上擯, 在君後稍近西而拂闑; 賓之
上介, 在賓後稍近東而拂闑. 大夫之爲擯爲介者, 各當君後而
在棖闑二者之中; 士之爲擯爲介者, 則各拂東西之棖也.

번역 이 문장은 양국의 제후가 서로 접견할 때에 대한 내용이다. '입문(入門)'은 궁
의 대문으로 들어간다는 뜻이다. '개(介)'는 부관[副]을 뜻한다. '얼(闑)'은 문의 중
앙에 세워둔 길이가 짧은 나무이다. '정(棖)'은 문의 양측에 세워둔 길이가 긴 나무
이니, 이른바 설(楔: 문설주)을 뜻한다. 군주가 들어갈 때에는 정(棖)과 얼(闑) 사
이로 가야하며, 빙문을 받는 제후는 얼(闑)의 동쪽에 위치하고, 빈객으로 찾아간
제후는 얼(闑)의 서쪽에 위치한다. 빙문을 받는 제후의 상빈(上擯)[1]은 군주의 뒤
에 위치하여 조금 더 서쪽으로 치우쳐서 얼(闑)을 스치듯이 서 있게 되고, 빈객으
로 찾아간 제후의 상개(上介)는 군주의 뒤에 위치하여 조금 더 동쪽으로 치우쳐서
얼(闑)을 스치듯이 서 있게 된다. 대부 중에 빈(擯)이나 개(介)가 된 자들은 각자
군주보다 뒤에 위치하여, 정(棖)과 얼(闑)의 중앙에 위치하고, 사 중에 빈(擯)이나
개(介)가 된 자들은 각자 동서쪽에 있는 정(棖)을 스치듯이 서 있게 된다.

① ○主君上擯在君後.

補註 按: 聘義, 卿爲上擯, 大夫爲承擯, 士爲紹擯. 據此, 則賓之上介, 亦
必是卿也.

번역 살펴보니, 『예기』 「빙의(聘義)」편에서는 "빙문(聘問)을 받는 제후국에

---

1) 상빈(上擯)은 빈(擯)들 중에서도 가장 직위가 높았던 자를 뜻한다. 빈객(賓客)이
방문했을 때, 주인(主人)의 부관이 되어, 빈객과의 사이에서 시행해야 할 일들을
도왔던 부관들을 '빈'이라고 부른다.

서는 경을 상빈(上擯)으로 삼고, 대부를 승빈(承擯)으로 삼으며, 사를 소빈
(紹擯)으로 삼는다."[2]라고 했다. 이 기록에 근거해보면 빈객의 상개 또한 분
명 경의 신분이었을 것이다.

---

2) 『예기』「빙의(聘義)」: 卿爲上擯, 大夫爲承擯, 士爲紹擯. 君親禮賓, 賓私面私覿.
致饔餼還圭璋, 賄贈・饗・食・燕, 所以明賓客君臣之義也.

「옥조」 114장

此賓, 謂鄰國來聘之卿大夫也. 入不中門, 謂入門稍東而近闑
也. 閾, 門限也. 聘享是奉君命而行, 謂之公事. 入自闑西, 用賓
禮也. 若私覿私面, 謂之私事, 以其非君命故也. ①入自闑東,
從臣禮也.

번역 여기에서 말하는 빈객은 이웃나라에서 빙문으로 찾아온 경이나 대부를 뜻한
다. 들어갈 때 문의 중앙으로 들어가지 않는다는 말은 문으로 들어갈 때 동쪽으로
치우쳐서 얼(闑)에 가깝게 이동한다는 뜻이다. '역(閾)'은 문지방을 뜻한다. 빙문
을 하여 선물을 바치는 것은 군주의 명령을 받들어서 시행하는 것이니, '공사(公
事)'라고 부른 것이다. 들어갈 때 얼(闑)의 서쪽을 통해 들어가는 것은 빈객의 예법
에 따르는 것이다. 만약 사적으로 찾아뵙고 사적으로 만나보는 경우라면, '사사(私
事)'라고 부르니, 군주의 명령으로 찾아가는 것이 아니기 때문이다. 들어갈 때 얼
(闑)의 동쪽을 통해 들어가는 것은 신하의 예법에 따르는 것이다.

① ○入自闑東從臣禮也.

補註 陽村曰: 曲禮曰, "大夫士出入君門, 由闑右." 此言君之出入, 由闑
之東, 故臣避之, 由西也. 此節言公事由西者, 鄰國之臣承命來聘, 則以
有其君之命, 故由其君來朝所入之門而不避, 若行私覿, 則避其君所入
之門, 且從客若降等, 從主人之禮而由闑之東也. 然大夫士亦有從君出
入之時, 兩君相見, 則主君入門而右, 其臣皆從於東, 賓入門而左, 其臣
亦從於西, 非此之時, 則臣常避君也.

번역 양촌이 말하길, 『예기』「곡례(曲禮)」편에서는 "대부와 사가 군주가 사는
궁성의 문을 출입하는 경우에는 문에 설치한 말뚝의 오른편을 경유한다."[1]라

---

1) 『예기』「곡례상(曲禮上)」: 大夫士出入君門, 由闑右, 不踐閾.

고 했다. 이것은 군주가 출입을 할 때에는 얼(闃)의 동쪽을 경유하기 때문에 신하는 그 자리를 피하여 서쪽을 경유한다는 뜻이다. 이곳 문단에서는 공적인 사안이라면 얼의 서쪽을 경유한다고 했는데, 이웃나라의 신하가 자기 군주의 명령을 받들고 찾아와 빙문을 한다면, 그는 군주의 명령을 가지고 있기 때문에 군주가 찾아와서 조회를 할 때 들어오는 문의 지점을 경유하며 피하지 않는다. 만약 사적으로 만나보는 의례를 시행한다면, 군주가 들어가는 문의 지점을 피하고, 또 빈객의 예법을 따르게 되는데, 만약 등급이 낮은 경우라면 주인의 예법에 따라서 얼의 동쪽을 경유했을 것이다. 그런데 대부와 사에게는 군주를 따라 출입하는 경우도 있으니, 두 나라의 군주가 서로 만나보는 경우, 빙문을 받은 군주는 문으로 들어가며 오른쪽으로 가고 그에게 속한 신하는 모두 동쪽에 위치하여 뒤따르고, 빈객은 문으로 들어가며 좌측으로 가고 그에게 속한 신하는 모두 서쪽에 위치하여 뒤따르는데, 이러한 경우가 아니라면 신하는 항상 군주가 경유하는 지점을 피하게 된다.

補註 ○按: 陳註則以曲禮闃右爲闃東, 而與此章私事自闃東, 皆謂以臣從君之禮. 陽村則以曲禮闃右爲闃西, 而與此章私事自闃東, 皆謂避其君所由之處也. 蓋本國則君由闃東, 故臣由闃西, 他國則己之君當由闃西, 故己又避而自闃東也.

번역 ○살펴보니, 진호의 주에서는 『예기』 「곡례(曲禮)」편에서 말한 얼우(闃右)를 얼의 동쪽으로 여기고, 이곳에서 "개인적인 사안이라면 얼(闃)의 동쪽을 통해서 들어간다."라고 한 것도 모두 신하가 군주를 따르는 예법이라고 했다. 양촌의 경우에는 「곡례」편에서 얼우라고 한 것은 얼의 서쪽으로 여기고, 이곳에서 "개인적인 사안이라면 얼의 동쪽을 통해서 들어간다."라고 한 것도 모두 군주가 경유하는 지점을 피하는 것이라고 했다. 아마도 본국의 경우라면 군주는 얼의 동쪽을 경유하기 때문에 신하들은 얼의 서쪽을 경유하는 것이며, 타국의 경우라면 자신의 군주는 마땅히 얼의 서쪽을 경유해야 하기 때문에, 본인 또한 그 지점을 피해 얼의 동쪽을 경유하는 것이다.

참고-經文

①君與尸行接武, 大夫繼武, 士中武. ②徐趨皆用是.

번역 군주가 시동과 함께 걸어갈 때에는 보폭을 반으로 줄여서 천천히 걷고, 대부가 시동과 함께 걸어갈 때에는 보폭을 넓혀서 발자국이 서로 이어지도록 걸으며, 사가 시동과 함께 걸어갈 때에는 발자국 사이마다 하나의 발자국이 들어갈 만큼 보폭을 넓혀서 신속하게 걷는다. 각 계층이 천천히 걷거나 빠르게 걸을 때에는 모두 이러한 예법에 따른다.

① 君與尸行.

補註 楊梧曰: 尸, 君之尸也. 與, 及也. 君及尸, 皆接武者, 分至尊, 故行皆徐, 大夫士以自行言, 言大夫士之行, 不同于君與尸之行也.

번역 양오가 말하길, '시(尸)'는 군주의 시동을 뜻한다. '여(與)'자는 '~와[及]'라는 뜻이다. 군주와 그의 시동은 모두 접무(接武)를 하는데, 신분이 지극히 존귀하기 때문에 걸어갈 때 모두 천천히 걷는 것이며, 대부와 사에 대해서는 스스로 걸어가는 것을 기준으로 말했는데, 대부와 사가 걸어갈 때에는 군주와 시동이 걸어가는 것과 동일하게 할 수 없다는 뜻이다.

② 徐趨皆用是.

補註 鄭註: 君·大夫·士之徐行也, 皆如與尸行之節也.

번역 정현의 주에서 말하길, 군주·대부·사가 천천히 걸어갈 때에는 모두 "시동과 같이 걷다."라고 했을 때의 예절처럼 한다.

補註 ○按: 陳註以或徐或趨爲解, 與古註異. 蓋謂君大夫則徐, 士則趨也. 然徐趨與下疾趨相對, 古註爲是.

번역 ○살펴보니, 진호의 주에서는 천천히 걷거나 종종걸음으로 걷는다는 경우로 풀이하여 옛 주와 차이를 보인다. 아마도 군주와 대부는 천천히 걷고 사는 종종걸음을 걷는다는 뜻인 것 같다. 그런데 서추(徐趨)라는 말이 아래에 나오는 질추(疾趨)[1]와 서로 대비가 되니, 옛 주의 해석이 옳다.

---

1) 『예기』 「옥조(玉藻)」: 疾趨則欲發, 而手足毋移.

「옥조」 116장

疾趨則欲發, 而①手足毋移.

번역 신속하게 걷고자 한다면, 발끝을 신속하게 뻗으며 걷고자 하더라도, 손과 발의 모습은 평상적인 예법에서 벗어나서는 안 된다.

① ○手足毋移.

補註 鄭註: 毋移, 欲其直且正.

번역 정현의 주에서 말하길, '무이(毋移)'는 곧고 바르게 걷고자 한다는 뜻이다.

「옥조」 117장

①圈豚行不擧足, 齊如流. 席上亦然.

번역 천천히 걸어갈 때에는 발을 들어 올리지 않으며, 하의의 재봉선이 지면 위에 붙어서 움직이므로, 마치 물이 흐르는 것처럼 보인다. 자리 위로 나아갈 때에도 또한 이처럼 걷는다.

① ○圈豚行.

補註 類編曰: 一云圈豚當作卷㲲, 卷卽袞字, 與下端行 · 弁行相參.

번역 『유편』에서 말하길, 한편에서는 '권돈(圈豚)'은 권면(卷㲲)으로 기록해야 하며, 권(卷)자는 곤(袞)자에 해당하니, 아래에 나오는 단행(端行) 및 변행(弁行)이라는 것1)과 상호 참조가 된다.

補註 ○按: 袞之作卷, 此經皆然. 豚, 恐服之誤.

번역 ○살펴보니, '곤(袞)'자를 권(卷)자로 기록하는 것은 이곳 경문에서 모두 이처럼 하였다. '돈(豚)'자는 아마도 복(服)자의 오자인 것 같다.

---

1) 『예기』「옥조(玉藻)」: 端行頤霤如矢, 弁行剡剡起屨.

「옥조」 119장

참고-大全

慶源輔氏曰: 必言與尸行者, 著行之徐, 非止逸也, 敬而已矣.
愈尊愈敬. 趨謂行有所向也. 疾趨, 趨雖疾而布武未改也, 故曰
足毋移. 併言手者, 亦不改其拱也, 故曰張拱, 而趨至於走,
則手不能拱而步闊遠矣. 行不擧足, ①足旣擧則衣無撥矣, 故
其裳下緝如水之自動焉. 席上亦然, 曲禮將卽席衣毋撥足毋
蹶, 是也. 剗剗, 銳利也. 屨頭發起之貌. 擧前曳踵, 若所謂不擧
足, 則前亦不擧矣. 蹜蹜如也, 則有緩而已.

번역 경원보씨가 말하길, 기어코 "시동과 함께 걷는다."라고 하였으니, 천천히 걸어
가는 것은 단지 느리게만 걷는 것에 그치지 않고, 공경스러움을 나타낼 따름이다.
존귀할수록 더욱 공경하게 된다. 추(趨)는 걸어갈 때 지향점이 있는 것이다. 질추
(疾趨)라고 했는데, 추(趨)가 비록 빠르게 걷고자 하지만, 발자국을 찍음에 그 방법
을 고치지 않는 것이다. 그렇기 때문에 "발에 대해서 바꾸는 것이 없다."라고 말한
것이다. 손에 대해서도 말한 것 또한 공수를 한 자세를 고치지 않는다는 의미이다.
그렇기 때문에 공수를 한다고 말한 것인데, 추(趨)가 주(走)에 이르게 되면, 손은
공수의 자세를 취할 수 없고, 보폭도 넓히게 된다. 걸어갈 때에는 발을 들어 올리지
않는데, 발을 이미 들어 올렸다면, 옷은 가지런히 할 수 없다. 그렇기 때문에 하의
의 밑에 있는 재봉선이 물이 저절로 움직이는 모습과 같게 된다. 자리 위에서도 또
한 이처럼 한다고 했는데, 『예기』「곡례(曲禮)」편에서 "장차 자리로 나아갈 때에는
옷을 펄럭거리게 해서는 안 되며, 발을 움직여서는 안 된다."[1]라고 한 말에 해당한
다. '섬섬(剗剗)'은 날카롭다는 뜻이니, 신발의 앞코를 앞으로 들어 올리는 모습을
뜻한다. 앞꿈치를 들어 올리고 뒤꿈치를 끄는 것은 마치 발을 들어 올리지 않는다
고 말한 것과 같으니, 앞꿈치 또한 들어 올리지 않는 것이다. 축축(蹜蹜)하게 한다
면, 느리게 걷는 것일 따름이다.

---

1) 『예기』「곡례상(曲禮上)」: 將卽席, 容毋怍. 兩手摳衣去齊尺. 衣毋撥, 足毋蹶.

① ○足旣擧則衣無撥.

補註 按: 旣下恐落不字.

번역 살펴보니, '기(旣)'자 뒤에는 아마도 불(不)자가 누락된 것 같다.

「옥조」 122장

舒遲, 閑雅之貌. 齊, 如①夔夔齊慄之齊. 遬者, 謹而不放之謂.
見所尊者故加敬.

번역 '서지(舒遲)'는 한가롭고 품위가 있는 모습을 뜻한다. '제(齊)'자는 "공경하고
삼가며 조심하여 두려운 듯이 한다."라고 했을 때의 '제(齊)'자와 같다. '칙(遬)'이
라는 것은 조심하여 마음대로 하지 않는다는 뜻이다. 존경하는 자를 뵈었기 때문에,
공경함을 더하는 것이다.

① ○夔夔齊慄.

補註 書・大禹謨文.
번역 『서』「대우모(大禹謨)」편의 기록이다.[1]

---

1) 『서』「우서(虞書)・대우모(大禹謨)」: 負罪引慝, 祇載見瞽瞍, 夔夔齊慄, 瞽亦允
  若.

「옥조」 123장

①足容重, 手容恭.

번역 발의 모습은 무거워야 하고, 손의 모습은 공손해야 한다.

① 足容重.

補註 楊梧曰: 此下泛言君子一身之容儀, 不屬見尊者.

번역 양오가 말하길, 이곳 구문으로부터 그 이하의 내용은 군주 본인의 행동 거지를 범범히 설명하고 있으니, 존귀한 자를 찾아뵙는다는 사안에는 연관 되지 않는다.

「옥조」 126장

①似不息者.

번역 마치 숨을 쉬지 않는 것처럼 한다.

① ○似不息者.

補註 論語·鄕黨: 屛氣似不息者.
번역 『논어』「향당(鄕黨)」편에서 말하길, 숨죽여서 마치 숨을 쉬지 않는 것처럼 하셨다.[1]

---

1) 『논어』「향당(鄕黨)」: 攝齊升堂, 鞠躬如也, <u>屛氣似不息者</u>.

「옥조」 129장

①燕居告溫溫.

번역 한가롭게 거처하고, 남에게 말을 할 때에는 온순하고 온화해야 한다.

① 燕居告溫溫.

補註 按: 小註方氏以燕居告爲燕居之告, 與陳註異.

번역 살펴보니, 소주에서 방씨는 '연거고(燕居告)'라는 말을 한가롭게 거처하며 말하는 것이라고 여겼으니, 진호의 주와는 차이가 난다.

詩言"溫溫恭人." 燕居之時, 與告語於人之際, 則皆欲其溫和, 所謂①居不容, ②寬柔以敎也.

번역 『시』에서는 "온순하고 공손한 사람이여."[1]라고 했다. 한가롭게 거처할 때와 다른 사람에게 말을 할 때라면, 모두 온화하고자 하므로, 이른바 거처할 때에는 너무 딱딱하게 격식을 갖추지 않았고, 관대하고 순하게 가르쳤다는 뜻에 해당한다.

① 居不容.

補註 論語·鄕黨文.

---

1) 『시』「소아(小雅)·소완(小宛)」: 溫溫恭人. 如集于木. 惴惴小心, 如臨于谷. 戰戰兢兢, 如履薄冰.

번역 『논어』「향당(鄕黨)」편의 기록이다.[2]

② 寬柔以敎.

補註 中庸文.

번역 『중용』의 기록이다.[3]

---

2) 『논어』「향당(鄕黨)」: 寢不尸, <u>居不容</u>.
3) 『중용』「10장」: <u>寬柔以敎</u>, 不報無道, 南方之强也, 君子居之.

「옥조」 131장

①喪容纍纍, 色容顚顚, 視容瞿瞿梅梅, 言容繭繭.

번역 상을 치를 때, 그 모습은 피곤하고 고단하여 실의에 빠진 것처럼 하고, 얼굴빛은 근심스러운 생각을 떨치지 못한 것처럼 하며, 바라보는 모습은 경황이 없어서 바라보아도 볼 수 없는 것처럼 하며, 말하는 모습은 목소리가 미약해서 잘 들리지 않도록 한다.

① 喪容纍纍.

補註 按: 此下至言容繭繭, 皆統於喪容, 與下戎容一例, 而諺讀纍纍下吐誤. 當依戎容曁曁例作吐.

번역 살펴보니, 이곳 구문으로부터 그 뒤로 "말하는 모습은 목소리가 미약해서 잘 들리지 않도록 한다."라는 구문까지는 모두 상용(喪容)이라는 말에 통괄되어, 그 뒤에 융용(戎容)이라는 것1)과 각각 하나의 용례가 되는데,『언독』에서는 유유(纍纍)라는 구문 뒤에 토를 붙였으니 잘못되었다. "군대에 있어서 그 모습은 과감하고 강인해야 한다."라고 한 용례에 따라서 토를 붙여야 한다.

---

1)『예기』「옥조(玉藻)」: 戎容曁曁, 言容詻詻, 色容厲肅, 視容清明.

「옥조」 133장

참고–經文

①立容辨卑, 毋讇.

번역 서 있을 때의 모습은 제 스스로를 낮추며 겸손해야 하지만, 아첨을 하듯 너무 겸손만 차려서는 안 된다.

① ○立容辨卑無讇.

補註 類編曰: 辨者, 明辨之意, 句絶. 卑無讇自爲一句.

번역 『유편』에서 말하길, '변(辨)'자는 밝게 분별한다는 뜻으로, 여기에서 구문이 끊어진다. '비무첨(卑無讇)'은 그 자체로 하나의 구문이 된다.

참고-經文

盛氣①顚實揚休.

번역 기운을 융성하게 만들어서 내적으로 가득 채우고, 그것을 밖으로 분출하여 양기(陽氣)처럼 만물을 따뜻하게 만들어주어야 한다.

① ○顚實揚休.

補註 楊梧曰: 一云充實而有光輝之謂大, 顚實是充貫, 揚休是光輝, 亦通.

번역 양오가 말하길, 한편에서는 "충실하게 갖춰서 광채가 빛나는 것을 대(大)라고 부른다고 하여,[1] '전실(顚實)'은 충관(充貫)에 해당하고 '양휴(揚休)'는 광휘(光輝)에 해당한다고 하는데, 이 또한 뜻이 통한다.

補註 ○類編曰: 揚休如字, 言發舒休美之容.

번역 ○『유편』에서 말하길, 양(揚)자와 휴(休)자는 글자대로 읽으니, 펴지며 아름다운 용모를 뜻한다.

補註 ○按: 鄭註, "揚, 讀爲陽, 聲之誤也. 盛身中之氣, 使之闐滿, 若陽氣之休物也." 陳註揚之爲陽, 固本於此, 而休之爲煦, 未知何據也.

번역 ○살펴보니, 정현의 주에서는 "'양(揚)'자는 '양(陽)'자로 풀이하니, 소리가 비슷해서 생긴 오류이다. 내면의 기운을 융성하게 만들어서, 기운을 가득 차게 하니, 마치 양기가 만물을 길러주는 것과 같다."라고 했다. 진호의 주에서 양(揚)자를 양(陽)자로 여긴 것은 진실로 이 기록에 근거한 것이지

---

[1] 『맹자』「진심하(盡心下)」: 曰, "可欲之謂善, 有諸己之謂信, 充實之謂美, <u>充實而有光輝之謂大</u>, 大而化之之謂聖, 聖而不可知之之謂神. 樂正子, 二之中, 四之下也."

만, 휴(休)자를 따뜻하게 한다는 뜻으로 풀이한 것에 있어서는 무엇을 근거
로 했는지 알 수 없다.

「옥조」 138장

참고-經文

①玉色.

번역 얼굴빛은 옥처럼 변함이 없어야 한다.

① ○玉色.

補註 按: 古疏以玉色以上, 竝爲戎容之事, 而通解曰: "言容繭繭以上, 皆爲喪容, 視容淸明以上, 皆爲戎容. 自立容以下至此, 又通言之." 且朱子作明道贊曰: "揚休山立, 玉色金聲", 其不以戎容看可知. 今當以此爲正, 石梁說儘是.

번역 살펴보니, 옛 소에서는 옥색(玉色)이라는 구문 앞의 내용을 모두 군대에 있을 때의 용모에 대한 사안이라고 여겼는데, 『통해』에서는 "말하는 모습은 목소리가 미약해서 잘 들리지 않도록 한다는 구문까지는 모두 상을 치를 때의 용모에 해당하며, 바라보는 모습은 밝고 청명해야 한다는 구문까지는 모두 군대에 있을 때의 용모에 해당한다. '서 있을 때의 모습'이라는 구문부터 이곳 구문까지는 또한 통괄적으로 말한 것이다."라고 했다. 또 주자는 「명도찬」을 지으면서 "양기가 만물을 길러주듯이 하며 산처럼 우뚝 서 있고, 옥과 같은 얼굴빛에 쇠와 같은 목소리여."라고 했는데, 군대에 있을 때의 용모로 보지 않았다는 사실을 확인할 수 있다. 현재는 이것을 정론으로 삼아야 하니, 석량왕씨의 주장은 참으로 옳다.

참고-集說 石梁王氏曰: 立容以下, 不屬戎容.

번역 석량왕씨가 말하길, '입용(立容)'으로부터 그 이하의 내용은 '융용(戎容)'의 내용에 속하지 않는다.

「옥조」 143장

其於①<u>敵以下曰"寡人"</u>, 小國之君曰"孤", 擯者亦曰"孤".

번역 제후는 자신과 신분이 대등하거나 그 이하인 자에 대해서 자신을 지칭하며 '과인(寡人)'이라고 말하고, 소국의 제후는 '고(孤)'라고 자칭하며, 부관이 말을 전달할 때에도 또한 '고(孤)'라고 지칭한다.

① ○敵以下曰寡人.

補註 鄭註: 擯者曰寡君.

번역 정현의 주에서 말하길, 부관이 말을 전달할 때에는 '과군(寡君)'이라고 말한다.

「옥조」144장

①上大夫曰"下臣", 擯者曰"寡君之老". 下大夫自名, 擯者曰"寡大夫". 世子自名, 擯者曰"寡君之適".

번역 상대부는 제후에 대해 자신을 지칭할 때, '하신(下臣)'이라고 말하고, 부관이 말을 전달할 때에는 '과군(寡君)의 노인'이라고 말한다. 하대부는 자기 이름을 대고, 부관이 말을 전달할 때에는 '과대부(寡大夫)'라고 말한다. 세자는 자신의 이름을 대고, 부관이 말을 전달할 때에는 '과군(寡君)의 적자'라고 말한다.

① ○上大夫[止]寡君之適.

補註 按: 疏以上大夫曰下臣, 下大夫自名, 世子自名, 皆爲對己君, 以擯者曰寡君之老, 擯者曰寡大夫, 擯者曰寡君之適, 皆爲使他國之禮.

번역 살펴보니, 소에서는 상대부가 하신이라 말하고 하대부가 자신의 이름을 대며 세자가 자신의 이름을 대는 것을 모두 자신의 군주를 대면하는 것으로 여겼고, 부관이 과군의 노인이라 말하고 부관이 과대부라고 말하며 부관이 과군의 적자라고 말하는 것을 모두 다른 나라에 사신으로 갔을 때의 예법이라고 여겼다.

「옥조」 145장

①公子曰"臣孽".

번역 세자를 제외한 나머지 아들들이 지칭할 때에는 '신하인 서자'라고 말한다.

① ○公子曰臣孽.

補註 疏曰: 謂對己君. 若對他國, 當云外臣.

번역 소에서 말하길, 자신의 군주를 대하는 경우를 뜻한다. 만약 다른 나라의 군주를 대한다면, 마땅히 '외신(外臣)'이라고 말해야 한다.

참고-經文

① 士曰"傳遽之臣". 於大夫曰"外私".

번역 사는 자신의 군주에 대해서, 스스로를 지칭하며 '긴급한 명령을 전달하는 신하'라고 말한다. 가신(家臣)은 다른 대부에 대해서, 스스로를 '외사(外私)'라고 지칭한다.

① ○士曰傳遽之臣.

補註 疏曰: 亦謂對己君. 皇氏云"對他國君", 亦通.

번역 소에서 말하길, 이 또한 자신의 군주를 대할 때 쓰는 말을 가리킨다. 황간은 "다른 나라의 군주를 대할 때이다."라고 했는데, 이 주장 또한 통용된다.

「옥조」 147장

참고-經文

①**大夫私事使, 私人擯, 則稱名.**

번역 대부가 사적인 일로 사신으로 가게 되어, 자신에게 소속된 신하가 부관의 역할을 하여 말을 전달하면, 대부의 이름을 지칭한다.

① ○**大夫私事使.**

補註 鄭註: 私事使, 若魯成公二年, 晉侯使韓穿來言汶陽之田, 歸之于齊之類.

번역 정현의 주에서 말하길, '사사시(私事使)'는 마치 노나라 성공 2년에 진나라 후작이 한천을 시켜서 찾아와 문양(汶陽)의 토지를 언급하여, 제나라로 돌려보내라고 했던 부류[1]와 같다.

---

1) 『춘추좌씨전』 「성공(成公) 2년」: 秋七月, 晉師及齊國佐盟於爰婁. 使齊人歸我汶陽之田.

| 저자 소개 |

김재로金在魯, 1682~1759

· 조선 후기 때의 학자
· 본관은 청풍(淸風)이고 자는 중례(仲禮)이며 호는 청사(淸沙)·허주자(虛舟子)이
  고 시호는 충정(忠靖)이다.

| 역자 소개 |

정병섭鄭秉燮

· 1979년 출생
· 2002년 성균관대학교 유교철학과 졸업
· 2004년 성균관대학교 대학원 유학과 석사
· 2013년 성균관대학교 대학원 유학과 철학박사
· 『역주 예기집설대전』을 완역하였다.
· 『의례』, 『주례』, 『대대례기』 번역과 한국유학자들의 예학 관련 저작들의 번역을
  계획 중이다.

譯註
禮記補註 ⑤ 郊特牲·內則·玉藻

초판 인쇄   2018년 3월 2일
초판 발행   2018년 3월 15일

저   자 | 김 재 로(金在魯)
역   자 | 정 병 섭(鄭秉燮)
펴 낸 이 | 하 운 근
펴 낸 곳 | 學古房

주   소 | 경기도 고양시 덕양구 통일로 140 삼송테크노밸리 A동 B224
전   화 | (02)353-9908 편집부(02)356-9903
팩   스 | (02)6959-8234
홈페이지 | hakgobang.co.kr
전자우편 | hakgobang@naver.com, hakgobang@chol.com
등록번호 | 제311-1994-000001호

ISBN   978-89-6071-735-0 94150
           978-89-6071-718-3 (세트)

값 : 38,000원

이 도서의 국립중앙도서관 출판예정도서목록(CIP)은 서지정보유통지원시스템 홈페이지
(http://seoji.nl.go.kr)와 국가자료공동목록시스템(http://www.nl.go.kr/kolisnet)에서 이용
하실 수 있습니다. (CIP제어번호 : CIP2018005084)